齊光裕著

中華民國的憲政發展

——民國卅八年以來的憲法變遷

揚智文化事業股份有限公司

自序

中華民國憲法於民國卅五年制定，民國卅六年實施，不及兩年，大陸沉淪。政府來台即以中華民國憲法號召海內外中國人，以維法統之不墜。故而中華民國憲法實施至今，絕大部分時間是行之於台澎金馬自由地區。從民國卅八年迄今，五十年的憲政發展，可概分為兩個時期，其間的分水嶺是在於民國八十年五月一日的終止動員戡亂時期。

民國八十年以前的階段，初始因戡亂及局勢環境的不安定，乃有動員戡亂時期臨時條款、戒嚴之存在，使行憲的過程中，伴隨著戡亂。憲法的精神、特色受到相當程度的改變。其後隨著台澎金馬自由地區經濟繁榮、社會多元化發展、兩岸表面上互動的趨於和緩，促使威權轉型在民國七十六年解嚴後迅速展開，政治自由化引導政治民主化而來。民國七十九年召開國是會議，到了民國八十年終止戡亂時期、廢止臨時條款，進入後動員戡亂時期。

民國八十年以來的後動員戡亂時期，先後完成了一機關兩階段修憲中的「程序修憲」（民國八十年）、「實質修憲」（民國八十一年）、第三次修憲（民國八十三年）、第四次修憲（民國八十六年）。本諸立憲精神，民國八十年以後的憲政發展，允宜迅即回歸至原憲法精神之中，除因環境因素的若干考量，必須做的適度修正外，餘不宜多所更張。此因憲法修正過度頻繁，或更動規模過度龐雜，以憲法條文之環環相扣，其可能導致憲政制度之全盤失敗。故憲政改革應該盡量愼重其事，即以不修、小修或少修為宜。

然而不幸的是，七年之中的四次修憲，固然解決了憲法以全中國為格局之設計在當前不能適用的困難（如中央級之立委、國代產生、名額、方式等），並授權以法律特別規定兩岸人民關係與事務處理，反映了中國分裂四十餘年的政治現實；另在國民經濟、社會生活等基本國策，亦有配合國家當前需求的新規定，這些都符合憲法適應性原則。然而中央政府體制的走向，顯然未順應臨時條款的廢止，迅即回歸中華民國現行憲法的設計中，由於總統權力的逐步擴大，破壞了原憲法中央體制的精神，將原本五權架構下傾向內閣制的「信任制度」、「負責制度」、「副署制度」毀壞殆盡。這對於憲政的成長與變遷造成了嚴重的損傷，也使修憲後的情況呈現治絲益棼，不僅未完成原憲法中若干待解決之爭議，反而在修憲為名，制憲為實的走向下，使中華民國憲法之原有法理原則更形矛盾、支解破壞。這些都將影響我國民主憲政的發展。

本書之定名為中華民國的憲政發展，並不同於一般之中華民國憲法與政府，從總綱、中央體制以下之脈絡分析。憲政（Constitutionalism）者，立憲政治下，依據憲法而為的運作情況。憲政有賴於長期成長，憲政的好壞並不是憲法本身可以決定的，其關鍵在於主政者與人民是否具有尊重憲法的政治風氣與觀念。加以分析，憲政的穩健踏實有賴於：

1. 一般國民能夠理解憲法的精義，由知之眞而後信之篤，並達到行之恆。能夠眞知篤信而力行，一部憲法才能成就好的憲政發展。

2. 朝野政黨與政府官員須有奉行憲法的誠意。實行憲法成敗最主要的人物是主政者

與各政黨菁英。唯有以尊重憲法、力行憲法的態度去面對體制，並透過修改憲法，解釋憲法方式，賦予憲法成長的生命。而非是任意毀棄，不斷的毀憲制憲，或以修憲之名行制憲之實，這樣國基永難鞏固。

第二項中之「修憲為名，制憲為實」在憲政發展中，極為受到關切與重視。學界中憲法修改有否界限之論，並無一致。唯以有界限論之精神涵蓋面，對立憲主義之實質存在意義貢獻甚鉅，故宜正視之。一者，憲法制定權產生於「力」，而憲法修改權是受之於「法」，即受憲法的規範與約束，而依憲法所創設之權——修改權，竟爾破壞了憲法的根本精神，這是不適宜的。二者，憲法的根本性、固定性、永續性。憲法之功能在維繫國家永久存續的根本規範。為避免野心政客為一己之私利，破壞憲法精神，也為保持完整之憲法尊嚴性，修憲自應有其界限。三者，從人類歷史角度觀之，不斷毀憲的結果，後人亦無可能尊重前一部憲法。如此國基永難鞏固，此時必然政局混亂紛擾，受苦難者仍是廣大之人民百姓。

從人類行憲之經驗法則言之，美國的憲政成長是最佳的典範，立國兩百餘年，美國人民奉行的七條條文，並未因馬車、牛車時代到太空船時代，而有任何不尊重立國憲法精神者，其間並以修憲方式(至今廿七條修憲條文)配合時代的成長。相反地，法國的憲政成長則是崎嶇多折的。一七八九年法國大革命後，歷經第一共和、第一帝國、復辟、第二共和、第二帝國、第三共和、維琪時期、第四共和、第五共和各時期，法國憲法不斷的廢棄，前後二十部憲法(或憲草)，過去法國主政者的不尊重憲法，亦使政局常

陷動盪，國民飽受其苦，憲政的成長，一路走來坎坷多難。

這本書是延續我兩年前出版「憲法與憲政」之後，將架構和內容均做了充分的確立和大幅的補充，使政府來台迄今的憲政發展更為清晰的呈現。特別感謝國民大會秘書處資料中心提供廣泛而充分的資料。在寫作之初，個人亦深知本書的撰寫過程與完稿後，將遭遇到些許困境；主要是憲政發展所牽涉範圍非常廣泛，且憲法學理之諸多理念，在學術界亦仍有所爭辯。故在描述、分析上，不可避免會有引據見解之歧異。不論執政黨、在野黨；自由派、保守派學者；其所持態度之不盡相同，爭議之處頗多，且屬不可避免。我雖以力求客觀持平，期本諸學理、衡以事實，就事論事來自我惕勵，但仍可想見會有各種不同意見。因之，願以開敞的態度與不同看法的先進方家，從事學術上的討論。

本書寫作的動機，在於明顯呈現政府來台五十年，中華民國憲法的實施、變動之情況與影響，並至盼朝野政黨、執事者能念茲在茲，去除一己之私，以國家長治久安，天下生民福祉為依歸。本書研究方法，主要採用文獻研究法（Documentary Approach），並兼採內容分析法（Content Analysis）和比較分析法（Comparative Analysis）來探討憲政發展之各項過程、內容與評析。全書架構分為上、下兩篇，共計八章。上篇為「動員戡亂時期的憲政」，包括第一—第四章；下篇為「後動員戡亂時期的憲政」，包括第五—第八章。最後為綜論。本書之末，並附以我國由清末以迄現今之憲政發展大事年表。

第一章：「臨時條款與憲政」。首述臨時條款的產生中所具有之情境因素。次述臨時條款在政府來台後，不僅未能廢止，反經四次的延長與擴張情形。三述臨時條款在實施上可區分七方面加以分析。四述臨時條款最具爭議的性質論，臨時條款究為憲法之一部分，或獨立於憲法之外的論戰探討。五述臨時條款之正面價值與負面影響。

第二章：「戒嚴與憲政」。首述戒嚴的緣起因素。次述我國實施戒嚴並未涵蓋全部戒嚴法範圍，詳論政府戒嚴執行嚴格之各項內容。三述戒嚴對國內的政治發展利弊互見的影響。

第三章：「威權體制的轉型與解嚴」。首述威權轉型中自由化、民主化之重要概念。次述轉型過程中的重要指標擬定，以導引其進展。三述威權轉型的各項理論依據。四述我國解嚴之背景因素所在。五述解嚴的時代意義。六述解嚴後政治發展情形，包括國安法實施、開放組黨、新聞及言論自由、集會遊行合法化、准許海外異議人士返國、開放返鄉探親等自由化之推展。

第四章：「國是會議與憲政發展」。首述國是會議召開的緣起，乃因國大擴權與三月學潮之直接影響作用。次述國是會議召開之經過情形。三述國是會議所探討之五項議題，並就達成共識者分析之。四述國是會議的得失與各方不同之評價。特別是因國是會議之召開，確定終止戡亂時期，廢止臨時條款，開啓其後一連串修憲的發展。

第五章：「一機關兩階段修憲」。首述第一階段修憲，分別探究修憲之經過情形，修憲之六項主要內容，修憲從過程面、內容面的評析。次述第二階段修憲，分別探究修

憲之經過情形，修憲在中央體制、地方制度、基本國策之調整、增列，以及修憲的評析，包括有關增修條文體例之不同、總統選舉方式之擱置、中央體制已出現微妙的轉變等予以探討之。

第六章：「第三次修憲」。首述第三次修憲的經過。次述修憲通過之內容。三述修憲的各項評析，包括過程面中朝野政黨爭議之各項衝突點；修憲內容方面，包括修憲體例特殊、確定總統民選、國大職權增加及組織常設化等之研究。

第七章：「國家發展會議與憲政發展」。首述國發會召開之四項原因。次述國發會召開的全部經過情形。三述國發會中朝野三黨之憲政主張，以及國發會之共識。四述國發會的評析，包括性質之辯、過程協商精神不足引發各方反彈、中央體制權責不相符之設計、地方制度之開民主倒車等，均予深論之。

第八章：「第四次修憲」。首述第四次修憲之經過。次述朝野三黨修憲初稿之比較及第四次修憲之增修條文。三述修憲之評析，包括過程中兩黨高層默契，然各黨內部反彈，社會各界反對修憲之聲浪情形。修憲條文部份，有關中央體制、地方制度、基本國策等均有極大爭議處，乃予深入之探究。

綜論：「憲政的影響與我國憲政展望」。主要在分析歷次憲政改革後，政府體制的諸多問題；並提出我國未來憲政發展的努力方向：容讓妥協與力行憲法。果能做到這兩點，我們民主憲政的前景才是有希望的。

這本書的完成，劉師俊三已辭世兩年。常憶及老師昔日行政學授課之風采、骨鯁之

氣慨。當年個人研究所初畢業，劉老師不以我之初學小子，欲將我留在政治系，後雖因他故未留下來，然廿年師生情誼永存心懷。感謝陳師新鋡對我的多年教導、愛護，沒有陳老師，我仍是軍旅南北奔波，無法進入國防管理學院政治系任教職，走向自己喜愛的學術研究天地。感謝江師炳倫、高師旭輝對我在研究所時，教導「政治發展論」、「憲法專題」，給予我觀念上之啓迪、教誨。感謝蕭師行易、朱師諶、黃師城對不成材如我者，多方之鼓勵、教導，使我充滿著感念之情，亦鞭策著自己繼續努力。當然，這本書則出自個人的表達，內容或有不盡完善之處，是由著者自己負全部責任。

中華民國八十七年十月

於國防管理學院

齊光裕　謹識

中華民國的憲政發展——民國卅八年以來的憲法變遷

目錄

表目錄

上篇　動員戡亂時期的憲政

◎臨時條款與憲政

◎戒嚴與憲政

◎威權體制的轉型與解嚴

◎國是會議與憲政發展

第一章　臨時條款與憲政　綱要

壹、前言

貳、臨時條款的時代背景

參、臨時條款的延長與擴張

肆、臨時條款的施行

一、緊急處分權的運用

二、總統得連選連任

三、創制複決權的行使

四、設置憲政研討會

五、設置動員戡亂機構

六、設立人事行政機構

七、充實中央民意代表機構

伍、臨時條款的爭議—性質論

一、主張臨時條款為憲法之一部分

二、主張臨時條款獨立於憲法之外

三、合宜適法的解釋

陸、臨時條款的評析

一、臨時條款正面的價值

二、臨時條款負面的影響

柒、結語

壹、前言

我國行憲伊始，即遭遇重大憲政危機，舉國陷於烽火連天之中。政府來台後，更處於內憂外患，危急存亡之時。正如名諺：「刀劍之下，法律沈默」（Amidst arms the laws aresilent），英國在第一次世界大戰有「國防法」（The Defence of the Realm Acts），第二次世界大戰有「緊急權力法」（Emergency Power Defence Acts）。又如美國開國之初華盛頓（G. Washington）、亞當斯（J. Adams）起樹立「反三任」的憲法慣例，亦因戰爭關係，羅斯福（F. D. Roosevelt）連四任。就我國而言，斯時如何以有效手段渡過難關，使國家民族免於危亡，實應正視，臨時條款、戒嚴法都是基於此種「救亡圖存」的法理而來。①亦有論者提出不同看法，如：「一九四八年四月，在內戰的藉口下，第一屆國民大會代表就制定了使憲法凍結的『動員戡亂時期臨時條款』。」②「我國自行憲以來，即籠罩在強人的威權統治之下，憲政結構始終無法確立，民主化的進展即常失去依憑，難以落實。」③究為「藉口」抑或「事實」？「籠罩在強人的威權統治」的背後是否有其情境因素？臨時條款對憲政的影響為何？均值探究。

貳、臨時條款的時代背景

民國卅七年三月第一屆行憲國民大會開幕之時，國共衝突已漫延各地，尤以北方情勢最嚴重，部分國代有鑒於憲法賦予總統之權力，不足以應付緊急時機，乃主張宜將憲法作適度修改，但憲法甫經公布，尚未施行即予修改，將損及憲法之尊嚴，尤為少數黨所不願。幾經會內外磋商，多數人認為若能暫不牽動憲法，以適當方式賦予政府臨機應

變，處理緊急情勢的權力，並得適應動員戡亂的需要，有其必要。乃有代表莫德惠、王世杰等一二〇二人提案制定臨時條款，經國民大會第一次會議第十二次大會，在民國卅七年四月十八日，依憲法第一七四條第一款規定修改憲法之程序，完成動員戡亂時期臨時條款，國民政府於民國卅七年五月十日明令公布。初次制定之臨時條款，全文如左：④

『茲依照憲法第一百七十四條第一款程序，制定動員戡亂時期臨時條款全文如左：

總統於動員戡亂時期，為避免國家或人民遭遇緊急危難，或應付財政經濟上重大變故，得經行政院會議之決議，為緊急處分，不受憲法第卅九條或第四十三條所規定程序之限制。

前項緊急處分，立法院得依憲法第五十七條第二款規定之程序，變更或廢止之。

動員戡亂之終止，由總統宣告，或由立法院諮請總統宣告之。

第一屆國民大會，應由總統至遲於卅九年十二月二十五日以前，召開臨時會，討論有關修改憲法各案，如屆時動員戡亂時期，尚未依前項規定宣告終止，國民大會臨時會應決定臨時條款應否延長或廢止。』

當時連署該案的王世杰代表，對於臨時條款之提案要旨有如下說明：⑤

我們七百餘人提這個議案，其根本目的，在求行憲戡亂並行不悖。我們知道，現在政府有兩大任務，一為開始憲政，一為動員戡亂。但在憲法裡，對於政府在變

亂時期的權力，限制綦嚴，如果沒有一個適當辦法補救，則此次國民大會閉會以後，政府實行憲政，必然會有兩種結果：一為政府守憲守法，但不能應付時機，敉平叛亂，挽救危機；一為政府為應付戡亂需要，蔑視憲法或曲解憲法條文，使我們數十年流血革命，付了很大犧牲而制定的憲法，變為具文，我們提這個案，以沈重的心情，要使國民大會休會以後，真正能行憲而且能戡亂，故有此提案。

綜此臨時條款制定之經過，可看出其乃為適應國家動員戡亂時期之需要，賦予元首以緊急應變的臨時權限，這在國際憲政史上不乏其例，如美國國會之對羅斯福總統授權，英國國會之對邱吉爾授權，這是為了避免國家遭到非常變故下所發展出來的結果。⑥唯此一臨時條款對我國憲政造成持續重大影響，實肇因於以下情況：(1)中華民國政府與中共分裂分治之久，為始料不及。(2)中華民國政府雖以法統自持，但因主權不及於大陸，造成嗣後中央民意代表無法全面改選之困境。(3)非常時期之國家元首深受台澎金馬軍民所依托，憲法上有關總統任期問題亦浮現。這些使得臨時條款不僅未能在短時期中止，其內容且有增加。

參、臨時條款的延長與擴張

臨時條款第四項原規定，應由總統於民國卅九年十二月廿五日以前，召集國民大會臨時會，討論有關修改憲法各案，如居時動員戡亂時期尚未宣告終止，應由國民大會臨時會決定臨時條款應延長或廢止。唯因時局關係，國民大會未能如期召開，臨時條款應否延長或廢止之問題，因而亦無從決定。直到民國四十三年二月十九日，第一居國民大

會第二次會議在台北舉行時，始由陳其業、莫德惠等八七七位代表提出臨時動議：「請由大會決議，動員戡亂時期臨時條款繼續適用案」。其理由為：⑦

現在急欲反攻大陸，動員戡亂的情勢，更為緊張，本條款不能廢止，固不待言。而針對目前情形，主張修改，亦有其理由。但本條款是依照憲法第一百七十四條第一款的程序制定，須有國民大會總額的五分之一提議，方能廢止與修改。目前由於大陸淪陷，在台代表總額三分之二之出席，既不可能，則對於本條款之廢止與修改，均難實現，本條款在未依照法定程序廢止與修改以前，自應繼續有效。

上述提案經大會於三月十一日議決通過：「動員戡亂時期臨時條款在未經正式廢止前，繼續有效」。

民國四十九年二月十日第一屆國民大會第三次會議在台北集會，當時與論及與會國大代表咸認此時此地，不宜修憲，然而臨時條款的制定，已達十餘年之久，實有修訂的必要，俾能適應戡亂的需要。而在前第二次會議時所面臨的憲法所稱代表總額問題，亦於民國四十九年二月經司法院大法官會議釋字第八十五號解釋為：「憲法所稱國民大會代表總額，在當前情形，應以依法選出而能應召集會之國民大會代表人數為計算標準」⑧而得到解決。於是在民國四十九年三月十一日通過了第一次修訂臨時條款，其後於五十五年二月十五日第三次會議臨時會、五十五年三月廿二日第四次會議、六十一年三月廿三日第五次會議，分別做了第二、三、四次的修訂臨時條款。（第一次修訂至第四次修訂增刪情形如表一）。

綜合而論，臨時條款制定及歷次修訂之主要意義為：

(1)初次制定臨時條款的重點，在授與總統以緊急處分權之行使，在程序上不受憲法有關條文（第卅九條、四十三條）之限制。

(2)第一次修訂臨時條款的重點，在賦予蔣中正總統得以繼續出任第三任總統的法源（即凍結原憲法第四十七條之規定），對於鞏固當時領導中心，有其積極意義。

(3)第二次修訂臨時條款的重點有二；一為國民大會創制複決兩權之行使。二為設置研究機構，研討憲政有關問題。

(4)第三次修訂臨時條款的重點有二；一為授權總統設置動員戡亂機構，決定動員戡亂有關大政方針，並處理戰地政務。二為總統因動員戡亂需要，得調整中央政府之行政機構及人事機構，並增補選中央公職人員。

(5)第四次修訂臨時條款的重點有二；一為擴大中央政府基礎，在自由地區增加中央民意代表名額。二為授權總統訂定遴選辦法，使僑居國外國民亦有選出或遴選之立法委員、監察委員等參與中央政治。

肆、臨時條款的施行

臨時條款所規定內容的實施，可以從七個方面分析：一、緊急處分權的運用。二、總統得連選連任。三、創制複決權的行使。四、設置憲政研討會。五、設置動員戡亂機構。六、設立人事行政機構。七、充實中央民意代表機構。

表一　動員戡亂時期臨時條款歷次修訂情形

修訂次數	第一次修訂	第二次修訂
修訂時間	49 3 11	55 2 15
修訂會期	第三次會議	第三次會議臨
修訂內容	新增二項： 1. 動員戡亂時期總統副總統得連選連任，不受憲法第四十七條連任一次之限制。 2. 國民大會創制、複決兩權之行使，於國民大會第三次會議閉會後，設置機構，研擬辦法，連同有關修改憲法各案，由總統召集國民大會臨時會討論之。 修正三項 1. 國民大會臨時會由第三任總統於任期內適當時期召集之。 2. 動員戡亂時期之終止，由總統宣告之。 3. 臨時條款之修正或廢止，由國民大會決定之。	新增三項： 1. 動員戡亂時期，國民大會得制定辦法，創制中央法律原則與複決中央法律，不受憲法第二十七條第二項之限制。 2. 在戡亂時期，總統對於創制案或複決案認為有必要時，得召集國民大會臨時會討論之。 3. 國民大會於閉會期間，設置研究機構，研討憲政有關問題。 刪除兩項： 1. 國民大會創制、複決兩權之行使，於國民大會第三次會議閉會後，設置機構，研擬辦法，連同有關修改憲法各案，由總統召

	第三次修訂	第四次修訂
	55 3 22	61 3 23
時會	第四次會議	第五次會議
集國民大會臨時會討論之。 2. 國民大會臨時會由第三任總統於任期內適當時期召集之。 （以上刪除原因，為本次臨時會已召集，達成其既定目標，已無實質存在意義）	新增兩項： 1. 動員戡亂時期，本憲政體制，授權總統得設置動員戡亂機構，決定動員戡亂有關大政方針，並處理戰地政務。 2. 總統為適應動員戡亂需要，得調整中央政府之行政機構及人事機構，並對於依選舉產生之中央公職人員，因人口增加或因故出缺，而能增選或補選之自由地區及光復地區，均得訂頒辦法實施之。	新增一項： 1. 動員戡亂時期，總統得依下列規定，訂頒辦法充實中央民意代表機構，不受憲法第二十六條、第六十四條及第九十一條之限制：(1)在自由地區增加中央民意代表名額，定期選舉，其需由僑居國外國民選出之立法委員及監察委員，事實上不能辦理選舉者，得由總統訂定辦法遴選之。(2)第一屆中央民意代表，係經全國人民選舉所產生，依法行使職權，其增選補選亦同。大陸光復地區次第辦理中央民意代表之選舉。(3)增加名額選出之中央民意代表，與第一屆中央民意代表，依法行使職權。增加名額選出之國大代表，每六年改選，立法委員每三年改選，監察委員每六年改選。

資料來源：著者整理

一、緊急處分權的運用

依現行憲法第四十三條規定，總統有權依該條所定程序發布「緊急命令」，唯一則發布緊急命令所必需依據之「緊急命令法」迄未制定，使憲法第四十三條無由實施；二則該條所定發布緊急命令之原因限於「國家遇有天然災害、癘疫、或國家財政經濟上有重大變故」，戡亂難以包括其中。職是之故，臨時條款之「緊急處分」即增加：「為避免國家或人民遭遇緊急危難」一語。另緊急處分乃授予總統臨機應變的權力，在程序上，便可不必經由憲法第卅九條經立法院通過或追認之程序；亦可以不依照憲法第四十三條規定的「緊急命令法」（此法迄未制定）的規定，也不需依照同條規定須於發布命令後一個月內提交立法院追認，因之「緊急處分」與「緊急命令」的法源依據、原因、程序均顯見不同。

臨時條款制定後，總統運用緊急處分的數量不多，在大陸時期所發布者有民國卅七年八月十九日「財政經濟緊急處分令」、卅七年十二月十日「全國戒嚴」、卅八年一月十九日「黃金短期公債」、卅八年二月廿五日「財政金融改革案」、卅八年七月二日「制定銀元及銀元兌換卷發行辦法」、卅八年七月廿三日再頒布「戒嚴令」、卅八年七月廿三日「愛國公債條例」。⑨

政府來台後，緊急處分前後總共行使四次：

1.第一次為民國四十八年八月卅一日，頒布對於「八七水災」的搶救、重建工作的緊急處分令，規定緊急處分事項共十一種。⑩

2.第二次為民國六十七年十二月十六日，美國宣布與中共建交，時值當年度增額中央民意代表競選期間，由於國家安全整體考量，總統乃即日頒發緊急處分令：⑴軍事單位採取全面加強戒備之必要措施。⑵行政院經濟建設委員會會同財政部、經濟部、交通部，採取維持經濟穩定及維持發展之必要措施。⑶正進行中之增額中央民意代表選舉，延期舉行，即日停止一切競選活動。⑪

3.第三次為民國六十八年一月十八日，總統復發布緊急處分令。⑫以解決中央增額民代選舉經前項緊急處分令宣告停止，而依臨時條款規定於六十一年及六十四年選出之增額國民大會代表、立監委員之任期將於六十八年初屆滿問題，而得以解決。

4.第四次為民國七十七年李登輝總統發布於國喪期間，禁止人民集會遊行請願。

二、創制複決兩權行使

國民大會之創制複決兩權，依憲法第廿七條第二項之但書：「關於創制複決兩權，俟全國有半數之縣市曾經行使創制、複決兩項政權時，由國民大會創定辦法並行使之。」政府來台後，以主權不及於大陸，國民大會之創制複決兩權因而完全冰封凍結了。國民大會乃擬循臨時條款把它從憲法解凍出來，國民大會臨時會於民國五十五年二月七日第三次大會修訂臨時條款，增加第四項「動員戡亂時期，國民大會得制定辦法，創制中央法律原則與複決中央法律，不受憲法第廿七條第二項之限制。」唯並於第五項中規定：「在動員戡亂時期總統於創制案或複決案認為有必要時，得召集國民大會臨時會討論之。」即把是否行使此兩權必要的決定權交給總統。亦即「有無必要行使兩權，以及要不

要召集國民大會」權在總統，國民大會不得自行集會行使兩權。⑬

基於上述臨時條款第四項之規定，國民大會臨時會乃在民國五十五年二月八日舉行第四次大會，三讀通過「國民大會創制複決兩權行使辦法」，全文共分總則、創制、複決、程序及附則等五章，凡十三條。主要內容在規定國民大會，對中央法律原則有創制權（第三條）。對中央法律有複決權（第六條）。國大代表所提出之創制、複決案，須有代表總額六分之一簽署（第八條）。二分之一以上之出席及出席代表二分之一以上之同意，否則不得決議。（第十條）並咨請總統於六個月內公布之（第十三條）。⑭本辦法總統並於同年八月八日公布。

「國民大會創制複決兩權行使辦法」公布實施後，雖則國大對於中央立法可「原則創制」，對中央立法複決可「任意複決」，但以臨時條款第五項之規定，將有無必要行使兩權，以及要不要召集國民大會討論之權，賦予總統，國民大會不得自行集會行使兩權。因之，國民大會雖常有行使兩權之議，終以未獲總統回應而作罷，故形成雖有兩權辦法之制訂，但並無任何行使的紀錄。

三、總統得連選連任

依憲法第四十九條之規定：「總統副總統之任期，均為六年，連選得連任一次。」亦即限制總統作兩次以上連任。唯因我國於民國卅年代末期以來，即處於動員戡亂，非屬承平，沒有卓越、堅強又為全體國民所信服之領導中心，凝聚全民力量，恐無法渡過那段艱辛、百廢待舉、內憂外患的局面。雖然其時亦有少數不同聲音見解—主要來自「

自由中國」半月刊。例如民國四十五年「自由中國」推出「祝壽專號」（十五卷九期），以為蔣中正總統七十大壽祝賀，在社論「壽總統蔣公」一文中，建議：(1)選拔繼任人才(2)確立內閣制(3)實行軍隊國家化。甫經出刊，即受各界注意，並曾印行至九版。

民國四十八、九年間，「自由中國」進一步就「修憲風波」—蔣中正總統兩居任滿之憲政問題，加以討論。基本上，「自由中國」論點強調理想主義，否定大環境有危機存在，縱令有危機，亦反對任何限制民主的作為。正如台大哲學系教授殷海光所說。⑮

> 自從大陸淪陷，撤退台灣以來，台灣在一個大的藉口之下，有計畫地置于一個單一意志和單一勢力嚴格支配之下，這一計畫，逐年推進……官方據以控制言論自由的王牌有如後幾張——「國家利益」、「基本國策」、「非常時期」……

然而除「自由中國」等少數聲音外，絕大多數輿論與學者仍強調民國卅八年政府來台後的時空情境，亦即「此時何時」?「此地何地」?先就「此時何時」而言，所謂「此時」，即1.自卅八年大陸變色，政府來台，繼續反共大業，以圖重整河山之時。2.正是中共妄言「解放」台灣，圖我日亟，以武力進犯，砲轟金馬之時。3.正是台澎金馬復興基地，上下一心，埋頭苦幹，辛勤建設三民主義模範省之時。

所謂「此地」，即1.台澎金馬為中華民國唯一未被中共蹂躪之地區。2.台澎金馬為今日反共復國的基地。3.台澎金馬為民主陣營西太平洋之堅強堡壘和屏障。

因之，當其之時，多數知識份子與民眾歸結中華民國乃正處非常之時期，內部經濟、社會均呈薄弱。審之以時事，度之以實情，唯有國民黨有足夠力量與中共抗衡，亦唯

有蔣中正總統能穩定時局，糾合群力，突破困境。國民大會爰於臨時條款第三項特別規定：「動員戡亂時期，總統副總統得連選連任，不受憲法第四十七條連任一次之限制。」根據此一規定，蔣中正總統得於民國四十九年、五十五年、六十一年連任中華民國第三、四、五屆總統，以其豐富反共經驗，堅定革命意志，領導國人一面對抗共產政權，一面增強國力，不僅渡過重重難關，且銳意建設台澎金馬，始有其後台灣富裕繁榮之社會。

四、設置憲政研討會研討憲政有關問題

國民大會憲政研討會乃是根據民國五十五年二月十五日第二次修改臨時條款，其第六項：「國民大會於閉會期間，設置研究機構，研討憲政有關問題。」而產生，以國民大會全體代表為委員組織而成。其組織綱要於民國五十五年三月廿三日經國民大會第四次會議第十次大會通過，並於六十七年三月十八日經國民大會第六次會議第十次大會修正。有關國大憲政研討會組織的重要規定如下：⑯

1.憲研會設主任委員、副主任委員各一人，主任委員公推總統擔任，副主任委員由主任委員就委員中指定之。（第五條）

2.憲研會設十二個研究委員會，其中台北區設第一至第九研究委員會與第十三研究委員會；台中區設第十、十一研究委員會；台南區設第十二研究委員會。分別研討有關憲法憲政、內政、外交、國防、財政經濟、教育文化、交通、邊疆、僑務、司法等事宜。（第六條）

3.每一位代表以自由參加一委員會為限，每年認定一次。另自七十一年度起，每位代表於認定登記時，除參加一個研究委員會外，同時依其志願可登記列序參加另一委員會。（第七條）

4.憲研會綜合會議，每三個月舉行一次。（第十條）

5.憲研會全體會議，每年十二月舉行一次，由主任委員召集。（全體委員出席，討論各委員會提出之研討結論。）（第十二條）

憲研會從民國五十五年至八十年的廿五年間各研究委員會提出之研討結論，共有一千零九十一件，全部完成者一千零五十四件，佔總件數百分之九十六點八，其中完成達百分之百者，有第五、六、七、十二研究委員會。歷年來各研究委員會研究成果統計，其中內政類一五三件、憲法憲政類一四三件、教育文化類一三七件、財政經濟類一三一件、國防類一〇件。經憲研會綜合會議或全體會議通過者，函送政府機關參辦者九八五件，佔完成總數百分之九十五點六，其中函送政府機關，包括：行政院、司法院、考試院、國家安全會議、文復會等，並轉發其他有關工作單位參採辦理，參辦率為百分之八十以上。⑰

五、設置動員戡亂機構

民國五十六年二月一日，總統依照臨時條款第四項「得設置動員戡亂機構」的規定，公布「動員戡亂時期國家安全會議組織綱要」；同日頒布命令：⑱

國防會議自動員戡亂時期國家安全會議成立之日起撤銷，原隸國防會議之國家

安全局及戰地政務委員會改隸於國家安全會議。國防計畫局分別併入國家安全會議計畫委員會及國家總動員委員會。（嗣令奉核定將行政院經濟動員計畫委員會併入國家安全會議）。

國家安全會議依其組織綱要第二條之規定，共有七項任務：1.動員戡亂大政方針之決定事項。2.國防重大政策之決定事項。3.國家建設計畫綱要之決定事項。4.總體作戰之策定及指導事項。5.國家總動員之決策與督導事項。6.戰地政務之處理事項。7.其他有關動員戡亂之重要決策事項。

至於其組織成員，依同法第六條規定，國家安全會議除以總統為主席外，由副總統、總統府祕書長、參軍長、總統府戰略顧問委員會主任、副主任、行政院院長、副院長、國防部長、外交部長、財政部長、經濟部長、參謀總長、該會祕書長與各委員會主任委員，以及總統特別指定的人員組成。總統為國家安全會議主席，主持會議，總統因事不克出席時，由副總統代理之。

國家安全會議為一合議制之機構，唯因其一切決議，須經總統核定後，再依其性質交主管機關實施，故其精神具有獨位首長制的色彩。故有謂：「國家安全會議不但是戡亂時期政府的決策機關，而且是決策的中樞所在，在其決策範圍內，行政院倒退而成為執行其決策的機關。」──⑲

依國家安全會議組織綱要第四條規定：「總統行使動員戡亂時期臨時條款第四項及第五項之職權時，以命令行之。」──此中所稱「命令」與憲法第卅七條：「總統依法公布

法律，發布命令須經行政院長及有關部會首長副署」所稱之「命令」，是否具有相同含意？即是否與憲法卅七條一樣，須經行政院長副署，或不須副署？論者從臨時條款授與總統之職權計有一、四、五、六、七、九項等，其中第一、六、七項有「不受憲法有關條文之限制」之除外規定，獨第四、五、九項沒有除外之規定，因而認為總統行使此項權力以命令為之，仍應依憲法卅七條規定，須經行政院長之副署。⑳故以過去總統須布「動員戡亂時期國家安全會議組織綱要」、「行政院人事行政局組織規程」時均未經行政院院長或相關部會首長副署，似值商榷。㉑唯臨時條款一、六、七項之所以有除外規定，乃因該等條文明顯牴觸原憲法條文；而四、五、九項本為憲法中所無明確規範，故沒有除外規定。事實上，觀之於有除外條款之第一項，過去總統在行使緊急處分權時亦有行政院長之副署，因之總統以命令行使臨時條款職權時，是否須經行政院院長副署，應無關是否有除外規定，而應注意到臨時條款是否有規定總統行使命令，不受憲法第卅七條之限制，如果沒有，則總統行使臨時條款職權時之命令，均宜須行政院院長之副署。

歷來國家安全會議，授權總統對戡亂有關大政方針決定事項中，若干重要性決策如：1.民國五十六年設置行政院人事行政局。2.民國五十七年實施九年國民教育。3.民國六十八年擴大領海為十二海浬，經濟海域為二百海浬（原領海為三海浬，經濟海域為十二海浬）。4.民國五十六年「動員戡亂時期自由地區中央公職人員增補選辦法」與六十一年「動員戡亂時期自由地區增加中央民意代表名額選舉辦法」，辦理中央民意代表在

自由地區之增額選舉以及華僑地區之遴選。上述事項均發揮相當大作用。

六、設置行政院人事行政局

總統於動員戡亂時期，為統籌所屬各級行政機關及公營事業機構之人事行政，加強管理，並儲備各項人才，於民國五十六年六月十四日，蔣中正總統在國家安全會議中裁示決定：「行政院設置人事行政局案，可依動員戡亂時期臨時條款第五項之規定，由總統以命令行之。」關於『行政院人事行政局組織規程』，由總統於五十六年七月廿七日明令公布實施。㉒

依據「行政院人事行政局組織規程」第三條至第六條規定，人事行政局之職權有人事管理權、法規研議權、人才調查儲備權、人員分發權、組織編制審議權、公務人員進修規畫權、考核政績獎懲核議權、待遇獎金福利規畫權、退休撫卹保險建議權，及人事資料建立運用權等。其與考試院所屬之銓敘部共有職權合計達十項之多，相異之職權不多。㉓此所以人事行政局既係行政院所屬之機構，復就有關人事考銓業務，並受考試院指揮監督之故（組織規程第一條），其對於行政院所屬各級人事機構之組織、編制、人員派免，於核定之後，尚應報送考試院銓敘部備查（組織規程第十四條），體例至為特殊。

七、充實中央民代機構

蔣中正總統根據民國五十五年三月國民大會增訂臨時條款的授權，於是交由國家安全會議通過「動員戡亂時期自由地區中央公職人員增選補選辦法」，於五十八年三月廿

七日正式公布。繼而制定施行細則，舉行選舉。於當年十二月廿日投票後，圓滿選出國民大會代表十五名，立法委員十一名，監察委員兩名，是為我國中央民意機關來台後，首次增加新血輪。然而本次增補選一方面增加名額不多；再則係屬「純法律性」的選舉（辦理之目的在符合憲法名額分配的原則）而非「政治性」的選舉。

到了民國六十一年臨時條款再經修正，復授權總統不受憲法有關條文之限制，辦理中央民意代表在自由地區之增額選舉以及華僑地區之遴選。總統即於民國六十一年六月廿九日公布「動員戡亂時期自由地區增加中央民意代表名額選舉辦法」，並於同年七月廿七日公布「動員戡亂時期僑選增額立法委員及監察委員遴選辦法」。按照此兩項辦法，於自由地區選出增額國民大會代表五十三名，增額立法委員卅六名，增額監察委員十名；另僑區遴選增額立法委員十五名，增額監察委員五名，共計選出增額中央民意代表一百十四名。並於民國六十四年辦理增額立委改選一次。

民國六十七年，原定依據臨時條款辦理三項增額中央民意代表之改選，旋因中美斷交而由總統發布緊急處分令予以停止。至民國六十九年六月十一日，總統發布三項命令，規定同年舉行六十七年經延期停止之選舉，並就其應選名額大幅增加，制定「動員戡亂時期自由地區增加中央民意代表名額選舉辦法」，修訂「動員戡亂時期僑選增額立法委員及監察委員遴選辦法」，並廢止六十一年公布之增選辦法。據此，乃於民國六十九年底辦理選舉，在國內自由地區選出增額國民大會代表七十六名，增額立法委員七十名，增額監察委員廿二名；僑選增額立法委員廿七名，增額監察委員十名，共計選出增額

中央民意代表二百零五人。此後增額國大代表並於民國七十五年選出八十四名，增額立法委員亦分別於七十二年、七十五年、七十八年分別選出九十八名、一百名、一百卅名；增額監察委員於七十六年選出卅二名。㉔

中央民代增補選舉的意義，正如金耀基指出，我國民主發展的道路是漸進的，不同於若干國家，在民主追求上，無視客觀的條件，急躁的結果，反而造成社會的動亂不安。而我國民主漸進的目標，是希望為經濟發展提供一個「安定」的環境。㉕總之，政府來台之後，中央民意機關的改選，一時面臨既無法全面（大陸淪陷），又無法局部（公平性問題）的兩難困境，乃由五十八年「增選補選辦法」，到六十一年「增額選舉辦法」，逐步擴大政治參與的管道，也使具有最新民意基礎的新血輪注入國會之中。

伍、臨時條款的爭議——性質論

臨時條款的時代背景，乃為切合國家之特殊需要，加強憲法之適應性。基本上，在動員戡亂時期，以不修改憲法本文的原則下，維持憲法的穩定性與適應性；同時使行憲與戡亂並行不悖，合於平時與戰時的雙重要求，戡亂時期終止，則臨時條款即予廢止。正因其體例的特殊，益使臨時條款的性質極具爭議，大別之，有兩種說法，一謂臨時條款是構成憲法之一部分，一謂臨時條款係獨立於憲法之外，分述如下：

一、主張臨時條款為憲法之一部分

此即憲法內容說，以臨時條款乃為構成憲法之一部分內容，附隨憲法而存在，與憲法所規定的其他部分，同為根本大法，捨憲法則臨時條款失所附麗，而無單獨存在之餘

地。就制定程序言，臨時條款完全適用修憲之程序；就效力言，臨時條款有停止或變更憲法之效力，其他任何法律僅能變更法律、命令，但不能變更憲法，改變憲法者，只有憲法，臨時條款能變更憲法，其為憲法無疑。㉖

持相反看法者，認為臨時條款並未嵌入憲法典內構成憲法之一部，而係自立於憲法外與中華民國憲法併列的獨立法典，縱因其具憲法位階效力，也只是「實質憲法」（materielle verfassung）而非「形式憲法」（formelle verfassung）。論者並就臨時條款內容佐證，指出其第十一項規定「臨時條款之修訂或廢止，由國民大會決定之」，如臨時條款為憲法一部，則依憲法第一百七十四條之規定，其修改或廢止決定權本屬國民大會，何需再設第十一項；此外如臨時條款第一、二、三、六、七項在引述憲法本文時，均不厭其煩一一詳指「憲法第×條」，而非用「本憲法第×條」或直呼「第×條」，因之認為臨時條款應非憲法內容之一部分。㉗

二、主張臨時條款獨立於憲法之外

持此種看法者，又有許多不同學理主張，如憲法之特別法說、戰時憲法說、授權法說……不一而足。

1.憲法之特別法說

該說主張臨時條款與憲法並存，兩者之關係一如特別法與普通法的關係，適用「特別法優於普通法原則」（lesspecialis derogat legi generali）亦即臨時條款可凍結部分憲法條文而優先適用。㉘

此說亦有若干盲點存在，一則特別法與普通法乃係一般法律的分類，可否用於憲法仍有爭議。再則，如有所謂特別憲法，其應由制憲國民大會制定，而臨時條款是由行憲國大完成，行憲國大之職權為修憲權而非制憲權。

2.戰時憲法說

戰時憲法說以「平時法」、「戰時法」概念著手，臨時條款因係為動員戡亂時期而制定，適用於非常時期，因具有戰時憲法之性質。戰時憲法乃因應社會情勢之劇烈變動，故所依據之法理、規定之內容與平時憲法有異。㉙

此說亦不甚周延，因臨時條款所規定者，並非具有完整性且可單獨存在，正因臨時條款並非完整憲法法典形式，其所大部分未規定者，仍適用原憲法，故而臨時條款尚難謂即取得憲法之地位而代之。

3.授權法說

此說謂臨時條款係國民大會授權於總統在動員戡亂時期所得行使之職權，即加強戰時統帥權之行使，與各國在戰時由國家制定授權法案，以授權政府在戰時之職權相同，故臨時條款具有授權法之性質。

此說固然指出臨時條款乃國民大會對於總統授權之淵源。但未說明臨時條款本身之性質為何？以及臨時條款與憲法之關係為何？因之顯然有欠周延性與完整性。

4.獨立於憲法之外，唯法制地位等於憲法

此說認為臨時條款係獨立於憲法之外，但法制地位等於憲法，高於普通法律或命令

。此因臨時條款係由有權機關—國民大會依法定程序完成，並先後經國民政府、總統公布，是為成文法之一種，自得為憲法之法源。且臨時條款因有「變更憲法之力」，則又有優於憲法之處，此外，臨時條款冠以「臨時」兩字，限以「動員戡亂時期」，衡諸憲法之永久性，則臨時條款究難與憲法相提並論，當動員戡亂時期終止時，臨時條款即廢止，然在限定時期內，臨時條款則有高於憲法與獨立於憲法外之效力。㉚

此說認為憲法獨立於憲法之外，即表示其非憲法之一部分內容，但以國民大會僅有修憲而無制憲權，並不能「制定」「法制地位等於憲法」之憲法典，故此說仍難成立。

5.獨立於憲法之外，類似威瑪憲法之「破憲法律」

此說認為臨時條款不是憲法的一部，而是國民大會越權所制定的一部適用上優先於憲法的新的、獨立的特別憲法，其體例相當於德國威瑪時代破壞憲法統一、完整之法典性的「破憲法律」(verfassungsdurchbrechende gesetze)㉛德國威瑪憲政史上的「破憲法律」乃指其修憲機關在保持憲法典原封不動的前提下，依修憲程序制定出一個與憲法典有別，但內容與之牴觸且適用順序又較為優先的特別憲法。㉜

此說認為臨時條款為國民大會「越權」所制定的一部獨立的特別憲法，然衡諸事實亦有失允當，一則臨時條款全文之首，已說明國民大會依照憲法第一百七十四條第一款程序為之，就法言法，並無「越權」，二則臨時條款先採原則性敘述，而在第二次修正後，改採條項列舉，然無論原則性敘述抑或條項式列舉，內容均非完整憲法典，尚不足以稱為「獨立」的特別「憲法」。

三、合宜適法的解釋

上述各種論及臨時條款的性質中，看法互異，差別亦大，要較明確論述臨時條款之性質，宜從四方面分析：即臨時條款由誰制定？臨時條款依據為何？臨時條款制定目的為何？臨時條款的體例與世界憲政發展經驗的同異為何？

⑴臨時條款由國民大會制定，而非由立法院或行政部門制定，故就其位階性而言，絕非法律、命令之層級，而是憲法之同等位階。

⑵臨時條款的依據為「依照憲法第一七十四條第一款程序」。憲法第一百七十四條第一款為修憲程序，亦即說明臨時條款乃「由國民大會代表總額五分之一提議，三分之二之出席，及出席代表四分之三之決議，得修改之。」而完成。行憲國民大會所擁有的憲法職權為修憲權而非制憲權，因之臨時條款為行憲國大依修憲程序完成的憲法修正條款，自然與憲法有相同的合法效力。

⑶臨時條款的目的，依王世杰代表說明，乃是在求行憲與戡亂的並行不悖，維持憲法的穩定性與適應性，從臨時條款目的當中，亦可瞭解臨時條款效力具有時間性—即動員戡亂時期，當動員戡亂時期終止，臨時條款即予廢止。

⑷臨時條款的體例與世界憲政發展經驗的同異方面，確實較為特殊，臨時條款係行憲國民大會依憲法第一百七十四條第一款之修憲程序完成的憲法修正條款。依近代各國憲法經驗，採修改憲法約有三種：修改條文、删除條文、增補條文。㉝其中增補條文，乃不廢止舊條文，而另行增加新條文列於憲法之後，再依「後法推翻前法原則」（

lexposterior derogat legi priori），新增補條文有效，被修改之條文雖形式上仍在憲法中，但已失去效力，僅具歷史意義而已，美國憲法即是著例。就我國臨時條款而言，有與之相近者，一為均採增補條文列於憲法之後的方式，二為均是採用「後法推翻前法」原則，原憲法條文與臨時條款牴觸者均失其效力。但兩者亦有不同處，臨時條款使原憲法條文失去效力僅是「凍結」暫不適用之條文，而非使之廢止，戡亂時期結束，臨時條款即廢止，原有條文，仍回復其效力。因之，這確是各國修憲史所少見。我國臨時條款的體例有其獨創性，殆無疑義。或有學者指出，行憲伊始，正值戡亂時期，烽火已經燒起全國半壁江山，國民大會能及時透過臨時條款途徑，使國家行憲與戡亂得以並行，正是行憲代表高度智慧的表現，也是中國憲政史上不可磨滅的一項。㉞謝瀛洲對臨時條款之性質即說明：㉟

臨時條款係依憲法第一百七十四條第一款之程序而制定，其性質等於原憲法之修正，原憲法之條文與之牴觸者，均失其效力，而以臨時條款所規定者為適用之根據，其與通常所稱憲法修正案有所不同者，即原憲法經修正後，其被修正的條文，即行廢止，而臨時條款僅凍結憲法中暫不適用之條文而已，時機一至，原有條文，即仍然回復其效力。

綜合之，臨時條款乃係行憲國民大會依憲法第一百七十四條第一款：「由國民大會代表總額五分之一提議，三分之二之出席，及出席代表四分之三之決議，得修改之。」而制定，屬於憲法的修正條款。過去長時期以來，執政的國民黨與政府，均不直接論及

臨時條款即修憲條款，亦致使學術界論述紛歧，莫衷一是。考政府在臨時條款成立初始，乃至來台後，均不直接以臨時條款即是修憲來解釋，與蔣中正總統不願在斯時修憲的態度有關。早先，民國卅七年行憲伊始，國民大會代表即有醞釀修憲者，蔣中正總統即不表贊同，以為憲法施行未久，不便遽言修憲，而使人有朝令夕改之感。民國卅八年，中央政府播遷來台，蔣氏認為把這部憲法，完整的帶回大陸，是一種反共復國的精神力量，在台修憲殊非所宜。蔣氏亦對此看法向國大代表闡述：[36]

> 至於此時而言修憲，立意固極高遠，然而大敵當前，見仁見智，徒啓紛議，分心分力，轉增時艱。中正所陳坦見，無非為反共復國熟計利害，毫無個人私意存乎其間。此後如何發抒良謨，各位代表固自有權衡，但是耿耿此心，當亦為同仁所共諒。

正因蔣中正總統的憲政態度，並不主張在當時修憲，而事實上第一屆行憲國民大會代表所擁有的正是修憲權，其後乃以臨時條款方式為之，而避諱直言「修憲」，衡諸事實，臨時條款實則就是修憲案。整體言之，臨時條款就法律效力而言，國民大會既有修憲權，其依修憲程序所制定的憲法修正條款——臨時條款，自然具有與憲法相同的合法效力。就體例而言，臨時條款雖有其獨創性，不易於從世界各國憲政實例中找出相似者，但卻為爭生存、爭自由民主，對抗中共極權專政的中華民國政府留下歷史的可貴紀錄。

陸、臨時條款的評析

臨時條款是非常時期下的產物，基本上它凍結了憲法上原有的部分條文，就憲政而

言是有負面影響的，但也因它而使台澎金馬得以穩定，更為其後帶來自由地區經、社發展的有力契機。臨時條款存在的另一個重要因素，即是與中共長期的軍事對峙，直到民國四十七年尚有「八二三砲戰」。中共全面停止砲擊金馬，則是民國六十七年中美斷交後的事，這也造成戡亂時期持續下去，遲遲無法回歸憲法。終止戡亂時期，廢止臨時條款，則是到了民國八十年。這長達四十餘年的臨時條款所造成的爭議很多，持平地說，其對憲政體制的發展有正面的價值，亦有負面的影響。而事實上，就同一件事情，論者評之往往亦是正反兩面的，茲以總統連任為例，臨時條款凍結憲法第四十九條之連選連任一次規定，就肯定者言，蔣中正總統的在位，以民國四、五十年代面臨中共「立即而明顯」的武力威脅（clear and present danger），農工經濟條件的低落，人心的不安，當其之時，能穩定全國軍民士氣，並凝聚出堅定的團結意志，除蔣中正總統外，何人能有此領袖魅力（charisma）？故有謂瑕不掩瑜。但質疑者就其連任達五次，在位近卅年之久，以民主憲政體制而言殊非常態。

一、臨時條款正面的價值

1.具有穩定政局的功能

國家承平時代，只須憲法正常運作，即可有條不紊。正因時局逆轉，生存遭受威脅，乃有臨時條款，臨時條款成之於亂世，故而其凍結、改變原憲法條文，如授與總統緊急處分權，授與總統設置動員戡亂機構，決定大政方針，凍結總統連選連任一次的規定，使蔣中正總統得以領導全民走過風雨飄搖的歲月，不僅士氣振奮，上下團結和諧，且

造成軍事上局部的優勢，經濟上繁榮的基石，為其後「台灣經驗」奠定良好的基礎。

2.緊急處分權運用謹慎

緊急處分權的力量甚大，但觀之政府來台，緊急處分權總共使用四次：民國四十八年的「八七水災」，民國六十七年的中美斷交，民國六十八年的解決中央增額選舉經前一年中美斷交而停止後，所面臨的原任期將到，新任未選出的解決補充令。第四次為民國七十七年李登輝總統發布於國喪期間，禁止人民集會遊行。這四次都是重大事故，且事涉國家安全、人民生命財產，總統乃以緊急處分權因應，應屬得宜。

3.國家安全會議決定大政方針之成效甚佳

民國五十七年實施九年國民義務教育，使教育落實普及，民智大開。民國五十八年起辦理增選補選中央民意代表，民國六十八年因應國際間共同發展的趨勢，將領海擴大為十二海浬，經濟海域擴大為二百海浬，上述的臨時條款授權總統有關大政方針的決策而來，這些決策都是具有前瞻性，而影響深遠的。

4.中央民代增補選擴大政治參與

民國五十八年起，總統依據臨時條款的授權，在自由地區辦理中央民意代表之增補選舉，使國會得以灌注新的血輪，同時也擴大了政治參與的管道，將民選的層級由地方自治範疇，達到中央階層的選舉，對民主政治的逐步落實甚具貢獻。

二、臨時條款負面的影響

1.改變憲法原有精神

依據中華民國現行憲法的條文，我國雖有五權憲法的架構（憲法中「國民大會」、「總統」以及五院都列有專章），但依職權分析，我國憲法的體制較傾向於內閣制。在臨時條款規定下，總統依授權設置國家安全會議，決定國家建設與動員戡亂大政方針，原行政院每年提出於立法院的預算案、法律案，依憲法第五十八條規定，只需提出行政院會議即可，在國家安全會議成立後，前述各案在行政院會通過後尚須報請國家安全會議，始能向立法院提出，而國家安全會議對行政院提報之預算及法案，有變更之權。明顯的，國家安全會議成為決策中樞，行政院倒退成為執行其決策的機關，因之破壞了現行憲制由行政院為最高行政機關的體制。

2.總統職權擴大

臨時條款第四項「授權總統得設置動員戡亂機構，決定動員戡亂時期有關大政方針」，於是國家安全會議的設置，由總統擔任主席，行政院長成為其幕僚長，加以國安會的精神具有獨位首長制的色彩，國安會一切決議，須經總統核定後，再依其性質交主管機關實施。由於總統職權擴大，乃有利於強人政治的發展，此一趨勢，固然對事權統一、政局安定有相當價值，但相對也使憲政所規範體制受到改變。尤以享有眞正決策大權的總統，卻毋需負任何責任，從權責角度觀之，是極不合理的。

柒、結語

行憲未久，全國已陷於烽火之中，國家處境艱危。隨著大陸赤化，政府輾轉來台，面臨中共武力直接威脅，台灣地區當時經濟條件、社會條件薄弱的狀況下，人心浮動不

安，故不宜以正常狀態視之。斯時政府首要工作，乃在安全考量，免於被中共赤化。但在安全優先考量下，無可避免的對民主政治正常發展造成影響，臨時條款的繼續實施與歷次擴張，使得無法回歸憲法。這些問題是兩岸分裂分治下所產生的困擾，臨時條款是階段性、臨時性的，但由於動員戡亂時期一直持續，致使這個臨時條款，一直「臨時」了四十三年之久。臨時條款有起始點，必然也有結束點，這是過去反對運動者所抗爭的焦點。問題是這個結束點在何時？何種最有利的條件之下？畢竟兩岸分裂分治之久，持續至今仍在進行，也非政府來台之初所想像得到。

臨時條款的運作下，使憲法所規定者若干被凍結，有些則為原憲法所無。前者如憲法第四十七條總統副總統連任一次的限制，後者如設置國家安全會議、行政院人事行政局，以及中央民意代表增額選舉等。因而容易引起從憲法觀點的爭論，此一論戰涵蓋面甚廣，包括了臨時條款的性質、法統的爭議等。就臨時條款而言，其以修憲方式完成，但體例特殊，為各國所無，亦與民國八十年以後之憲法增修條文不同，就其所標示「臨時」應無疑義。臨時條款直到民國七十九年國是會議，朝野確立共識，並於民國八十年四月卅日，由李登輝總統依職權發布總統令，明令公告終止動員戡亂時期，廢止動員戡亂時期臨時條款，公布「中華民國憲法增修條文」，三項總統命令自民國八十年五月一日零時起生效，臨時條款成為我國在過去動員戡亂時期憲政的重要軌跡。

註　釋：

①耿雲卿，中華民國憲法論（台北：華欣文化事業中心，民國七十一年五月），頁二六三。

②江啓元，解嚴後台灣地區政治穩定之研究，中國文化大學，政治研究所，碩士論文，民國八十年，頁五六。

③胡佛，「當前政治民主化與憲政結構」，見國家政策研究中心，改革憲政（台北：國家政策研究資料中心，民國七十九年四月），頁四四。

④王子蘭，現行中華民國憲法史綱，增訂本（台北：台灣商務印書館，民國七十年六月），頁七四。

⑤國民大會秘書處編，第一屆國民大會實錄，第一編（台北：國民大會祕書處，民國五十年），頁一一一九。

⑥董翔飛，中國憲法與政府，廿四版（台北：自發行，民國八十一年九月），頁六八三。

⑦國民大會祕書處編，第一屆國民大會實錄，第二編（台北：國民大會祕書處，民國五十年），頁二〇四—二〇五。

⑧三民書局編，大法官會議解釋彙編（台北：三民書局，民國八十四年四月），頁三二。

⑨谷祖盛，臨時條款與憲法的適應或成長，政治作戰學校，政治研究所，碩士論文，民國七十三年六月，頁九〇—九一。
⑩總統府公報第一〇四九號令，民國四十八年八月卅一日，頁一—二。
⑪總統府公報第三四四八號令，民國六十七年十二月十八日，頁三。
⑫總統府公報第三四六二號令，民國六十八年一月十八日，頁一。
⑬董翔飛，前揭書，頁一八一。
⑭總統府公報第一七七三號令，民國五十五年八月九日，頁一—二。
⑮殷海光，「是什麼，就説什麼」，自由中國，第十七卷，第三期，民國四十六年八月一日，頁三—四。
⑯國民大會祕書處編印，國民大會統計輯要（台北：國民大會祕書處，民國八十年十二月），頁二五。
⑰同上，頁三七—三九。
⑱總統府公報第一八二四號令，民國五十六年二月三日，頁一—二。
⑲羅志淵，中國憲政與政府，三版（台北：正中書局，民國六十八年），頁四九六。
⑳董翔飛，前揭書，頁二五五。
㉑同上。
㉒總統府公報第一八七四號令，民國五十六年七月廿八日，頁一—二。
㉓陳聰勝，行政院人事行政局地位與組織之研究，台灣大學，政治研究所，碩士論文

，民國五十九年六月，頁三四五。

㉔ 中央選舉委員會編，中華民國選舉統計提要（三十五年—七十六年）（台北：中央選舉委員會，民國七十七年六月），頁八四—一五一。

㉕ 金耀基，中國民主之困局與發展（台北：時報文化公司，民國七十三年五月），頁二四—二五。

㉖ 左潞生，比較憲法，再版（台北：文化圖書公司，民國五十六年六月），頁三二〇—三二一。

㉗ 許宗力，「憲政改革途徑的比較分析與建議」，見國家政策研究中心，改革憲政（台北：國家政策研究資料中心，民國七十九年四月），頁五五—五六。

㉘ 持此一主張之學者有林紀東、涂懷瑩、管歐、耿雲卿等人。見林紀東，中華民國憲法逐條釋義㈣，頁三九七。此外見管歐之中華民國憲法論，頁三三三—三三八；耿雲卿之中華民國憲法論，頁二六七；涂懷瑩之中華民國憲法原理，頁二七。

㉙ 董翔飛，前揭書，頁六八五。

㉚ 王成聖，中華民國憲法要義，再版（台北：中外圖書出版社，民國六十二年十二月），頁一七二。

㉛ 許宗力，前揭文，頁六三。

㉜ 許宗力，「動員戡亂時期臨時條款之法律問題」，中國比較法學會學報，第九輯，民國七十七年六月十五日，頁二二。

㉝左潞生，比較憲法，台八版（台北：正中書局，民國六十九年十月），頁六五一。
㉞董翔飛，前揭書，頁六八四。
㉟謝瀛洲，中華民國憲法論（台北：司法院祕書處，民國六十五年十月），頁十一十一。
㊱第一屆國民大會代表全國聯誼會編，「國民大會代表全國聯誼會簡史」（台北：國民大會祕書處，民國六十一年），頁五七八。

第二章　戒嚴與憲政　綱要

壹、戒嚴的緣起
貳、戒嚴實施的範圍
一、人身自由方面
二、遷徙自由方面
三、意見表達自由方面
四、集會結社遊行方面
參、戒嚴的檢討
一、實施戒嚴的功能
二、實施戒嚴的弊端
肆、結語

壹、戒嚴的緣起

政府因戡亂需要，於民國卅七年十二月十日由總統依據憲法第卅九條前半段規定：「總統依法宣布戒嚴，但須經立法院之通過或追認。」發布戒嚴令，明令「全國各省市，除新疆西康青海台灣四省及西藏外，均宣告戒嚴。」①並畫分「警戒地域」及「接戰地域」。民國卅八年，大陸情勢危急，戰爭即將影響到達台灣地區，五月十九日，台灣省警備總司令部發布戒嚴令，並自五月廿日起實施。同月廿七日，該部訂定「戒嚴期間防止非法集會、結社、遊行、請願、罷課、罷市、罷業等規定實施辦法」及「戒嚴期間新聞圖書管制辦法」，分別公布實施。這乃是根據戒嚴法第三條所為臨時戒嚴的宣告。

民國三十八年十一月二日，行政院第九十四次會議通過國防部代電：「為匪軍深入我東南及西北各省，而海南島、雲南、西康各地，猶深藏隱憂。為加強戰備，用挽危局計，請將全國，包括海南島及台灣，一併劃作接戰地域，實施戒嚴。」同月廿二日，咨請立法院查照，並由東南軍政長官公署於民國三十九年一月八日以三九署檢字第四二二號代電分行並公告在案，畫定台灣省為「接戰地域」，實施戒嚴，該項命令於民國卅九年三月十四日經立法院第五會期第六次會議通過。②國防部四十二年二月廿五日廉庶字第〇一三號令：「三十八年五月台灣省戒嚴令，係依戒嚴法第三條規定之程序，並經呈報在案。卅九年一月頒行之全國戒嚴令，將台灣畫分為接戰地區，並經立法院追認有案，則台灣省之戒嚴，自應溯及於卅八年五月頒行戒嚴令之時，其所頒之戒嚴令，自不應因全國戒嚴令之頒行而失效。」③

民國卅八年下半年中共企圖以武力解放台灣，並高叫要血洗台灣，故而當時台灣戒嚴，是必要而無可避免的；同年十二月廿五日，共軍進犯金門，古寧頭戰役國軍大捷，從而暫時穩定台海局勢，但因中共始終未放棄併吞台灣的企圖，對於台灣的威脅一直存在，這是台灣戒嚴長期存在的主因。唯亦因此遭到諸多批評，因之，須先瞭解台灣戒嚴的眞實狀況與範圍，才能正確評論台灣實施戒嚴的得與失。

貳、戒嚴實施的範圍

戒嚴法的完全實施，其影響戒嚴保障個人基本自由，主要來自戒嚴法第六條、第七條、第八條、第九條、第十一條（如表二）

戒嚴法最嚴厲的是第六、第七兩條。第六條：「戒嚴時期、警戒地區內地方行政官及司法官處理有關軍事之事務，應受該地最高司令官之指揮。」第七條規定：「戒嚴時期，接戰地域內地方行政事務及司法事務移歸最高司令官掌管；其地方行政官及司法官應受該地最高司令官之指揮。」此種戒嚴與民主政治的軍民分治及司法獨立不相容，西方人士概念中的戒嚴是此種軍事管制的，但我國並未實施這些部分。

我國憲法保障個人基本自由包括了：人身自由（第八條、第九條）、居住遷徙自由（第十條）、意見表達自由—言論、講學、著作及出版自由（第十一條）、通訊自由（第十二條、信仰宗教自由（第十三條）、集會結社自由（第十四條）、生存權、工作權、財產權（第十五條）等。戒嚴法第八條、第十一條雖限制了基本個人自由，但其實施範圍非全面的，而是有限度的，事實上，我國戒嚴的期間，有許多並未限制而形同具文

表二　戒嚴法全文中影響憲法保障個人基本自由的條文：

條文	內容
第六條	戒嚴時期，戒嚴地區內地方行政官及司法官處理有關軍事之事務，應受該地最高司令官之指揮。
第七條	戒嚴時期，接戰地域內地方行政事務及司法事務，移歸該地最高司令官掌管，其地方行政官及司法官應受該地最高司令官之指揮。
第八條	戒嚴時期，接戰區域內關於刑法上左列各罪，軍事機關得自行審判或交法院審判之：一、內亂罪。二、外患罪。三、妨害秩序罪。四、公共危險罪。五、偽造貨幣、有價證券及文書、印文各罪。六、殺人罪。七、妨害自由罪。八、搶奪強盜及海盜罪。九、恐嚇及擄人勒贖罪。十、毀棄損壞罪。
第九條	戒嚴時期，接戰地域內無法院或與其管轄之法院交通斷絕時，其刑事及民事案件，均得由該地軍事機關審判之。
	戒嚴地域內，最高司令官有執行左列事項之權： 一、得停止集會結社及遊行請願，並取締言論、講學、新聞、雜誌、圖畫、告白、標語暨其他出版品之認為與軍事有妨害者。 二、上述集會、結社及遊行、請願，必要時並得解散之。 三、得限制或禁止人民之宗教活動有礙治安者。 四、對於人民罷市、罷工、罷課及其他罷業，得禁止及強制其回復原狀。 五、得拆閱郵信、電報。必要時並得扣留或沒收之。 六、得檢查出入境內之船舶、車輛、航空機及其他通訊交通工具，必要時得

第十一條
停止其交通，並得遮斷其主要道路及航線。 六、得檢查旅客之認為有嫌疑者。 七、因時機之必要，得檢查私有槍砲、彈藥、兵器、火具及其他危險物品，並得扣留或沒收之。 八、戒嚴地域內，對於建築物、船舶及認為情形可疑之住宅，得施行檢查，但不得故意損壞。 九、寄居於戒嚴地區內者，必要時得命其退出，並得對其遷入限制或禁止之。 十、因戒嚴上不得已時，得破壞人民之不動產，但應酌量補償之。 十一、在戒嚴地域內，民間之食糧物品及資源可供軍用者，得施行檢查或調查登記，必要時並得禁止其運出。其必須徵收者，應給予相當價額。

資料來源：著者整理。

，有些執行寬鬆，有些執行很嚴格，歸納而言，戒嚴實施的影響主要在以下各項：

一、人身自由方面

人身自由方面最值得注意的乃是非軍人由軍事審判。現行憲法第九條規定：「人民除現役軍人外，不受軍事審判。」而戒嚴法第八條則規定刑法上的十種罪—內亂罪、外患罪、妨害秩序罪、公共危險罪、偽造貨幣、有價證券及文書、印文各罪、殺人罪、妨害自由罪、搶奪強盜及海盜罪、恐嚇及擄人勒贖罪、毀棄損壞罪等，軍事機關得自行審判或交由法院審判。此一範圍確實廣泛但又有其不確定性。行政院於民國五十六年四月一日修正「台灣省戒嚴時期軍法機關自行審判及交法院審判案件畫分辦法」，將軍法機關自行審判的案件縮小為三種：

1.軍人犯罪。

2.犯戡亂時期檢肅匪諜條例、懲治叛亂條例所定之罪。

3.犯陸海空軍刑法第七十七條、第七十八條之屬於盜賣、買受軍油案件，及懲治盜匪條例第四條第一項第三款—盜取、毀損軍事交通或通訊器材；戰時交通電業設備及器材防護條例第十四條—竊盜或毀損交通電業設備及器材，第十五條—收受、搬運、寄藏、押保、熔毀被竊盜之交通電業設備及器材等罪。

由此可知，非軍人在戒嚴時期確有受軍事審判之規定，但非軍人受軍事審判的範圍不大，只有上列少數犯行，才由軍事審判，質言之，絕大多數人與此項審判無關。

二、遷徙自由方面

戒嚴時期對人民遷徙自由影響最大者為「三防」管制與檢查，我國由於大陸淪於共產黨的統治之下，中共對我台澎金馬，必欲得而甘心，造成了國家特別的緊急危難，當此之時，如何防止敵人對島內的滲透、顛覆活動，刻不容緩，因之，加強三防—國境防、海防、山防乃為首務。

就國境防而言，旨在防止危害國家安全、社會安定的人和物入境，防止應受法律制裁的要犯或出境後有害於國家利益的人出境。戒嚴法第十一條以及依據戒嚴法制頒的子法有「戒嚴時期入境出境管理辦法」、「台北國際機場安全秩序維護辦法」、「台灣地區國際港口旅客行李檢查安全秩序維護辦法」等，均對人民入出境有所規範。

就海防而言，台灣（含澎湖）海岸線長達一、五六六・七公里，海岸線就是國防線

，海防即國防。為防止危害國家安全與社會秩序分子的偷渡進出、各種物資的走私、武器彈藥及毒品的非法入境，應加強海防，海防自然也會影響人民出入海岸的自由。關於戒嚴時期管制人民進出海岸的子法規定有「戒嚴時期台灣地區各機關及人民申請進出海岸及重要軍事設施地區辦法」、「台灣地區沿海海水浴場軍事管制辦法」、「戡亂時期台灣地區各港區漁民進出口檢查辦法」、「戒嚴時期台灣地區國際港口登輪管制辦法」等。

就山防而言，台灣面積為三萬六千平方公里，而山地（含山坡地及高山林區）佔了七三・六五％，其中高山林區即佔了全台面積四六・六％，無論人和物均易於隱匿，且不易發覺，如有危害國家安全、社會秩序的分子潛入山地，後果嚴重，故而山防顯屬重要，山防規定自然也影響人民出入山地的自由。戒嚴時期關於山防的子法有「戒嚴時期台灣省區山地管制辦法」。

綜合而論，港口、機場出入境，以及海岸、山區的警戒與檢查，縱使平時已不可少，況在戒嚴時期？故而其價值應是肯定的，唯為防範匪諜以及危害國家、社會安寧之分子，亦自必對一般人民在入出境、山防、海防造成不便，則是極難兩全的困境。

三、意見表達自由方面

戒嚴法中有關意見表達自由方面影響與爭議最多的，則是在於出版品的管理：出版法第卅四條規定：「戰時或遇有變亂，或依憲法為急速處分時，得依中央政府命令之所定，禁止或限制出版品關於政治、軍事、外交之機密，或違反地方治安事項之記載。」

本條所稱「戰時或遇有變亂」可涵蓋戒嚴時期，本條對於出版品的禁限亦可適用於戒嚴時期。此後行政院於民國五十九年五月五日核准修正「台灣地區戒嚴時期出版物管制辦法」，這是戒嚴時期檢查、取締、扣押出版物的主要依據。依此法出版品檢查工作，交由警備總部政六處文化審核小組執行。禁止刊載的事項有八：1.洩露國防、政治、外交機密者。2.為匪宣傳者。3.詆毀國家元首。4.違背反共國策之言論者。5.洩露未經軍事新聞機關公布，屬於「軍機範圍令」所列之各項軍事消息者。6.挑撥政府與人民感情。7.內容猥褻，有悖公序良俗或煽動他人犯罪。8.淆亂視聽，足以影響民心士氣。咸以此種詞句，內容含糊，難有標準，給予查禁單位以過大的行政自由裁量權。此外報紙限制家數、張數亦是戒嚴時期的規定，民國卅九年政府以台三九教字第六五一六號訓令報紙減篇幅，限令日報不得超過一大張半。民國四十年以行政院台四十教字第三一四八號訓令：「台灣省全省報紙、雜誌已達飽和點，為節約用紙起見，今後新申請登記之報紙、雜誌、通訊社，應從嚴限制登記。」民國四十四年公布施行「戰時新聞用紙節約辦法」，規定各報社除特定紀念日外，其篇幅不得超過對開二張半，特定紀念日得出增刊，但其篇幅不得超過對開一張。民國六十三年四月起再調整為三大張。至於新報社於民國四十九年起不再核准，直到民國七十七年一月一日解除報禁。

四、集會結社遊行方面

戒嚴期間，集會雖須事先請治安機關核准，但很少有集會是先報准的，故集會方面執行較寬鬆。相對於集會，則禁止組黨可稱之為戒嚴時期執行較嚴格的一項，在禁組政

黨之下，民國四十九年「自由中國」停刊，雷震、傅正下獄，使「中國民主黨」的組黨運動畫下句點。此外，就遊行而言，亦是禁止的。

綜合而論，戒嚴的實施，並非完整的戒嚴法全部執行，其第六、七兩項的軍事管制並未實施，而基隆高雄的宵禁只在戒嚴初期實施了極短的時間，罷工、罷課、罷市雖是禁止，但從未發生過。戒嚴執行較有影響的則是：非軍人須受軍事審判、入出境的限制、出版品的管制、禁組政黨、限制報紙張數、禁止遊行等。此時期，警備總部有權管轄人民的入出境及新聞工作，並由軍事法庭審理非軍人犯罪案件，此外基於政治安定的作用，乃禁止組成新政黨，報紙的家數張數亦受到限制，由於「黨禁」的原因，使此一時期的政治反對力量薄弱。張劍寒研究指出，台灣戒嚴體制對民眾權益的限制，至少包括限制在憲法上明定的人身自由權，如言論、講學、出版、通訊、集會、結社的自由。④

參、戒嚴的檢討

台灣地區實施戒嚴，對我國政治發展是利弊互見，茲分析如下：

一、實施戒嚴的功能

戒嚴的實施在於防止匪諜及台獨的活動，維持社會的安定。蔣經國總統即指出：「政府從卅八年播遷來台之後，為防制中共的武力進犯與滲透顛覆，乃將台澎金馬列為戒嚴地區，來維護國家整體安全，保障一個安定行憲的環境。」⑤

葛永光認為實施戒嚴對台灣的利益，有三個方面，一是由於戒嚴的入出境管制，以及嚴密的山防和海防管制措施，使中共的滲透和顛覆活動受阻。二是戒嚴禁止新政黨的

成立，因而，沒有出現分裂國家意志和多黨林立現象，黨爭和權力傾軋的情形也不致出現，國民意志亦較能集中，政治較易維持團結和諧。三是戒嚴禁止罷工、罷課、罷市、及限制聚眾遊行，因使社會秩序得以維持。⑥

持平論之，政府執行戒嚴，花費了相當大的人力和財力，其目的，乃在於國家安全、社會安定。基本上，它是達到了階段性的功能，戒嚴並未全部執行，它使部分人民的部分自由受到因戒嚴才有的限制，此即戒嚴雖是影響了民主政治的常態運作，但以戒嚴實施的年代，極廣大民眾並未有太多切身感受的原因。

二、實施戒嚴的弊端

戒嚴的缺失，馬起華指出有三點：一是戒嚴執行的技術，似乎沒有多少改進，使之更合理，就違反戒嚴法令受到處罰的人，也少有作如何不違反法令以減少處罰的打算。二是缺少溝通的政治藝術，化解許多不必要的衝突，當然有關此點，馬氏亦認為體制外的分離運動是沒有溝通妥協的餘地。三是戒嚴時期對出版物品的管制雖可援引「出版法」和「台灣地區戒嚴時期出版物管制辦法」，但事實上所採用的是後者，而非前者；後者是行政命令，前者卻是法律，此一做法似不符「法律效力高於命令」的規範。⑦

張玉法認為實施戒嚴，對於我國民主政治的發展有下列不利因素：(1)使我國以戒嚴法統治聞名於世界，對國家形象損傷甚大。(2)人民的政治自由受限制，使權力的分配和轉移，趨於僵化。(3)基本人權不能獲得良好的維護與保障，不僅受世人抨擊，而且直接影響人民對政府的向心力。⑧

戒嚴的實施對民主政治的不利影響是多方面的，歸納分析如下：

1.就國家形象而言：戒嚴雖只實施部分，但martial law對西方世界的直接感受是刻版的（stereotypes）—軍事管制、宵禁、戰車停於路中，人權受完全壓抑等，我國雖非如此，但傷害是巨大的。

2.就民主政治發展言：戒嚴因考量政治安定，禁組新政黨，政黨政治是民主政治的精髓，因而戒嚴對民主政治發展是不利的。同時，戒嚴因限制集會、遊行、結社，故而對民主政治中政治參與規範面的設計不充分，沒有政治團體、政黨、集會遊行等相關規範來導引民主運作，對民主的實施是不完整的。

3.就憲法保障個人基本自由言：部分非軍人觸犯特別規定項目，須受軍事審判；此外言論、講學、出版、通訊、入出境管制等，對憲法保障人民自由都有一定程度的限制與影響。

4.就執行戒嚴的技術面言：缺乏有效或漸進的檢查、取締改革作為，以致民主政治的容忍和妥協無法有效產生。以出版品管制為例，因採事後檢查，一些內容經認定違禁的刊物多在印刷廠中、書報攤架上遭扣押，使得血本無歸，而另一方出版人及作者往往不理會「台灣地區戒嚴時期出版物管制辦法」的條文，造成兩極化對立態勢，而出版品取締條文的標準欠缺明確，亦易使查禁單位有過大的自由裁量權。

肆、結語

綜合以上所論述戒嚴的得與失，衡諸戒嚴的成因、實施的範圍，戒嚴對我國政治發

展是有利有弊，戒嚴的目的在保障國家的安全、社會的安定，人民的生命，而戒嚴發布於烽火連天之際，共產赤焰的威脅立即而明顯，戒嚴令源之於戒嚴法，戒嚴法為特別法，故而戒嚴的時機、性質均屬合宜，而政府的實施有其限度，使生活在自由地區的多數民眾並未感受到戒嚴的存在，戒嚴時期，提供了一個國家社經發展的有力安定條件，對國家實力的厚植、社會動能的蓄積，意義是肯定的。當然，戒嚴使部分人民的部分自由受到限制，戒嚴亦影響了民主政治的發展，以及國家的形象，以大環境來看，非常時期能以有限的戒嚴，保障生存，而生存是最根本的，沒有生存，何談民主？能厚積國力，穩定時局，然後於適當時機，回復正常運作，這在危機中的國家應是最佳的選擇和步驟，中華民國政府即準此原則，逐步走向民主政治的理想。

註釋

①段紹禋，最新六法判解彙編，下冊，七版（台北：三民書局，民國七十二年七月），頁一七八五—一七八七。

②國家政策研究資料中心，台灣歷史年表：終戰篇Ⅰ（台北：國家政策研究資料中心，民國七十九年十一月），頁八二—一〇六。

③馬起華，民主與法治（台北：黎明文化公司，民國六十九年），頁一八四。

④張劍寒，戒嚴法研究（台北：漢苑出版社，民國六十五年六月），頁一〇八。

⑤行政院新聞局編印，蔣故總統經國先生七十六年及七十七年言論集，第一版（台北：行政院新聞局，民國七十七年六月），頁一六八。

⑥葛永光等著，現代化的困境與調適—中華民國轉型期的經驗（台北：幼獅文化公司，民國七十八年一月），頁一五。

⑦馬起華，當前政治問題研究（台北：黎明文化公司，民國八十年一月），頁七。

⑧張玉法，「從戒嚴到解嚴的一萬三千九百三十五天」，自立晚報，民國七十六年七月廿日，版二。

第三章　威權體制的轉型與解嚴　綱要

壹、威權體制轉型的相關概念

貳、威權體制的指標分析

參、威權體制轉型的理論依據

一、領導者因素

二、經社衝擊影響

三、反對運動的影響

四、政治文化因素

五、選舉競爭因素

六、國際結構因素

肆、解嚴的背景因素

一、中共的影響

二、國際的影響

三、國內經社的發展

四、反對運動的訴求

五、執政者改革的決心

伍、解嚴的時代意義

陸、解嚴後發展情形

一、國安法的實施

二、政治自由化的推展

柒、結語

壹、威權體制轉型的相關概念

民國七十六年解嚴，「威權—民主」的轉型過程，由於中國國民黨推動一連串重大政治改革，以及最大反對黨民進黨的成立，使台灣的政治型期進入「轉型期」。自由化、民主化為重要概念。

普利茲沃斯基（A. Przeworski）將「自由化」（liberalization）視之為威權體制的解體（the disintegration of authoritarian），而將「民主化」（democratization）視之為民主制度的出現（the emergence of democratic）。①

奧唐諾（G. O'Donnell）與史密特（P. C. Schmitter）對於自由化與民主化的界定，「自由化」乃意指「保護古典自由主義者所主張基本的個人或社會權利，使其不受國家或第三者恣意或非法的侵犯。」而「民主化」則指「將公民權和民主程序原則取代先前運用其他統治原則的國家，或擴充人民參與政策、體制的討論、決定。」②亦即自由化指涉「公民權」（civil rights）的範疇，民主化則指涉「政治權利」（political rights）。

道爾（R. A. Dahl）則認為唯有進行公開競爭（public contestation）和參與（participation）兩個層面並重的改革，才能達到「多元政治」（poliarchy）的目標，亦才得以建立民主化的政權。③

史提本（A. Stepan）將一個朝向民主化努力的現代化政體區分為三個領域：民間社會（civil society）政治社會（political society）與國家（the state）。民

間社會是企圖透過組織運作而表達意見與增進本身利益的各種階級所組成的民間組織。政治社會是指企圖透過政治競爭而獲得對公權力和國家機關控制的政治團體。國家則不僅是要透過行政體系對國家機關進行控制，更進一步建立市民與公權力、市民與政治社會間的結構關係。因而政治自由化指的是民間社會的開放，政治民主化指的則是政治社會的開放。④

田弘茂認為，自由化代表公民集會、結社、言論出版、資訊傳播以及社會、政治運動等方面的自主性趨勢（trend toward autonomy），這意味「黨國」逐漸減少對公民活動的干預和限制。而民主化則是一個演進的政治過程，逐漸將人民主權（popular sovereignty）與政治平等（political equality）的理想付諸實施。⑤

呂亞力以自由化乃為種種限制人民自由與權利行使之束縛的解除，以及其主觀意識之自我解放，尤其是從對權威恐懼與敬畏中擺脫；民主化則是指權力之重新分配，政治參與的擴充或落實、民意對政策影響增加與特權的消除等。⑥

周陽山謂自由化是指旨在保護個人與社會團體，使其避免國家非法或違憲侵害的種種權利，得以發生實際效能的一段歷程。這些權利包括：使傳播媒體免於檢查或減少查禁；使自主性的社會團體有更大的組織活動空間；正當法律程序的人身保護；確保隱私權、言論自由、通訊自由、請願自由等，以及最重要的一點，是容許反對勢力的出現，並得自由的參與政治活動。至於民主化則係專指公民權或公民地位恢復與擴張的歷程，其進一步要求開放參政管道，甚至包括完全開放的競爭性選舉，其結果很可能是政權的

合法轉移。⑦

前述界定紛陳，基本上，自由化乃是保障或恢復個人基本權利，以我國憲法言之，即憲法第八條至第十四條之人身自由、居住遷徙自由、意見自由（言論、講學、著作及出版自由）、祕密通訊自由、信仰宗教自由、集會結社自由等。民主化則是保障或恢復公民參政權利，以我國憲法言之，即憲法第十七條、十八條之四權行使和應考試、服公職之權。由公民參政權向外延伸的法制化（含憲法、各種選罷法規）、政黨競爭、和平轉移政權都屬政治民主化的範疇。

貳、威權體制的指標分析

「威權轉型」，係指從威權轉變到民主的一段歷程。在轉型期中，有些民主型式已經奠立，但仍有某些屬於威權政體的保留部份，而從國際間的經驗來看，轉型期的時間長短不一，且並非是直線的或不可逆轉的。有鑑於此，如何確保自由化、民主化的實踐，有賴尋找一些明確的指標（indicators），用以衡量自由化、民主化的程度，並導引其進展。

明尼（C. S. Meaney）建立的指標具體可行，他認為自由化需要有一個政治空間，使團體及個人的權利得以行使，但不含「執政黨轉讓其對成果的控制」。亦即自由化指標至少包括以下：⑧

1. 新聞檢查的放鬆。
2. 允許集會、抗議和示威。

3.容忍來自人民及反對勢力的批評。

4.組織政治團體或政黨的自由。

至於民主化，則在「轉讓對所有團體或組織成果的控制」此一定義之下，其指標包括：⑨

(1)允許政黨交替執政的政治制度與安排（不考量是否眞正發生過）。

(2)活躍而非橡皮圖章的國會。

(3)軍隊或相關安全單位的勢力，從國內的政治過程中撤出。

(4)政黨、國家機關和人事的相互分開。

除此四點外，各項選舉的選舉品質（如過程的非暴力、無賄選、公平、公正、公開等）以及任期制建立，亦是民主化的重要指標。

結合我國實際狀況，則政治自由化的指標應包括：(1)解除戒嚴。(2)開放組黨。(3)新聞及言論自由。(4)集會遊行法制化。(5)刑法一〇〇條（內亂罪）的修改。(6)准許海外異議份子返國。(7)開放大陸返鄉探親。(8)出版、廣播電視法規再修訂。

我國政治民主化的指標包括：(1)國是會議的召開。(2)終止動員戡亂時期。(3)廢止臨時條款。(4)回歸憲法。(5)修憲（含一機關兩階段修憲及後續）。(6)資深中央民意代表完全退職。(7)國會（國民大會、立法院）全面改選。(8)地方自治法制化。(9)省長、直轄市長民選。(10)總統公民直選。

參、威權體制轉型的理論依據

威權體制何以會發生轉型？研究者往往從各種面向去分析，例如領導者的認知與決心、經濟社會發展對政治結構的衝擊、反對運動的影響、政治文化與選舉競爭的因素、環境因素等，分述如下：

一、領導者因素：

領導者因素乃重視人類行動者（human agent）的研究途徑，認為領導者（個人或團體）是具有意志（volitional），其會依照理性而選擇最適當的策略來達到目標，最後的結果是領導者意志的表現，因而研究的重心乃擺在領導者的觀念、態度、價值取向、策略形成等方面，亦即強調人創造結果，非環境造成。

二、經社衝擊影響

主張經社衝擊影響最具代表性者為現代化理論（Modernizaion Theory），此一理論認為民主政治乃是存在於富裕社會中，即經濟發展是民主化最先決條件。因為經濟發展引發了工業化、都市化和提升教育水準，使人民具備充分能力參與政治。李普塞（S. M. Lipset）即持此一觀點，認為民主政治與經濟是不可分的，同時民主政治與若干現代化的社會條件有關，例如社會的開放性、健全的溝通系統、低度分歧性等。

三、反對運動的影響

持反對力量的研究途徑，乃認為轉型的推動，反對勢力是最主要的觸媒。因為透過反對運動—無論採用和平或暴力手段，使一般民眾產生對若干問題的思索，亦迫使政府當局面對改革壓力，重新塑造新的遊戲規則。反對運動的研究途徑，包括其組織的產生

背景、組織的結構、組織的發展路線與策略、發展的有利因素等之探討。

四、政治文化因素

政治文化（political culture）是指一政治體系的成員所共同具有之政治信仰與態度，為維持並持續該體系的政治結構之必要條件。政治文化所包含的準則、價值與認同，則透過政治社會化的過程，灌輸到體系中的每一成員，形成他們的政治態度。⑪

依照白魯恂（Lucian W. Pye）對政治文化的看法，包括三個面向：⑴認知圖（cognitive map），為人民對於政治事務所具有的知識和信念。⑵情感取向（affective orientation），對政治事務的好惡及熱心或冷漠態度。⑶評價過程（evaluative process）對事務的見解和價值判斷。⑫因此政治文化可分三類，即地域性取向（parochial orientation），成員中對政治體系的認知、情感及評價都偏低。臣屬性取向（subject orientation）為對投入、參與的知識和行動偏低，但對政治體系及其決策，有較佳的知覺。參與性取向（participant orientation）對政治體系的知覺和涉入都有較高傾向。⑬亦即當政治參與的文化升高，以及人民對民主政治文化具有高度共識時，有助於轉型的發展。

五、選舉競爭因素

任一政權都將面臨到民眾支持的問題，亦即如何建立政府統治基礎的合法性（legitimacy）至為重要，而舉辦選舉則可達到政權已獲「大眾同意」的合法性作用。選舉為一嚴酷考驗，對執政的政黨固有測試其組織動員能力，或繼續獲得合法地位的作

用。⑭但對反對勢力而言，亦可透過競選活動深入群眾，組織、甄補、宣傳、教育選民、建立基層組織，是以選舉成為反對運動累積其政治資本的最佳途徑。

選舉一方面有促使政治文化變遷的作用，此因民眾置身於競選期間大量資訊刺激的環境，可使其有更多比較、分析的素材；另一方面透過選舉亦可使反對勢力成員逐漸接近國會議堂，雖其力量或未逮贏得政權，但亦可在法定程序上產生相當程度的制衡作用。選舉、反對勢力相互運作，成為一體兩面，對轉型期的發展有極大影響作用。

六、國際結構因素

結構分析的研究途徑，強調結構限制了政治、經濟與社會過程，並影響決策者的「行為模式」。亦即認為國內政治、經濟各層面皆整合到國際體系中，受到國際體系變動的影響，當研究政治體系內的政治民主化、自由化問題時，國際環境是相當重要的關鍵。

綜合前述各種構成威權體制轉型的理論，可知轉型是複雜多面性的，並非只有單一因素，亦絕對無法認定某種研究途徑是唯一可行的。國內亦有學者從事檢討各種解釋台灣政治變遷的文獻，認為台灣政治自由化與民主化呈現高度的複雜性，不可偏執單一因素，各種理論需綜合，做多面向的觀察，才能一窺全貌。⑮

肆、解嚴的背景因素

實施戒嚴乃是為維護國家整體安全，保障一個安定行憲的環境，保護一個全中國唯一未被赤化的淨土。戒嚴的實施為權宜之計，政府亦並未嚴格全面的執行戒嚴法，而有

「百分之三」的戒嚴之說。⑯雖然絕大多數的人沒有感受到戒嚴對於生活的不便，但政府執行嚴格的那一部份：如非軍人由軍事審判、黨禁、報禁、禁止罷工、罷課、罷市、出版物的管理等，則明顯的影響了政治自由化，亦間接使政治民主化無法徹底推動。如組黨是屬政治自由化，但因黨禁，而使得政黨政治下的政黨選舉競爭並不具備（民、青兩黨實力薄弱，缺乏制衡之力），且沒有政黨組織的零散力量（無黨籍人士）亦不足以構成政權轉移（透過選舉）的條件。「政黨—政黨」的參與競爭和政權轉移是屬政治民主化，它是必須植基於允許組黨的政治自由化之上。故而戒嚴的管制項目雖多為政治自由化的層面，但不可避免地對政治民主化產生廣泛影響。

再者，政府實施黨禁、報禁，以及對言論自由和出版品的限制，雖然僅佔戒嚴的百分之三，但卻是部分在野人士欲積極參與政治活動的最大限制。（例如民國四十九年的中國民主黨組黨失敗是。）

政府實施戒嚴是一個兩難困境，民國卅八年的軍事危機，到民國四十七年的「八二三砲戰」，以及其後延續到中美斷交才停止的中共砲擊金馬外島，可說明我國處於「非常時期」，戒嚴有其必要性和背景因素，亦即戒嚴是「軍事」考量。到了民國七十六年七月一日，蔣經國總統宣告台澎地區自十五日零時起解嚴，正式開啟政治自由化的一連串改革，此時中共仍然存在，且仍是對我有敵意（其三不政策為：不承認我為政治實體、不放棄使用武力、不停止國際間對我之孤立），是故解嚴顯然是「政治」考量。解嚴的背景因素為：

一、中共的影響

台海兩岸的長期對峙狀態，對我國家安全構成威脅，亦因初始的安全考量乃有戒嚴的頒布（decree the martial law）。唯中共的對台政策，亦隨時空的變化而有所調整，雖本質上其欲達到統一政權的目標始終未變，但手段方法上，到了民國六十七年底，中共與美國宣布建交後，則有了改變。中共因國際上的有利形勢、國內經濟上改革開放的需要，乃將對台政策由過去「解放台灣」改為「和平統一」（但乃不排除使用武力），在「和平統一」下，先後推出「三通四流」、「葉九條與鄧五點」、「一國兩制」等一連串主動示好行動。

對於中共的和平統戰攻勢，我政府在「挑戰—回應」（challenge and response）的模式上，[17]基於過去歷史的教訓，採取「不接觸、不談判、不妥協」的三不政策，同時認為中共和平統戰的目的，在於瓦解我心防，鬆懈敵我意識，故而我政府並不理會中共和平統戰論調，且逐一予以批駁。民國七十五年華航貨機飛往廣州，華航與中共民航在香港的接觸、談判，索還人機，則是初次改變過去一成不變的守勢形象。為擴大國際空間，在外交上，政府亦趨積極不迴避態度，唯就「政府—政府」關係上，則仍是相當堅持原則的。

促使政府進一步考量兩岸關係的發展，基本上並非回應中共的統戰策略，而是兩岸民間的活動日益頻繁有以致之。與日俱增的兩岸離散家庭信件往來、探親、貿易（以上多透過香港、日、韓進行），最後終使我政府在宣告解嚴後，並基於人道立場，開放國

人赴大陸探親。質言之，解嚴並非政府接受中共的「和平統一」策略，但中共「和平統一」的推動下，增加了台海表面穩定的氣氛，緩和過去劍拔弩張的緊張態勢，則是政府得以考慮解嚴的重要因素。

二、國際的影響

國際間對我國的影響，最主要的來自兩方面，一是美國、一是東亞鄰國。就美國而言，由於我國在政治、經濟、軍事上的依賴程度甚大，在爭取美國有形無形的支持時，往往須承受其自由民主人權觀念的壓力。⑱特別是在中美斷交後，「台灣關係法」第二條第三項的人權條款，說明：「本法任何條文不得與美國對人權之關切相抵觸，尤其是有關居住在台灣的一千八百萬全體人民之人權」。民國六十八年以後，美國國會曾針對我國之政治發展舉行多次聽證會，自由派議員索拉茲（S. J. Solarz）、李奇（J. Leach）、派爾（C.Pell）、甘迺迪（E. Kennedy）等人，均認為戒嚴的存在會破壞雙方關係。⑲這從其後政府宣告解嚴，美國國務院立即表示歡迎，並稱對未來的改革深具信心，⑳顯示內政上的解嚴與國際外交上，仍有密切關連性。亦即解嚴有助於國際形象的改善。

就東亞鄰國的影響而言，主要是菲律賓、韓國的民主化運動。菲律賓在一九四六年至一九七二年採行美式的典型民主體制，被譽為亞洲「民主櫥窗」，但因嚴重的官員貪污、經濟蕭條、貧富差距擴大、共黨滲透破壞等亂象，㉑馬可仕（Ferdinand Marcos）

在一九七二年宣布實施戒嚴，馬可仕政權的特權橫行、貪污腐化與家族政治，到了一九八三年八月，因馬可仕的政敵，前參議員艾奎諾被暗殺身亡，人民紛紛走上街頭，要求民主與人權，終而導致一九八六年的二月革命，這一場不流血革命，使馬可仕下台去國，艾奎諾夫人在人民力量付託下接掌政權。

韓國的政治環境受到地理位置、歷史背景、民族性、南北韓分裂以及償還推動經濟建設的巨額外債等因素之影響甚大，使韓國難有安定的政局。一九七九年十月廿六日朴正熙被刺身亡，結束其長達十八年的執政。全斗煥就任總統後，民間提出修改憲法，保障基本人權，由人民直選總統等要求，終於在一九八七年六月爆發全國大示威，約有百萬人以上參與，美、日等國紛紛規勸韓國政府勿採戒嚴等方式對抗。㉒此時盧泰愚終於發布「民主化特別宣言」，進行修憲工作，此項關鍵性抉擇為韓國局勢帶來正面影響。

韓國、菲律賓的政治發展是否對我國產生影響？影響程度有多大？有謂鄰國民主化氣氛的感染，最能解釋拉丁美洲及東亞各國的局勢，東亞各國的民主化浪潮，從菲律賓、南韓到台灣，並進而波及東南亞各國。㉓亦有謂這些鄰國的波動對國民黨政府構成無形的壓力。㉔基本上，我國與韓、菲兩國政情並不相同，差別且甚大。韓國的長期軍人干政、經濟困境、貧富懸殊、學生運動均與我國不同，菲律賓的經濟長期衰退、內政不彰更無法與我國相比擬。若加分析，我國政局在解嚴前，因經濟持續繁榮、社會充滿活力，以當時的反對運動實力，尚不足對國民黨造成立即而嚴重的威脅，因此東亞局勢對主政當局的採取解嚴是屬無形的壓力。

三、國內經社的發展

台灣地區經濟發展成就斐然，它所締造的奇蹟包括：⑴自落後的農業社會，轉變為新興工業化社會。⑵自惡性物價膨脹，進步為穩定而快速成長。⑶自依賴美援，達到自力成長。⑷突破資源貧乏，國內市場狹小限制，成為貿易大國。⑸自財政收支鉅額赤字，轉變為剩餘。⑹自失業問題嚴重，進步到充分就業。⑺自所得不均，轉變為所得差距最小的國家之一。㉕以台灣過去的經濟發展來看，由於中產階級出現，加上教育普及，都市化程度高，使政治愈趨於多元化。

現代化理論普遍認為經濟發展是民主化最先決的條件。間有學者提出質疑，認為經濟狀況與政治狀況之間，並非是有著不變的相關性，甚且快速的經濟發展，常招來政治的不穩定。㉖卡波（J. F. Copper）即表示，台灣加速邁向多元化的工業社會，這種多樣而深層的變化，將對政治體系產生廣泛的穩定或不穩定的作用。可能提昇政治現代化，或者給主政者製造嚴重的問題。因此社會的變遷，明顯的具有雙重作用。

經濟發展與社會變遷對政治穩定而言，存在著諸多變數，如參與需求擴大、社會分化造成脫序、主政者的態度等均是。以我國解嚴前發生的社會運動有：㉘

1. 消費者運動（民國六十九年）
2. 反污染自力救濟運動（民國六十九年）
3. 生態保育運動（民國七十年）
4. 婦女運動（民國七十一年）

5.原住民人權運動（民國七十二年）

6.學生運動（民國七十五年）

7.新約教會抗議運動（民國七十五年）

蕭新煌分析其中原因，或為民間社會不滿政府對於新興社會問題的漠視；或為對某些特定政策或措施的抗議；或為有意識的向國家機關長期對民間社會的支配進行挑戰；或為有意突破某種敏感的政治約束。㉙就在民國七十年代以後，「經濟力」培植了「社會力」，「社會力」多面向尋求突破「政治力」已是發展趨勢。唯就我國長期以來經濟、社會穩健的成長，對於政治民主化或轉型毋寧是有助益的：

1.民主政治的失敗，多發生於貧窮、落後、混亂與文盲的社會，因其群眾最易被激發、煽動。而在台灣的社會邁向富裕、進步、穩定、教育程度高的同時，較少有激情而能為社會大眾所接受，故較有利於透過理性、思辯過程，建構和諧融洽的環境。

2.台灣地區的發展已進入資本制生產的社會經濟體制，這種講求公平競爭的企業精神下，容易產生民主價值的信仰，而對於金錢與權力的不當結合，亦能展現出反感和牽制的作用。

3.中產階級形成為社會的中堅份子。中產階級亦提高了社會及政治意識，促使民眾期待民主化腳步加快，而其所具有一定的「公民社會」價值判斷，有助於社會的進步和穩定。

台灣地區的經濟條件、社會型態和教育普及均是走向民主的有利因素，蔣經國總統

即表示：「在現階段解除戒嚴，是政府一貫恪守誠信的明證，是國家邁向一個新里程的開始，也是我們對國家前途充滿信心的宣示。」㉚解嚴前台灣地區經濟發展和社會變遷所孕育的特質，確有助於使主政者下定決心向民主過渡。

四、反對運動的訴求

在戒嚴時期，政治反對運動是透過定期的公職選舉而逐漸凝聚，形成相當的力量。道爾（R. A. Dahl）指出，民主制度的發展有三個面向，以投票參與政府決定的權力，選舉被代表的權利，在選舉和在國會中成立有組織的反對派爭取選票以對抗政府的權利。㉛國內之反對運動的人士經由選舉的逐次考驗，所獲得的當選率和得票率，呈現緩慢而穩定的成長，顯示台灣地區已朝多元化的政治方向發展。

反對運動的成長過程，係由無黨無派的獨立個體，進而為「黨外」政團型態的鬆散組合，再進一步成立政黨組織。「黨外」名稱的廣泛使用，是在民國六十六年十一月五項公職人員選舉時，該次選舉國民黨成績欠佳，「黨外」人士以全島串聯方式，贏得五席縣市長、廿一席省議員、六席台北市議員。次年（民國六十七年）的增額中央民意代表選舉期間，反對人士組成「台灣黨外人士助選團」全省巡迴助講，並提出共同政見和選舉主題，「黨外」一詞成為無黨籍人士中的政治異議分子共同使用的符號。嚴格分析，「黨外」一詞有語義上的混淆，因「黨外」的最初意義，是執政的國民黨稱本身為「本黨」，稱非國民黨籍者為「黨外」，這是以國民黨立場的表達法，其後為無黨籍反對人士使用，自稱己為「黨外」，則語意相當含混。

民國七十年地方選舉，黨外人士組成「黨外選舉團」、七十二年增額立委選舉，成立「黨外中央後援會」，另有部分黨外新生代組成「黨外編輯作家聯誼會」，七十三年五月「黨外公職人員公共政策研究會」（公政會）成立，並設立「黨外中央選舉後援會」。七十五年全省各地紛設公政會分會（共計十四個分會），前述發展顯示黨外已有雛型政黨的規模與運作基礎。國民黨亦於民國七十五年三月十二屆三中全會通過「以黨的革新帶動全面革新」案，並於四月起由十二位中常委研擬「解除戒嚴」、「開放黨禁」、「充實中央民意代表機構」、「地方自治法制化」、「社會風氣與治安」、「黨的中心任務」等六項革新方案。㉜黨外人士於民國七十五年九月廿八日搶先宣布成立「民主進步黨」。

反對運動與解嚴之間的關係實相連，如無政治上反對勢力，執政的國民黨則無需現時即討論解嚴、開放黨禁等六項議題，討論該等問題，反對運動顯已具有相當程度影響力。唯論者或有謂反對運動為此次改革最主要觸媒，其以國民黨一方面未受到資本家全然支持，投資率逐漸下降，另一方面反對運動不斷對其政權進行體制內、體制外抗爭，其正當性基礎甚受質疑。㉝對此應持保留態度：

1.從解嚴前歷次選舉、當選率觀察，黨外人士的實力，尚不足以稱已構成對國民黨的直接威脅。以民國七十四年省市議員選舉，經黨外推薦當選席次廿五人（佔一四・七一%），得票率為一五・七四%。同年的縣市長選舉，經黨外推薦當選者一人（佔四・七六%），得票率一四・八六%。民國七十五年底立法委員選舉，黨外推薦當選席次十

二人（佔一六・四四%），得票率二二・一七%。如包含其他反對候選人士（即一般無黨籍者，有別於黨外推薦的「眞黨外」，黨外身份之認定可參考李筱峰「台灣民主四十年」一書）七十四年縣市長當選四人（佔一九・〇五%），得票率三七・六一%，省市議員當選三九人（佔二二・九五%），得票率三〇・一〇%。民國七十五年的選舉，國民黨仍得到總投票率的百分之六十九的支持，顯示其執政仍是獲得多數人民的認同。

2.從社會穩定性觀察，雖在解嚴前已有若干社會運動，但層面仍是有限。我國經濟持續成長，投資的不振，因素甚多，非一個原因所能涵蓋，經濟自由化的多步驟，亦在解決若干瓶頸。社會平穩除選舉中支持國民黨籍候選人佔相當高比例外，另從民國七十六年的民意調查顯示，我國成人有百分之五十以上自認是中產階級，這些自認是中產階級的民眾，都認為他們的社會地位比上一代高，而他們下一代的社會地位又會比他們高。㉞余英時曾指出：「經國先生推行民主政革，決不是完全向台灣的社會現象求取妥協與適應。他集大權於一身，而總不濫用權力，甚至容忍少數人對他的無理辱罵，我不相信這是由於他為客觀形勢所迫，而不得不示弱；相反的，他是為了民主理想的實現，而寧願付出這一點無足輕重的代價。」㉟從整個社會結構穩定性分析，解嚴前的反對勢力雖有其一定程度影響力，但全局尚在國民黨政府主導下，殆無疑義。

五、執政者改革的決心

解除戒嚴和推動改革的全面性變遷，除了內外的環境因素考量外，執政者的認知與決心應是最具決定的關鍵因素。蔣經國總統晚年所發動的民主改革，使政治環境有了大

幅改觀。曾任行政院長的孫運璿指出：「我擔任行政院長時，經國先生曾多次與我談及有關政治革新的問題，在他內心有一個時間表，認為經濟建設成功，社會穩定，人民安和樂利了再尋求政治發展建設。」㊱蔣經國即在我國經濟持續成長、社會日趨多元化下，全力推動政治革新工作。白魯恂（L. W. Pye）指出，蔣經國有兩項主要成就，使其列為世界級的卓越領袖，一是以極佳方法，減低本省人和外省人之間的差距，並使台灣地區所有中國人之間保持和諧；二是他促使政治反對力量合法化，並設定了民主政治發展的各個階段。㊲

誠然改革之途並不容易，杭廷頓（S. P. Huntington）即認為，改革者道路之艱難來自三方面，一是他面臨保守者、革命者兩面作戰。二是改革者須比革命家更懂得掌握社會勢力和社會變遷。三是改革者如何選擇改革途經及其優先順序頗值困擾。因此，成功的革命家不一定是一流的政治家，成功的改革者則必是出色的政治家。㊳蔣經國主導的政治改革起點，是於民國七十五年三月廿九日舉行的國民黨十二屆三中全會，會議中達成了「以黨的革新帶動全面革新」的共識。其後蔣氏於四月九日指定國民黨十二位中常委員負責研擬六項革新方案（包括解除戒嚴、開放黨禁、充實中央民意代表機構、地方自治法制化、社會風氣與治安、黨的中心任務），負責人為技術官僚出身的前總統嚴家淦以及台籍精英輩份甚高的前副總統謝東閔，其他成員分別包括了黨內自由派、保守派中極具影響力者。

蔣經國推動的政治改革極具前瞻性，其在國民黨中常會多次談話，可見其理念和決

心：「時代在變，環境在變，潮流也在變，因應這些變遷，執政黨必須以新的觀念、新的做法，在民主憲政體制的基礎上，推動革新措施，唯有如此，才能與時代潮流相結合，才能與民眾永遠在一起。」㊴其並勉勵五院院長：「只要有決心和誠意，認清形勢，把握原則，事事以國家整體利益和民眾福祉為先，走正確的道路，踏穩腳步，勇往直前，自必克服一切困難。」㊵唯當時國民黨內部仍有阻力，據稱在中常會有超過三分之二的資深委員反對他的改革，軍方（尤其是警備總部）對解嚴後大權旁落亦深感不悅，蔣氏終能以不斷宣示其決心和見解，消除若干疑慮和不前。㊶

民國七十五年六月，十二人小組提出六點改革計劃：⑴充實中央民意代表機構。⑵地方自治法制化。⑶簡化國家安全法律。⑷制定人民團體組織法。⑸強化公共政策。⑹強化黨務工作。蔣氏特別指示先針對⑶⑷兩項擬定更詳細的計畫。㊷

蔣氏推動改革的同時，則予反對人士以較大寬容。首先是國民黨在決定研擬六項方案之後，黨外「公共政策研究會」紛紛成立分會，引起國民黨內部反對之聲，亦成為蔣氏推動政治革新的一項難題，然蔣氏卻以「溝通」方式與黨外取得解決方案，其後「溝通」雖了無進展或被迫取消，但因執政當局始終未對「公政會」分會採取實際行動，無形中等於「默許」黨外提昇「組織化」的作為。其後是蔣氏在民國七十五年七月在接受訪問時明確表示，未來一年內台灣地區將解嚴，黨外即於九月廿八日在台北圓山大飯店搶先宣布成立「民主進步黨」，突破了將近卅八年的黨禁封鎖。此時國民黨內部多主張取締，但蔣氏不贊成鎮壓行動，反而指示與尚無法律地位的民進黨溝通，以化解政治衝

突。㊸隨後在十月十五日國民黨中常會優先通過解除戒嚴和開放黨禁兩項議題：㈠廢止戒嚴令，代之以「國家安全法」。㈡修改「人民團體組織法」中禁止新黨之規定，但要求新登記的政黨須符合「反共」、「遵守憲法」、「不得有分離意識」的三項原則。上述動作，等於已默許民進黨的存在。到了民國七十六年六月底立法院三讀通過「動員戡亂時期國家安全法」，七月十五日政府正式宣布解除戒嚴，我國憲政發展進入一個新的階段。

綜觀解嚴的條件，是相互影響與催化的作用。正如蔣氏所稱：㊹

經國自己深感責任重大，相信每一位同志對於自己的責任都有同感。但是，外來的壓力越大，我們內部越要團結。……環顧今日國內外的環境，我們要求突破困難，再創新局，就必須在觀念上及作法上作必要的檢討與研究。

從上述談話中，可以肯定國際局勢、兩岸態勢、國內社會變遷、經濟發展以及執政者改革的決心、反對運動者對民主的需求等，對於解嚴的形成都有影響。就程度而言，執政者改革的決心與反對運動的發展占重要地位。唯深論之，政府能在民國七十六年即宣布解嚴，而未延至其後任何時期，或使民主改革遙遙無期，執政者改革的決心，則應居於關鍵地位。其他外環境因素以及國內經濟發展、社會變遷則屬相關的情境因素影響。

伍、解嚴的時代意義

民國七十六年七月十四日總統令：「准立法院中華民國七十六年七月八日㈦台院議

字第一六四一號咨，宣告台灣地區自七十六年七月十五日零時起解嚴。」七月十四日行政院新聞局所發表的「解嚴聲明」，說明解嚴的意義如下：[45]

民國三十八年中共全面叛亂，國家處於危急存亡之秋，政府為確保復興基地的安全，別無選擇的宣告台灣地區戒嚴。三十餘年來，一方面採行最小限度的戒嚴措施，一方面積極推動民主憲政，終於獲致政治民主、經濟繁榮、文化發達、社會安定的卓越成果。在此過程中，事實上，國人受到戒嚴措施的影響極其有限，甚至尚有部分國人不知台灣地區一直實施戒嚴。因之，為期加速推動民主憲政，貫徹憲法精神，使政治更民主，社會更開放，人民更幸福，政府乃宣告台灣地區自明日零時起解嚴。此一決定，實為我國民主憲政發展史上一個新的里程碑。

邵玉銘指出：解嚴至少有三方面的實質意義：[46]

1.軍事管制範圍的減縮與普通行政及司法機關職權的擴張：平民不再受軍事審判，而且縱使是現役軍人，如其所犯者為較輕微的犯罪行為，也不受軍事審判。出入境及出版品的管理，分別由警察機關及行政院新聞局負責。

2.人民從事政治活動，將以普通法律保障並促成，因之，在立法院通過「人民團體組織法」與「集會遊行法」後，人民將可依法組黨結社及集會遊行。

3.行政主管機關的行政裁量權也不再如戒嚴時期的廣泛和較有彈性，使一般人民或民意機關更能發揮督促或監督的功能。

行政院新聞局於七月十四日同時宣布廢止了與戒嚴法有關的行政命令，共計有三十

種之多：㊼

1.戒嚴時期台灣地區港口機場旅客入境出境查驗辦法。

2.戡亂時期台灣地區內河船筏檢查管理辦法。

3.戒嚴時期台灣地區各機關及人民申請進出海岸及重要軍事設施地區辦法。

4.戰時台灣地區公路交通管制辦法。

5.台灣地區戒嚴時期出版物管制辦法。

6.戡亂時期台灣地區各港區漁船漁民進出港口檢查辦法。

7.管制匪報書刊入口辦法。

8.台灣地區沿海海水浴場軍事管制辦法。

9.台北衛戍區人員車輛及危險物品進出檢查管制辦法。

10戒嚴時期台灣地區查禁匪偽郵票實施辦法。

11戒嚴時期台灣省區山地管制辦法。

12戒嚴時期台灣地區國際港口登輪管制辦法。

13台灣地區戒嚴通行核發辦法。

14戡亂時期台灣地區入境出境管理綱要。

15電信密檢聯繫辦法。

16台灣省戒嚴時期郵電檢查實施辦法。

17台灣地區戒嚴時期軍法機關自行審判及交法院審判案件劃分辦法。

18台灣地區國際港口旅客行李檢查室安全秩序維護辦法。
19台灣地區國際民用航空器旅客空勤人員及物品檢查辦法。
20台北國際機場安全秩序維護辦法。
21戡亂時期台灣地區民航機構空地勤人員管制辦法。
22戡亂時期台灣地區民航機構空地勤人員管制辦法施行細則。
23台灣地區環島飛行民航機旅客檢查及限制辦法。
24攝影記者進入台北國際機場攝影規則。
25台灣警備總司令部航空安全工作督導實施辦法。
26台灣地區國際港口軍援船檢查辦法。
27戡亂時期台灣地區入境出境管制辦法。
28台灣地區國際港口出入國境證照查驗站編組辦法。
29台灣省戒嚴時期取締流氓辦法。
30台灣省戒嚴時期户口臨時檢查實施辦法。

這批行政命令均為依戒嚴法所頒行的子法，隨著解嚴而停止適用。解嚴的意義從憲政發展觀點言，則為人民權利義務將恢復憲法第二章的條文施行，它與戒嚴時期有很大的出入（參見表三），人民可依法集會、結社、享有充分言論自由和人身自由，不僅確保政治自由化的落實發展，並有助於導引政治民主化的逐步達成。

表三　解嚴前後人民權利義務狀態對照表

項目	解嚴前	解嚴後
入出境管理	一、申請入出境需要由各縣市警察局核轉。 二、出境需覓保證。 三、出入境證遺失，申請補發，需繳遺失保證書。 四、申請入出境所繳户籍謄本有效期為三個月。 五、未經許可之入出境案件未有審查委員會複審。	一、直接送境管局辦理，可節省民眾申請時間四至七天。 二、除其他法令規定需具保者外，其餘一律免保。 三、遺失免繳保證書，免除人民找對保的麻煩。 四、有效期限延長為六個月。 五、特設人民申請入出境未經許可案件審查委員會複審未經許可入出境案件。
海岸管理	一、海岸管制地區為各海岸距離高潮線五百公尺以內地區。 二、經常管制區長度一千三百七十四公里。面積六百十七平方公里，特定管制區長三七公里，面積十八點五五平方公里。	一、縮短為高潮線三百公尺。 二、經常管制區縮減為三三點五公里，面積十點〇五平方公里，特定管制區為五百〇七點八公里，面積為一百五十二點三平方公里。
山地管理	現有三十山地管制區（即山地鄉），二十一個山地管制遊覽區，六十二個山地區及六個平地行政管制區。	簡化為二十九個山地經常管制區及三十二個山地特定管制區，其中山地開放區、平地行政管制區均解除限制。

犯罪管轄區	一、非軍人犯匪諜叛亂案件、竊盜或損毀戰時交通或通信器材罪，以及重大殺人強劫案，得經行政院核定由軍法機關審判。 二、軍人犯罪概由軍法機關自行審判。	一、非現役軍人不受軍事審判。 二、軍人除犯刑法第六十一條輕微罪移由普通法院審理外，其餘均交軍事審判。
人身自由權	治安人員得於晚間實施臨檢及晚間察查戶口	政府擬議警察人員如有必要於夜間查察戶口時，得經警察首長核准、會同村里長行之。
集會遊行權	最高司令官得停止集會遊行，必要時得解散之。	將制定「集會遊行法」加以規範，依法定程序申請許可，並獲保釋。
結社自由權	戒嚴地區最高司令官得停止結社。政府事實上禁止政治團體成立。	政府將修正「非常時期人民團體組織法」及「動員戡亂時期公職人員選舉罷免法」、有條件開放政治團體的成立。
言論自由權	軍事機關得取締言論、講學、新聞、雜誌、圖書等出版物之認為與軍事有妨害者。其審查權力相當廣泛。	出版物審查均劃歸文職機關掌管。對於違法出版品的認定有比較明確的標準。
通訊自由權	軍事機關得拆閱郵信電報，必要時並得扣留或沒收。	依據戡亂時期及動員時期法令規定，軍政機關仍具有電信及郵電抽查權。

勞資自由權	軍事機關得禁止罷工。	依據法令規定，罷工仍受禁止，不過政府已研擬有限度開放罷工權的行使。

資料來源：聯合報，民國七十六年七月十七日，第二版。

陸、解嚴後發展情形

解嚴後到民國八十年終止戡亂時期以前，自由化的腳步已大步前進，在國家安全的維護及落實政治自由化上，有國家安全法的實施，以及開放組黨、新聞及言論自由、集會遊行合法化、准許海外異議人士返國、開放返鄉探親等自由化的推展。

一、國安法的實施

國安法是我國行憲以來爭議甚多的法典之一。它從制定的過程當中，各方面贊成、反對、批評的言論沓至，可說發言盈庭，立法院內激烈辯論，院外「只要解嚴，不要國安法」的街頭運動接二連三。㊽反對派人士的街頭抗爭八次之多。㊾國安法的制定源於民國七十五年十月十五日，國民黨中常會通過決定要廢止戒嚴令，同時要另行制定「國家安全法」。民國七十六年三月九日立法院內政、司法、國防三委員會開始審查，先後舉行十五次聯席會議，委員發言三四〇人次，三月十六日並舉行學者專家聽證會。經提報院會於六月十九日、廿三日討論，有委員卅七人次發言，終於在廿三日三讀通過，由總統於七月一日公布，全文十條。其大要如左：

第一條係闡明動員戡亂時期，為確保國家安全，維護社會安定而制定本法。

第二條乃規範人民集會、結社，不得違背憲法或主張共產主義，或主張分裂國土。

第三條為人民入出境應向內政部警政署入出境管理局申請許可。未經許可者，不得入出境。

第四條為警察機關必要時得對下列人員、物品及運輸工具實施檢查：(1)入出境之旅客及其所攜帶之物件。(2)入出境之船舶、航空器或其他運輸工具。(3)航行境內之船筏、航空器及其客貨。(4)前兩項運輸工具之船員、機員、漁民或其他從業人員及其攜帶之物件。

第五條乃為確保海防及軍事設施安全並維護山地治安，得由國防部會同內政部指定海岸、山地或重要軍事設施地區劃為管制區。人民入出前項管制區，應向該管機關申請許可。

第六條、第七條為罰則。違反第三條第一項未經許可入出境，處三年以下有期徒刑、拘役或併科三萬元以下罰金。違反第四條者處六月以下有期徒刑、拘役或併科五千元以下罰金。違反第五條第二項者處六月以下有期徒刑、拘役或併科五千元以下罰金。

第八條為規定非現役軍人，不受軍事審判。

第九條為戒嚴時期戒嚴地域內，經軍事審判機關審判之非現役軍人刑事案件，於解嚴後之處理情形。

第十條為國安法施行細則及施行日期，由行政院定之。

國安法於民國七十五年七月一日公布，七月七日立法院通過「解嚴案」及「動員戡

亂時期國家安全法施行細則」五十條。七月十四日總統宣告次日起解嚴。同日行政院令，國安法定於同年七月十五日施行。政府對國安法的實施有如左說明：㊿

中共對我之威脅迄未稍減；對我之滲透、顛覆不會放鬆，故我國仍處於動員戡亂時期，而絕非太盛世之局面……因此，若干必要的防範措施，實屬不可避免。解嚴之後，為確保國家安全、維護社會安定，乃將與國家安全有關而為各國所採行的入出境管理、公共安全之檢查以及山防、海防等尚無其他法律加以規範的事項，以稍簡的方式，採行最少限度的立法精神，制定了「動員戡亂時期國家安全法」，期能一方面邁向民主憲政的大道，一方面維護國家的安全、社會的安全以及人民的安康。

國安法在制定過程中，贊成者多以國家安全為首要考慮，而反對者則約有兩種主張，一是根本否定國安法制定的必要性；一是主張不制定國安法，而另制定法律或修改其他法律以為替代。主張制定國安法者理由如下：(51)

1.解嚴並非解除武裝，故而有必要制定國安法彌補解嚴後留下的國防漏洞。特別是依據戒嚴法所制定有關鞏固三防（國境防、海防、山防）的子法都要廢除，國安法即在堵塞解嚴後留下的安全空隙。

2.國安法與各種有關國家安全的法律並不重疊，且這些國家安全有關的法律，不足以勝三防之任。如要塞堡壘法，只是點的防衛，無法概括海防，因為海防是線的防衛；非常時期農礦工商管理條例及國家總動員法，均無三防的規定；懲治叛亂條例、妨害軍

機治罪條例、戡亂時期檢肅匪諜條例及刑法的內亂罪和外患罪，不僅無三防的規定，且都是懲治性的，與國安法之具有預防性者不同。如不制定國安法而制定他法或修改他法，不僅曠日持久，且同樣有爭論。

3.保障國家安全是國家重要目的和手段。生存是國家第一法則，國家須先求生存、後求發展，因此國家必須排除危害其安全的各種因素，包括外來的侵犯和內在的顛覆。從政治上看，憲法、共產主義、台獨與國家安全有關，憲法是國家根本大法，共產主義不合人性且危及國家安全，台獨主張分離運動，偏狹短淺且徒增紛擾。故以國安法第二條三原則有其必要性。即人民集會、結社，不得違背憲法、主張共產主義，或主張分裂國土。

4.國安法的位階在法制級序上是憲法第一七〇條所稱的法律，是中央法規標準法第十一條規定在憲法之下，命令之上的法律。將原戒嚴法的部分子法所定的事項，規定在國安法中，乃是為保三防所必需，不但提高了原位階，而且規定亦不盡相同，並不是以國安法取代戒嚴法，亦非換湯不換藥。故不宜以對待戒嚴法的同樣態度來對待國安法，亦即現階段不必戒嚴，但不能說現階段不要三防。

反對制定國安法者理由如下：(52)

1.徵之以世界法學發展趨勢，鮮有國家制定國家安全法者。一則現行法律已夠保障國家安全，有無國安法，並無關乎國家安全；再則制定國安法，將使國家緊急法制權益形紊亂，背離憲政精神，故而無須國安法。

2.觀之以憲法與戒嚴法所規定的解嚴條件，都不包括制定國安法，顯然該法並非解嚴的必要條件，乃是戒嚴法的借屍還魂，換湯不換藥，新瓶裝舊酒，無此必要。

3.可分別制定「出入境管理條例」、「解嚴程序條例」、「集會法」、「結社法」、「軍事設施管制法」，並修改「要塞堡壘地帶法」以涵蓋海防、山防，不必要制定國安法。

4.從國安法之法條內容分析，國家安全的大架構下，內容顯得貧乏，並沒有整合現有全部國家安全的法律，使之更臻完備。第二條之三原則和其他條文不連貫，頗似拼裝車，其為政治用語，非法律用語，且本條無罰則，不能執行，形同具文，沒有實質意義。

上述國安法贊成、反對意見紛歧，一項由民意調查文教基金會以大學法學院教師及律師為調查對象的研究報告顯示，贊成與反對制定國安法的人數相近。在受訪者七四二人中，贊成者三四二人（四五・六％），反對者三二三人（四三・一％）。政治學者有六〇・三％贊成，法律學者則有六五・九％反對。執業律師中，贊成者佔四五・五％，反對者佔四五％。對於第二條三原則，多數受訪者認為應保留或保留並作明確界定，贊成保留比主張刪除者高出一倍。[53]

國安法的性質是政治性抑法律性？從其以國家安全為首要考慮，且列舉三原則的內涵來看，應屬政治性的法律，或政治性很高的法律。觀之以國安法十項條文，除去立法精神（第一條）、憲法已有規定者（第八條）、軍事審判在解嚴後之處置（第九條）、

施行細則及施行日期（第十條）外，其主要重點有二：三防及三原則，三防可否分別制定或修法方式為之，亦有仁智之見。故三原則實為國安法重要精神，或謂國安法乃國民黨為安撫反對解除戒嚴的勢力。所採取妥協方式，提出的一套象徵意義大於實質意義的法典。㊹而反對人士之杯葛制定國安法，實即憂慮在國安法三原則下，其有關台灣獨立之主張，在解嚴之後，仍無法在公開場合進行宣揚。㊺然以三原則並無罰則，只具宣示效果，故而國安法的制定雖有高爭議性，但是落實在執行面，亦僅有三防而已。

二、政治自由化的推展

解嚴後，政治自由化的腳步加快，舉凡開放組黨、集會遊行、新聞及言論自由、准許海外異議份子返國、返鄉探親方面有一番氣象。就開放組黨而言，民進黨搶先於民國七十五年九月逕行成立，並未遭到取締，實已使得行之有年的黨禁名存實亡。解嚴後，黨禁正式結束，七十八年一月廿七日「動員戡亂時期人民團體法」公布實施，開放政治團體及政黨的籌組，奠定政黨政治之基礎。該法對政治團體採立案制、政黨採備案制，亦即凡有意組黨者，在向內政部提出申請後，只要形式要件無缺失，即可准予成立，內政部無審查權。由於組黨從寬原則，自七十八年內政部民政司開始受理政黨登記起，第一年當中，我國政黨數量以平均每月成立三個的驚人速度增加中。㊻雖然經過內政部在民國七十九年上半年曾訪視各政黨，發現有許多小黨結構及體質並不很健全，眞正用心於發展黨務，並以競選公職為主要目的之新成立政黨尚有待觀察。但大體言之，我國政黨政治已朝向民主目標邁進，政黨並成為我國民主發展的主角，選舉所代表的功能和意

義將日益凸顯，由於政黨競爭的出現，民主化發展將益趨快速。

集會遊行法制化工作於民國七十七年一月十一日立法院三讀通過「動員戡亂期集會遊行法」，並在一月二十日公布實施，該法對於公眾集會遊行之申請及主管機關予以許可的要件，作了詳細規定。在限制方面，明定遊行須遵循國安法三原則—即不得違背憲法、主張共產主義、分裂國土。並規定不得在政府重要機關附近遊行。該法保留了政府管制的權力，但終使長久以來的集會遊行之自由得以抒解。

就新聞及言論自由方面，在戒嚴時期的報禁，政府採限家限張發行，而出版品方面，警總因行政裁量權甚大，多有扣押或查禁情事。在民國七十四年，所有發行反政府的政論性刊物，約有百分之七十五被查禁；民國七十五年則幾乎每一本反對的政論性刊物均遭查禁，迫使其轉入地下發展。[57]直到民國七十六年初解嚴在即，行政院長俞國華於二月五日聽取輿情報告後，指示新聞局重新研議報紙登記及張數問題，首次表明政府欲解除報禁的立場。[58]隨著解嚴，「台灣地區戒嚴時期出版管制辦法」亦已廢止，出版品的管理審查轉由新聞局負責。十二月一日新聞局宣布，自民國七十七年元旦起，正式開放報紙登記。報禁的解除，使報紙的種類激增，戒嚴時期一直維持三十一種，到民國七十七年增為一二四種、七十八年二〇八種，七十九年更達二二一種。不僅報紙，各種出版事業亦顯現蓬勃發展的情形。

就准許海外異議份子返國方面，因憲法規定人民有遷徙之自由，返鄉也是聯合國人權公約中肯定的基本人權之一。解嚴後，民國七十七年七月，國建會學人向境管局問及

出入境「黑名單」問題，國民黨籍立委李勝峰（後為新黨）等要求准許在外台胞返國，及准許世台會年會在台灣舉行。民進黨中常會則決定訴諸群眾運動，聲援台胞返鄉運動。㊾政府對此問題則是採取逐漸放寬的態度，民國七十七年十一月，國民黨中央邀集黨政及情治單位首長進行政策性討論，並達成逐漸放寬政治異議份子申請入境的共識，仍持續以往較嚴格的審理態度。㊿政府的「和諧專案」亦從民國七十七年十月起，陸續核准多位海外異議人士入境，其背景涵蓋「台獨聯盟」、「ＦＡＰＡ」、「台灣民主運動海外組織」、「台灣人權協會」、「台灣民主運動支援會」等。民國八十一年五月內政部長吳伯雄在立院首次承認有黑名單存在，並表示歷年累積下來的「列註名單」只有二八二人，並將在短期內大幅放寬。(61)之後，五月十六日立院修改刑法一〇〇條內亂罪，七月七日修改國安法，删除三原則中「不得違背憲法」之規定，吳伯雄部長隨即表示，根據國安法修正原則，原列註名單將僅剩五人。(62)流亡海外多年的台獨教父彭明敏，亦於是年十一月返台，顯示政府接納政治反對人士的決心。

就返鄉探親方面，兩岸長期分隔，使骨肉親情因時代影響，致無法相聚團圓。隨著解嚴的宣布，政府即基於人道立場，採取開放民眾返鄉探親之一系列措施：

1.開放一般民眾大陸探親（七十六年十一月）

2.准許大陸同胞來台探病及奔喪。（七十七年九月）並擴大對象及於配偶之父母（翁姑、岳父母）及兄弟姊妹；且如申請人因年邁或重病、重傷，致無法單獨來台者，開放配偶同行來台照料。（八十年十一月）

3.開放海峽兩岸民眾間接電話（報）及改進郵寄信件手續，（七十八年六月），開辦郵寄航空掛號函件。（八十年六月）

4.開放大陸民運人士來台參觀訪問及居留。（七十八年七月）

5.開放在大陸地區居住未滿二年；因重病或其他不可抗力之事由，致繼續居住逾二年，未滿四年；及回台領取本人之戰士授田憑據補償金，無有效證照者亦得申請回台。（八十年十一月）

6.開放各級政府機關及公營事業機構基層公務員赴大陸探親，（七十九年一月）並擴及軍中未涉及機密之雇用人員。（八十年十一月）。

7.開放部分滯留大陸台籍同胞返台探親，（七十九年一月）並擴及公費留學生。（八十年四月）

8.開放各級民意代表赴大陸探親及訪問。（七十九年四月）

9.准許軍、公、警人員在大陸配偶或三親等以內血親來台探親，（七十九年六月）如申請人因年邁或重病重傷，致無法單獨來台者，開放其配偶同行來台照料（八十年十一月）

10開放各級公務人員赴大陸探病、奔喪（七十九年六月）並擴大對象及其祖父母。（八十年二月）

11開放未涉及機密之軍中聘任人員准赴大陸探病奔喪。（八十年十一月）

12開放大陸同胞來台居留或定居。（八十年十一月）。

政府逐步放寬兩岸民間交流、探親種類與範圍，同時兼顧人道立場與安全考量，有助於雙方的認知和瞭解，對中國未來走向將有俾益。

柒、結語

民國七十六年的解嚴是中華民國政府來台後，威權體制與政治民主化的重大分水嶺。解嚴展開了政治自由化與政治民主化有利契機。實則民國卅八年政府來台後的威權體制是時局環境造成。若無中共直接威脅，何需戒嚴？若中華民國主權及於中國大陸，二屆立委、國代、監委早在民國四十年、四十三年即已全面改選，何需以臨時條款方式辦理增額中央民意代表選舉？故可知倉促來台的政府一方面為保障軍民同胞生命安全之需要，乃有戒嚴實施；另一方面又需以台澎金馬自由地區來標舉自由、民主的法統地位，中華民國憲政體制一時不宜劇變，乃有第一屆中央民代無法全面改選和臨時修款的增訂等「臨時」之權宜。這些都不是常態，關鍵在於：什麼時機與條件下，得以恢復正常憲政運作？尤其兩岸分裂分治持續下去，當初的權宜或法統，逐漸面臨自由地區民主化發展的兩難困境。民國七十六年的解嚴有其主客觀條件配合，並非某一因素可居全功；兩岸關係如在民國七十年代解嚴前後有發生類似古寧頭戰役、八二三砲戰，甚或導彈危機等緊張情勢，是否可能在七十六年解嚴？台灣經濟成長、教育普及、社會多元如不成功，政府有無信心加快民主化速度？如無反對運動訴求，政府是否及早重視此一問題？如無國民黨主政者的民主信念和主導推動，在民國七十五年國民黨尚佔有相當的優勢下，是否會立即推動六大革新議題？國內威權體制的轉型，由民國七十六年解嚴邁出重要一

步，並在其後政治發展、憲政一連串改革中佔了重要的一章。

註釋

① Adam Przeworski, "Some Problems in the Study of the Transition to Democracy", in Guillermo O'Donnell, Philippe C. Schmitter, and Laurence Whitehead, eds., Transitions from Authoritarian Rule: Comparative Perspectives (Baltimore: John Hopkins university Press, 1986), p.56.

② Guillermo O'Donnell and Philippe C. Schmitter, "Defining Some Concepts", in O'Donnell and Schmitter, eds., Transition from Authoritarian Rule: Tentative Conclusions about Uncertain Democracies (Baltimore: John Hopkins University Press, 1986), pp. 7-8.

③ Robert A. Dahl著，張明貴譯，多元政治—參與和反對（台北：唐山出版社，民國七十八年），頁六—八。

④ Stepan著，引自吳乃德，「不確定的民主未來：解釋台灣政治自由化現象」，時報文教基金會主辦，「中國民主前途研究會」論文，民國七十八年，頁五。

⑤ Hung-mao Tien, "The Transformation of an Authoritarian Party-State: Taiwan's Developmental Experience", Issues & Studies, July 1989. p. 119.

⑥ 呂亞力，「政治自由化及民主化發展」，見二十一世紀基金會，時報文教基金會合辦，「『台灣經驗』新階段：持續與創新」研討會論文，民國七十九年二月，頁一。

⑦ 周陽山，「民主化、自由化與威權轉型—國際經驗的比較」，國立台灣大學中山學術論叢，第八期，民國七十七年十二月，頁八〇—八一。

⑧ Constance Squires Meaney, "Liberalization, Democratization, and the Role of the KMT",in Tun-jen Cheng,et.al.,eds., Political Change in Taiwan (Boulder: Lynne Rienner Publishers, 1992), pp. 98-99.

⑨ Ibid, pp. 99-100.

⑩ S. M. Lipset, " Some Social Requisites of Democreacy: Economic Development and Political Legitimacy", American Political Science Review, Vol. 53, No.1 , March 1959, pp. 69-105.

⑪ 羅志淵，雲五社會科學大辭典，第三冊，政治學，第六版（台北：台灣商務印書館，民國七十三年十一月）頁一九〇。

⑫ Lucian W. Pye, "Introduction : Policical Culture and Political Development", in Lucian W. Pye and Sidney Verba, eds., Political Culture and Political Development, (N. J.:Princeton University Peess, 1965) p. 218.

⑬ G. A. Almond & Sidney Verba, The Civil Culture: Political Attitude and Democracy in Five Nations, (Princeton, N. J.:Princeton University Press, 1963), chap. 1.

⑭ Fred M. Hayward, "Introduction", in Fred M. Hayward eds., Election in Indipendent Africa, (Boulder, Co.: Westview Press, 1987) p.13.

⑮ 張佑宗，「對台灣『政治自由化與民主化』的解釋問題」，政治學刊，創刊號，一九九〇年九月，頁一一一二。

⑯ 耿雲卿，「台灣僅實施了百分之三點七的戒嚴」，中央日報，民國六十七年十二月廿二日，版二。

⑰ 彭懷恩，中華民國政治體系的分析（台北：時報出版公司，民國七十二年一月），頁卅六。

⑱ 若林正丈，轉型期的台灣（台北：故鄉出版社，民國七十八年），頁四三。

⑲ 林正義，「斷交後美國政府對中華民國政治發展的影響」，美國月刊，第五卷，第二期，民國七十六年一月，頁五一七。

⑳ 賴遠清，台灣地區解嚴後政治民主化轉型之研究，中央警官學校警政研究所，碩士論文，民國八十年六月，頁六八。

㉑ 郭淑敏，菲律賓從民主到獨裁—結構與文化因素之探討，國立政治大學，政治研究所，碩士論文，民國七十七年九月，頁一七五—一七六。

㉒ 高崇雲，「南韓政局峰迴路轉」，亞洲與世界文摘，第七卷，第二期，民國七十六年八月，頁三九—四〇。

㉓ 周陽山，「東亞的民主化浪潮—觀念層次的澄清」，亞洲與世界文摘，第九卷，第

三期，民國七十七年九月，頁五二—五三。

㉔ 張忠棟，「國民黨台灣執政四十年」，中國論壇，第三一九期，民國七十八年一月，頁六六。

㉕ 葉萬安，「台灣地區實踐民生主義的經驗成果與展望」，台大中山學術論叢，第七期，民國七十六年，頁九〇—九五。

㉖ Mencur Olsen, Jr., "Rapid Growth as a Destabilizing Force", Journal of Economic History, 23, Dec. 1967, 轉引自江炳倫，「我國政黨政治的現況與未來」，中國論壇，第二四八期，民國七十五年一月，頁一五。

㉗ J. F. Copper, "Political Development in Taiwan", China & Taiwan Issue, ed. (N. Y. Praeger, 1979), p. 57.

㉘ 蕭新煌，「多元化過程中社會與國家關係的重組」，廿一世紀基金會與時報文化基金會合辦，「台灣經驗新階段：持續與創新」研討會論文，民國七十九年二月廿三日，頁一一。

㉙ 蕭新煌，「台灣新與社會運動的剖析：民主性與資源分配」，蕭新煌等著，壟斷與剝削—威權主義的政治經濟分析（台北：台灣研究基金會，民國七十八年），頁二八—二九。

㉚ 蔣經國先生全集編輯委員會編，蔣經國先生全集，第十五冊（台北：行政院新聞局，民國八十年十二月），頁一九六—一九九。

㉛ Robert A. Dahl著，「政府與反對派」，黃德福譯，幼獅文化公司編譯，總體政治理論（台北：幼獅文化公司，民國七十二年六月），頁一四一。

㉜ 台北，聯合報，民國七十五年四月十日，版二。

㉝ 王振寰，「台灣的政治轉型與反對運動」，台灣社會研究季刊，第二卷，第一期，民國七十八年，頁七一——一一六。

㉞ 魏鏞，「為成長、平等與民主而規劃—中華民國發展過程中的非經濟性因素」，中央月刊，第廿卷，第十一期，民國七十六年十一月，頁三七—四八。

㉟ 余英時，「吾見其進，未見其止—經國先生的現實與理想」，歷史巨人的遺愛（台北：中央日報社，民國七十七年），頁二二四。

㊱ 孫運璿，「我失去一位敬重的長者」，黎明文化公司編印，蔣故總統經國先生追思錄，三版（台北：黎明公司，民國七十七年十月），頁一五〇。

㊲ Lucian W. Pye 著，吳瓊恩譯，「後蔣經國時代可有良策?」，聯合報，民國七十七年九月廿日，版二。

㊳ Samuel P. Huntington著，江炳倫等譯，轉變中社會的政治秩序（台北：黎明文化公司，民國七十七年），頁三五四。

㊴ 行政院新聞局編，蔣總統經國先生七十五年言論集（台北：正中書局，民國七十六年），頁八五。

㊵ 中央日報社編，蔣總統經國言論選集，第九輯（台北：中央日報出版部，民國七十

七年三月），頁五七。

㊶ Harvey J. Feldman 著，劉宗賢譯，「台灣正向前大步邁進」，亞洲與世界文摘，第八卷，第一期，民國七十七年一月，頁五—六。

㊷ Chou Yang-Sun & Andrew J. Nathan, "Democratizing Transition in Taiwan", Asia Survey, March 1987, p.11.

㊸ 李東明，「經國先生與台灣地區的政治發展（一九七二—一九七八）」，憲政思潮，第八一期，民國七十七年，頁七九。

㊹ 同註㊴，頁八二—八三。

㊺ 馬起華，民權主義與民主憲政（台北：正中書局，民國八十一年十一月），頁四〇九。

㊻ 謝瑞智，憲法大辭典（台北：國家發展策進會，民國八十年），頁一六二。

㊼ 同㊺，頁四一〇—四一二。

㊽ 同上，頁三九〇。

㊾ 潘啓生，台灣地區政治抗爭之研究一九七七—一九八八，國立政治大學，三民主義研究所，碩士論文，民國八十年一月，頁七十五。

㊿ 同註㊺，頁四一〇。

(51) 同上，頁三九四—四〇五。

(52) 同上，頁三九七—三九八。

㊸ 台北，聯合報，民國七十六年三月廿三日，版二。
㊹ 彭懷恩，台灣發展的政治經濟分析，再版（台北：風雲論壇出版社，民國八十年十月），頁二二三。
㊺ 同註㊺，頁七四。
㊻ 台北，中央日報，民國七十九年五月廿九日，版二。
㊼ 法治斌，「近年來中華民國法律改革與憲法解釋」，見張京育編，中華民國民主化—過程、制度與影響（台北：政大國關中心，民國八十一年），頁三三九。
㊽ 林東泰，「台灣地區大眾傳播媒體與政治民主化歷程」，台灣地區政治民主化的回顧與展望研討會論文集（台北：民主基金會，民國八十年），頁一二〇。
㊾ 台北，中國時報，民國七十七年七月廿八日，版三。
㊿ 台北，聯合報，民國七十七年十一月卅日，版三。
(61) 台北，自立早報，民國八十一年五月五日，版三。
(62) 台北，聯合報，民國八十一年七月八日，版一。

第四章　國是會議與憲政發展　綱要

壹、前言

貳、國是會議召開的緣起與經過

一、國是會議召開的緣起

二、國是會議召開的經過

參、國是會議的內容與發展

一、國會改革問題

二、地方制度問題

三、中央政府體制問題

四、憲法修定方式有關問題

五、大陸政策及兩岸關係

肆、國是會議的檢討

一、憲政改革的開展

二、教育功能的發揮

三、容忍異議的典範

四、集思廣義的成效

五、理論深度的不足

六、預設立場的爭議

伍、結語

壹、前言

民國七十九年召開的國是會議，為我國繼解嚴之後，由政治自由化步向政治民主化關鍵的一步。國是會議所作成「動員戡亂時期終止、臨時條款廢止、修定憲法」的結論，改變了過去長期以來修改臨時條款代替「修憲」的作法，憲政改革自此有新的起點。其後的「第一階段修憲」更確定中央民意代表的法源依據，使國會全面改選順利展開。

貳、國是會議召開的緣起與經過

一、國是會議召開的緣起

國是會議的召開，直接導源於國民大會的擴權行動，引發三月學潮後的一項回應結果。民國七十九年三月間第一居國民大會召開第八次會議，利用選舉第八任總統、副總統之機會，國大自行增加出席費，並在審查動員戡亂時期臨時條款修正案中，通過國大代表每年集會一次，行使創制複決兩權，以及增額國大代表六年任期延長為九年等。這一幕幕上演的「山中傳奇」，引起全國譁然，認為國大代表私心自用，擅自擴大職權。乃紛紛表達對憲政問題以及將來政治發展的看法。大專學生並於三月十六日發起到台北中正紀念堂廣場靜坐抗議，三月十九日學生開始聚集，並提出「解散國民大會、廢除臨時條款、召開國是會議及訂定民主改革時間表」四大訴求。整個現場氣氛更因東海大學學生方孝鼎等十五人發動絕食而升高，引起媒體關注。到三月廿一日參加人數超過六千人，為四十多年來，規模可數的大型學潮。①

學潮期間，李登輝總統為回應國人殷切的期望，於三月廿日指示籌備召開國是會議

，並指派當時總統府資政蔣彥士、行政院長李煥、總統府秘書長李元簇及執政黨中央委員會祕書長宋楚瑜四人，就國是會議有關問題先行研商。三月廿一日國民黨中常會決議，由蔣彥士任召集人，組織籌備委員會，負責籌備事宜。當天晚上，李總統召見五十名學生代表，承諾提前召開國是會議、擬定政經改革時間表。但認為現階段不適宜修憲，關於憲法修改，至少要兩年。三月廿二日早上學生即在宣布組織「全國學生聯盟」，並發表「我們的聲明——追求民主永不懈怠」後解散，結束歷時一週的學運。②

國是會議得以召開，三月學潮有直接影響作用。李登輝總統固然是回應大專學生及社會大眾的呼聲，但他本人對召開國是會議，亦有強烈的推動意願，蓋因三月學潮時，大專學生曾要求李總統以強烈手段排除國民大會，或拒絕老代表之投票。唯李總統囿於既有之政治體制，仍以傳統方式完成總統選舉。其本人雖無力於迅即解決經年累月所堆陳的政治結構問題，卻有著憲政改革的決心，正好配合國內民間的強烈要求，透過非體制內的國是會議方式，壓制黨內反對力量，取得改革動力。③

二、國是會議召開的經過

李登輝總統於民國七十九年三月廿日，正式宣布將召開國是會議，並指派總統府資政蔣彥士為國是會議籌備委員會召集人，從此展開國是會議之序幕。此時第一項工作在於如何產生國是會議籌備委員之名單，因其關係著國內政治生態現實力量的反映。執政黨最須考量的參與對手，自然是長久以來最大的反對黨——民進黨。國民黨透過商界陳重光居間協調，先後有三月廿日國民黨秘書長宋楚瑜與民進黨主席黃信介見面，三月廿九

日總統府資政蔣彥士親訪黃信介，除邀請民進黨參與國是會議之籌備外，並確定李總統將於總統府與黃信介主席見面之事。④四月二日李總統邀請民進黨主席黃信介到總統府「喝茶」。黃信介代表民進黨提出四項訴求：1.制定憲政體制改革時間表。2.平反政治案件。3.徹底落實政黨政治。4.有效維護治安。李總統則向黃表示，將在兩年內完成憲政改革目標，同時指出，不能違反中華民國認同。⑤

四月一日，民進黨召開臨時中常會，以附帶條件方式通過，原則確定參加國是會議籌備會。政府因而得以順利完成了籌組籌備會工作，並以各方代表國民黨十一人，民進黨四人，無黨籍五人，學者公正人士五人之比例完成適切反應政治生態現狀的組合。⑥

籌備委員會於民國七十九年四月十四日召開第一次會議，並經持續兩個多月的策畫，國是會議終於在六月廿六日到七月四日在台北圓山大飯店舉行，出席人數應為一百五十人（包含籌備會審核推薦一一五人，總統遴選三五人），實際參加者共有一四一人（如表四）。

國是會議是政府來台後，政治體制邁向全面改革的一個起點，它的性質雖不具有法律上合法性地位，僅為總統的諮詢會議，但因其網羅朝野各界代表，且在若干重要問題上獲得原則性的共識，使其後的政治改革有了著力點，所代表的政治意義重大，同時亦將佔有顯著的歷史地位。國是會議從近處觀察，乃是國內七十九年二月以來動盪不安的政局，得到一個舒緩的空間，維持了政局的穩定，並圖開創另一個嶄新格局。從遠處來

表四　國是會議參與人員名單：

第一組	尤清、王昭明、朱士烈、吳明進、呂亞力、李念祖、李鴻禧、林棟、邱垂亮、姚舜、柯明謀、苗素芳、殷允芃、高玉樹、康水木、張俊宏、梅可望、許勝發、陳水扁、陳金德、陳健治、彭光正、黃石城、黃鎮岳、趙少康、蔡友土、鄭次雄、楊黃幸美、謝崑山、蘇永欽
第二組	王又曾、王桂榮、朱堅章、吳英毅、呂秀蓮、李長貴、沈君山、林仁德、邱聯恭、姚立明、洪冬桂、郎裕憲、翁松燃、高希均、康寧祥、張俊雄、莊海樹、許倬雲、陳必照、陳長文、陳霆安、彭明敏、黃信介、楚松秋、楊選堂、趙昌平、蔡政文、鄭竹園、謝深山、蘇俊雄
第三組	王世憲、王惕吾、朱雲漢、吳哲朗、宋楚瑜、李哲朗、汪彝定、林永樑、金神保、姚嘉文、洪俊德、徐亨、荆知仁、高育仁、張文獻、張淑珠、許仲川、郭仁孚、陳永興、陳建中、陳繼盛、華加志、黃崑虎、楊日旭、葉金鳳、劉炳偉、蔡勝邦、鄭彥文、謝瑞智、蘇裕夫
第四組	王玉雲、丘宏達、余紀忠、吳豐山、李　仁、李海天、周聯華、林佾廷、金耀基、宣以文、胡佛、徐賢修、馬克任、高忠信、張旭成、張博雅、許宗力、陳川、陳田錨、陳重光、陶百川、辜振甫、黃越欽、楊志恒、葉潛昭、蔣彥士、蔡鴻文、覺安慈仁、鄭欽仁、謝學賢
第五組	王作榮、田弘茂、余陳月瑛、吳澧培、李伸一、李鐘桂、林　空、法治斌、艾阿翰、施啓揚、胡志強、悟明、馬英九、高英茂、張京育、張富美、許信良、陳五福、陳江章、陳唐山、博仁、黃主文、黃煌雄、楊國樞、廖述宗、蔣廉儒、鄭心雄、謝長廷、簡明景、饒穎奇

註：王世憲、宣以文、胡 佛、朱雲漢、楊國樞、李鴻禧、陳唐山、彭明敏因故宣布退出

資料來源：李炳南，憲政改革與國是會議（台北：永然文化出版公司，民國八十年四月），頁三九八—三九九。

看，乃是在台灣四十多年來經濟發展與社會變遷快速，相對的政治體系中分配機能（distribution function）與參與機能（participation function）則顯得僵化，其中所造成的「歷史包袱」，實有賴國是會議此一超體制的、非常的途徑，以解決經年累月交錯複雜的憲政困境。⑦

參、國是會議的內容與發展

國是會議是以國人最關切之兩大問題「健全憲政體制」及「謀求國家統一」為討論範圍，其五項議題為：⑴國會改革問題。⑵地方制度問題。⑶中央政府體制問題。⑷憲法（含臨時條款）修定方式有關問題。⑸大陸政策及兩岸關係。其中獲與會朝野人士取得共識的部分如下：⑧

一、國會改革問題：

1.第一屆中央資深民意代表應該全部退職。

2.反對國民大會維持現狀。

3.淨化選舉風氣。

二、地方制度問題：

1.回歸憲法或授權立法院立法，甚至循修憲方式達成改革。

2.地方自治應以民選、自主為基本要求，依據台灣目前發展，兼顧憲法體制及實際狀況，將國家主權與國內行政的需求作合理的統合。

3.地方自治與制度的改革，應正視地方派系糾紛，選舉風氣敗壞的現象。

4.肯定台灣發展的成就，主張在改革地方制度時，應保留台灣省名稱，維護台灣經驗的良好形象。

三、中央政府體制問題

現行總統選舉之方式應予改進。

四、憲法（含臨時條款）修定方式有關問題：

1.終止動員戡亂時期，廢止臨時條款。

2.憲法應予修定。

3.修定應以具有民意基礎之機關及方式為之。

五、大陸政策及兩岸關係：

1.制定開放與安全兼顧的階段性大陸政策。

(1)應以台灣人民的福祉為前提。

(2)考慮國際形勢限制，中共政權性質及大陸人民心理等客觀因素。

(3)在能力範圍內，促使大陸走向民主自由。

2.兩岸關係之界定方面，體認兩岸分別為政治實體之現實。

3.現階段實際運作，放寬功能性交流，政治性談判則從嚴。

(1)功能性交流方面：①開放應有條件，有限制。②訂定安全、互惠、對等、務實四點作為交流原則。③學術文化科技交流放寬為雙向，並考慮合作的可能。④規劃開放記者及體育的雙方訪問和比賽。⑤經貿在不危及安全及妨礙整體經濟發展原則下，穩定前進。⑥功能性交流談判，在方式上以政府授權之「中介團體」對等談判為宜。

(2)政治性談判方面：大多數皆認為時機未成熟，須滿足下述先決條件後，始可考慮：①中共放棄武力犯台。②不反對中華民國國際參與。③台灣達成內部共識。④建立朝野共信，權責分明的談判機構。

4.從速設立專責的政策機構和授權的中介機構。

國是會議開幕時李登輝總統親臨主持，閉會時李總統也親自到場聆聽總結報告，充分顯示其對此項會議的重視。國是會議閉會時，主席團曾提議設置「憲政改革諮詢小組」，以求落實國是會議結論，但國民黨內部傾向於在黨內設置「憲政小組」，以落實各項憲政事宜。⑨民國七十九年七月十一日，國民黨中常會決定於其黨內設置「憲政改革策畫小組」，由副總統李元簇擔任召集人。（如表五）其下設「法制」與「工作」兩個分組，前者，負責憲法修定及修定程序之研擬；後者則負責有關憲政改革意見之搜集、整理、分析與有關機關、政黨就憲政改革事項的協調與聯繫。有關國民黨「憲政改革策劃小組」之決議事項如左：⑩

㈠有關國民大會問題：策劃小組決議為：1.國民大會之制度應予維持。2.關於國民大會代表區域選舉之辦理方式，採以複數當選人為主之選舉區制。3.有關國民大會之職權，俟相關議題討論獲有結論後，再行討論。4.國民大會代表應為無給職，惟出席法定會議時得支給出席費。

㈡有關監察院問題：策劃小組之決議為1.監察院制度應予維持。2.省市選出之監察委員仍由省市議會選舉產生。3.有關監察委員總名額應為若干及省市名額分配原則如何；前項究應在憲法增訂條文予以規定抑或另以法律定之；監察委員應否酌留一定比例名額做為全國不分區代表，其產生方式如何？及第二屆監察委員產生時間等問題，應再詳加研究，另行討論。4.監察委員候選資格應予提高，由內政部從政主管同志研究。

㈢有關第二屆中央民意代表產生時間及名額問題：策劃小組決議之第二屆中央民意代表產生時間，在民國八十年十二月辦理第二屆國大代表選舉，在民國八十二年二月一日前辦理第二屆立法委員、監察委員選舉。

至於第二屆中央民意代表名額問題，法制分組建議：1.國民大會代表之區域選出者，每直轄市、縣市各選出代表二人，但其人口逾十萬人者，每增加五萬人增選一人；逾五十萬人者，每增加十萬人，增選一人；逾三百萬人者，每增加二十萬人，增選一人。此外山胞選出者，平地山胞及山地山胞各選出三人。另全國不分區選出者，其名額佔總額五分之一。2.立法委員之區域選出，每省、直轄市人口在二十萬以下者，選出兩人，逾二十萬人者，每增加十萬人增選一人；逾一百萬人者，每增加十五萬人增選一人；逾

四百萬人者，每增加廿五萬人增選一人；逾一千五百萬人者，每增加三十五萬人增選一人。此外山胞選出者，平地山胞及山地山胞各選出三人。另全國不分區選出者，其名額佔總額五分之一。3.監察委員名額之分配，每省議會選出三十人，每直轄市議會各選出十二人。上述省選出之監察委員應有婦女當選名額三人，市應各有一人。

㈣有關中央民意代表之僑選、職業團體、婦女團體代表問題：策劃小組之決議為：1.中央民意代表應包含海外僑選代表，產生方式及名額，再行研究。2.廢除職業團體代表選舉。3.凍結憲法第二十六條第七款之適用，中央民意代表中之婦女代表名額依憲法第一百三十四條規定辦理。

㈤有關設置全國不分區名額代表問題：策劃小組討論不分區代表名額佔總名額之比例，以及採政黨名單比例代表制方面，有如下結果：

1.國民大會之全國不分區代表名額佔總名額比例有甲、乙兩案，甲案主張佔總名額五分之二，乙案主張佔總名額三分之一，表決結果，贊成甲案十二人，贊成乙案十三人。

2.立法院之全國不分區代表名額佔總名額比例有甲、乙兩案，甲案主張佔總名額三分之一，乙案主張佔總名額四分之一，表決結果，贊成甲案者八人，贊成乙案者十五人。

3.監察院是否設置全國不分區代表有甲、乙兩案，甲案主張設置全國不分區代表名額，又有一、二兩案，第一案主張佔總名額三分之一，第二案主張佔總名額四分之一。

乙案主張不設全國不分區代表名額。表決結果，贊成甲案者十九人，贊成乙案者四人，其中主張甲案之第一案者八人，主張第二案者十五人。

4.全國不分區代表之選出方式採政黨名單比例代表制，就選舉票式與投票方式，有甲、乙兩案。甲案主張全國不分區代表選舉不另行印製選舉票（即一票制），以區域選舉各政黨候選人得票數或當選人數按比例計算分配其當選名額。乙案主張全國不分區代表之選票另行印製（即兩票制），其選舉票僅列印政黨名稱，選舉人只能圈選政黨。表決結果，贊成甲案者十三人，贊成乙案者十一人；其中主張甲案以各政黨候選人得票數之比例分配當選名額者十一人，主張各政黨候選人當選人數比例分配當選名額者九人；無論主張甲、乙兩案者，均認為政黨須先公布提名候選名單。

5.政黨參加全國不分區代表，決定不設條件限制，由經依法登記之政黨，自由提出全國不分區代表候選人名單，但參選之政黨應繳納一定數額之保證金，得票不足規定標準者，其保證金不予發還。

6.政黨分配當選名額之條件是否需要，有甲、乙兩案，甲案為設定條件限制，如政黨得票率未達百分之五以上者，不予比例分配名額。乙案為不設條件限制，完全依政黨得票數比例分配當選名額。表決結果，贊成甲案者廿二人，贊成乙案者三人。

7.實施方式採憲法增修條文、修改公職人員選舉罷免法。就憲法增修條文，有甲、乙兩案，甲案主張凍結憲法相關條文，增訂中央民意代表之名額另以法律規定，並於所訂法律內，分別明定由全國不分區選出之代表名額。乙案主張凍結憲法相關條文，於所

增修條文中，分別明定全國不分區選出之代表名額。表決結果，贊成甲案者無，贊成乙案者十九人。就修改公職人員選舉罷免法，增訂全國不分區選出之中央民意代表名額，採政黨比例代表制，及其相關之選舉作業規定。

㈥有關總統、副總統民選問題：策劃小組經討論認為法制分組所提有關總統、副總統選舉方式之委任代表制、直接民選及改進之法定代表制等三案，各有利弊，除請幕僚單位將有關資料分送與會人士參考，並請法制分組再深入研究。

㈦有關總統、行政院及立法院之關係問題：策劃小組討論本案時，有甲、乙兩案。甲案主張臨時條款廢止後，總統、行政院、及立法院之關係，原則上均依憲法本文之規定。惟在國家統一前，為謀求政治安定、經濟發展及處理緊急事件發生，宜在憲法增修條文中，增列兩項條文：1.增訂條文㈠：「總統為應付國家發生天然災害或財政經濟上發生重大變故，或為避免國家或人民遭遇緊急危難，得經行政院會議之決議，發布緊急命令，為必要之處置；得須於發布命令後十日內提交立法院追認，如立法院不同意時，該緊急命令立即失效。」2.增訂條文㈡：「為決定國家統一及國家安全有關大政方針，得設置諮詢機關，由總統召集之。」乙案則主張臨時條款廢止後，總統、行政院及立法院之職權及相互關係，均依憲法本文之規定。但應於動員戡亂終止前，制定緊急命令法，以落實憲法第四十三條之規定。表決結果，贊成甲案者十九人，贊成乙案者無。對於甲案增訂條文㈡項，主張廢除者十人，主張維持者四人。

㈧有關行政院長副署問題：策劃小組根據法制分組所建議之五案予以討論：甲案主

張維持現行副署制度，憲法第三十七條完全不變。乙案主張保持副署制度，總統公布法律、發布命令，按該項法律、命令之性質，分別由行政院長副署或其他相關院院長副署；而不必全部一律由行政院院長副署，或行政院院長及有關部會首長副署。丙案主張保持憲法第三十七條原有精神，即總統公布法律、發布命令，須經行政院院長副署；但該項法律、命令與其他院有關者，須經行政院院長及相關院院長共同副署。丁案主張總統公布「法律」及發布「法規命令」，仍須經行政院院長副署；人事命令則分為兩部分，屬行政院，由行政院長副署，或院長及有關部會首長副署；行政院以外者，除行政院院長副署外，並經有關院、部、會首長共同副署。戊案主張總統公布「法律」及發布「法規命令」，仍須經行政院院長副署，人事命令，一般仍由行政院院長副署，或院長及有關部會首長副署，但依憲法規定，須經立法院或監察院行使同意權後任命者，總統依法任免時，其命令毋庸副署。表決結果，贊成甲案者十人，贊成乙案者二人，贊成丙、丁案者無，贊成戊案者十四人。

㈨有關中華民國憲法（含臨時條款）修訂方式問題：策劃小組討論「第一階段憲法增修條文參考內容要點」時，有如下決議：

1.有關名稱問題：甲案主張「中華民國憲法增修條文」，乙案主張「中華民國憲法第一次增修條文」，丙案主張「中華民國憲法憲政改革特別條款」，丁案主張「中華民國憲法增修準備條文」。表決結果，贊成甲案者十五人，贊成乙案者三人，贊成丙案者一人，贊成丁案者六人。

2.有關前言部分，原則通過，文字再做修正。
3.有關第二屆中央民意代表之產生與集會。主張三種中央民意代表之法源均應列入增修條文者廿一人，主張僅將第二屆國大代表列入者六人。
4.有關「省市長民選」應否列入憲法增修條文，贊成者一人，反對者二十人。
5.有關「兩岸關係」應否在憲法增修條文中規範，贊成者九人，反對者十四人。
6.有關憲法增修條文之有效期應否刪除，贊成者十六人，反對者三人。
關於修憲體例部分，策劃小組決議憲法本文不動，以「附列增訂條文」方式修憲；增修部分採集中條列方式，附在憲法本文之後，名稱定為「中華民國憲法增修條文」；增修條文之前言或第一條，應說明係在國家統一前適用；至於修憲程序及修憲機關部分，決定：

1.建議國民大會在民國八十年四月底前舉行臨時會，並完成第一階段修憲，即訂定中華民國憲法增修準備期間有關過渡條文，並廢止動員戡亂時期臨時條款。
2.建議國民大會在第二屆國民大會代表於民國八十年十二月選出後，一個月內舉行臨時會，進行第二階段修憲，即訂定「中華民國憲法增修條文」，並廢止前述過渡條文，俾在民國八十一年年中完成憲政改革。

㈩有關動員戡亂時期宣告終止問題：策劃小組決議於國民大會臨時會在八十年四月底前，訂定中華民國憲法增修準備期間有關過渡條文，廢止動員戡亂時期臨時條款後，建議總統宣告動員戡亂時期終止。

(十)有關動員戡亂時期終止後有關機關之存廢或調整問題：策劃小組對於戡亂時期的有關機關存廢討論時，有如下決議：

1.動員戡亂時期終止，臨時條款廢止後，「國家安全會議」（含秘書處）仍應繼續存在，於憲法增修條文中，明定直接隸屬於總統；其組織與職掌，於國家安全會議組織法中規定，俾能釐清與行政院職權之關係，並充分發揮其功能。另「國家安全局」亦應繼續存在，隸屬於國家安全會議，其組織與職掌應以法律定之。

2.「國家建設研究委員會」及「科學發展指導委員會」均隨動員戡亂時期終止、臨時條款之廢止而結束。

3.「台灣警備總司令部」應在保持其維護國家安全及社會安定之必要功能原則下繼續存在，其組織與業務職掌應如何配合當前社會需要及民主憲政發展作適當調整，由行政院檢討並修正相關法規。

4.「行政院人事行政局」於臨時條款廢止後，仍應設置為常設機構，於中華民國憲法增修條款中，規定其法源依據，並於行政院組織法中，明定其機關名稱及組織職掌，同時應把握下列基本原則：(1)凡憲法第八十三條規定，屬全國性考銓政策與考銓制度之研議訂一定事項，係為考銓機關之職掌權限，應排除於其組織條例之外。(2)在既定考銓政策與考銓制度規範下之執行或研擬建議事項，及憲法第八十三條未列舉之其他人事行政業務，可列為其組織條例之職掌事項。(3)有關「人事考銓業務」，應於組織條例中明定並受考試院之指揮監督。

㈡有關戡亂時期終止後相關法令修改或廢止問題：工作分組之機關調整組已將有關法令彙整完畢，其中行政院及所屬機關主管以動員戡亂時期為適用要件之法規，已有三種法律案，由行政院送立法院審議，十六種命令由行政院或所屬各機關發布修正或廢止；其餘各機關報行政院審查之五十四種法規，除正交有關機關（單位）研議者外，有廿四種業經行政院修法專案小組審查竣事，其中九種已審議通過修正或廢止，四種決議不修正，另有十一種請有關機關再行研議。

㈢有關地方制度法制化問題：策劃小組獲得決議者有：1.在中華民國憲法增修條文中規定，凍結憲法有關省縣自治條文，並規定省縣地方自治另以法律規定。2.在省長民選原則下，由內政部研擬省縣自治法草案，報請行政院核定後送立法院審議。3.在直轄市市長民選原則下，由內政部研擬直轄市自治法草案，報請行政院核定後送立法院審議。

㈣有關地方政府行政組織層級問題：策劃小組獲得決議者有：1.省制應予維持。2.有關地方政府層級問題，維持現行省（市）、縣（市）、鄉鎮縣轄市三級制，或地方政府採行省（市）、縣（市）二級制，鄉鎮縣轄市長採任命制，尚待討論。

肆、國是會議的檢討

國是會議是在順應民意趨勢，整合朝野國是意見，以做為政府制定政策參考的體制外會議，它所代表的是政治上的一個指標，在我國政治發展的過程中，具有相當的政治影響力。有謂民主可貴，在於人人可表達意見，而非定於一尊，唯「一人一義，十人十

義」，如何歸納整合，並在異中求同，尋求「共識」，殊非易事。國是會議亦面臨同樣困難，會議之後，各種民意測驗、學者座談，對國是會議評分都不太高，有三八・九%的受訪民眾認為國是會議成功，三〇・四%認為不成功。法政學者打五十七分，增額中央民代打五十分。⑪指標量化只是分析的方法之一，有助於對整體概括的認識。唯其中包含諸多情境因素，則不易察覺，尤以國是會議成員廣泛，會議進行中的黨派利益導向，易趨於各說各話，一般民眾中無論保守者抑或積極改革者，對於各種與其相左之意見，不無疑慮，而對各自的理想目標能否達到，亦易由疑惑產生失望，正因人們主觀的衡量標準和觀點各異，而有不同的評價。整體分析國是會議得失如下：

一、憲政改革的開展

國民黨於民國七十五年即推出六大政治革新，由於體制內的改革是十分困難的，尤以既得利益者阻撓體制變革為最，故革新工作一直未能全部落實。更以民國七十五年春，國民大會第八次會議的擴權牟利動作，引發大眾的關切和指責，亦直接促成了國是會議的召開。

國是會議是一體制外的形態，不受體制的拘束，可以提出各種憲政改革的主張。它一方面肯定了相對於政府公權力的社會力已成熟到可成為主導社會的一股新力量，日後可能在決策體系過程中發揮更大作用。另一方面，傳統的政黨和政府有從威權型態走向更開放民主的準備。⑫在國是會議所達成的共識中，廣泛的涉及憲政問題，有些不須修憲，如終止動員戡亂時期，廢止臨時條款，新國會產生的時間，防止金錢污染、暴力介

表五　國民黨「憲政改革策劃小組」成員結構分析表

小組職務	姓名	黨政職務	背景	小組職務	姓名	黨政職務	背景
召集人	李元簇	副總統	李總統有關憲政問題的重要諮詢對象	成員	何宜武	國民大會秘書長	國民黨中常委
副召集人	郝柏村	行政院長	國是會議黨內議題小組重要成員	成員	蔣緯國	國安會秘書長	國民黨中評委
副召集人	林洋港	司法院長	國是會議黨內議題小組召集人	成員	李煥	資政	國是會議黨內議題小組召集人
副召集人	蔣彥士	總統府秘書長	國是會議召集人	成員	邱創煥	資政	國是會議黨內議題小組成員
成員	梁肅戎	立法院長	國民黨中評委	成員	宋楚瑜	國民黨秘書長	國是會議主席團主席
成員	黃尊秋	監察院長	國民黨中常委	成員	連戰	台灣省府主席	國民黨中常委
成員	林金生	考試院副院長	國民黨中常委				

資料來源：高永光，修憲手冊（台北：民主文教基金會，民國八十年十一月），頁三七—三八。

入選舉，國土重劃等；有些必須透過修憲方式達成，如中央民意代表產生的法源依據，總統副總統民選問題，國民大會與五院組織及職權問題等。上述無論是否須修憲，均使憲政改革自此有了起點。

國是會議對憲政改革的開展具有積極意義，有了國是會議的結論共識，政府當局即著手進行大幅憲政改革工作。有關憲法方面有兩個途徑：一是修憲，一是釋憲。前者透過「一機關兩階段」進行，一機關即「國民大會」，兩階段即「第一階段修憲」—程序修憲，「第二階段修憲」—實質修憲。後者則透過大法官會議釋憲，民國七十九年六月二十一日釋字第二六一號文：「為適應當前情勢，第一屆未定期改選之中央民意代表除事實上已不能行使職權或經常不行使職權者，應即查明解職外，其應於中華民國八十年十二月三十一日以前終止行使職權，並由中央政府依憲法之精神、本解釋之意旨及有關法規，適時辦理全國性之次居中央民意代表選舉，以確保憲政體制之運作。」⑬我國的憲政發展從戡亂時期終止，廢止臨時條款，回歸憲法，並進行修憲工程，國是會議實居關鍵性地位，並有著政治革新的催化作用。

二、教育功能的發揮

國是會議經由大眾傳播媒體多方面廣泛的報導和評論，各種不同的意見及理性溝通的方式呈現在社會大眾面前，使一般民眾知道國是會議討論的主題是什麼？同時知道憲政改革的爭議性有那些？減少了民眾對政治的冷漠和疏離，拉近了彼等和國家的距離與關心。

然而國是會議能否稱為憲法教育，學界看法不一，馬起華即持否定看法，其以國是會議是一種國是教育，而非憲法教育。民眾由於國是會議而對於憲法的了解幫助不大，尤以民意測驗顯示，受訪民眾有四八％沒有讀過中華民國憲法，對中華民國憲法有印象的只佔二二％，馬氏推斷，沒有讀過中華民國憲法的人不大可能因為國是會議而去讀它，對它沒有印象的人也不大可能因此而有清晰的瞭解。而國是會議在討論憲法修訂時，是把各種不同的意見通通呈現出來，在此情形下，一般民眾對涉及的憲法條文不易條理清晰，更難以判定優劣，如有主張看法，亦多非經由憲法學理的認知，而為情感好惡的表達。⑭

基本上，國是會議應為國是教育而非憲法教育，在國是會議期間，各種媒體報導，有助民眾對「國是」的認知和關心，而對於憲法教育的功能則顯有不逮，因國是會議是將各種主張併陳，至於其背後的憲法學理則付之闕如，民眾甚難由檯面上的各種看法，辨明其優劣。例如有人主張修憲，有人主張制憲，而「基本法」、「大憲章」、「現行憲法」之優劣如何？一個未受憲法教育者，可能無法明確分辨「憲法」、「憲政」與「憲政精神」三者的基本意涵，如這三者無法釐清，如何能知修憲、制憲的利弊？因此，國是會議有其教育意義，但為偏向於一種國是教育，並非憲法教育。

三、容忍異議的典範

國是會議出席的代表涵蓋面相當廣，政黨的代表包括國民黨、民進黨以及無黨籍；公職人員包括國代、立委、監委、中央官員及地方公職人員；另外尚有海外人士（包括

海外反政府、主張台獨的異議份子）、國內學者、大學校長、學生代表、少數民族、宗教、企業界、傳播媒體、社會賢達等。雖然出席代表的憲政專業知識或有不足，但是從與聞國是角度而言，則是有其普遍性。尤以此種大規模的座談方式，其成員包括長久以來被政府當局視為「叛亂」的海外異議份子，這種突破不但代表時空環境的改變，亦顯示了執政黨的決心與誠意。

國是會議的出席代表都享有廣泛發言的自由，可以暢所欲言其主張思想，會中並無任何限制，充分展現容忍異議的精神，故而國是會議發言內容充滿分歧，且看法廣泛不一，欲尋求交集實屬不易，卻是民主時代中完全言論自由的表現。唯就有關憲政的主題而言，雖然看法見解互異，基本上仍可分成兩大組群，一是以民進黨為中心的組群（包括民進黨、無黨籍人士、海外異議人士、部分國內學者），一是以國民黨為中心的組群。因此言論表達形式上是自由發言，但言論表達的內容則有兩極化的傾向。

四、集思廣義的成效

國是會議籌備委員會在國是會議召開之前，為了要讓更多人有機會參與國是建言，做為國是會議的參考，於是採取各種措施來聽取各方的建言，如1.舉辦「分區國是座談」、「學者諮詢座談」、「海外國是座談」、「青年座談」等，共計一一九場次的座談會，邀請一萬三千人參加。2.設置「國是信箱」，收到二、一八七封信函，「國是熱線電話」，接聽一、一八〇通電話。3.辦理民意調查，共計實施三次。另外國民黨、救國團也舉辦多場的國是座談會，廣泛地使關心國是的人，都有表達意見的機會。⑮

國是會議期間，朝野政黨人士、海內外各方代表、學術界精英、各階層人士共聚一堂，溝通憲政改革以及大陸政策的意見，達成若干原則性的共識，雖然這些共識在實行程序和方法上都是有歧見的，但也正是言路廣開的必然結果。在集思廣義下，對加速民主改革的步伐產生極大的正面作用。

五、理論深度的不足

國是會議討論主題以憲政改革與大陸政策兩大問題為主，故參與人員宜應慎選朝野政黨及海內外之法政學者、大陸問題學者專家為重點，以增加討論內涵的深度和廣度，但實際狀況並非如此，由於政治色彩過於濃厚，對於憲政、憲法外行者過多，演變成朝野政黨間以爭奪更大的政治資源及傳播效用為主要目標，亦即不少人以國是會議為其作秀、鬥爭的場所，且動輒以集體退出之「政治文化」顯示，不僅模糊了國是會議的眞正焦點，也使討論缺少應有的深度。

六、預設立場的爭議

國是會議實為一政治性極重的會議，欲達到參與各方具接受的結論本屬困難，如何能使各方意見完整表達，並有原則性共識產生已屬難能可貴。國是會議之目的在尋求共識，但對於國是會議的本體，卻因參與之兩大組群—國民黨與民進黨的彼此預設立場，而始終無法達成最基本的會議共識。這些最基本的會議共識包括：國是會議的性質、討論的主題、結論的效力等，均因雙方各有一套基本的價值體系而產生極大差異。

就國是會議的性質而言，國民黨認為會議屬體制外，並無法律依據，僅為總統所邀

請的社會代表，以個人身份組成，不代表政黨，故而將國是會議定位於總統的諮詢會議。民進黨則認係兩黨之政治協商會議，因為政治主權高於法律主權，所以不必有法的依據，即可以政治方法解決。⑯

就國是會議討論主題而言，國民黨認為應以憲政改革與國家統一兩主題並行，民進黨則認為「國家統一問題」因涉及統獨爭議，且「國家統一」已明顯地預設了統一的立場，不該成為協商議題，幾經討論，改為「大陸政策與兩岸關係」。民進黨尤將國是會議之討論重點定在四十年來不妥的政治體系—即憲政改革上。⑰

就結論的效力言，國民黨認為因國是會議屬總統的諮詢會議，只須整合出一個共識來，將來由政府落實到政策面，亦即並不表示國是會議的結果具強制力。⑱民進黨則認為因屬政治協商，則應討論出結論，此一結論具有無形的拘束力，政府應該確實執行。⑲

伍、結語

國是會議是我政府在非戰爭時期所召開的政治會議，它使我國內部政治結構的爭執和困擾，用和平公開的方式尋求解決。有了國是會議的若干共識，「憲政改革策劃小組」乃得以積極務實的態度，作憲政改革推動。它最具關鍵性的決定：終止戡亂時期、廢止臨時條款、回歸憲法、採用一機關兩階段修憲方式、修憲用附加條款並冠以「中華民國憲法增修條文」等，將民國三十八年政府來台後，所運作的非常時期體制，予以徹底改革，使政治民主化得以穩健發展，亦為憲改工程開啓了契機。

註釋

①李炳南，憲政改革與國是會議（台北：永然文化出版公司，民國八十一年四月），頁二八。
②同上，頁二九。
③同上，頁三四—三五。
④台北，中國時報，民國七十九年三月三十日，版三。
⑤台北，聯合報，民國七十九年四月三日，版一。
⑥同註①，頁三六—三七。
⑦同上，頁二一。
⑧台北，中國時報，民國七十九年七月五日，版五。
⑨同上。
⑩台北，中央日報，民國七十九年十二月六日，版二。
⑪綜合民國七十九年七月七日、八日聯合報、中國時報、自由時報。
⑫同註①，頁四二。
⑬三民書局編，大法官會議釋彙編（台北：三民書局，民國八十四年四月），頁二一七。
⑭馬起華，民權主義與民主憲政（台北：正中書局，民國八十一年十一月），頁七四

八—七四九。

⑮ 同註①，頁三七—三八。

⑯ 台北，首都早報，民國七十九年四月二日，版三。

⑰ 台北，首都早報，民國七十九年四月二日，版六。

⑱ 國是會議祕書處編，國是會議實錄（未出版），頁二三一。

⑲ 台北，自立早報，民國七十九年四月一日，版二。

下篇　動員戡亂時期的憲政

◎一機關兩階段修憲
◎第三次修憲
◎國家發展會議與憲政發展
◎第四次修憲

第五章 一機關兩階段修憲 綱要

壹、前言

貳、第一階段修憲

一、第一階段修憲的經過

二、第一階段修憲的內容

㈠確立中央民意代表法源依據

㈡規定第二屆國大臨時會的召集

㈢修正總統發布緊急命令的程序

㈣賦予國安會三組織的法源暨落日條款

㈤規定原戡亂時期法律的適用期限

㈥授權制定兩岸關係的相關法律

三、第一階段修憲的評析

㈠從修憲過程面析論

㈡從修憲內容面析論

1.提供中央民代之法源依據

2.中央民代選舉兼採「選區制」與「政黨比例代表制」

3.程序修憲中含有實質修憲

4.解決戡亂終止後，相關法律之適用規定

5.授權制定兩岸關係之相關法律

6.考試院職權之釐清

7.地方自治法治化

參、第二階段修憲

一、第二階段修憲的經過

二、第二階段修憲的內容

㈠中央體制的調整

㈡地方制度法制化的貫徹

㈢基本國策與人民權利的增列

三、第二階段修憲的評析

㈠從修憲過程面析論

1.總統選舉方式之爭—國民黨三中全會的妥協

2.國大擴權修憲案—國大立院職權的爭議

3.朝野兩黨理念之南轅北轍—統獨爭議的兩極化

㈡從修憲內容面析論

1.增修條文體例與原憲法不同

2.總統選舉方式暫予擱置

3.中央政府體制出現微妙的轉變

4.憲法法庭審理政黨之違憲解散

5.監察院定位為「準司法機關」

肆、結語

壹、前言

民國八十年是我國開啓憲政發展重要的一年。前一年（民國七十九年）召開的國是會議，終於確定結束解嚴後氣息已弱的威權體制，包括：終止動員戡亂時期、廢止臨時條款、回歸憲法、一機關兩階段修憲。其後又因第二階段修憲時對總統選舉產生方式未達成共識，乃有第三階段修憲。從民國八十年起的憲政發展將我國的民主政治一方面帶回正軌，另一方面卻又引出若干困擾。就前者而言，廢止臨時條款回歸憲法以及資深中央民意代表全部退職，二屆國代、立委、監委全面改選等等，代表民主憲政的新里程；就後者而言，經過三次的修憲，對於中央體制衍生出諸多爭議，將為未來的憲政走向增添變數。本文將由一機關兩階段修憲的經過、內容、評析等，瞭解憲政發展的實況。

貳、第一階段修憲

一、第一階段修憲的經過

國是會議閉幕後，國民黨內部即開始著手進行憲政改革。原國是會議主席團提議設置「憲政改革諮詢小組」以落實國是會議結論，唯國民黨高層內部傾向由黨內設置「憲政小組」，以推動各項憲政改革事宜。民國七十九年七月十一日，國民黨中常會決議在黨內設置「憲政改革策劃小組」，由副總統李元簇擔任總召集人，下設「法制」、「工作」兩個分組。前者負責憲法修定及修定程序之研擬；後者負責有關憲政改革意見之搜集、整理、分析與有關機關、政黨就憲政改革的協調與聯繫。①

國民黨「憲政小組」於民國七十九年八月十五日召開第三次全體會議中確定小組本

身的行政作業組織、職權與流程：「法制分組」確定十項修憲議題及其研議小組，預計六個月完成規劃。「工作分組」，其下分設資料、宣傳、協調、機構調整與地方制度五個小組，預計八個月時間完成相關議題之研議，並協調行政事宜。「法制分組」與「工作分組」的權限，僅在於研議分析各項改革方案之利弊，再將意見彙整提報「憲改小組」審議參考，最後才由國民黨中常會核定具體方案，作為國民黨推動憲政改革之藍本。②

民國七十九年九月廿六日「憲改小組」舉行第六次全體會議獲得如下共識：(1)現行憲法條文不動。(2)增修條文不用第十五章，而用附加條文方式，附在本文之後。(3)增修條文集中條例，不分散在各章中。(4)名稱冠以「中華民國憲法增修條文」。(5)增修條文之前，要有序文，說明在國家統一前適用。③到了同年十二月廿六日「憲改小組」第十五次會議在多項憲政改革關鍵性問題上，獲得重大突破性決議：(1)建議國民大會在民國八十年四月舉行臨時大會，訂定「中華民國憲法增修準備期間過渡條文」，並廢止動員戡亂時期臨時條款。(2)建議總統於國民大會完成前項任務後，咨請公布過渡條款及公布臨時條款之廢止時，宣告動員戡亂時期終止。(3)建議政府在民國八十年十二月辦理第二居國大代表選舉。(4)建議國民大會在第二居國大代表選出後一個月內舉行臨時會，進行第二階段實質修憲，並在民國八十一年年中完成憲政改革。(5)有關過渡條文之內容，請「工作分組」之資料組研議，送請「法制分組」儘速討論，再提報「憲改小組」審議。國民黨「一機關兩階段」之修憲策略正式確立。④

民國八十年一月四日「憲改小組」總召集人李元簇指出「一機關兩階段」修憲方式之理由：(1)應以國家利益至上。(2)應顧及國家安全及人民福祉。(3)應維護憲法基本精神。(4)應考慮環境因素，適應當前環境需要。(5)應考慮時間因素，在兩年內完成憲政改革。⑤一月六日，「法制分組」將第一階段修憲案名稱，從「過渡條文」易名為「中華民國憲法增修條文」，提報審議。⑥一月十四日，「法制分組」針對第一階段修憲之憲法增修條文進行討論，提出九條增修草案，包括：國民大會代表、立法委員、監察委員之法源依據、選舉方法、二居國代任期、總統緊急命令權、動員戡亂時期法律未及修訂者繼續適用、以及國安會等機關繼續存在法源等。⑦

民國八十年三月廿六日，李登輝總統正式頒布國大臨時會召集令。三月廿五日，國民黨憲改小組通過「中華民國憲法增修條文」草案。⑧第一屆國民大會代表第二次臨時會於三月廿九日起辦理報到，四月八日揭幕，出席代表五百八十二人。李登輝總統致詞時指出，適時適當的增修憲法，並解決終止戡亂時期所產生的若干問題為全體國代歷史任務。⑨唯朝野兩黨對國大臨時會修憲案歧見無法溝通，民進黨「憲政危機處理小組」於四月十五日決定放棄議會路線，於十七日舉辦「上中山樓，反對老賊實質修憲」大遊行。⑩李總統於四月十六日表示，民進黨退出國大臨時會及決定發動群眾遊行，認為非常令人遺憾，憲改不是革命，須依程序辦理。⑪十七日民進黨發動遊行，朝野雙方在午夜協商決定：國安會、國安局及人事行政局等「三機關」在憲法增修條文中訂定「日落條款」，即三機關的組織法規繼續適用到民國八十二年底，且在第二居國代產生前不得

以法律訂之。⑫

民國八十年四月廿二日，第一屆國大第二次臨時會依照憲法第廿七條第一項第三款及第一百七十四條第一款之修憲規定，同時依照美國憲法修正案（Amendment）方式，完成「中華民國憲法增修條文」第一條至第十條，共計十條的三讀程序。⑬並根據「動員戡亂時期臨時條款」第十一項之規定，通過廢止動員戡亂時期臨時條款。李登輝總統於四月卅日依總統職權發布總統令，明令公告終止動員戡亂時期，廢止動員戡亂時期臨時條款，公布「中華民國憲法增修條文」，三項總統命令自民國八十年五月一日零時起生效。⑭這次國民大會臨時會，對資深的國大代表而言，是一次承先啓後的重要修憲會議，確定了第二屆中央民代的法源依據。到了民國八十年五月一日起終止戡亂時期，正式結束長達四十餘年的動員戡亂時期非常體制，廢止臨時條款，重新回歸憲法，也代表我國民主憲政的發展從此進入新的階段。

二、第一階段修憲的內容

第一階段修憲內容主要有六：

㈠確立中央民意代表法源依據：對於國民大會代表、立法委員及監察委員的選舉規定加以修改，使不受憲法第廿六、一三五、六十四、九十一條之限制，以符合自由地區選舉之實際狀況（增修條文第一、二、三條），對上述中央民意代表之任期予以明確規定（增修條文第五條）。同時在中央民意代表產生的方式上，也首次採取政黨比例方式，選出僑居國外國民及全國不分區名額（增修條文第四條）。

㈡規定第二居國大代表臨時會的召集：決定二居國代產生後三個月內，由總統召集國代臨時會，進行第二階段修憲的重要任務（增修條文第六條）。

㈢修正總統發布緊急命令的程序：總統發布緊急命令得不受憲法第四十三條之限制，但須於發布命令後十日內提交立法院追認，如立法院不同意時，該緊急命令立即失效（增修條文第七條）。

㈣賦予依據臨時條款成立之國安會三組織的法源暨落日條款：在動員戡亂時期依據臨時條款授權所成立的國家安全會議及所屬國家安全局與行政院人事行政局等三組織，於回歸憲法後，仍得依法設立組織。除取得設立的法源外，並允許其原有組織法規得繼續適用至民國八十二年底，以使前二項機關之組織在未完成立法程序前，能維持正常運作，是為落日條款之規定（增修條文第九條）。

㈤規定原戡亂時期法律的適用期限：動員戡亂終止時，原僅適用於動員戡亂時期之法律，其修訂未完成程序者，得繼續適用至民國八十一年七月卅一日止（增修條文第八條）。

㈥授權制定兩岸關係的相關法律：對於自由地區與大陸地區間人民權利義務關係及其他事務之處理，得以法律為特別之規定（增修條文第十條）。使政府今後得制定相關法律，處理兩岸因交流互動所衍生的各種事務。

三、第一階段修憲的評析

第一階段修憲依增修條文之「前言」宣言，係以「因應國家統一前之需要言」為目

的，針對民國卅六年一月一日公布之現行中華民國憲法進行修訂。這次修憲的評析可分修憲過程與修憲內容兩部分：

㈠從修憲過程面析論

第一階段修憲草案研擬初始，不僅執政黨的國民黨內部主流派、非主流派有「一機關兩階段」與「一機關一階段」之論戰，朝野政黨之間的修憲、制憲歧異更是鉅大。就國民黨內部的爭議言，民國八十年一月三日國民黨首邀中常委就憲政協調工作進行座談，關於修憲程序問題出現了不同聲音，李煥、沈昌煥主張由現有國代直接進行修憲即可，是為「一機關一階段論」。國民黨高層內部主流派與非主流派權力傾軋，是否以憲政改革之爭另闢戰場，引起關注。[15]一月十一日，「憲政小組」成員施啓揚、馬英九、鄭心雄針對「一機關兩階段」修憲案與執政黨部分增額國代、立委溝通。增額國代多數支持「一機關一階段」方案，另以「集思會」、「新國民黨連線」為首的增額立委們，由於強烈要求參與修憲，乃紛紛質疑兩階段修憲方式的適當性，並擔心引發統獨大戰，措詞強烈，並指「兩階段」案是「化簡為繁」、「二流貨」、「禍國殃民」。此一態度頗令施等人感驚愕。[16]一月廿六日李煥在「民主基金會」上，重申「一機關一階段」修憲主張。而國民黨內重量級人物在與「憲政小組」的憲政溝通會上，公開言明主張一階段修憲者，包括林洋港、沈昌煥、蔣緯國、許歷農等人。國民黨內憲政改革頗見爭議。

朝野政黨的憲政主張差異極大，從起草階段即已各行其是。國民黨中常會決議在黨內設置「憲政改革策劃小組」，以取代國是會議主席團所提議之「憲政改革諮詢小組」

。民進黨因應國民黨「憲改小組」，亦經由其中常會決議成立「制憲運動委員會」。由民進黨主席黃信介出任召集人，黃煌雄為執行長，成員包括美麗島、新潮流與五個議會黨團召集人，合計十一人，民進黨以推動「民主大憲章」進行全民複決為訴求。⑰民國七十九年七月廿一日民進黨「制憲運動委員會」第一次會議，決定去函國民黨要求就國是會議結論展開政黨協商，並要求與執政黨憲政策劃人士公開對話，向全民提出具體時間表，其並指出將邀請學術界、海外人士、無黨籍等改革派代表，成立「憲政改造監督小組」，對國是會議結論繼續追縱，定期向社會大眾公布評估報告。⑱九月十五日民進黨「制憲運動委員會」決議：反對國民黨「法制分組」所提之修憲途徑，將擬另籌備「憲政會議」，邀各界人士討論憲政，並提出其四項基本主張：(1)憲政改革必須由台灣直接選出之代表進行為基礎。(2)憲法內容必須適合於台灣二千萬人民。(3)憲法內容交由公民投票作最後決定。(4)所有憲政改革工作，須於一九九一年底完成。⑲九月十九日民進黨第四屆第廿三次中常會，成立「憲政會議」籌備會工作小組，成員為陳永興、傅正、許信良、姚嘉文、謝長廷、洪奇昌、吳哲朗、黃煌雄為執行長。⑳

民進黨「制憲運動委員會」於民國七十九年十一月一日提出其五階段推動「憲政會議」時間表：(1)由黨團舉辦憲政改革全省說明會。(2)一九九〇年十二月廿五日召開憲政改造人民大會。(3)一九九一年一至二月間召開憲政改造研討會。(4)一九九一年三至四月間召開憲政會議籌備會。(5)一九九一年五至六月間召開「憲政會議」。㉑民國八十年一月十七日民進黨制憲運動委員會暨憲政會議籌備會工作小組第二次會議，定三月卅、卅

一日舉辦其「憲政研討會」，由黃信介、黃煌雄、謝長廷、吳哲朗、姚嘉文、張俊宏、吳豐山、莊碩漢、許宗力、吳乃仁、張德銘擔任籌備委員。㉒

民國八十年四月八日第一屆國民大會代表第二次臨時會開幕，國民黨以多數黨籍國代取得修憲主導優勢。四月十三日國大臨時會進行修憲案一讀會，民進黨國代發言首見「制訂新憲法」，無黨籍國代對增修條文所標示「國家統一目標」提出質疑，國民黨籍資深、增額國代則予以反駁，在討論過程中已隱約可見統、獨爭議。㉓到了四月十五日朝野兩黨對修憲案歧見已深，民進黨捨議會路線改採群眾路線，並宣布退出國大臨時會。四月十七日約有三萬人參加民進黨舉辦之「上中山樓，反對老賊實質修憲」大遊行。㉔民進黨的退出，使第一階段的修憲成果──「中華民國憲法增修條文第一──十條」成為非朝野兩大黨共識下的產物。唯國民黨修憲與民進黨制憲的統獨爭議，則將是難以找到民主政治容忍妥協的交集地帶。

㈡從修憲內容面析論

第一階段修憲在「內容」上，憲法增修條文具有如下特點：

1.提供中央民代之法源依據，得以完成全面改選。依據憲法增修條文第一、二、三條之規定，使國大代表、立法委員、監察委員等中央民意代表，得到了必要的憲法法源，能在國家統一之前，未能在全面各地區進行改選的情況下，合憲地在台澎金馬「自由地區」（相對於「大陸地區」）進行全面改選，以維持民主政體於不墜。㉕

2.中央民代選舉兼採「選區制」與「政黨比例代表制」。依據憲法增修條文第四條

規定，國代、立委、監委選舉中，僑居國外國民及全國不分區名額，採政黨比例方式選出。亦即國代選舉之僑居國外國民廿人，全國不分區八十人（第一條）、立委選舉之僑居國外國民六人，全國不分區三十人（第二條）、監委選舉之僑居國外國民二人，全國不分區五人（第三條）均由政黨比例方式產生。「全國不分區」的設計具有兩方面的意義；一方面對國家未統一之事實下，又能兼顧省籍代表性，有其政治性價值。另一方面可改善民主政治往往形成富人政治的弊端，透過全國不分區代表可拔擢各個政黨有才無財的優秀精英參政。然而欲使前述兩項目的得以達到，則「全國不分區」應採「兩票制」為宜，亦即選民同時投兩票，一是投區域選舉，一是投「全國不分區」之政黨，如此有助於政黨在提名「全國不分區」時更審慎重視人選。目前依「公職人員選舉罷免法」第六十五條之規定，係採「一票制」，即選民只投區域選舉，而以各政黨所有區域候選人總票數決定各該黨「全國不分區」之名額。「一票制」雖有減輕選務之優點，但不若「兩票制」更具價值。另選罷法第六十五條第六款的百分之五「門檻限制」，有助防止小黨林立，相對地不利於小黨發展。

3.「程序修憲」中含有「實質修憲」，擴大總統職權。原本第一階段「程序性」修憲應指不作憲法實質上的變動，僅在對「憲法之修定應以具有民意之機關為之」的共識，作程序上的準備，「實質修憲」則在第二階段修憲為之。事實上，在第一階段程序修憲中即已作若干的實質修憲，且極受爭議之處者，該等實質修憲內容均屬戡亂時期臨時條款之規定，本應隨戡亂時期的終止，臨時條款的廢除，回歸憲法後撤銷，以回復憲法

原來面貌。今皆透過憲法增修「就地合法」，如戡亂時期的總統「緊急命令權」以及國安會、國安局、人事行政局等機構是。

回歸憲法本應還給現行憲法原來體制，卻將戡亂時期之總統「緊急處分權」，結合憲法四十三條「緊急命令權」，並且不受憲法四十三條有關依據「緊急命令法」之程序及法律依據的限制。增修條文第七條：「總統為避免國家或人民遭遇緊急危難或應付財政經濟上重大變故，得經行政院會議之決議發布緊急命令，為必要之處置，不受憲法第四十三條之限制。但須於發布命令後十日內提交立法院追認，如立法院不同意時，該緊急命令立即失效。」在當前憲法體制總統與行政院長職權劃分極待釐清之際，此緊急命令權之賦予總統，實暗示未來制度之修改，有總統制傾向。

而國家安全會議亦屬戡亂時期產物，往往被稱為「太上行政院」，是掌管全國情治及國家安全的最高指導機關。另所屬「國安局」則掌握全國軍、情、特、警系統之最後協調權。增修條文第九條將此兩機關納入總統府之下，企圖使總統成為強勢之行政領導者，並且也規避了立法院之監督，形成有權者（總統）無責，有責者（行政院長）無權。此舉亦暗示將來制度之修改，或有朝向總統制之發展趨勢。就增修條文第九條：「總統為決定國家安全有關大政方針，得設國家安全會議及所屬國安局。」至於「國家安全」、「有關大政方針」均缺乏明確的界定，此舉將使總統等於是全國最高行政首長，行政院或將成執行機構而已。

總之，第一階段修憲所含的實質修憲，將若干戡亂時期規定予以保留。其中總統之

緊急命令權、國安會、國安局等設置，均擴大現行憲法中總統的職權，更使憲法中央體制的未來發展帶來諸多困擾。

4.解決戡亂時期終止，相關法律修訂不及，法源已消失的困境。動員戡亂終止時，原僅適用於動員戡亂時期之法律，隨著法源依據消失，而新法修訂不及下，該等法律本當無效，現可透過增修條文第八條，將原適用於戡亂時期之法律，因修訂不及，未完成程序者，得繼續適用至民國八十一年七月卅一日止。

5.使政府得制定相關法律，處理兩岸因交流互動所衍生事務。增修條文第十條授權政府，對於自由地區與大陸地區人民權利義務關係及其他事務之處理，得以法律為特別之規定。此有助於解決自民國七十六年開放大陸探親以來，日益增多兩岸民間交往互動下的各種問題。

參、第二階段修憲

一、第二階段修憲的經過

第一屆國民大會在民國八十年五月一日完成第一階段修憲後，國民黨在同年八月十四日再次成立「第二階段憲改策劃小組」，明顯主導第二階段憲改方向。二階段修憲策劃小組總召集人由李元簇副總統擔任，下設兩分組，研究分組由施啓揚召集，協調分組由蔣彥士召集。（國民黨第二階段修憲組織運作及成員分析見表六）。八月廿七日國民黨第二階段修憲策劃小組召開第一次會議，決定分成五大議題研究，各議題的小組召集人、成員及撰稿人亦經定案，並決定最遲十月初將提出利弊分析。五大議題是：(1)研究

表六　國民黨第二階段修憲組織運作及成員分析

名稱	成員名單
修憲策劃小組	召集人：李元簇 成員：郝柏村、蔣彥士、林洋港、李煥、邱創煥、宋楚瑜、梁肅戎、林金生、蔣緯國、朱士烈、施啓揚、連戰。
研究分組（廿九人）	政府官員：施啓揚、汪道淵、吳伯雄、董世芳、馬英九、陳水逢。 黨務主管：林棟、陳金讓、祝基瀅、華力進。 國大代表：趙昌平、葉金鳳、汪俊容、孫禮光。 立法委員：洪玉欽、李宗仁、劉興善、丁守中。 監察委員：張文獻。 學者專家：蔡政文、吳庚、蘇俊雄、王友仁、荊知仁、郎裕憲、謝瑞智、姚立明、蘇永欽、李念祖。
協調分組（卅四人）	政府官員：蔣彥士、邱進益、邵玉銘、蕭天讚。 黨務主管：鄭心雄、林棟、陳金讓、祝基瀅、王述親、簡漢生、黃鏡峰 地方議長：簡明景、陳田錨、陳健治。 國大代表：脫德榮、謝隆盛、陳川、陳璽安、許石吉、林詩輝、李伯元、周勝彥、王應傑、蔡淑媛。 立法委員：洪玉欽、王金平、沈世雄、饒穎奇、黃主文、黃正一、陳癸淼、蕭金蘭。 監察委員：林榮三、柯明謀。

資料來源：高永光，修憲手冊（台北：民主文教基金會，民國八十年十一月），頁三八—三九。

有關總統選舉與國民大會問題。(2)研究有關總統、行政院及立法院之關係問題。(3)研究有關考試院及監察院問題。(4)研究有關地方制度及中央權限劃分問題。(5)研究其他有關憲法修改問題。㉖九月一日，國民黨第二階段修憲策劃小組的協調分組召開首次會議，會中決定黨內高階層凝聚共識，作業由蔣彥士主導，洪玉欽負責與在野黨、無黨籍人士協商，相關工作將次第展開。㉗九月十四日，國民黨第二階段修憲策劃小組研究分組召開第二次全會，會中討論總統選舉與國民大會問題，確認未來採委任代表制選總統，憲法現行規定之國大議決領土變更權不列入修憲範圍，國代仍將擁有修憲及議決領土變更權。㉘

與第二階段修憲有決定性意義者厥為民國八十年十二月廿一日的第二居國大代表的選舉。本次國代選舉的積極意義在於其結果攸關民國八十一年的第二階段修憲主導誰屬。選舉結果：國民黨得到七一・七%的政黨得票率，當選二五四席（含區域一七九席，不分區六〇席，僑選一五席），再加上第一居增額國代六四席，總共三一八席。民進黨得到二三・九四%的政黨得票率，當選六六席（含區域四一席，不分區二〇席，僑選五席），再加上第一居增額國代九席，總共七五席。

第二居國代選舉，執政的國民黨大勝，總計三一八席，佔總席次四〇三席之七八・九一%，明顯超過通過憲法修正案所需的四分之三多數，擁有修憲之絕對主導權，確立其在二居國代修憲之強勢地位。相對於國民黨，在野的民進黨總計七五席（李宗藩代表於八十一年四月一日病逝，剩下七四席），所佔總席次一八・六一%，總數未達足以否

決修憲案所需的全部四分之一議席，甚至必須聯合全部在野力量（無黨籍五席、非政黨聯盟四席、民社黨一席），才勉強達到法定五分之一的提案權。在這種情形下，民進黨在二屆國代的第二階段修憲中，僅能扮演配角而無法影響修憲的重大方向。

國民大會第二屆第一次臨時代表大會於民國八十一年三月廿日在台北市陽明山中山樓揭幕，隨即召開準備會議，會中因推選主席問題，爆發肢體衝突，民進黨國代不斷以程序發言為由杯葛議事。三月廿一日舉行第一次預備會議，討論主席團選舉辦法。三月廿五日主席團召開第一次會議，會中決議延長議程十天。㉙三月廿六日臨時會第一次大會，民進黨繼續以張一熙黑槍事件杯葛主席謝隆盛，並不斷以「權宜問題」干擾議事進行。四月十日國大秘書處截止收受提案，提案數達一五五件，經由大體討論後，隨即於四月十三日交付一讀會。四月十四日召開第一審查委員會第一次會議，開始審查各項修憲提案，參與第一審查會國代計四〇一人。該委員會自四月廿三日至五月四日止，共舉行八次會議，審查修憲提案達一二一件。期間朝野政黨抗爭激烈，民進黨籍國代數度退席，秩序問題與權宜問題成為會議之主題。四月十六日更爆發了行憲以來最嚴重的流血暴力事件，民進黨於四月十九日起發動「四一九火車站前街頭運動」，並於五月四日宣布退出國大臨時會，無黨籍國代稍後也宣布退出修憲行列。因有民社黨代表尚留在大會參與討論，否則難免使國民黨蒙上「一黨修憲」的陰影。

第二屆國代的第二階段修憲過程中紛擾衝突不斷，朝野抗爭中民進黨、無黨籍先後退出修憲，再加上國民黨內部對「總統委選直選案」、「立委任期延長案」均未達到多

數一致的共識，甚且因意見不合互相攻詰，亦見修憲歧見之複雜難解。民進黨退出修憲後，五月六日二屆國大臨時會第二至第八之一般提案審查會完成一二四件一般提案審查。五月十二日截止收受修憲的修正案。五月十三日起進入二讀會，五月廿五日國民黨為避免國民大會、立法院衝突加大，乃擱置立委延長四年案，至此，被稱為「黨九條」的國民黨修憲條文，正式縮減為「黨八條」。五月廿六日國大臨時會完成二讀會，五月廿七日完成三讀，通過中華民國修憲增修條文第十一條至十八條。李登輝總統並於五月廿八日公布實施，國大臨時會於五月卅日閉幕，第二階段修憲至此乃告完成。

二、第二階段修憲的內容

第二階段修憲共計通過憲法增修條文八條，就性質言，可分為中央政府體制的調整（增修條文第十一條至十六條）、地方制度法制化的貫徹（增修條文第十七條）及基本國策與人民權利的增列（增修條文第十八條）等三部分。

㈠中央政府體制的調整

第二階段修憲所涉及中央政府體制之變動包括國民大會職權之擴增，總統副總統選舉、罷免辦法、任期與職權之改變以及司法院、考試院與監察院三院組織及職權之調整。

1.國民大會職權擴張與任期變更

①國民大會人事同意權之行使：依憲法第廿七條規定，國民大會具有選舉及罷免總統、副總統、修改憲法與複決立院所提憲法修正案。本次修憲，國民大會乃擴增其

對司法院、考試院、監察院三院之人事同意權。憲法增修條文第十一條第一項規定：「國民大會之職權，除依憲法第廿七條之規定外，並依增修條文第十三條第一項、第十四條第二項及第十五條第一項之規定，對總統提名之人員行使同意權」，即賦予國民大會對於總統提名之司法院院長、副院長、大法官、考試院院長、副院長、考試委員、監察院院長、副院長、監察委員等人員，行使同意權。至於人事同意權之行使，依增修條文第十一條第二項：「由總統召集國民大會臨時會為之，不受憲法第三十條之限制」。

②國民大會集會規定之改變：依憲法第廿九條規定，國民大會六年集會一次。另需依憲法第三十條規定事項召集臨時會。第二階段修憲時，依增修條文第十一條第三項規定：「國民大會集會時，得聽取總統國情報告，並檢討國是，提供建言」，而且「如一年內未集會，由總統召集臨時會為之，不受憲法第三十條之限制」，此即保證國民大會今後至少每年集會一次。

③國民大會代表任期之變更：為配合總統任期的改變，國民大會代表的任期亦隨之調整。增修條文第十一條第四項規定：「國民大會代表自第三屆國民大會代表起，每四年改選一次，不適用憲法第廿八條第一項之規定」，即國民大會代表自第三屆起，由過去每六年改選一次，改為每四年改選一次。

2.總統副總統選舉、罷免辦法、任期與職權的改變

①總統副總統選舉之變更：憲法第廿七條規定，總統副總統由國民大會代表選舉產生。唯在民國七十九年國是會議中，與會人士曾對總統選舉由民選方式產生達成共

識，加上國民黨層峰的取向。因之第二階段修憲時，將總統副總統選舉方式改變，增修條文第十二條第一項規定：「總統、副總統由中華民國自由地區全體人民選舉之，自中華民國八十五年第九任總統、副總統選舉實施」。由於國民黨內部在第二階段修憲時無法對委任直選、公民直選達成共識，故憲法增修條文第十二條第二項規定：「前項選舉之方式，由總統於中華民國八十四年五月二十日前召集國民大會臨時會，以憲法增修條文定之」，將總統選舉方式延至下次修憲決定。

②總統副總統任期的變更：憲法第四十七條規定，總統副總統任期為六年，連選得連任一次。本次修憲將總統副總統之任期由六年改為四年。憲法增修條文第十二條第三項：「總統、副總統之任期，自第九任總統、副總統起為四年，連選得連任一次，不適用憲法第四十七條之規定。」

③總統副總統罷免方法的變更：隨著總統副總統選舉方法的變更，其罷免規定亦改變。我國憲法對於總統副總統之罷免原無具體規定，而係規定於「總統副總統選舉罷免法」，該法第九條規定，國民大會對總統、副總統之罷免，是由代表總額六分之一之提議，以代表總額過半數之贊成通過。另第十條規定，國民大會在處理監察院提出彈劾案時，則以出席國民大會代表三分之二同意行之。第二階段修憲則加以變更，依憲法增修條文第十二條第四項之提議，代表總額三分之二同意，即為通過。」二是「由監察院提出之彈劾案，國民大會為罷免之決議時，經代表總額三分之二同意，即為通過。」

④總統副總統補選規定：我國原憲法對於副總統缺位並無任何補選之規定，憲

法增修條文第十二條第五項對此有新的規定：「副總統缺位時，由總統於三個月內提名候選人，召集國民大會臨時會補選，繼任至原任期屆滿為止。」至於總統副總統均缺位時，憲法增修條文第十二條第六項之規定，與憲法原來第三十條、四十九條之規定相同：「總統副總統均缺位時，由立法院院長於三個月內通告國民大會臨時會集會補選總統、副總統，繼任至原任期居滿為止。」

⑤總統人事提名權的擴增：我國憲法原規定總統在五院中僅有行政院長之提名權。依增修條文第十三條第一項規定：「司法院設院長、副院長各一人，大法官若干人，由總統提名，經國民大會同意任命之，不適用憲法第七十九條之有關規定。」增修條文第十四條第二項規定：「考試院設院長、副院長各一人，考試委員若干人，由總統提名，經國民大會同意任命之，不適用憲法第八十四條之規定。」增修條文第十五條第二項規定：「監察院設監察委員二十九人，並以其中一人為院長，一人為副院長，任期六年，由總統提名，經國民大會同意任命之。憲法第九十一條至九十三條、增修條文第三條及第四條、第五條第三項有關監察委員之規定，停止適用。」綜言之，修憲後，司法院院長、副院長、大法官，考試院院長、副院長、考試委員，監察院院長、副院長、監察委員均由總統提名，經國民大會同意任命。

3.司法院組織與職權的變更

①司法院人員產生方式的改變：憲法第七十九條原規定，司法院院長、副院長及大法官由總統提名，經監察院同意任命之。修憲後，監察院性質已由準民意機關一變

而為準司法機關，司法院人員產生方式亦隨之變更。憲法增修條文第十三條第一項規定，司法院院長、副院長、大法官由總統提名，經國民大會同意任命之。

②憲法法庭的設立：依照憲法第七十八條、七十九條規定，司法院設大法官會議，行使解釋憲法並統一解釋法律命令之權。憲法增修條文第十三條第二項除維持大法官原有釋憲之職權外，並規定由大法官「組成憲法法庭審理政黨違憲之解散事宜」。至於政黨違憲之含義，依增修條文第十三條第三項乃指「政黨之目的或其行為，違害中華民國之存在或自由民主之憲政秩序者為違憲。」

4.考試院組織與職權的變更：

①考試院人員產生方式的改變：憲法第八十四條原規定考試院院長、副院長及考試委員由總統提名，經監察院同意任命之。現監察院性質已改變，故依憲法增修條文第十四條第二項規定，考試院院長、副院長及考試委員由總統提名，經國民大會同意任命之。至於前述有關司法院、考試院人員任命之規定，依憲法增修條文第十六條第三項：「自中華民國八十二年二月一日施行。中華民國八十二年一月三十一日前之提名，仍由監察院同意任命。但現任人員任期未滿前，無須重新提名任命。」

②考試院職權的變更：憲法第八十三條規定：「考試院為國家最高考試機關，掌理考試、任期、銓敘、考績、級俸、陞遷、褒獎、撫卹、退休、養老等事項」。即考試院的職掌除考試外，兼行考試與銓敘兩項職權，因之考試院除為國家最高考試機關外，亦為全國最高人事行政機關。唯考試院兼掌人事行政權，勢將影響到行政機關首長對

內的指導監督，故憲法增修條文第十四條第一項將考試院職權加以調整：「考試院為國家最高考試機關，管理左列事項，不適用憲法第八十三條之規定：

甲、考試。

乙、公務人員之銓敘、保障、撫卹、退休等事項。

丙、公務人員任免、考績、級俸、陞遷、褒獎之法制事項。」

依上述規定，考試院繼續掌理考試及公務人員之銓敘、保障、撫卹、退休等事項，至於有關公務人員任免、考績、級俸、陞遷、褒獎、撫卹等，則只負責法制事項，其實際業務則由行政院人事行政局掌理。

③分省定額制度的取消：憲法增修條文第十四條第三項規定：「憲法第八十五條有關按省區分別規定名額，分區舉行考試之規定，停止適用。」取消分省定額制度旨在於避免相關考試法規與憲法相牴觸的情形繼續存在。

5.監察院組織與職權的變更：

①監察委員產生方式的改變：依據憲法第九十一條及憲法增修條文第三條、第四條及第五條第三項規定，監察委員由省市議會選舉，等於是經人民間接選舉產生。監委既由人民間接選出，監察院遂具有準民意機關性質。依憲法九十二條規定：「監察院院長、副院長由監察委員互選產生。」依憲法九十三條規定：「監察委員任期六年，連選得連任之。」唯因監察委員由省市議會間接選舉產生，易生賄選，而監察院職司風憲，更時遭致輿論批評。憲法增修條文第十五條第二項因而規定，監察院院長、副院長及

監察委員均改由總統提名，經國民大會同意任命之。

②監察委員性質改變：監察委員產生由省市議會選舉，改為總統提名，經國民大會同意任命。則原先監察院所具有準民意機關性質，亦改為準司法機關。憲法增修條文第十五條第六項乃要求：「監察委員超出黨派以外，依據法律獨立行使職權。」此一規定與憲法第八十條與八十八條法官及考試委員獨立行使職權之意義相同。另監察委員因不具民意代表身份，故憲法第一〇一條及一〇二條有關監察委員身體及言論之保障，亦停止適用。

③人事同意權的取消：憲法增修條文第十五條第一項有關監察院職權修改為：「監察院為國家最高監察機關，行使彈劾、糾舉及審計權，不適用憲法第九十條及第九十四條有關同意權之規定」。即監察院對於司法院院長、副院長、大法官及考試院院長、副院長、考試委員之產生，不再行使同意權。

④監察權行使程序的修正：憲法第九十八條、九十九條規定，監察院對於中央、地方公務人員及司法、考試兩院人事之彈劾案，須經監察委員一人以上之提議，九人以上之審查及決定。一般彈劾案僅須監察委員一人即可提議，似略草率，故憲法增修條文第十五條第三項規定：「監察院對於中央、地方公務人員及司法院、考試院人員之彈劾案，須經監察委員二人以上之提議」，以示愼重。

⑤監委彈劾對象的擴大：監察委員既已不具民意代表身份，則亦當成為彈劾權行使之對象。憲法增修條文第十五條第四項規定：「監察院對於監察院人員失職違法之

彈劾，適用憲法第九十五條、第九十七條第二項及前項之規定。」

⑥彈劾總統副總統程序的修正：憲法第一〇〇條對於總統、副總統彈劾案之處理程序規定：「須有全體監察委員四分之一以上之提議，全體監察委員過半數之審查及決議」。增修條文第十五條第五項則將彈劾總統副總統之提議人數及決議人數大幅提高：「監察院對於總統副總統之彈劾案，須經全體監察委員過半數之提議，全體監察委員三分之二以上之決議，向國民大會提出，不受憲法第一百條之限制。」

㈡地方制度法制化的貫徹

行憲未久，政府即來台，「省縣自治通則」受主客觀政治因素影響，一直未能完成三讀程序。政府來台雖即實施地方自治，但基本上並未依照憲法之規定程序，其所依據者乃行政命令。職是之故，憲法有關地方制度之規定，與政府四十餘年來在實際運作上有著甚大差距。

第二階段修憲乃通過憲法增修條文第十七條，將地方制度法制化問題加以解決。依據憲法增修條文第十七條規定：「省縣地方制度，以法律定之，其內容應包含左列各款，不受憲法第一百零八條第一項第一款、第一百十二條至第一百十五條及第一百二十二條之限制：

1.省設省議會，縣設縣議會，省議會議員、縣議會議員分別由省民、縣民選舉之。

2.屬於省、縣之立法權，由省議會、縣議會分別行之。

3.省設省政府，置省長一人，縣設縣政府，置縣長一人，省長、縣長分別由省民、

縣民選舉之。

4.省與縣之關係。

5.省自治之監督機關為行政院，縣自治之監督機關為省政府。」

(三)基本國策與人民權利的增列

政府四十餘年在台澎金馬自由地區的經濟建設與社會快速變遷，使得憲法原先對於基本國策與人民權利的規定，需要適時檢討，適當增訂。依據增修條文第十八條規定，增訂有關民生經濟事項之基本國策與人民權利，具體之內容包括：

1.國家應獎勵科學技術發展及投資，促進產業升級，推動農漁業現代化，重視水資源之開發利用，加強國際經濟合作。

2.經濟及科學技術發展，應與環境及生態保護兼籌並顧。

3.國家應推行全民健康保險，並促進現代和傳統醫藥之研究發展。

4.國家應維護婦女之人格尊嚴，並保障婦女之人身安全，消除性別歧視，促進兩性地位之實質平等。

5.國家對於殘障者之保險與就醫、教育訓練與就業輔導、生活維護與救濟，應予保障，並扶助其自立與發展。

6.國家對於自由地區山胞之地位及政治參與，應予保障；對其教育文化、社會福利及經濟事業，應予扶助並促其發展。對於金門、馬祖地區人民亦同。

7.國家對於僑居國外國民之政治參與，應予保障。

三、第二階段修憲的評析

㈠從修憲過程面析論

第二階段修憲的過程中，國民黨內部不僅因「總統選舉方式」分成對立的「直選派」、「委選派」，又「立委任期延長四年案」，形成國民大會、立法院兩者之嚴重衝突。而國民黨與民進黨的「修憲」、「制憲」之爭，亦使在二居國代中居於少數的民進黨捨棄議會路線走上街頭抗爭，最後更退出修憲行列。綜觀第二階段修憲過程可謂波折橫生，爭議不斷，其中影響最鉅者分列如后：

1.總統選舉方式之爭—國民黨三中全會的妥協

國民黨十三居三中全會於民國八十一年三月十四日到十六日召開。三中全會本當為二居國代第二階段修憲的「任務提示」，結果形成總統選舉方式的大辯論，與會者反無暇深入討論修憲小組所提的其他議題，諸如：國代是否每年集會、國代職權、行政院長副署權、立委任期、監委產生方式等。質言之，三中全會成為國民黨內部主流派非主流派、直選派委選派的拉鋸戰。

基本上，民國八十一年三月以前，國民黨對於民進黨的公民直選總統均是強烈反對。在民國八十年底的二居國代選舉中，國民黨以「革新、安定、繁榮」的文宣口號，主張修憲與委選，且獲致大勝。到了八十一年三月四日李登輝總統約見國民黨省市黨部主委與地方首長後，傳出國民黨有改採公民直選的消息，三月五日無黨籍代表吳豐山透露李總統支持公民直選。三月八日國民黨修憲策劃小組經過四小時激辯，有七位（蔣緯國

、李煥、郝柏村、梁肅戎、邱創煥、林金生、朱士烈）贊成委選，六位（連戰、黃尊秋、蔣彥士、林洋港、宋楚瑜、施啓揚）贊成直選，故而做成以兩案併陳方式送至臨中常會。三月九日的臨中常會，仍無法對總統選舉方式作單一決定；而採兩案併陳送至三中全會。

三中全會開議後，直選委選兩派分別展開連署。其中委選派批評決策反覆，李煥、邱創煥並先後上台為委選強力辯護。林洋港則堅持反對強行表決，以免造成國民黨嚴重分裂。林洋港、郝柏村、蔣彥士、李煥、邱創煥、宋楚瑜、施啓揚、馬英九等經過協商密談，認為應以整體考量為主，調合兩派為先。會後並推舉宋楚瑜向李登輝主席報告，李在情勢不夠明朗，且無絕對把握下同意。最後經過三天議程，通過了對二居國代的任務提示。有關總統選舉方式：「總統、副總統由中華民國自由地區全體選民選舉之，其方式應依民意趨向審慎研定，自中華民國八十五年第九任總統、副總統選舉施行。」

綜觀國民黨三中全會是一場「妥協」的戰爭，兩派在權力消長的對峙下，透過政治藝術化、集體智慧而以妥協方式，將戰場延續至國大臨時會，甚至延續到民國八十三年的第三階段修憲。國民黨政策的急轉彎，除了總統之外，似乎無人能有此直接、鉅大影響力。或謂它暴露了國民黨由上而下的決策過程，顯得任性且草率，使「黨內民主化」的屬性再次受到衝擊。㉚

2.國大擴權修憲案——國大立院職權的爭議

二居國大開議後，四月十四日李勝峰立委在立院指責國代王應傑為「垃圾」，王並

回罵李「蟑螂」。四月廿七日國民大會一讀通過「國大每年定期集會三十天」、「設置正副議長」、「國會設立預算局」、「國大立院互審預算」等多項國大擴權修憲案，此舉引起社會輿論譁然，尤以諸多項目都關係到立法院在原有憲政結構上的權限，立法委員紛紛提出異議，包括國民黨立院黨團決議由黨鞭王金平向中央表達嚴正堅定的反對態度，民進黨陳水扁發起一人一言聲討國大運動，謝長廷建議修改國大組織法，限制國大有關自身的修憲權，張俊雄提案在立法院成立修憲特種委員會。另外新國民黨連線舉行記者會訴諸輿論，共同聲討國大之提案。㉛

二屆國大的修憲從「垃圾蟑螂事件」而到國大一連串擴權修憲案，終至形成國民大會與立法院間的職權之爭，並直接影響了「黨九條」中的立法委員任期延長為四年案。五月五日有二三三位國代主張將立委任期改為二年或二年改選一半，符合美國眾議院情形。此時國民黨為避免國大立院兩個國會間對立情勢的昇高，乃於五月廿五日決定擱置立委任期延長四年案，並且打消縮減為兩年的提案。至此，被稱為「黨九條」的國民黨修憲條文，正式縮減為「黨八條」。

國大反對立委任期延長的意見主要有五：1.立法院一院獨大的情況已經引起各方反感，如果任期再予延長，更無法駕馭。2.立院議事效率低落，重大民生法案堆積如山，連帶影響行政效率與施政計劃。3.美國總統任期四年，相當於我國立委的眾議員任期只有兩年，如今我國總統任期已從六年降為四年，立委任期自應減為兩年才合理。4.當前金權政治越來越明顯，如果任期縮短為兩年，在投資報酬率大幅降低的情況下，賄選及

金權情況或有所改善。5.立委縮短為兩年，對於一些大鬧議場的不肖立委，民眾也有機會在短期內用選票將之趕出國會。㉜

國民黨原政策是要將立法委員任期改為四年，用以配合總統、國民大會任期（前述均由六年改為四年），一則可統一所有中央民代任期，二則立委任期配合總統任期，亦有助於行政院長位置之安定性（亦可固定為四年），否則立委任期維持三年，總統任期為四年，則行政院長短則一年，長則三年即面臨去留的困境（因逢總統、立委改選）。這一影響已顯現在民國八十四年十月十三日大法官會議所做成釋字第三八七號之上，該案正式確定在立委改選後（按：第三屆立委起），內閣應總辭。修憲本當為莊嚴慎重的大事，卻因兩院會間情緒性的反應，而無法對修憲內涵、理念等憲政體制予以認眞檢討，實值思索再三。

3.朝野兩黨理念之南轅北轍──統獨爭議的兩極化

民進黨在二屆國大代表選舉時，已確定其在修憲中的少數地位。唯其「制憲建國」、「總統直選」的主張，從第一階段修憲結束後，民進黨「人民制憲會議」通過「台灣共和國」的「台灣憲法草案」；到二屆國代選舉，民進黨首度公開將「台灣獨立」的政見提出；再到第二階段修憲的「四一六流血事件」、「四一九大遊行」，民進黨的宣揚「台獨」理念、推動「台灣憲法草案」與主張「總統公民直選」是一貫的。雖然期間民進黨遭逢二屆國代選舉的挫敗與「四一九遊行」的無法拉抬聲勢，但其路線未曾稍變。亦使其「台獨」、「制憲」的主張與國民黨「中華民國」、「修憲」的主張極難得到交

集地帶，此一國家認同問題將為我國民主憲政蒙上陰影。

第一階段修憲結束後，相對應於國民黨第二階段憲政策劃小組的成立，民進黨政策中心主任黃煌雄於民國八十年七月十一日表示，民進黨將於八月七日以前提出「新憲法草案」初稿，八月廿四日舉行大規模的「人民制憲會議」，欲藉此凝聚在野力量，共同訂定新憲法草案，作為民進黨參與二屆國代選舉的共同政見及最高指導原則。到了八月十三日，民進黨結合無黨籍及部分學界人士，正式公布擬定的「台灣憲法草案」（共分十一章，一〇八條），以「事實主權」原則，主張「台灣獨立」，建立「台灣共和國」。八月廿五日民進黨主導的在野人士「人民制憲會議」通過明確標舉台灣國號為「台灣共和國」的「台灣憲法草案」。八月廿八日，民進黨中常會決議承認「台灣憲法草案」。國民黨發言人中央文工會主任祝基瀅譴責民進黨「人民制憲會議」通過「台灣憲法草案。」㉝

第二階段修憲的前哨戰—二居國代選舉，民進黨首次公開將「台灣獨立」的政見投入本次選舉，由民眾進行公決。選舉結果，民進黨重挫（得票率二三・九%，在四〇三席中僅有七十五席），明顯失去主導能力。唯民進黨國代早已計畫在第二階段修憲中採各種政治抗爭手法，於二居國大開幕式，李總統蒞臨致詞時，彼等身穿「制憲建國」背心，以站立方式在會場拉「總統直選」的白布條抗議。其後國代舉行宣誓，由大法官史錫恩監誓，民進黨要求自行宣誓，國大祕書處未能適時制止，民進黨又把誓詞加添「台灣」及「一九九二」字跡，甚且高呼「台灣共和國萬歲」。㉞民進黨「台獨」、「制憲

」主張表露無遺，亦埋下二居國代修憲諸多紛擾不安的根源。

朝野兩黨為順遂二階段修憲任務，曾進行多次會外協商，希冀能達成彼此共識。以民進黨而言，「總統直選」為其主要訴求，而總統選舉方式在國民黨三中全會無法達成共識，因此無法與民進黨在總統選制這個重大議題進行協商。民進黨則對國民黨在三中全會時總統選制發生變化，認為有機可乘，除了在議場訴求外，更積極籌劃「四一九總統直選」大遊行，圖以「裡應外合」迫使國民黨在修憲中決定總統選舉方式。

國民黨國代為避免替民進黨造勢，在四月十九日前未使國大進入一讀會，四月十六日，民進黨主席許信良在未經大會許可下，率眾入場為四一九遊行宣傳。民進黨國代則穿著「四一九大遊行」綠色背心繞行議場，抗議國大未能及早進入一讀會，結果引發嚴重肢體衝突，「四一六流血事件」，不僅有國民黨籍國代余松俊、王百祺與民進黨籍國代劉貞祥受傷送醫，導致議事癱瘓；因而媒體廣為報導，傳播到國內國外，使政府推動憲改決心、形象遭受重大衝擊。

「四一九」遊行，民進黨國代集體退席，發動群眾走上街頭進行集體抗爭，實則在民國八十年底的國大代表選舉，民進黨因以「台獨」為訴求而遭遇重挫，也反映出民眾企求安定的心聲。唯民進黨並未仔細體察此一民意的歸向，仍然以同樣訴求並佔據台北交通大動脈的火車站前，造成民眾交通、生活的不便。民進黨原預估三萬人的動員人數，事實上僅達十分之一，人數最多時約四千多人，靜坐時也只維持六百至一千人左右，迨四月廿四日警方看民眾已深感不耐，認為時機成熟，乃以警力進行驅離，民進黨街頭

抗爭劃下句點。

民進黨結束街頭抗爭後，並未儘速回到國大會場參與修憲工作，反而以退出國大圖造成一黨修憲為要脅，逼迫國民黨答允其所提「兩大開會條件」—總統民選修憲提案公開討論不得擱置、兩黨修憲提案重大歧異部分由兩黨國代舉行交叉辯論。前者國民黨認為直選原則下，「選舉方式」之技術問題涉及整個憲政體制的變革，不能不以更多的時間斟酌損益。後者「一對一交叉辯論」會剝奪多數代表的發言權等不公平情形，國民黨國大黨團書記長謝隆盛乃予嚴詞拒絕。至此，民進黨在進退維谷情況下，於五月四日宣布退出國大臨時會，無黨籍國代稍後亦宣布退出修憲行列。

綜論朝野政黨在修憲過程中的整體表現；就國民黨而言，在一讀審查會中，趁民進黨代表不在場時，將民進黨提出的修憲案全盤封殺，有違「多數尊重少數」與「程序正義」原則。就民進黨而言，民主絕非少數暴力，民進黨參與國代選舉，則應在議場當中就其理念與國民黨進行理性辯論，且民進黨雖居於少數，仍宜在修憲過程中，指出國民黨所提方案的缺失，並提出自身合理的理由深入分析，讓民眾瞭解問題所在，或經過時間考驗，深入民心，擴大影響層面，有朝一日，自然水到渠成。動輒走上街頭實有違「少數服從多數」，大開民主倒車，尤其二屆國代全係自由地區產生，民進黨仍以過去方式抗爭，殊不合宜。至於其「台獨」、「制憲」等大方向決策，亦應考量全民接受程度和現實環境，尤以所謂的「台灣共和國」已超出民主政治範疇，而牽涉到民族主義的情感問題。在中華民國台灣地區日益走上民主化的同時，民進黨若採理性問政，實有執政

機會，是否需要以「台灣獨立」挑起族群分歧意識，造成國內政局及兩岸緊張氣氛，間接破壞了政治安定、經社繁榮，亦值民進黨審慎評估。

㈡從修憲內容面析論

第二階段修憲在「內容」上，憲法增修條文具有如下特點：

1.增修條文體例與原憲法不同：第二階段修憲當中，總計有二十六條憲法條文及三條憲法增修條文受到影響，包括憲法第廿七條、第廿八條、卅條、四七條、七八條、七九條、八三條、八四條、八五條、九〇條、九一條、九二條、九三條、九四條、九五條、九七條、九八條、一〇〇條、一〇一條、一〇二條、一〇八條、一一二條、一一三條、一一四條、一一五條、一二二條。另第一階段修憲通過的憲法增修條文第三條、第四條及第五條等三項，於第二階段修憲後亦已停止適用。前述憲法內容所造成的變遷不可謂之不大。為了避免予人以憲法改變過鉅，第二階段修憲僅只增加八條增修條文，但亦因原憲法條文變動幅度甚大，在將修改內容歸併在八條增修條文之中，一條增修條文實包含原憲法一章中的數類事項，使得第二階段修憲條文都是冗長繁複，亦破壞了憲法原有的體例。

2.總統選舉方式暫予擱置：國民黨在十三屆三中全會時，企圖就修憲內容建立共識，但因國民黨內部對於總統產生方式及可能衍生出的中央政府體制變動過鉅等問題，存著兩派極大差異的看法，無法達成妥協。在二屆國大臨時會上仍無法有所突破進展，於是僅確立總統、副總統由中華民國自由地區全體人民選舉之原則，但並未決定總統選舉

方式，只規定在民國八十四年五月廿日前召開國民大會臨時會決定之。這也意謂著「一機關兩階段」並未完成憲政的工作，將會在八十四年五月前再次進行第三階段修憲。

3.中央政府體制出現微妙的轉變：我國現行憲法有關中央體制規定，外表為五權憲法的架構，但較傾向於內閣制的色彩。行政院、立法院分別為國家最高行政與立法機關（憲法第五三條、第六二條），行政院須向民選產生的立法院負責（憲法第五十七條）。至於國民大會平時只有選舉及罷免總統、副總統與修憲權（憲法第廿七條）、並且每六年集會一次（憲法第廿九條）。現行憲法有關中央體制的設計與國父五權憲法的實質精神顯有差異，但較接近西方三權代議制度的精神。

第二階段修憲時，國民大會自主意識提高，要求大幅擴權，後個人提案雖被打消，卻為第三階段修憲的發展奠立基礎。第二階段修憲並賦予國民大會對司法院院長、副院長、大法官，考試院院長、副院長、考試委員，監察院院長、副院長、監察委員等的人事同意權。（增修條文第十三條第一項、第十四條第二項及第十五條第二項）國民大會並得至少每年集會一次（增修條文第十一條第三項），國民大會集會時，得聽取總統國情報告，並檢討國是，提供建言。（增修條文第十一條第四項）本次修憲國民大會職權的增加，到了第三階段修憲更形擴大。國民大會自主權提高，對國民大會與立法院間的關係產生影響，未來「雙國會」的走向頗值關注。

總統選舉方式的改變，其民意基礎將增加。第二階段修憲並賦予總統有關司法院院長、副院長、大法官，考試院院長、副院長、考試委員，監察院院長、副院長、監察委

員等的人事提名權。（增修條文第十三條第一項，第十四條第二項，第十五條第二項）另外提高監察委員彈劾總統的標準，將彈劾「提議權」由四分之一提高為二分之一，並將「決議權」由二分之一提高為三分之二，增加彈劾總統的困難度。（增修條文第十五條第五項）此外再加上第一階段修憲所賦予總統緊急命令權（增修條文第七條），以及總統為決定國家安全有關大政方針，得設國家安全會議及所屬國家安全局（增修條文第九條）。總統職權的大幅增加，其與行政院長在原憲法制度上的關係將有所改變，這一轉變的趨勢距離原憲法體制漸行漸遠，反有朝「雙行政首長制」發展的趨勢。

4.憲法法庭審理政黨之違憲解散：我國行政院下設政黨審議委員會，專司審核政黨違反人團法事宜，其嚴重者可處解散處分。當事人如不服處分雖可提起訴願，並聲請停止執行，最後亦可向行政法院提起行政訴訟。但因行政訴訟是針對中央或地方機關之違法行政處分，認為損害其權利而提起（行政訴訟法第一條），與政黨審議委員會處理政黨違法案件之性質完全不同。若最後由行政法院承審決定，不單使法院之職權混淆，且將使問題更為複雜。鑒於歐陸各國多有設置憲法法院或憲法委員會，以審查法令違憲或違法的問題，且德國並將政黨有關爭議完全委由聯邦憲法法院審理。因此，第二階段修憲，我國即參考他國之著例，增訂組成憲法法庭審理政黨違憲事項，且對「違憲」亦有詳細解釋，以杜爭議。增修條文第十三條第二項及第三項規定：「司法院大法官，除依憲法第七十八條之規定外，並組成憲法法庭審理政黨違憲之解散事項。政黨之目的或其行為，危害中華民國之存在或自由民主之憲政秩序者為違憲。」

5.監察院定位為「準司法機關」：第二階段修憲，五院之中變動較大者為監察院。監察委員改由總統提名，國民大會同意任命，自提名第二屆監察委員起實施。原為「共同相當於西方國會」之監察院，被定位為「準司法機關」，監察委員不再行使考試院、司法院人員之同意任命權，且不再享有言論免責權，而受「公務員服務法」之約束。對監察委員的行使職權，並增列了「須超出黨派以外，依據法律獨立行使職權」。修憲中並提高「提議」彈劾案之人數，由原憲法規定，發動彈劾案，須監委一人以上之提議，改為須經監察委員兩人以上之提議。至於審查及決議的人數則不變。（增修條文第十五條第三項）對總統、副總統的彈劾人數亦提高，原憲法規定全體監委四分之一以上提議，過半數審查和決議，修憲改為過半數以上之提議，三分之二的決議，始得向國民大會提出。（增修條文第十五條第五項）

6.考試院職權的釐清：憲法原規定考試院職權包括考試與銓敘兩部分，考試院不僅為國家最高考試機關，同時亦為全國最高人事行政機關。為避免影響到行政機關首長對內的指揮監督，故增修條文第十四條第一項乃重新釐清考試院職權，將公務人員的考試、銓敘、保障、撫卹、退休等由考試院掌理，其他之任免、考績、級俸、升遷、褒獎等之「執行」，規劃由行政院人事行政局與各用人機關掌理，考試院則專責其「法制事項」。

7.地方自治法制化：政府在台實施四十餘年地方自治，均非依照憲法之規定程序，而係依據行政命令辦理。故而第二階段修憲予以明確規定，並賦予地方自治法源，將省

縣市之監督機關予以釐訂，使地方自治法制化更具明確性。經過本次修憲，台灣省長、台北市長、高雄市長即可依據法律規定產生，開啓中華民國台灣地區地方自治的新里程。

肆、結語

總言之，國民大會第二屆第一次臨時會，在七十天期間，將國民黨所擬九條修憲草案，除對立法院之任期案予以暫時擱置外，其餘均獲通過。李登輝總統在修憲完成後指出：「這次修憲的成就具有四大特色：一、內容程序民主化。二、貫徹執政黨三中決議。三、維持五權架構。四、涵蓋六大革新。」然而平情論之，「一機關兩階段」在修憲期間，朝野兩黨對於修憲的方向，多以達到黨派及個人政治上目的為主，忽視憲法有其根本性與固定性。憲法為國家根本大法，不宜輕言變更，尤以中央體制為然，除非扞格不入，或窒礙難行，才得予以修正，否則難以建立優良「憲政精神」，更難樹立其長治久安的價值及獲得人民的尊重，這將徒然予人以藉修憲之名，行制憲之實，而有「中華民國第二共和」之非議。無論如民進黨「台灣憲法草案」之總統制，或主導我國第一、二階段修憲的國民黨，朝向「雙行政首長」發展，都明顯破壞憲法原有的體制與設計，對於憲政成長勢將造成嚴重斲傷，並使修憲之後反而更形混亂，為我國民主憲政發展增加不確定性，野心政客和御用學者今後更易於蠶食鯨吞這部憲法。

註釋

①台北，中國時報，民國七十九年七月十二日，版一。
②台北，聯合報，民國七十九年八月十六日，版六。
③台北，聯合報，民國七十九年九月廿七日，版一。
④台北，聯合報，民國七十九年十二月廿七日，版二。
⑤台北，聯合報，民國八十年一月五日，版二。
⑥台北，聯合報，民國八十年一月八日，版二。
⑦台北，中國時報，民國八十年一月十五日，版六。
⑧台北，聯合報，民國八十年三月廿六日，版一。
⑨台北，聯合報，民國八十年四月九日，版一。
⑩台北，聯合報，民國八十年四月十六日，版一。
⑪台北，聯合報，民國八十年四月十七日，版一。
⑫台北，聯合報，民國八十年四月十八日，版一。
⑬台北，中國時報，民國八十年四月廿三日，版一。
⑭總統府公報，第五四〇二號令，民國八十年四月卅日，頁一。
⑮台北，聯合報，民國八十年一月四日，版二。
⑯台北，聯合報，民國八十年一月十二日，版五。
⑰台北，中國時報，民國七十九年七月十二日，版二。

⑱台北，中國時報，民國七十九年七月廿二日，版二。

⑲台北，聯合報，民國七十九年九月十六日，版二。

⑳台北，中國時報，民國七十九年九月十九日，版二。

㉑台北，中國時報，民國七十九年十一月二日，版三。

㉒台北，中國時報，民國八十年一月十八日，版二。

㉓台北，聯合報，民國八十年四月十四日，版二。

㉔台北，聯合報，民國八十年四月十八日，版一。

㉕傅崑成，「修憲之後的中華民國總統權限」，中山大學社會學季刊（高雄：中山大學中山學術研究所，民國八十一年六月），頁七。

㉖台北，聯合報，民國八十年八月廿八日，版二。

㉗台北，聯合報，民國八十年九月三日，版二。

㉘台北，聯合報，民國八十年九月十五日，版一。

㉙台北，中國時報，民國八十一年三月廿六日，版一。

㉚李炳南，憲政改革與國民大會（台北：月旦出版社，民國八十三年），頁一一九。

㉛台北，中時晚報，民國八十一年四月廿八日，版二。

㉜台北，台灣新聞報，民國八十一年五月廿一日，版二。

㉝台北，聯合報，民國八十年八月廿九日，版一。

㉞台北，中國時報，民國八十一年三月廿一日，版一。

第六章　第三次修憲　綱要

壹、前言
貳、第三次修憲的經過
參、第三次修憲的內容
肆、第三次修憲的評析
一、從修憲過程面析論
(一)一讀會議人數標準的爭議
(二)二讀會九項修正提案撤銷的爭議
(三)僑選總統引發「條項款」與「分段」表決的爭論
二、從修憲內容面析論
(一)修憲體例特殊
(二)總統、副總統相關規定浮現若干憲政問題
(三)國大職權增加與組織常設化
(四)行政院職權的減縮
伍、結語

壹、前言

民國八十一年五月第二屆國民大會臨時會的第二階段修憲，雖然通過總統、副總統自民國八十五年第九任起改由自由地區全體人民選舉之，但選舉方式究竟採取公民直選或委任直選，並沒有具體結論，因此規定由總統於民國八十四年五月廿日前召集國民大會臨時會，以憲法增修條文定之。（第二階段增修條文第十二條第二項）到了民國八十二年八月間國民大會代表陳子欽等一百廿八人簽署，依據憲法第三十條第一項第四款規定，請求召集國民大會臨時會，修改憲法。另第五屆司法院大法官亦將於民國八十三年九月任期屆滿，新任人員必須經由總統提名，經國民大會同意任命，因此李登輝總統乃於民國八十三年三月廿九日發布第二屆國民大會第四次臨時會召集令，定於四月廿九日集會。本文擬由第三次修憲的經過、內容、評析等，深入瞭解我國憲政發展的實際狀況。

貳、第三次修憲的經過

國民黨因第二階段修憲未能確定總統選舉方式，且有若干相關問題，有待研議，故而早在民國八十一年六月即成立「憲政研究小組」，由全體黨籍國民大會代表組成，中央委員會秘書長擔任召集人，並設四個研究分組，分區研討憲政問題。民國八十二年十月間國民黨國大工作會決定，撰寫修憲參考提綱，作為國大代表研提修憲條文之參考。後由國民黨籍國代中憲法學者荊知仁、郎裕憲、董翔飛及謝瑞智等四人分提「總統制修憲案」、「內閣制修憲案」、「雙重行政首長制修憲案」及「現行制度改良案」四種，

於八十二年十二月提供國民黨籍國代研討之用。

國民黨於民國八十二年十二月廿二日中常會第十七次會議決議成立「修憲策劃小組」，以順遂修憲策劃工作，由李元簇副主席擔任召集人，成員包括郝柏村、林洋港、連戰、蔣彥士、邱創煥、劉松藩、施啓揚、許水德、宋楚瑜、陳金讓、饒穎奇及謝隆盛等十三人。「修憲策劃小組」之下成立「諮詢顧問小組」，成員廿九人，由國大代表、立法委員、學者專家及政府相關部門人員參加，參與修憲研議工作。

國民黨所進行各項修憲研擬規劃，均先經由國民大會「憲政研究小組」及黨內「諮詢顧問小組」研討，待獲致初步結論後，始提報「修憲策劃小組」。「諮詢顧問小組」共舉行十五次會議，「修憲策劃小組」亦先後共舉行十一次會議。

國民黨所擬修憲提案在最後送達國民大會之前乃是依循：修憲諮詢顧問小組↓修憲策劃小組↓中常會↓十四全臨中全會的階段進行。經十四全臨中全會討論，國民黨最後通過「黨八條」修憲案。並確定修憲之原則，為「維持五權憲政體例，適應國家統一前之需要及當前民意趨向，作必要之增修」；修憲之體例，「不修改憲法本文，而將增修條文除作必要之增修外，並將現行規定作必要之整理及調整其條文順序，使規定更為明確周延。」①

第二屆國民大會第四次臨時會於民國八十三年五月二日舉行開幕典禮，李登輝總統蒞臨致詞。李總統並於十九日蒞臨國民大會作國情報告後，以六日時間全程參與聽取代表對國事之建言。二屆國大第四次臨時會所進行的第三次修憲，國民黨提出「黨八條」

，民進黨則推出「黨六點」作為對抗籌碼。民進黨除了總統直選、原住民正名兩案外，其餘有關總統制、總統提前直選、單一國會等主張均與國民黨版本無緩衝空間。

第三次修憲於民國八十三年五月廿七日第十四、十五、十六次大會，議事日程安排修改憲法提案第一讀會大體討論時，就有關第一讀會開議出席法定人數問題，引發激烈爭議，在野黨代表認為應依憲法第一百七十四條第一項第一款之三分之二出席，而國民黨代表則認為應依照國民大會組織法第八條規定，以三分之一人數作為第一讀會之開議出席人數。雙方都不妥協，民進黨乃採強力杯葛策略，導致連續數日發生互毆後散會情事，影響到第一讀會大體討論無法進行。其後經朝野政黨協商，至第十八次會討論後決議：「有關修憲第一讀會開議出席人數之爭議，送請司法院大法官會議解釋。至於聲請書之內容，授權秘書處依司法院大法官審理案件法之有關規定擬定之。」唯至本次臨時會結束時，大法官會議仍未就本釋憲案做成決議。（直到民國八十四年六月九日大法官會議始以釋字第三八一號解釋，認為修憲第一讀會開議人數，屬於議會自律之事項，可由國民大會自行訂定。）

國大於六月六日起開始進行一讀修憲提案審查會，至六月廿三日止共召開十三次會議，審查一一二件修憲提案——其中國民黨版一件，民進黨版卅三件，無黨籍版二件，國民黨國代自行提案六十六件，新黨十件。該審查會原定於廿四日結束，因民進黨國大黨團於廿三日中午下山聲援原住民的遊行活動，於是國民黨籍國代乃放棄發言的機會，加速審查的進行，而提前於廿三日下午結束，一讀審查結果共通過十三條修憲提案。七

月五日進入二讀會後，民進黨因其九項修憲案的修正案被表決撤銷，以及力主「僑民選舉總統」採分段表決，不斷杯葛大會議程，直到七月廿八日，大會才對修憲提案及其修正案展開逐條表決工作，民進黨於是日晚上九時許，宣布退席抗議，國民黨籍國代則順利完成二讀會，並於當天漏夜開會，於廿九日凌晨三點廿分第卅二次大會，三讀通過「中華民國憲法增修條文十條」。李總統並於八月一日公布實施，第三次修憲乃告完成。

參、第三次修憲的內容

依據國民黨版第三次修憲之修訂方式為：⑴本次修憲不修改憲法本文，而將憲法增修條文作必要之修訂。⑵憲法增修條文除依上列內容要點修訂外，並將現有增修條文，依下列原則作必要之整理修訂：1.已失規範意義之過渡規定及未及實施之規定，均予刪除。2.無須由憲法規定者，酌予刪除。3.條文順序依憲法章次，酌予調整。⑶現有增修條文除依前項修訂者外，均予保留。②故而第三階段修憲案內，採重新整理第一、二階段增修條文方式，將原第一、二階段增修條文十八條全部併入第三次修憲案中，而成為最新之憲法增修條文第一至第十條。第三次修憲完成之憲法增修條文十條，除與原第一、二階段相同者外，新修正條文內容如下：

一、國民大會職權重行規定：國民大會職權不適用憲法第廿七條第一項第一款之規定，其內容為：1.依增修條文第二條第六項之規定，補選副總統。2.依增修條文第二條第八項之規定，提出總統、副總統罷免案。3.依增修條文第二條第九項之規定，議決監察院提出之總統、副總統彈劾案。4.依憲法第廿七條第一項第三款及第一百七十四條第一

款之規定，修改憲法。5.依憲法第廿七條第一項第四款及第一百七十四條第二款之規定，複決立法院所提之憲法修正案。6.依增修條文第四條第一項、第五條第二項、第六條第二項之規定，對總統提名任命之人員，行使同意權。（憲法增修條文第一條第三項）

二、國民大會開會召集權修正：國民大會依增修條文第一條第三項行使職權時，第一款及第四款至第六款的規定集會，或有國大代表五分之二以上請求召集時，由總統召集之；依第二款或第三款之規定集會時，由國民大會議長通告集會，國民大會設議長前，由立法院院長通告集會；前述之規定不再適用原憲法第廿九條及第卅條。（憲法增修條文第一條第四項）

三、二屆國代任期的規定：為使國民大會代表之選舉與任期配合總統，修憲中乃爰將國民大會第二屆國民大會代表任期至民國八十五年五月十九日止，第三屆國民大會代表任期自民國八十五年五月二十日開始，不適用憲法第廿八條第二項之規定。（憲法增修條文第一條第七項）

四、國民大會設議長、副議長：我國憲法原無國民大會設置議長之規定，依國民大會組織法，以主席團主持議事，然以每次集會選舉主席團頗費周章，且常因主席團輪流主持會議而影響議事效率。爰考慮設置議長以提昇議事效能。並於本次修憲中明定，國民大會自第三屆國民大會起設議長、副議長各一人，由國民大會代表互選之。議長對外代表國民大會，並於開會時主持會議。（憲法增修條文第一條第八項）

五、總統、副總統由人民直選：總統、副總統之選舉，在第二階段修憲時僅明定由自

由地區全體人民選舉產生，惟選舉方式尚待確定。至本次修憲時，直接選舉方式，已成社會共識。故而增修條文乃明定總統、副總統由中華民國自由地區全體人民直接選舉之，自民國八十五年第九任總統、副總統選舉起實施。並規定總統、副總統候選人應聯名登記，在選票上同列一組圈選。其當選票數採相對多數，以得票最多之一組為當選。僑居國外之中華民國自由地區人民選舉權之行使，以法律定之。（增修條文第二條第一項）

六、副署權縮減：憲法第廿七條規定之副署制度，其範圍並無限制。本次修憲則規定，總統發布依憲法經國民大會或立法院同意任命人員之任免命令，無須經行政院長之副署，不適用憲法第卅七條之規定。（增修條文第二條第二項）根據此規定，有關行政院院長、司法院院長、副院長、大法官、考試院院長、副院長、考試委員、監察院院長、副院長、監察委員等由總統提名，經國大、立院同意之任免命令，無須行政院長之副署。

七、總統、副總統的缺位補選：依第二階段憲法增修條文第十二條第五項規定：「總統、副總統均缺位時，由立法院院長於三個月內通告國民大會臨時會集會補選總統、副總統，繼任至原任期屆滿為止。」因第三次修憲，總統、副總統既已改由人民直選，故而總統、副總統均缺位時，由行政院長代行其職權，並由人民投票補選總統、副總統，繼任至原任期屆滿為止，不適用憲法第四十九條之有關規定。（增修條文第二條第七項）

八、總統、副總統的罷免：依第二階段憲法增修條文第十二條第四項第一款規定，總統、副總統之罷免，由國民大會代表提出之罷免案，經代表總額四分之一之提議，代表總額三分之二之同意，即為通過。到了第三次修憲，總統、副總統改由人民直接選舉後，其罷免亦經修改，規定總統、副總統之罷免案，須經國民大會代表總額四分之一之提議，三分之二之同意後提出，並經中華民國自由地區選舉人總額過半數之投票，有效票過半數同意罷免時，即為通過。（增修條文第二條第八項）

九、國代、立委可以單獨自行調整待遇：中央民代之待遇應以法律加以規定，大法官會議已有解釋。故而第三階段修憲特予明定，國代，立委之報酬或待遇，應以法律定之。除年度通案調整者外，單獨增加報酬或待遇，應以法律定之。除年度通案調整者外，單獨增加報酬或待遇之規定，應自次居起實施。（增修條文第七條）

肆、第三次修憲的評析

一、從修憲過程面析論

第三次修憲過程中，朝野兩黨不僅在議事出席人數標準無交集，就修憲內容方面，單一國會、僑民選舉權、立委任期、國大設議長、副議長等案亦具爭議，故而爭端的發生，乃勢所難免。其中影響較廣泛者為：第一讀會開議人數標準之爭、第二讀會九項修正案撤銷之爭、僑選總統引發「條項款」與「分段」表決之爭等。

㈠一讀會議人數標準的爭議

二屆國大第四次臨時會於民國八十三年五月廿七日第十四次大會，其間進入修憲提

案第一讀會大體討論，出席的國代僅一一九人，大會主席仍依大會開議法定人數計算宣告開會，及至進入修憲第一讀會時，主席稱：「現在已進行到修憲提案的讀會程序，應先確定第一讀會開會人數問題。無論是依憲法第一百七十四條之規定或臨時條款之制定、修訂以及第一、二兩階段修憲之經過，均是按高標準之規定。」經清點人數，在場國代一二六人，於是主席以不足法定三分之二人數為由，逕行宣布：「改開談話會。」到了第十五、十六、十七次大會，朝野兩黨時因開議人數問題，引起零星衝突，使得第一讀會大體討論沒有進展。大部分國民黨籍國代認為應以國民大會組織法第八條規定，以三分之一人數出席為第一讀會之開議出席人數。唯民進黨籍國代則認為應以憲法相關規定辦理，以憲法第一百七十四條第一項第一款已明定三分之二出席，出席代表四分之三決議為準。

六月一日第十七次大會時，會議一開始，民進黨一如前數日佔據主席台，並發生若干零星衝突，主席郭柏村宣布休息。十一時之後，主席欲上台繼續開會，並找高光承宣讀議事錄，此時民進黨國代以自備之口哨，吹得會場雜音四起，受到其他國代不滿，欲制止彼等吹哨子，於是引發一場混亂的打群架衝突事件，數十位朝野國代分成數個衝突地點，由主席台打到會場中央，持續混亂約達五分鐘。③

另當民進黨國代進行議事抗爭時，該黨穿著短窄裙的某女國代爬上主席桌上坐下，其餘十多位民進黨籍國代也跟著坐成一排，全體主席團退回到會場的座位上。次日與論媒體報導在台下的代表有窺視該女國代內褲情事。六月三日因媒體的報導，遂在大會中

被提出討論，國民黨籍一位女國代發言表示：「事出有因，女性自己要檢點……」，當事人憤而上前打其一記耳光，並使其眼鏡被打落，淚流滿面，站立發言台不肯下來。④後該國民黨籍女國代要求大會請陽明山管區警員來作筆錄，提出告訴。⑤國民黨籍另有一位女國代因情緒激動，致高血壓病發送醫急救。

六月一日上午的衝突，到了下午議事時反倒意外的順利，經朝野政黨協商後，由鄭實清與邵宗海向大會報告協商結果：⑴朝野政黨一致譴責大會所發生肢體衝突之暴力事件。⑵開會時僅報告現有出席人數即可，俟簽到人數已達二一〇人時，祕書處即報告大會。⑶會議進行中，朝野兩黨不得提議清點人數。⑷有關一讀會開議人數究為三分之一或三分之二之爭議，同意由大會決議送請司法院大法官會議解釋。⑥

一讀會開議出席法定人數問題，兩種主張各有所本。（如表七）朝野雙方都不妥協，以致在野黨採取強力杯葛策略，引發國大衝突不斷，議事停滯，天天上演互毆後散會之情形。最後終於發生打群架、掌摑事件。值得探討的是，過去反對黨杯葛的訴求是資深中央民代所造成的國會結構問題，現今二屆國代均係由自由地區選出，故而顯然並非體制結構一詞所可解釋。質言之，朝野政黨間如何提升議事品質、問政態度，如何建立協商溝通管道、技巧與容忍妥協概念，達到「過程中多數尊重少數，表決結果少數服從多數」的民主精神，應是我國走向民主化軟體建設首要之途。

表七　國民大會修憲第一讀會開議人數主張與理論依據

一讀會人數的主張	主張理由
以三分之一為一讀會開議人數	1.依憲法上法定人數向有「得議事之法定人數」與「得議決之法定人數」之分，民國三十五年國民大會組織法第十二條規定：「國民大會非有代表過半數之出席不得開議，其議決以出席過半數之同意為之，憲法之通過應有代表三分之二以上之出席。」故從制憲之歷史言，憲法第一七四條的「出席人數」應指議決人數。 2.依各國之狀況，鮮有以憲法規定議會之開議人數，而多借諸立法制定或以議會內規加以決定。且一般開議法定人數的決定，其目的亦在於保障議事效率，而不在於使之成為限制少數黨表達意見之高門檻。 3.依國民大會組織法第八條規定：「國民大會非有代表三分之一以上人數之出席，不得開議。」即以三分之一為唯一之大會開議法定人數。另依國民大會議事規則第四十四條、四十六條分別規定第二讀會、第三讀會修憲案之議決，應以代表總額三分之二之出席，出席代表四分之三之議決行之。而第四十三條第一讀會則未規定出席與議決人數。 4.一讀會並未審查，亦未進入實質討論階段，因無議決情事，故無須規定議決人數，因之一讀會開議人數應依國民大會組織法第八條規定。
以三分之二為一讀會開	1.依憲法第一七四條第一款之文義而言，規定「三分之二出席」及「出席代表四分之三決議」等文字前後排列，已清楚看出前者為出席代表，而非決議表決人數，故修憲第一讀會須以代表總額三分之二為開議人數。 2.依修憲程序設計言，為憲法的尊嚴和穩定受到保障，各國多以高額標準為之，我國亦不例外。若以讀會進行，自應全程適用以上標準。且一讀

議人數

會有實質修憲提案審查權，能否進入二讀，完全由其決定。

3.依以往修憲成例言，臨時條款的判定與第一、二階段修憲均於一讀會即已達三分之二的高標準。

資料來源：著者整理。

㈡二讀會九項修正提案撤銷的爭議

國大於七月五日進入二讀會，即因出席標準究竟是三分之一或三分之二，修憲提案審查報告書之議決應以過半數同意或四分之三通過，再度發生爭議，整日陷入混亂癱瘓。六日全天朝野政黨仍圍繞此一話題，相互推擠、叫罵下度過。七日下午國民黨國大工作會主任謝隆盛提出緊急動議，略謂，民進黨的本質就是暴力，甚至在主席團會議中掀翻桌椅，破壞國大形象，建議大會休會三天，以示對民進黨的抗議。此舉再度演成民進黨籍國代周家齊與國民黨國代劉孟昌的推擠，雙方人馬扭打成一團。其後主席張輝元進行表決謝隆盛所提緊急懲戒動議之提案，在場一九六人，以一〇九票通過休會的提案。⑦

國大於七月十六日復會後，即對修憲提案逐案進行討論並提付表決。至七月廿二日林銘德等四十人提程序動議，修憲提案審查結果修正案第三、八、十二、十三、十四、十五、十六、十八及廿等九案（國民黨一件、民進黨八件）因不符修正案要件，為恪遵議事原理與常規，應不予成立，請大會公決案。民進黨則認為國民黨黨團為使其二讀會如期進行，竟提出程序動議，以民進黨所提修憲案的修正案不合法為由，要求大會予以

撤銷，乃表達強烈抗議，並以退席，拉扯麥克風、摔會議資料為激烈抗爭。朝野兩黨在中午延長開議時間大打出手，主席李碧梅宣布重新清點在場人數，計有二三七人，民進黨國代王雪峰等群聚主席台，台上台下代表爆發肢體衝突，主席乃於台前左側就林銘德所提程序動議案，在混亂中表決通過。」⑧

當天下午民進黨籍蔡文斌主持下，首先宣布上午的表決為不合法，並有民進黨籍顏明聖等三十人提革命程序動議：「當前政局因體制含混，顯有不妥。身為最高政權機關的國民大會，宜應負起因應或引導社會快速變遷的功能。茲援引林代表銘德的程序動議，本席提『革命程序動議』，呼籲同仁身先士卒，以革命精神與行動，解散國民大會，是為革命程序動議。」主席蔡文斌以議事規則、會議規範均無「革命程序動議」，裁定本案不予受理。⑨

到了七月廿五日朝野兩黨對於前一週引發衝突的剔除九項修正案一事，民進黨仍堅持反對，而國民黨則以該九項修正提案不符提案條件，堅持不應討論，主席團會議最後經表決通過將該九案剔除，民進黨經聲明不接受此一結果後退席抗議。當天下午議程焦點仍集中在民進黨籍國代所提八項修憲提案修正案遭大會封殺一事上，引發朝野國代針鋒相對，最後仍無任何進展，連前一週大會議事錄都未通過。⑩

七月廿六日國大首先對主席團前一天決議不列入二讀的九項修正案進行討論，在朝野兩黨多人發言後，主席黃來鎰宣布表決，在場二四八人，贊成者二〇五人，通過。主席以場面混亂，再次清點人數，結果在場人數二六三人，贊成者二〇二人，表決通過。

綜論之，國民黨強烈反對這九項修憲修正案，乃因該等修憲修正案是針對這次並無更動的憲法條文所做的修正案。設若允許沒有更動條文內容的憲法增修條文也予重新表決，萬一發生人數不足或表決未通過，更將節外生枝。因之，無論開議人數「三分之一、三分之二」問題，乃至民進黨八項修憲修正案撤銷的核心關鍵，在於二屆國大代表議事精神不足。以國民黨二居國代人數遠超過四分之三多十席，尚且為三分之一、三分之二與修憲修正案爭議不休，正顯見問政態度和議事品質乃是國大問題之所在。

㈢僑選總統引發「條項款」與「分段」表決的爭論

「僑民選舉總統」是否入憲的爭議，其關鍵在於「僑民」界定的紛歧，引發諸多顧慮和反對聲浪。持反對理由者，認為三千萬僑胞都回來投票，台灣地區僅有兩千萬，豈非要由華僑來決定誰來當總統，而由台灣地區人民來背書，這些人既不當兵，又不繳稅，賦予其選舉權，有違權利義務關係。另持贊成意見者，多將「僑民」做狹義解釋，國代謝瑞智即認為「僑民」乃指在台澎金馬擁有戶籍，因經商、求學或旅遊等原因而居住國外者，為選舉法上所稱之僑民，並非泛指一般之僑民，故而人數不過三十萬人左右。⑪

「僑民選舉權」的爭議尤表現在修憲方式上，七月廿五日上午國大主席團會議通過修憲提案二讀進行方式，決依憲法章節對經審查會通過送大會二讀之修憲提案及其修正案分類後，各類別在進行廣泛討論後進行逐條、逐項、逐款表決。民進黨則主張必要時應於每款中再逐段表決，並以「僑民選舉權」為例發表意見。主席團將是否分段表決的

主張，提交大會決定。⑫當天下午，朝野黨團的協商會議並未達成共識，民進黨國代黨團向謝隆盛提出三點要求：⑴在憲法中明訂保障原住民傳統命名權，並對原來將原住民所區分之平地原住民、山地原住民取消合併。⑵有關總統直選條文和僑民選舉總統應分段表決。⑶憲法前言中「為因應國家統一前需要」改成「因應國家發展之需要」等較中性字眼，並在「中華民國自由地區」下加「台澎金馬」等字眼。

前述三條件經國民黨中央議決，不接受該等作法，並決定採強勢作為維持會場秩序。認為就「僑民選舉權」引發之分段表決若獲成功，則等於通過民進黨版直選案及封殺國民黨版，居時修憲就成為民進黨滿分，國民黨零分。⑬唯國民黨內部意見本即分歧，僑選國代與國大次級團體「松柏聯誼會」王慈官、趙玲玲等呼籲支持黨版修憲案，不同意採分段表決。⑭另「國大聯誼社」陳瓊讚、王文正等及「同心會」張光輝等則反對僑民投票權入憲。此種現象與第二階段修憲時直選、委選頗有異曲同工之妙。⑮

七月廿七日國大主席團報告，是否應「分段」表決二讀修憲提案時，引發「僑民選舉總統」是否入憲之爭議。松柏會和僑選國代抗議國民黨國大黨團「暗示」部分黨籍國代，可「分段」表決總統直選條文的立場。而民進黨則和支持「分段」表決的國民黨國代「合流」。⑯就民進黨團所提出之動議，乃將國民黨版之總統直選與僑民選總統合併條文分成三段表決。另國民黨之國大次級團體國大聯誼社等則提出針對同一條文分成兩段表決的動議，兩者雖在分段上有不同，但在排除僑民選舉權上則是一致的。最後大會未能對「條項款」表決或「分段」表決做成任何結論。⑰到了廿八日中午十二點，大會

才對修憲提案及其修正案展開逐條表決工作。至晚間九時四十五分，民進黨代表見大勢已去，宣布退席抗議。民進黨退出會場後，國民黨籍國代最後終以「僑居國外之中華民國自由地區人民選舉權之行使，以法律定之」，獲得共識，亦順利完成其他各條文的表決與二讀的程序，至廿九日凌晨三時廿分終於完成三讀的修憲任務。

綜論修憲的過程中，朝野政黨互動所顯示最大困境，在於彼此缺少交集，甚至修憲主張上南轅北轍，除了原住民之正名案較具共識，其餘各案雙方落差皆大，以致本質上，未曾開議即已蒙上陰影。再者，朝野政黨間，無法約束黨員建立以「說理代替動手」的民主精神，使得雙方無法平心靜氣面對程序上、憲法草案上的諸多不同意見。一方指責對方挾多數暴力，違反修憲程序；另一方指責對方少數暴力，違反議事精神。凡此導致民進黨不斷杯葛，一幕幕的「全武行」，破壞了國大形象，並在二讀時集體退席。國民黨則因為二讀後的下次會議輪由民進黨代表任主席，故而漏夜完成三讀修憲程序。質言之，第三次修憲的過程中，無法體現憲政主義的民主、漸進、容忍、妥協及共識的原理，對我們民主發展留下極待省思的一頁。

二、從修憲內容面析論

第三次修憲在「內容」上，憲法增修條文有如下特點：

㈠修憲體例特殊，造成嚴重瑕疵：在第一、第二階段修憲時均採美國式修憲（amendment）之「增修」方式，維持憲法原有條文不動，將修改條文列於本文之後。然而到了第三次修憲，卻將前兩次修憲所增修的十八條條文，加上新增內容，又重新調整

為十條條文，違反「增修」原則。⑱整個修憲過程，並未依法定程序將原有十八項增修條文刪除，形成嚴重的程序瑕疵。⑲三次的修憲體例前後不一，再加上修憲後的體例亦與原憲法條文的簡潔形成對比，凡此皆開世界修憲史之先例，殆無疑義。

㈡總統、副總統相關規定浮現若干憲政問題：第三次修憲，主要是針對總統選舉方式，總統選舉方式採取公民直選，朝野政黨亦已有共識。憲法增修條文第二條第一項確立總統、副總統由人民直選，然而修憲後的總統、副總統選舉、罷免、彈劾以及職權亦有若干值得商榷之處：

⑴相對多數原則易形成「少數總統」：依憲法增修條文第二條第一款，「總統、副總統侯選人應聯名登記，在選票上同列一組圈選，以得票最多之一組為當選。」此即採行「相對多數」而摒棄「絕對多數」方式。絕對多數即須過半數，而相對多數者即以得票最高即告當選，毋需考量是否過半數。此兩種方式實各有利弊，以言絕對多數，有利於產生更具民意基礎的總統，但不利於社會成本，尤當參選總統、副總統組數過多，在第一輪中恐將難以產生絕對多數總統，或須參考採行類似法國「兩輪多數決」方式，勢將增加社會成本，再者亦將使選舉激情時間延長，而少數政黨或將成為關鍵少數的決定性因素。就相對多數言，雖產生方便，避免社會成本過高，免於社會激情持續過久，唯其缺點在於總統得票或將低於省長，其民意基礎不若絕對多數產生者穩固，而形成「少數總統」，或有謂難避免產生「葉爾欽效應」。⑳

⑵副總統缺位由國民大會補選，有違民選精神：依憲法增修條文第二條第七項規定

：「副總統缺位時，由總統於三個月內提名候選人，召集國民大會補選，繼任至原任期屆滿為止。」另增修條文第一條第三項第一款亦規定，國民大會之職權為依增修條文第二條第七項之規定，補選副總統。唯從第九任總統、副總統選舉已由公民直選，則副總統缺位時亦將以民選為宜，規定由國民大會補選，將與民選的精神相牴觸。

(3)總統、副總統罷免案須由國民大會提出，有違民主原理：依憲法增修條文第二條第九項規定：「總統、副總統之罷免案，須經國民大會代表總額四分之一之提議，三分之二之同意後提出，並經中華民國自由地區選舉人總額過半數之投票，有效票過半數同意罷免時，即為通過。」亦即總統、副總統之罷免，應由國民大會提出通過，始得由全民行使罷免投票決定。若國民大會不予提出罷免案，或提出罷免案未達規定之國代四分之一提議，三分之二同意，則選民無以實施罷免案。依憲法修改後的情形，總統、副總統已由國民大會選舉，改為直接民選，則其罷免案之主控權亦應直接操之於全民，而非國民大會代勞，此一做法有違民主精神。

(4)總統、副總統彈劾案實施方式有欠妥當：依憲法增修條文第二條第十項規定：「監察院向國民大會提出之總統、副總統彈劾案，經國民大會代表總額三分之二同意時，被彈劾人應即解職。」另增修條文第六條第五項規定：「監察院對於總統、副總統之彈劾案，須經全體監察委員過半數之提議，全體監察委員三分之二以上之決議，向國民大會提出，不受憲法第一百條之限制。」亦即總統、副總統之彈劾，應由監察院通過後提出，交由國民大會行使同意權。事實上，憲法經三階段修改後，監察委員產生方式已改

變，彈劾案宜否仍由監察院提出不無疑問。原憲法規定，監察委員是由省、市議會選舉產生，故由監察院提出對總統彈劾，交由國民大會行使同意權尚屬合理。現今憲法增修條文規定監察委員是由總統提名，經國民大會同意任命（增修條文第六條第二項）。對總統之彈劾案卻由經總統提名之監察委員提出，殊值考量。

(5)總統職權擴張，趨向模糊不清的憲政體制：我國憲法有關中央政府體制之規定，原較具有濃厚的內閣制精神（亦非完全的內閣制），行政院與立法院分別為國家最高行政與立法機關，行政院須向民選產生之立法院負責。行政院長統有八部兩會，擁有絕大多數行政權。總統所擁有者多為國家元首權，其所具有之行政實權並不多，如憲法卅六條：「總統統率全國陸海空軍。」憲法第五十五條：「總統對於院與院間之爭執，除本憲法有規定者外，得召集有關各院院長會商解決之。」另憲法四十三條之緊急命令權，第五十七條之覆議核可權，須經行政院會議之決議行之。因之，依我國現行憲法之規定，總統概為「統而不治」，行政院長為「治而不統」。正因總統在我國原憲法中之行政實權本即不多，是否須直接民選尚有討論空間，卻以「主權在民」的華麗包裝，在憲法增修條文中建立總統直選機制，頗值深思，使得一股銳不可當的民粹政治的空間更形擴張。更值得隱憂者，經過三次修憲，總統職權增加，一方面漸漸改變中央體制的精神，另一方面卻未有相對制衡的設計。此一種缺乏權責平衡之憲法體制，更增添未來憲政發展的變數。

憲法增修條文所增加總統職權，嚴重改變憲法精神者有二：①規定總統得設國家安

全會議及所屬國家安全局。這兩個機構本為動員戡亂時期臨時條款所設非常體制的產物，本當隨戡亂時期終止而予廢止，卻未料隨著回歸憲法與修憲之際，予以「就地合法」，明顯破壞原憲法中總統與行政院長之既存關係。且增修條文中所謂「總統為決定國家安全有關大政方針，得設國家安全會議及所屬國家安全局，其組織以法律定之。」然則，何謂「國家安全」？又何謂「有關大政方針」？關於總統權力之規定，見諸憲法卅五條至四十四條，均採列舉主義，現陡然授與總統如此多超越憲法的權力，甚至形同發交了一張空白的權力支票。另國安會之組織法，無論將國安會定位為決策機關或諮詢機關，而以總統為主席，行政院長為「第二副主席」之設計，不僅破壞憲法上最高行政決策權的規定，且此一「太上行政院」造成有權者（總統）無責（毋需對立法院負責），有責者（行政院長）無權。②總統在政府五院中擁有四院的人事提名權。原憲法僅規定行政院長由總統提名，經立法院同意任命。憲法增修條文第四、五、六條，將司法院長、副院長、大法官、考試院長、副院長、考試委員、監察院長、副院長、監察委員，均規定由總統提名，經國民大會同意任命之。此一提名權賦予總統更廣闊的政治影響力。以言監察院職司風憲，且賦有對總統彈劾之權，然而經總統提名之監察委員，與總統關係絕非陌路，欲以之彈劾總統顯非至當。另大法官、考試委員均應一本至公執行憲法規定執掌，今以總統提名，反有人情之嫌。實則司法院、考試院、監察院相關人員宜僅規定由中央民意機關連署方式加倍提名，並以多數選舉產生，更能凸顯各該機關所應具有之公正、無私特性，並獲全民信賴，以摒棄「國王人馬」之譏。

㈢國大職權增加與組織常設化，形成「雙國會」走向：依憲法增修條文第一條第二項規定國民大會的職權，包括：補選副總統，提出總統、副總統罷免案，議決監察院提出之總統、副總統彈劾案，修改憲法，複決立法院所提憲法修正案，對總統提名任命人員行使同意權。增修條文第一條第五項規定：「國民大會集會時，得聽取總統國情報告，並檢討國是，提供建言。」同條第九項並規定：「國民大會行使職權之程序，由國民大會定之。」且不受立法院之立法規範。

除了職權擴張，國大亦邁向常設化、制度化。增修條文第一條第八項規定：「國民大會自第三屆國民大會起設議長、副議長各一人，由國民大會代表互選之，議長對外代表國民大會，並於開會時主持會議。」這使國大成為常設化的「第二國會」，亦使「雙國會」發展趨勢更為顯著。然而「對立法院負責的行政院長」與「向國民大會做國情報告的總統」僅是開啓憲政體制複雜難解的開端。隨著國民大會行使職權之程序，由國民大會本身定之，不受立法院之立法規範，往後國民大會若自行立法恢復創制複決兩權，則更將在「立法」權方面形成「不平衡」的兩國會；蓋立法院制定法律，國民大會有複決權，而立法院未制定者，國民大會可運用創制權立法。質言之，第三次修憲確立國大常設化、制度化，以及職權的增加，一方面已形成雙國會走向，另一方面更為往後憲政體制的複雜性、衝突性發展形成困擾。

㈣行政院職權的減縮：憲法增修條文第二條第二項：「總統發布依憲法經國民大會或立法院同意任命人員之任免命令，無須行政院長副署，不適用憲法第卅七條之規定；

行政院長之免職命令，須新提名之行政院長同意後生效。」此一規定，破壞了憲法第卅七條的「責任內閣制」精神，混淆了憲政主義所強調的「權責相符理念」，變成權責不清的「總統有權、內閣負責制」。此一限制行政院長副署權非為憲政的成長，實乃憲政主義權責理念的逆退。

伍、結語

國內憲政邁向新里程的同時，國民大會前後三次修憲的結果，卻為我國未來憲政埋下陰影。馬起華在二屆國代選舉後曾表示：「……憲法之總綱、人民的自由權利、中央政府體制（除中央民意代表選舉外），地方政府、中央與地方權限之劃分，總統與五院之規定均非常週全。修憲若是為了興利除弊，則既不能興利也不能除弊時，為什麼要修憲？誰能保證修憲之後，能比以前更好？今日既然非修憲不可，則應探求問題所在，對症下藥；且修正的幅度愈少愈好，以減少動亂。」㉑不幸而言中，三次修憲的結果，固然順利為自由地區中央民意代表完成法源依據，並完成地方自治法制化。但中央體制趨於混亂，將若干戡亂時期的「非常」機關就地合法，任意擴大總統職權，違逆原憲法精神；加以總統之行政實權本即不多的情形下，以「主權在民」的導向，確立總統民選產生，使之具有民意基礎，未來總統與行政院長的走向產生微妙變化。另外，國民大會職權亦在擴大，它與立法院之間「雙國會」發展已具其形。此一不尊重「憲政精神」的修憲取向，使得中央體制衍生諸多爭議，徒啓紛擾，修憲的結果，是更為複雜，到了第四次修憲的結果，我國憲政發展更是不堪聞問矣。

註釋

①國民大會秘書處編印，第二屆國民大會第四次臨時會修憲提案（台北：國民大會秘書處，民國八十三年五月），頁二八一。
②同上。
③台北，中國時報，民國八十三年六月二日，版二。
④台北，中國時報，民國八十三年六月四日，版二。
⑤台北，中國時報，民國八十三年六月三日，版三。
⑥見第二屆國民大會第四次臨時會，第十七次大會議事錄。
⑦台北，聯合報，民國八十三年七月八日，版四。
⑧台北，聯合報，民國八十三年七月廿三日，版二。
⑨同上。
⑩台北，中國時報，民國八十三年七月廿六日，版二。
⑪謝瑞智，修憲春秋，增訂版（台北：文笙書局，民國八十三年十一月），頁一七四。
⑫台北，自立早報，民國八十三年七月廿六日，版四。
⑬台北，自立早報，民國八十三年七月廿八日，版四。
⑭台北，自立早報，民國八十三年七月廿七日，版三。

⑮台北，聯合報，民國八十三年七月廿八日，版二。
⑯台北，聯合報，民國八十三年七月廿八日，版二。
⑰同上。
⑱張治安，中國憲法及政府，增訂三版（台北：五南圖書出版公司，民國八十三年十月），頁一二五。
⑲台北，聯合報，民國八十三年七月卅日，版二。
⑳中石，「總統選罷法」芻議，憲政評論，第廿六卷第七期，民國八十四年七月十五日，頁一七。
㉑華力進主編，二居國代選舉之評估（台北：理論與政策雜誌社，民國八十一年六月），頁一〇七。

第七章　國家發展會議與憲政發展

綱要

壹、前言

貳、國發會召開的緣起

一、李總統的政治宣示

二、配合民選總統權力的擴大

三、為行政、立法之憲政僵局解套

四、凍省與廢宋的結合

參、國發會召開的經過

一、籌備委員會的成立與運作

二、民間國發會的對抗

三、國民黨內部的折衝

四、主席團的設置與運作

五、大會的召開

肆、國發會相關憲政內容

一、國民黨版主張

二、民進黨版主張

三、新黨版主張

四、國發會的共識

伍、國發會的評析

一、國發會性質之辨

二、朝野政黨見解互異

三、過程缺乏協商精神

㈠國民黨內之反彈

㈡民進黨內之質疑

㈢新黨之杯葛

四、中央體制權責不相符設計

㈠弱化立法院

㈡矮化行政院

㈢超級總統制

㈣混亂國民大會

㈤削減監察院

五、地方制度開民主倒車

㈠省—「凍省」與「反凍省」

㈡鄉鎮市—「官派」與「民選」

六、政黨政治中政黨法未確立

陸、結語

壹、前言

民國八十五年十二月召開的國家發展會議（以下簡稱國發會），共有一百七十位代表參加，包括各黨派及專家學者。國發會的結果直接影響及於民國八十六年五月起的第三屆國民大會第二次會議之第四次修憲。國發會之重要性可見，本文即在於對國發會召開的緣起、經過，國發會之憲政內容及其意涵，予以詳細探討。另國發會所討論者，實包括三大議題，「憲政體制與政黨政治」（計獲廿二項共同意見）、「經濟發展」（計獲一百卌四項具體措施）、「兩岸關係」（計獲卅六項共識）。本文旨在研究國發會與憲政發展之影響與相關議題，有關經濟發展、兩岸關係之內容及影響，在本文中不擬涉及。

貳、國發會召開的緣起

國發會的召開，直接原因為李登輝總統在其第九任就職演說的政治宣示；間接原因則係憲政中若干議題擬透過國民黨、民進黨兩黨高層之力，以體制外運作達成下一步修憲之目標。茲分別說明如下：

一、李總統的政治宣示

李登輝總統於民國八十五年五月廿日發表中華民國第九任總統就職演說時表示：

「民之所欲，長在我心」，登輝對全國同胞的需求，有充分的領會，也一定會全力以赴，達成付託。然而，影響國家發展深遠的重大政策，不是由一個人或一個政黨就可以決定。因此，登輝將儘快責成政府，針對國家未來發展的重要課題，廣

邀各界意見領袖與代表，共商大計，建立共識，開創國家新局。

故有謂國發會「不僅是李總統就職諾言的落實，也是李總統廓然大公、廣蒐民意、察納雅言、擴大參與、推動全民民主政治的具體實踐。」①然而觀之國發會有關憲政體制之共識，以及國民黨、民進黨高層之默契，則國發會召開的背景因素，應不止於李總統的就職宣示與單純原因，以下數點則為國發會之重要動力。

二、配合民選總統權力的擴大

民國八十年以來的歷次修憲，在中央體制的走向，顯然未順應臨時條款的廢止，迅即回歸中華民國原憲法的設計中，由於總統權力的擴大，破壞了原憲法的體制精神，對於憲政的成長與變遷造成了嚴重的損傷，也使修憲後反呈治絲益棼。主政者如何有計畫地以修憲之步驟，逐步造成原憲法中央體制精神的改變？析而論之，其過程如下：

1.第一步先在「程序修憲」中暗渡陳倉，將本該隨戡亂時期終止的「動員戡亂機構」──國安會、國安局，予以就地合法，如同發交總統一張空白權力支票，形成不是「回歸憲法」，而是「回歸臨時條款」。原來之「違章建築」，反以鋼筋水泥鞏固之。

2.第二步以「主權在民」之堂皇理由，推行總統公民直選，名為「小幅修憲」，以安定民心，實則為下一步之總統擴權預留伏筆。在總統公民直選宣傳中，刻意忽略兩項重要事實：一是國家元首產生的方式，一定要與該國憲政設計一併考量，亦即我國憲法原較傾向於內閣制的設計，總統職權多為元首權，並無太多行政實權下，有無直接選舉之必要殊值檢討。一般而言，如果憲法賦予總統實權多，則自當採民選為之；反之，憲

法賦予總統實權不多，則間接選舉亦甚恰當，否則正是「天下本無事，庸人自擾之」。二是誤導「讓老百姓直接投票選舉國家元首，才是『主權在民』，才是『民主』。」英國是老牌民主國家，其國家元首是女王，何嘗民選過？日本國家元首是天皇，又何來民選？無人否定英、日是民主國家，是主權在民。蓋以英、日元首用於對內象徵國家統一，對外代表國家，實際行政大權掌握在內閣首相之手。我國憲政體制有云：「總統統而不治，行政院長治而不統」，根本不是總統制，將「總統直選」納入憲法增修條文，而以「民主」、「主權在民」標謗，殊非得宜。

3.第三步果不其然的在總統民選後，提出「民選的總統，如果沒有足夠權力來實現承諾，等於是詐欺選民。」「總統權力不足，不符合民選總統客觀具備的實質權力能量」②更有謂「經過上一次憲改後，總統直接民選，不但中華民國的國際地位躍居民主先進國家之列，而且主權在民實施的結果，我們選出的已不可能是一位虛位的元首。在這種情況下，還主張實施內閣制，就不符合國情，也不可能受到選民的認同，而且，直選的總統應該有更多職權，莫須有的攻擊是不對的。」③民國八十五年八月九日，國民黨國大黨團法政小組副召集人謝瑞智與政黨關係會副主任蔡重吉領銜提出「總統制」修憲案，明定總統為國家元首及行政首長，主持國務會議。

實則，選民選的是憲法上的總統，當選人也從未以修憲擴張總統權力作為競選訴求，怎能倒過來說不修憲擴權，便是詐欺選民？更何況過去以「小幅修憲」安定民心，在「分期付款」式的修憲擴權下逐步進行，則是詐欺選民於無形的策略。正因政治人物為

擴權，不惜蠶食鯨吞憲法，漠視憲政精神，正是今日我國邁向民主道路的危機。

然而，主政者亦瞭解前三次修憲將「國安會」、「國安局」就地合法，並確定總統公民直選，事實上並沒有改變我國憲法中傾向內閣制的設計。就前者而言，「國安會」雖納入總統府組織之下，不僅規定「總統為決定國家安全有關大政方針，得設國家安全會議及所屬國家安全局……」陡然授與總統如此多超越憲法的權力，甚至形同發交了一張空白權力支票。而且在組織法架構中，將行政院長作為「第二副主席」的設計，破壞了憲法上最高行政決策權的規定，形成有權者（總統）無責（無須對立法院負責），有責者（行政院長）無權。然而值得注意的是，行政院長仍掌有八部兩會的行政實權，今假設總統、行政院長分屬甲、乙兩不同政黨（因如果立法院中乙黨佔多數，則甲黨總統勢須提名乙黨行政院長人選才有可能通過），則乙黨行政院長或藉故不出席國安會，或對國安會決議批以「再研究」、「再議」，則總統亦莫可奈何。從而觀之，雖然經過三階段修憲，但並未在實質上改變原憲法中傾向於內閣制的精神，如欲增加總統實質上的權力，並呼應前述「民選總統，應有更大權力」，則透過國發會取得下次修憲中，總統「應有」之實權的「共識」，乃「刻不容緩」。

三、為行政、立法之憲政僵局解套

李登輝總統於民國八十五年二月廿三日競選總統時的記者會明確宣示：「連戰選上副總統後，就不再當行政院長了……」，然而由於第三屆立法院的政治生態丕變，國民黨勉強過半，但為不穩定的多數；益以國民黨中生代卡位情形嚴重，無論提名何人，

恐將無法獲得全部黨籍立委的支持，如此將難以獲得立院之同意權過關。李登輝總統乃於民國八十五年六月五日在國民黨中常會上，表示仍由副總統連戰續任閣揆，有助於「政局之穩定」，並可使「重大施政持續辦理」。李氏對連戰因「第八任總統與第九任的體制轉換」所提出之總辭，批復如次：「所請辭去行政院長職務，著毋庸議，至行政院副院長、各部會首長及不管部會之政務委員呈請辭職一節，請衡酌報核。」④

李氏在閣揆任命案上或以黨內人選之困難，或以不敢面對第三屆立法院的民意考驗，乃搬出戒嚴時代威權政治的「著毋庸議」，不僅有時光錯置之感，且徒然成為憲政史上的可議。亦因而遭到立法院強烈杯葛，致使行政院長及其閣員，連續兩個會期，不得出席立法院之院會，形成憲政僵局。李氏之作為，明顯有悖憲政體制，遂引起副總統是否可兼任行政院長？總統改選，行政院長總辭後，總統可否逕予「著毋庸議」而慰留之？立法委員就之並提請司法院大法官會議解釋，⑤立法院院會於八十五年六月十二日以八十比六十五的票數通過「咨請總統重新提名行政院長，並咨請立法院行使同意權案」。⑥

由李總統引發之「副總統可否兼任行政院長」，甚具憲政爭議之問題，司法院大法官會議在舉行一連串之公聽會，⑦並於民國八十五年十二月卅一日在萬方企盼下，公布了「釋字四一九號解釋」。⑧此一解釋包括三大部份：

1.副總統得否兼任行政院長憲法並無明文規定，副總統與行政院長二者職務性質亦非顯不相容，惟此項兼任如遇總統缺位或不能視事時，將影響憲法所規定繼任

或代行職權之設計，與憲法設置副總統及行政院長職位分由不同之人擔任之本旨未盡相符。引發本件解釋之事實，應依上開解釋意旨為適當之處理。

2.行政院院長於新任總統就職時提出總辭，係基於尊重國家元首所為之禮貌性辭職，並非其憲法上之義務。對於行政院院長非憲法上義務之辭職應如何處理，乃總統之裁量權限，為學理上所稱統治行為之一種，非本院應作合憲性審查之事項。

3.依憲法之規定，向立法院負責者為行政院，立法院除憲法所規定之事項外，並無決議要求總統為一定行為或不為一定行為之權限。故立法院於中華民國八十五年六月十一日所為「咨請總統儘速重新提名行政院長，並咨請立法院同意」之決議，逾越憲法所定立法院之職權，僅屬建議性質，對總統並無憲法上之拘束力。

此一解釋公布之後，各方有不同之解讀。有以解釋文之「與……本旨未盡相符」就是違憲，只是大法官不好打總統一巴掌。總統府高層則以「沒有說是違憲，就不是違憲，就是合憲。」⑨然依學理、法理之經驗法則，大法官釋憲應只問「合不合憲」，不問「合不合適」。⑩亦即大法官應在解釋文明確指出「合憲」抑或「違憲」，再於其後加以說明文字闡釋之。並不宜以「創造性模糊」，造成各說各話。吾人以為，由李總統「著毋庸議」引發之憲政問題，實包括兩個憲法爭議：一是總統改選，行政院長需不需要總辭？總統可否片面慰留？二是行政院長可不可以由副總統兼任？

1.總統改選，行政院需不需要總辭？總統可否慰留？

依據執政的國民黨看法，其以三月份時行政院長已經第三屆立法院行使同意權，總

統既未提新人，何必重新行使？當然可「著毋庸議」。益以大法官釋字第三八七號解釋，只要求行政院在立法院改選時總辭以示負責。至於總統改選後，憲法或大法官會議，並未規定必須行使閣揆同意權，所以連戰續任閣揆如再經一次同意權的行使，似為多此一舉。唯此一說法與前述「四一九號解釋」之爭議極大，說明如下：

①基本上，我國原憲法中央體制傾向內閣制，殆無疑義。在此一制度安排下，閣揆的產生程序中，總統的提名權是「虛權」，立法院的同意權才是「實權」。因此，對於連戰內閣既已提出總辭，總統也就不應具有裁決可否的「實權」，更何況總統慰留的連戰是已入府的副總統，在「職位」上已非原先的連戰（雖然是同一人）。立院不僅擁有同意權的「實權」，加上行政院對立法院負責的情形下，總統的「著毋庸議」，正是大有可議。

②進一步必須瞭解的是，連戰為何要再提總辭？原因無他，正因連戰是由三月份時第八任總統李登輝所提名，其為彰顯行政院長對未來第九任總統人事「提名權」的尊重而提出總辭，則連戰的辭職絕非因「李登輝」個人而來，而係對於「第八任總統與第九任總統的體制轉換」所作的回應。因此「第九任總統」面對總辭案，並非單方面享有裁量權，而有批示「慰留」的權力。這一道理非常明顯，假設第九任總統不是李登輝，而是彭明敏或林洋港，彭、林可否逕予「批示慰留」，而排除立法院行使同意權之憲法程序？

③如謂「立法院仍是三居立委；總統仍是李登輝；行政院長仍是連戰」，因之李氏

批以「著毋庸議」並無不妥，這當中則充滿諷刺意味的政治弔詭。因為，此其中的李登輝已是從「第八任總統」的李登輝，到「第九任總統」的李登輝；連戰已是從「行政院長」到「副總統兼行政院長」的連戰；相對於「總統」、「行政院長」的改變，則立法院已是由與第八居總統互動的第三居立法院，到與第九居總統互動的第三居立法院。憲法當中對於任命閣揆的程序是整套的機制，總統的提名與立法院的同意乃是一體。因之，連戰提出總辭，即是對第八任總統提名表達法理上的辭退，亦同時是包含對第三居立法院同意表達法理上的辭退，這絕非僅如「釋字四一九號」之「係基於尊重國家元首所為之禮貌性辭職」而已。

2. 行政院長可否由副總統兼任？

釋字第四一九號以憲法並未限制「副總統不可兼任行政院長」的條文，亦即副總統兼任行政院長乃「非顯不相容」。然而，值得注意的是，憲法未禁止，是否副總統就可兼任行政院長？從我國憲法精神來看，顯非如此，且釋字四一九號前後有其矛盾存在。

①我國自行憲以來，有兩次副總統兼任行政院長的情形，一次是民國四十九年間，行政院長陳誠於任內當選為第三任副總統，陳誠於第二任總統任期居滿前總辭，經第三任總統批復仍繼續兼任行政院長。另一次是民國五十五年間，行政院長嚴家淦於任內當選為第四任副總統，嚴家淦亦於第三任總統任期居滿前，循例總辭，經第四任總統批復仍續任行政院長。我國第三、四任總統均是蔣中正。以上陳誠、嚴家淦之「前例」，一則因當時仍屬威權時期，實不足援引比附；再則今日之李登輝常以「民主」是尚，並在

國民黨的研究報告指稱蔣中正時代是「硬性威權」，蔣經國時代是「軟性威權」，李登輝時代是「民主政治」，既以民主自許，行事卻走回頭路，實心態並未隨時代調整。

②我國憲法第四十九條規定，「……總統、副總統均缺位時，由行政院長代行其職權：……總統因故不能視事時，由副總統代行其職權。總統、副總統均不能視事時，由行政院長代行其職權。」從憲法條文設計之政府架構，副總統與行政院長是由兩人來擔任不同職位非常明確，今以連戰副總統兼行政院長，已牴觸憲法第四十九條之精神。且釋字四一九號解釋在說明時，亦犯矛盾之嫌，其以「惟此項兼任如遇總統缺位……之本旨未盡相符。」既是「未盡相符」，則係違憲至明，如何能有「非顯不相容」云云。

③依據憲法第四十九條，副總統是備位元首；另依據憲法第五十三條、第五十八條之規定，行政院是國家最高行政機關首長。依權力分立制度的精神，副總統與行政院長是兩項不同職位，且兩者性質迥然不同，實不得互兼。

④我國原憲法精神傾向於內閣制的精神，依憲法第三十五條至四十四條條文觀之。總統、副總統本質並無過大之行政實權，且未因總統直選而改變。由虛位的副總統來擔任具有實權的行政院長，實有違憲之議。蓋以立法院可以監督到行政院長，卻監督不到副總統。當副總統與行政院長同一人時，彼此的權力關係也隨之混淆不清。一則「副總統兼行政院長」時，行政院長已非憲法明定的最高首長，反成「總統的執行長」，此時「權責不相符」隨即出現，亦即形成有權者（總統）無責—躲在後面操控，不須對立院

負責；有責者（行政院長）無權。再則，「副總統兼行政院長」時，總統一旦出缺，副總統擔任總統，總統可否兼任行政院長？總統且可否出席立法院會接受質詢？綜合言之，副總統兼任行政院長，雖然憲法沒有明文規定禁止，但從相關憲法法理分析，這是應屬省略規定，如由副總統兼任行政院長實有違憲之議。

李登輝以「著毋庸議」所引發之憲政問題，涉及我國憲法有關國家組織法的根本問題，其實踐涉及到我國民主政治的理性體認的程度。⑪雖經大法官會議釋字四一九號解釋，然以該解釋之「創造性模糊」，內容充滿矛盾、粗糙，解釋的遮遮掩掩，實難杜天下悠悠之口。李氏「著毋庸議」違憲之虞，終無法以釋憲平息之。其釜底抽薪之道，索性將立法院「同意權」拿掉，如此天下將無可議論。故而國發會及其後修憲，必將同意權拿掉為第一要務。證之以民國八十六年六月間第四次修憲，國民黨、民進黨第四次協商破裂之際，國民黨籍的學者代表柯三吉情急下，乃脫口說出「救救李總統」，輿論亦有乃是「肺腑之言」，突顯出修憲工作的荒腔走板。⑫

四、凍省與廢宋的結合

民國八十三年七月七、八兩日，立法院三讀通過「省縣自治法」與「直轄市自治法」，將台灣省自光復四十餘年來，試行之「半自治」、「畸形跛腳的自治」，得由這兩項的完成，在法制層面，擺脫原來「台灣省各縣市實施地方自治綱要」等行政命令形式，從此確立了各級地方政府的自治地位。特別是將四十多年來，僅限於縣市以下的試行自治，提升到憲政體系，從中央到地方合理的憲政分際及自治運作。⑬根據上述法規，

民國八十三年十二月二日舉行了行憲以來台灣地區首次台灣省長，與改制後首次北、高兩市市長選舉。台灣省長選舉，共有五位候選人，國民黨籍宋楚瑜以得票率五六・二二%高票當選。

宋楚瑜當選第一屆民選省長之後，勤政愛民，勇於解決民生疾苦，聲勢日隆，而有省與中央間隙產生，民進黨亦有所盤算，⑭國發會前之分區座談會等，即已有凍省（或稱廢省、精省等）各項主張，證之以國發會當中國民黨、民進黨高層之共同默契，一拍即合，不難證明凍省與廢宋實在於藉國發會之召開，達成爾後修憲之共識。

就國民黨而言，凍省與廢宋有其潛在因素；一則宋省長親民形象，使其展現高度親和力，而其普遍紮根，廣泛之人脈非連戰所及，乃不免功高震主。總統府秘書室主任蘇志誠即直指宋不甘心做老三，想要做老二。而宋對此一情勢亦莫可奈何，其於省議會質詢答覆表示，應有運動家精神，「不可因跑得比人慢，就把別人的腿打斷」。再則，宋省長常為省政建設之經費問題，提高分貝，甚至砲轟中央，指名財政部長等下台云云，這些都直接、間接影響省與中央之良性互動。

就民進黨而言，「台灣共和國」的理念下，有「台灣國」，就不好有「台灣省」，因而廢省之主張，基本上是民進黨之共識。國民黨亦知民進黨廢省之心切，乃擬以取消立法院閣揆同意權，交換民進黨所欲達成之廢省，兩黨高層一拍即合。民進黨相當明白，「凍結省級選舉」可以說是在國發會召開前兩黨就有的共識，國民黨方面在正式會議中，必須藉著民進黨的力量，來造成共識的形成。而國民黨因內部仍有不同的意見，雖

以「精簡省府層級」為口徑，但由民進黨「廢省喊的辣一點、大聲一點」，兩黨以唱雙簧，攜手合作，藉體制外的運作，達成下一步修憲之目標。

綜言之，國民黨「茶壺裡的風暴」透過國發會而白熱化，浮出了檯面。國發會甫經開始，行政體系重量級人物都跳出來主張凍結省層級，召來省府點名批判。這是行政院長連戰，省長宋楚瑜兩位國民黨最具實力中生代的兩個山頭的爭奪戰，此一政治衝突，結合反對黨之因素，說明凍省與廢宋乃是國發會的重要觸媒與誘因。

參、國發會召開的經過

一、籌備委員會的成立與運作

李登輝總統於民國八十五年五月廿日就職演說中，表示將儘快責成政府，針對國家未來發展的重要課題，廣邀各界意見領袖與代表，共商大計，建立共識，開創國家新局。總統府爰規劃辦理該項會議，並於同年八月十七日成立會議籌備前置工作小組，進行先前規劃作業。八月廿九日經總統簽奉核定會議名稱為「國家發展會議」。⑮

為使國發會順利召開，決定成立籌備委員會，主要任務為確立會議議題、薦審出席人員及其他籌備有關事宜。籌備委員會置召集人一名，副召集人三名，籌備委員廿九名；幕僚單位編組則以執行長為首，並置副執行長若干人，秘書處設議事、新聞、祕書、警衛交通、總務、會計六組。⑯

國發會籌備委員會名單於十月三日經李總統與相關核心人士商議後定案。籌委會召集人由副總統兼行政院長連戰擔任，三位副召集人是國民黨籍立委蕭萬長、民進黨籍立

委張俊宏、新黨立委李慶華。廿九位籌備委員：⑰

1.政黨代表（六人）：國民黨籍饒穎奇、黃主文；民進黨籍尤清、邱義仁；新黨籍周陽山、賴士葆。

2.民意機關代表（五人）：國民大會副議長謝隆盛；立法院副院長王金平；台灣省議會議長劉炳偉；台北市議會議長陳健治；高雄市議會議長陳田錨。

3.政府機關代表（五人）：總統府祕書長黃昆輝；行政院副院長徐立德；台灣省政府副省長吳容明；台北市政府副市長陳師孟；高雄市政府副市長黃俊英。

4.相關部會首長（五人）：內政部長林豐正；外交部長章孝嚴；經濟部長王志剛；經濟建設委員會主委江丙坤；大陸委員會主委張京育。

5.學術界及各界代表（八人）：田弘茂（國家政策研究中心主任，國策顧問）；謝瑞智（台灣師範大學教授，國大代表）；黃天麟（第一商業銀行董事長）；曹興誠（聯華電子公司董事長，國策顧問）；辜振甫（海峽交流基金會董事長，資政）；翁松燃（國家統一委員會研究委員，香港中文大學教授）；王效蘭（民生報發行人）；賴浩敏（中央選舉委員會委員，律師）。

此外，李總統也核定總統府祕書長黃昆輝為籌備委員會執行長，行政院祕書長趙守博、行政院研考會主委黃大洲、總統府副祕書長陳錫蕃、黃正雄等四人為副執行長。

國發會籌備會於十月十一日舉行首次會議，研討國發會討論提綱及未來舉行分區座談會和專題討論方式。國發會三大議題為「憲政體制與政黨政治」、「經濟發展」、「

兩岸關係」，並確定於十二月廿三日至廿八日，在台北國際會議中心召開六天。⑱

國發會籌備會於十月廿三日舉行第二次會議，決議事項為：⑲

1.為期擴大參與，決定自八十五年十一月一日起至十一月廿四日止，分別舉行專題研討會與分區座談會。

2.三大議題及十六項子題之確定。

3.出席名額由原來的一五〇名增加至一七〇名，除召集人、副召集人及籌備委員卅三人為當然成員外，尚有一三七個名額，分配如下：①政黨代表：三〇名，國民黨、民進黨、新黨比例為四：三：二；②各級民代：三〇名，由三黨及無黨籍依四：三：二：一推薦產生；③學者專家與社會賢達共四〇名，由籌委會推薦或社會各界自薦，交由五人小組遴薦後，交籌備會核定。④行政人員十七名。⑤總統指定名額二〇名。

十一月十六日國發會籌委會在台北賓館舉行第三次會議，由召集人連戰主持，會中通過一一七位政黨、民意、行政、學者專家、社會賢達、無黨籍代表的出席名單，名單送李總統後，李總統再另行指定二十位代表，連同籌委會的卅三位人士，組成了國發會一七〇人的出席名單。（如表八）

二、民間國發會的對抗

隨著政府國發會的推動，在野獨派也蘊釀籌備「台灣國家發展會議」與之打對台。十一月一日建國會會長彭明敏以個人名義邀請民進黨立委陳永興、葉菊蘭、蘇嘉全、彭百顯、沈富雄、黃爾璇、李應元、張俊雄、李進勇、謝聰敏、陳定南等十一名，台獨聯

表八　國發會出席代表一覽表

類別／議題	政黨代表	各級民意代表
憲政體制與政黨政治	中國國民黨：許文志、曾永權、鄭逢時、林志嘉、黃輝珍、陳博志。民主進步黨：周伯倫、范振宗、姚嘉文、謝長廷。新黨：郁慕明、曲兆祥、李炳南。	中國國民黨：荊知仁、許再恩、彭錦鵬、張福興。民主進步黨：王世勛、李文忠、沈富雄、周清玉（女）、卓榮泰、張川田、湯金全、蔡式淵。新黨：傅崑成、楊泰順、姚立明。無黨籍：張晉城。
經濟發展	中國國民黨：莊隆昌、黃昭順（女）。民主進步黨：吳乃仁、陳文茜（女）、陳哲男。	中國國民黨：高育仁、洪玉欽、洪昭男、蘇南成、李復興。民主進步黨：盧修一新黨：杜震華。無黨籍：陳啓吉。
兩岸關係	中國國民黨：廖風德、黃耀羽、王能章、蔡壁煌、丁守中。民主進步黨：余政憲、陳忠信、蔡同榮。新黨：朱高正、林郁方、周荃（女）、賴來焜。	中國國民黨：洪秀柱（女）、朱新民、陳雪芬（女）。新黨：李炷烽、陳一新。無黨籍：林宏宗。
合計一〇七人	30	30

各級行政人員代表	學者專家及社會賢達	總統指定	籌備委員會成員
蔣仲苓、廖正豪、蔡政文、趙守博、童勝男、陳建年、陳唐山	呂亞力、張富美（女）、黃德福、湯紹成、廖義男、蔡仁堅、盧瑞鍾	丁懋時、許水德、劉松藩、錢復、吳金贊、吳敦義、宋楚瑜、陳水扁、吳伯雄、許信良、陳癸淼、王玉珍、成嘉玲、李哲朗、林聖芬、陳政忠、李正宗、金耀基、蔣彥士、簡金卿	連戰、蕭萬長、張俊宏、李慶華、饒穎奇、黃主文、尤清、邱義仁、周陽山、賴士葆、謝隆盛、王金平、劉炳偉、陳健治、陳田錨、黃昆輝、徐立德、吳容明、陳師孟、黃俊英、林豐正、章孝嚴、王志剛、江丙坤、張京育、田弘茂、謝瑞智、黃天麟、曹興誠、辜振甫、王效蘭、賴浩敏
邱正雄、吳京、蔡兆陽、黃大洲、蔡勳雄、謝深山、韋端、廖泉裕	王又曾、王秉鈞、林忠正、胡立陽、洪奇昌、柯建銘、施振榮、高清愿、許添財、莊國欽、張清溪、張鍾濬、彭百顯、黃河明、黃昭淵、辜濂松、劉進興、魏啓林		
馬英九、廖了以	王世榕、包宗和、杜正勝、吳安家、林濁水、范光群、高英茂、麥朝成、張麟徵（女）、黃文局、楊力宇、楊開煌、蔡瑋、鄭竹園、賴國洲		
17	40		

註：籌委會成員、總統指定人員可自選組別。

資料來源：作者整理。

盟前後任主席張燦鍙、黃昭堂、中央委員許世楷，以及台教會祕書長曾明哲、陳儀深、榮星企業董事長辜寬敏等聚會，會中對國發會之議題、代表性等提出質疑。十一月三日建國會執行長黃宗樂即根據前日共識，邀集學者李鴻禧、管碧玲、陳儀深、林向愷、陳春生、陳國雄、洪登科商議，初步決議於十二月中旬舉辦一場名為「台灣國家發展會議」的獨派討論會。⑳

由建國會主辦的「台灣國家發展會議」搶先於十二月十四、十五日於國際會議中心召開為期兩天的民間國發會，開幕式由彭明敏擔任主持人，並邀請民進黨主席許信良，建國黨主席李鎮源致詞。期間四大議題之討論分別如下：㉑

1.「憲政改革與國家定位」議題：十四日上午舉行，主持人為李鴻禧；子題及報告人分別為：①制新憲確認台灣「事實國家」（管碧玲）；②以權責分明的總統制建構台灣的中央政府體制（黃昭元）；③單一國會（陳儀深）；④地方自治—廢省（許志雄）；⑤政黨與國家發展（蔡茂寅）；特約討論人為許慶雄、張俊雄。

2.「台、中關係與國家安全」議題：十四日下午舉行，主持人為黃昭堂；子題及報告人分別為：①中國政策與台灣安全國際化（陳少廷）；②台灣的國家安全（許世楷）；③台灣對中國經貿交流應有的態度（王塗發）。

3.「經濟發展與生態環境」議題：十五日上午舉行，主持人為陳定南，子題及報告人分別為：①為台灣找出贏的策略（林向愷）；②徹底解決公營事業與黨產問題（張清

溪）；③台灣需要永續發展的能源政策（王塗發）；④經濟發展與政府職能（吳惠林）；⑤環境政策的檢討與改進方案（施信民）；特約討論人為許松根、鄭先祐、柯建銘。

4.「教育改革與文化品質」議題：十五日下午舉行，主持人為李敏勇；子題及報告人分別為：①因應未來國家發展的教育體制（周志宏）；②中小學教科書與台灣國意識（曾貴海、鄭正煌）；③宗教信仰與台灣建國（董芳苑）。

「台灣國發會」的舉辦，正是在與官方所辦的國發會別苗頭，其主張基調為台獨。然以台獨在理論、實務上均有值得商榷之處，依目前各項民調所顯示，支持比例不高，多數在自由地區的民眾，仍以主張維持現狀為最佳。故而民間國發會雖在一會兩黨及部分學者參與下，順利進行，然其實質影響層面仍有其限度。

三、國民黨內部的折衝

國發會在八十五年十一、十二月間，以「廣徵各界意見，凝聚國人共識」為導向，雖亦規劃多元管道（包括運用媒體、廣闢民眾建言管道、舉辦分區座談會、專題座談、專題研究等），以利各界人士建言，然以三黨態度不一，見解有異，極難獲致一定程度之共識。在一七〇成員中佔九十多席的國民黨，其決策方向是影響未來會議發展的重要因素。國民黨在國發會前夕發表之「基本主張」，中央政府採混合制，在黨內頗引起爭議。國民黨主席乃先於十二月十八日晚間，邀集黨內高層人士，協商國發會憲政議題之黨內共識。出席者包括：副總統兼行政院長連戰、黨秘書長吳伯雄、國大議長錢復、考試院長許水德、總統府祕書長黃昆輝、省長宋楚瑜、高雄市長吳敦義、行政院祕書長趙

守博、國安會祕書長丁懋時、內政部長林豐正、台北市議長陳健治、省議長劉炳偉、政策會執行長饒穎奇、立委黃主文、洪玉欽、學者田弘茂等人。經過四小時討論，達成四項結論：1.中央政府體制朝改良式混合制度著手改革。2.對省府與各級政府業務功能做調整，不討論為廢省與省虛級化。3.廢止鄉鎮縣轄市長選舉。4.其他相關議題做細部規劃。㉒

國民黨續於十二月廿日晚邀集國發會黨籍出席成員在中央政策會舉行座談會，討論黨版具體主張。共計有考試院長許水德、行政院副院長徐立德、立法院副院長王金平、國大副議長謝隆盛、總統府資政蔣彥士、台北市議會議長陳健治、政務委員蔡政文等六十餘人與會。會中分別由政務委員蔡政文、陸委會主委張京育、經建會主委江丙坤三人針對三大主題提出報告。然而國發會從報上大登廣告徵求全民做「國策顧問」，到臨開會前夕，執政黨的「省虛級化」、「改良式混合制」主張，由上而下的「民主」，一個「砍頭」手勢，發言頓時冷清，雖然國民黨籍出席成員頗多意見，唯以擔心發言會有後遺症，僅只五人發言，呈現「黨內共識」漸有「誰敢反對」之勢。㉓

四、主席團的設置與運作

十一月十六日國發會籌委會第三次會議時，決定設置主席團。其人選之產生，由三位副召集人、執行長及賴浩敏委員五人組成小組辦理。該小組所擬定之「國家發展會議主席團產生原則」，要點如左：㉔

1.為綜理大會期間會議相關事宜，國發會設主席團。

2.主席團由大會召集人、副召集人、執行長，另就全體出席人員中遴選二十人共同組成。

3.前項二十人之遴選，就政黨屬性、社會賢達、學者專家，按適當比例分配，並考量三個議題分組之均衡性。

4.主席團任務為：⑴大會召集人：主持開、閉幕、預備會議及總結報告。⑵大會副召集人及執行長：承召集人之命，負責大會協調事宜，惟不主持分組及全體會議。⑶其他成員負責主持分組及全體會議，並參與主持會議結論與報告之整理事宜。

5.主席團成員由大會召集人簽請總統核定。

五人小組乃根據上項原則，採國民黨三：民進黨三：新黨二：其他二（含總統指定人選、學者專家及社會賢達）之比例，按議題均衡原則，提請總統於十二月七日核定，其名額人選為：

1.大會召集人兼主席團主席：連戰。

2.大會副召集人：田弘茂、李慶華、張俊宏、蕭萬長、賴浩敏。

3.大會執行長：黃昆輝。

4.其他成員：

①憲政體制與政黨政治（七人）：吳伯雄、劉松藩（國民黨推薦）、沈富雄、姚嘉文（民進黨推薦）、陳癸淼（新黨推薦）、廖義男、錢復（其他）。

②經濟發展（六人）：王金平、徐立德（國民黨推薦）、吳乃仁、陳文茜（民進

黨推薦）、賴士葆（新黨推薦）、施振榮（其他）。

③兩岸關係（七人）：丁懋時、宋楚瑜（國民黨推薦）、許信良、陳水扁（民進黨推薦）、朱高正、周荃（新黨推薦）、辜振甫（其他）。

國發會主席團於十二月廿一日在總統府大禮堂召開第一次會議，會中除確定國發會分組會議主持人（如表九）、全體會議主持人（如表十）、「分組結論整理及報告小組」成員（如表十一）外，最重要者為「共同意見」認定原則及協商方式。亦即由每項議題的九人小組協商達成共識後，成為國發會的「共同意見」。所謂的九人小組乃是由五位副主席和執行長，以及各組全體會議的四位主持人所組成。此九人小組透過協商後取得一致共識者，即列為「共同意見」，而未列入共同意見者，即列為「其他意見」。

五、大會的召開

國發會在籌備委員會及主席團的周詳規劃，並廣徵民意，自十一月一日至十二月廿二日，共計收錄民眾意見二三四〇則；台閩地區辦理廿七場分區座談會；另由三項議題承辦部會分別舉辦「專題座談」，憲政體治與政黨政治議題共舉行六場，經濟發展議題共舉行五場，兩岸關係議題共舉行三場；此外並舉辦三項議題之「專題綜合研討會」，憲政體制與政黨政治共舉行四場，經濟發展共舉行四場，兩岸關係議題共舉行三場。國發會於十二月廿三日，在人人有意見，各黨有主張的情況下，在台北國際會議中心揭幕。李登輝總統親臨致詞並表示：「深盼大家一本莊嚴的使命與開闊的襟懷，都能不分黨派、不論背景，而且實事求是、大公無私的針對議題，進行通盤深入的研討。登輝必以

表九　國發會「分組會議」主持人一覽表

場次＼議題 主持人	憲政體制與政黨政治	經濟發展	兩岸關係
第一次會議 十二月二十三日	姚嘉文 陳癸淼 劉松藩 錢　復	王金平 吳乃仁 施振榮 賴士葆	宋楚瑜 周　荃 許信良 辜振甫
第二次會議 十二月二十四日	吳伯雄 沈富雄 陳癸淼 廖義男	施振榮 徐立德 陳文茜 賴士葆	丁懋時 朱高正 陳水扁 辜振甫
第三次會議 十二月二十四日	姚嘉文 陳癸淼 劉松藩 錢　復	吳乃仁 徐立德 施振榮 賴士葆	宋楚瑜 周　荃 許信良 辜振甫
第四次會議 十二月二十六日	吳伯雄 沈富雄 陳癸淼 廖義男	王金平 施振榮 陳文茜 賴士葆	丁懋時 朱高正 陳水扁 辜振甫

資料來源：國家發展會議祕書處編，國家發展會議實錄，頁八四。

表十 國發會「全體會議」主持人一覽表

場次	主持人
第一次會議 十二月二十六日	施振榮 徐立德 陳文茜 賴士葆
第二次會議 十二月二十七日	朱高正 宋楚瑜 許信良 辜振甫
第三次會議 十二月二十七日	吳伯雄 姚嘉文 陳癸淼 錢復

資料來源：國家發展會議祕書處編，國家發展會議實錄，頁八五。

表十一 國發會「分組結論整理及報告小組」成員一覽表

議題	成員
憲政體制與政黨政治	周陽山 邱義仁 張晉城 黃主文 謝瑞智
經濟發展	江丙坤 林忠正 莊國欽 賴士葆 魏啓林
兩岸關係	王世榕 吳安家 林郁方 張京育 陳忠信

資料來源：國家發展會議祕書處編，國家發展會議實錄，頁八六。

最大的誠意與決心，克服一切困難，就會議形成的共識，依循體制程序，化為政策，並在最短期間內促其實現。」㉕

國發會於十二月廿三日開幕，至廿八日閉幕，其間討論主題分別為：

1.十二月廿三日，召開第一次分組會議。憲政體制與政黨政治組討論釐清中央政府體制；經濟發展組討論提升國家競爭力的策略；兩岸關係組討論兩岸互動的政略與原則及兩岸協商基本問題。

2.十二月廿四日，召開第二、三次分組會議。憲政體制與政黨政治組討論合理劃分

中央與地方權限，改進選舉制度淨化選舉；經濟發展組討論提升國家競爭力的策略、推動亞太營運中心的作法，及參與國際經貿組織的戰略；兩岸關係組討論兩岸互動的政略與原則、兩岸協商基本問題及兩岸經貿關係的建構。

3.十二月廿六日，召開第四次分組會議。憲政體制與政黨政治組討論落實政黨政治、促進政黨良性互動與發展；經濟發展組針對前三次分組會議有共識部分予以確認；兩岸關係組討論大陸決策與監督機制，進行總體討論。此外本日並召開第一次全體會議，進行經濟發展議題分組結論報告及綜合討論。

4.十二月廿七日，召開第二次全體會議，進行兩岸關係議題分組結論報告及綜合討論。召開第三次全體會議，進行憲政體制與政黨政治議題分組結論報告及綜合討論。

5.十二月廿八日，總結報告、閉幕典禮，李登輝總統全程參與聆聽並致詞。

國發會期間，三黨在各項議題上均有表述，到了十二月廿六日，召開第三天會議時，新黨由於國民黨與民進黨間非正式接觸和協商的傳聞不斷，新黨國發會副召集人李慶華與新黨全委會召集人陳癸淼共同舉行記者會，要求在國發會之會前會所做成的共識必須維持，同時開出五條件，希望國民黨針對「中央政府體制」、「軍政軍令一元化」、「國民黨黨產處理問題」、「選舉制度」及「凍結省長選舉」等五項問題，做出善意回應，否則新黨考慮退出國發會。㉖次日（廿七日）上午新黨與國民黨談判破裂，新黨抨擊國發會是六年前國是會議的翻版，國民黨在國發會中大搞「擴權（擴大總統權力）、固權（鞏固國民黨政權）、削權（削弱國會權力）的三權會議。新黨國發會代表團於上

午十點正式宣布退出國發會。㉗實則遊戲規則並未改變，國發會不採表決，而以「共同意見」、「其他意見」處理各項議題，新黨之退出實值商榷，亦為國發會留下遺憾。

肆、國發會相關憲政內容

國發會中「憲政體制與政黨政治」議題攸關未來我國憲法走向，亦是國發會三大議題最受朝野政黨爭議之部分，朝野三黨分別有不同主張，有重疊部分，也有完全不相容部分。（如表十二）以下分別論述三黨在憲政體制與政黨政治之主張，並將國發會中所達成之共識提出，以利下文之評析。

一、國民黨版主張

1. 對於釐清中央政府體制部分：

(1)有關總統、行政院之關係，主張如下：

①在五權憲法架構上作現制改良，即「改良式混合制」。

②總統任命行政院長，不須立法院同意。

③行政院得咨請總統解散立法院。

④立法院得對行政院長提出不信任案。

(2)有關國民大會、立法院與國會制度方面，主張：

①保留國民大會，惟凍結其創制、複決權。

②審計權回歸立法院，調查權仍由監察院行使。

表十二　朝野三黨對國發會「憲政體制與政黨政治」議題主張比較表

政黨	主張
國民黨	一、中央政府體制： 1. 改良式混合制，總統任命行政院長，不須立法院同意。 2. 總統主持國務會議（或國家安全會議） 3. 行政院長得咨請總統解散立法院。 4. 立法院得對行政院長提出不信任案。 5. 保留國民大會，但凍結其創制、複決權。 6. 審計權回歸立法院，調查權仍由監察院行使。 7. 司法、考試、監察制度，維持現制。 8. 全國性事務人民得行使創制複決權。
民進黨	一、中央政府體制： 1. 單一國會制，廢國大擴大立法院，增加立委名額，任期與總統一致。 2. 立院新增職權：對總統有彈劾權、調查權、審計權。 3. 國會功能健全後，民選總統應有一定實權。
新黨	一、中央政府體制 1. 責任內閣制，回歸憲法之五權制。 2. 恢復行政院長完整之副署權。 3. 行政院長應由立委提名後經選舉產生。 4. 立法院正、副院長由政黨協商後選舉產生，當選後應退出政黨。

9.軍政、軍令權維持現制 二、中央與地方權限： 1.研究調整省府之功能業務，以增行政效率、提昇國家競爭力。 2.取消鄉鎮市選舉，以簡化政府層級，落實專業人才治理。 其餘如權限劃分、財政劃分，是否增設副首長等六項議題，開放討論。	三、選舉制度、淨化選風 1.總統選舉，維持現制。 2.立委名額增至二百名，國代名額適度減少，地方民代則開放討論，立委任期調為四年。 3.立委及國代選舉採單一選區兩票制，比例代表名額佔百分之廿，候選
二、中央與地方關係： 1.廢省。以修憲增修條文凍結憲法第十章、十一章有關省之規定。 2.提高縣市之地位與職權。 3.下屆省長、省議員停止選舉。 4.中央政府成立專責委員會處理廢省後之相關問題。	三、選舉制度： 1.兩票制。單一選區。 2.各政黨在國會席次，依第二票政黨得票比例分配。 3.區域代表、政黨比例代表席次各佔一半。 4.選區劃分由國會訂之。 5.政黨門檻維持百分之
二、中央與地方權限： 1.簡化省府之組織與職掌。 2.以「一省多市」原則調整行政區域。 3.增設台中市為院轄市，並擴增台北、高雄市之轄區。 4.中央與地方若有爭議，應由大法官會議召開憲法法庭決定之。	三、選舉制度： 1.總統、立委、國代任期同為四年，同時選舉、就任。 2.省、市、縣長及議員任期同為四年，同時選舉，但與前項中央選舉間隔兩年。 3.立委總額定為兩百五十席，區域與不分區各半。 4.採兩票制，依各政黨得票分配名額，若選區當選名額不

人不得重複登記，席次分配採分別計算分立制。地方民代則採單一選區制。 4.選區劃分由中央成立超然的委員會統事。 5.僑選及全國不分區代表產生方式維持現制。 其餘開放討論。 四、政黨政治： 1.不必訂政黨法，修法即可。 2.政黨得經營投資事業。 3.儘速研擬政治獻金法、政治中立法。 4.司法人員應暫停政黨活動，但不得剝奪其公餘參政權利。 5.政黨得經營投資電子媒體。	五。 6.投票年齡降為十八歲。 四、健全政黨政治： 1.政黨入憲，確定政黨地位。 2.政黨運作應立法規範。 3.政黨不得投資或經營營利事業。 4.政黨經費以國家預算補助。	足，則以不分區名額補足。 5.選區以維持現狀為前提，選區重劃應經立法院及省、市議會同意。 四、政黨政治： 1.制定政黨法。 2.政黨不得投資或經營營利事業。 3.現有之黨營事業應限期出售，設立政黨公共基金。 4.政黨應退出電子媒體，全部股票應上市。

資料來源：作者整理。

③有關司法、考試、監察之制度，基於維持五權憲法體制的考量，以維持現制為宜。

④有關創制複決權之制度及行使，主張人民得就全國性事務行使創制複決權。

⑤有關軍政與軍令權之運作，國民黨認為軍政與軍令應否合一，與政府體制有密切關係，在中央政府體制未調整前，以暫時維持現制為宜。

2.對於合理劃分中央與地方權限，健全地方自治的部份：

有關一、中央與地方權限劃分，二、中央與地方財政劃分與地方財政自主，三、地方自治監督範圍及其爭議之解決，五、省縣自治法及直轄市自治法之檢討，六、是否增設副縣（市）長及副省（市）長、副縣（市）長是否與首長搭檔競選，七、原住民自治區的設置等六項議題，國民黨沒有預設主張，將開放給出席委員討論決定。

至於四、行政區域調整暨地方政府層級及其組織形態之議題，主張：

①對於省級政府，應研究調整省府之功能業務，以增進行政效率，提升國家整體競爭力。

②對於鄉鎮市級政府，應取消鄉鎮市選舉，以簡化政府層級，並落實專業人才治理。

3.對於改進選舉制度、淨化選舉風氣的部分：

(1)有關總統選舉制度方面，舉凡：候選人產生方式、僑居國外國民行使選舉權及當選規則等，均主張維持現制。

(2)有關中央及地方民意代表總額之檢討，主張立法委員應增加至二百名，而國民大會代表總額則應適度減少，以與世界上穩定的民主國家之現況相符合；至於地方民意代表的總額，則開放出席委員討論後定案。

(3)有關立法委員任期之調整，主張調為四年。

(4)有關中央及地方民意代表選舉制度暨選區劃分的問題，主張如下：

①立法委員及國民大會代表選舉制度應採單一選區兩票制，比例代表名額佔百分之二十，候選人不得重複登記，席位分配採單一選區與比例代表名額分別計算的分立制。

②地方民意代表選舉制度應採單一選區制，以助選舉風氣與政治風氣的改善。

③選區劃分事務應由中央成立超然中立之委員會來從事，以維持超然中立之立場。

(5)有關僑居國外國民及全國不分區中央民意代表之產生方式，主張維持現制，不須調整。

至於(6)投票年齡應否降低為十八歲，及(7)淨化選風之相關問題，沒有預設主張，開放由出席代表自由討論後決定。

4. 對於落實政黨政治、促進政黨良性互動與發展之部份：

(1)有關政黨定位以及有無制定政黨法之必要，主張目前無制定政黨法之必要，只要對現行相關法令加以研修，即可使對政黨的規範更趨法制化。

(2)有關政黨財務、補助及政治獻金法之擬定，主張：

①國家對政黨之補助應以政策研究及人才培養為主體。

②政黨得經營投資事業，只要合法、公開、重視社會責任，無須反對。

③國民黨擁有之黨產係創黨以來，由黨員捐獻或價購而來的合法產業，並已辦理合法登記。

④促請政府儘速研擬政治獻金法，以使政黨與從政人士之活動有正當合法之管道予以資金援助。

(3)有關政黨活動與政府行政中立之問題，主張請立法院加速審議政治中立法。

(4)有關政黨活動與司法權運作的問題，主張司法人員應暫停政黨活動，但不得剝奪其公餘之參政的基本權利。

(5)有關政黨活動與大眾傳播媒體關係的問題，主張政黨得經營投資電子媒體事業，只要媒體的經營需在法規規範下公平競爭。

(6)有關政黨競爭與合作關係的問題，主張政黨的黨內初選與黨員登記係屬黨內運作事項，不宜由政府出面辦理，以免發生各項不可預測的不良後果。

二、民進黨版主張

1.有關中央政府體制

(1)單一國會制，廢國民大會，擴大立法院，增加立委名額，立法委員之任期與總統一致。

(2)立法院新增加職權：對總統有彈劾權、調查權、審計權。
(3)國會功能健全後，民選總統應有一定實權。
2.有關中央與地方關係：
(1)廢省。以修憲增修條文凍結憲法第十章、十一章有關省之規定。
(2)提高縣市之地位與職權。
(3)下屆省長、省議員停止選舉。
(4)中央政府成立專責委員會處理廢省後之相關問題。
3.有關選舉制度方面：
(1)採取單一選區、兩票制。
(2)各政黨在國會之席次，依第二票政黨得票比例分配。
(3)區域代表與政黨比例代表之席次，各佔一半。
(4)選區劃分由國會訂定之。
(5)政黨門檻維持百分之五。
(6)投票年齡降為十八歲。
4.有關健全政黨政治：
(1)政黨入憲，確定政黨地位。
(2)政黨運作應立法規範。
(3)政黨不得投資或經營營利事業。

(4)政黨經費以國家預算補助。

三、**新黨版主張**

1.釐清中央政府體制

(1)維持憲政權威，堅持最小幅度之修憲原則。

(2)調整修憲條文，恢復行政院長之副署權。國安局及國安會應改隸行政院指揮，軍政權與軍令權應整合於一，歸行政院領導。國防組織法應儘速完成法制化。

(3)立法院應定位為「單一國會」，同意權、決定權、審計權應由立法院行使。立法委員任期應調整為四年。正、副審計長由在野黨擔任。

(4)國民大會職權應單純化，並改由比例代表制選舉產生。國民大會行使之同意權應改由立法院行使。

(5)行政院長應由立法委員提名後經選舉產生。立法院長、副院長應由政黨協商後經選舉產生，當選後應退出政黨。

(6)大法官、考試委員、監察委員依政黨比例產生之，並於就職後退出政黨。

(7)創制複決權之行使應區分縣、市，省、市等不同層級，並立法限定行使之對象及範圍。

2.合理劃分中央與地方權限，健全地方自治

(1)中央地方權限劃分，應以地方權限列舉為原則，實施充分之自治權，並修改財政收支劃分法，增強地方財政之自主性。

(2)行政區域調整，應以台灣地區「一省多市」為原則，增列台中市為院轄市，並擴增台北、高雄兩市之轄區，使都市區域發展更為系統化。

(3)中央與省之權限劃分，應以自治權限為依據，屬於省自治事項，由省全權負責，中央不應干預，本此項原則，精簡省政府之組織與職掌。

(4)鄉鎮自治與轄區劃分，採「因地制宜」原則，由各縣依自治原則自行決定，不做統一規範。鄉鎮市民代表會代表，依政黨比例產生之。

(5)中央與地方若有職權衝突爭議，應由司法院大法官會議召開憲法法庭決定之。

3. 改進選舉制度，淨化選舉風氣

(1)總統候選人之連署條件及保證金設限，均應降低。總統當選後應退出政黨。

(2)立法委員任期應調整為一任四年，立委總額為二百五十席，其中區域代表與不分區代表名額各佔二分之一，採兩票制，依照不分區之各政黨得票率為準，分配名額。若選區當選名額不足時，得由不分區名單中補足。

(3)選舉區劃分應以維持現狀為前提，選區重劃應經立法院或省、市議會之同意。

(4)僑居國外國民、原住民及婦女保障名額，應於不分區代表中訂定。

(5)總統、立法委員、國大代表任期均為四年，同時舉行選舉，並同時就職。省、市、縣長及省、市、縣議員任期均為四年，同時舉行選舉，並與前述之中央選舉間隔兩年舉行。

(6)地方議會議員由區域選舉和政黨比例代表選舉產生之。

4.落實政黨政治，促進政黨良性互動與發展

(1)政黨法確有制定必要，應對政黨之目的、經費、組織，做具體之規範，並要求各政黨必須符合民主秩序之原則。

(2)應立法規範公費選舉，但不以公費補助政黨之日常運作。

(3)各政黨應將黨營事業民營化，售予民間，時限為三年，三年期滿後，應將股權釋出，由全民分享，各政黨應將民間捐贈及公費補貼，設立基金會，維持政黨運作。

(4)公務員應嚴守政治中立原則，不得參與黨派活動；常務次長不應「升任」政務次長，若轉任政務官，應先辦理退休。

(5)法官、檢察官應退出政黨；審檢分隸不僅是行政層面，亦應及於人事層面；法官考績制度（人評會制度）應予廢除。

(6)政黨應退出廣播、電視，全部股票應上市，由民間承購。除文字媒體外，政黨不應經營任何媒體。

(7)政黨合作應予制度化、法制化。應建立政黨協商機制。行政院公平會、原民會、僑委會等委員會，應依據朝野政黨比例，分配委員席次。

四、國發會的共識

國發會有關「憲政體制與政黨政治」議題，在新黨退席，國民黨、民進黨兩大黨聯手下，獲致重大結論，於十二月廿八日由無黨籍代表廖義男在總結報告中，提出廿二項

改革共識（各項共識涉及修憲、修法層面者如表十三）：㉘

1.中央政府體制：

(1)總統、行政院、立法院的關係

①總統任命行政院長，不需經立法院同意。

②總統於必要時得解散立法院。而行政院長亦得咨請總統解散立法院。但需有必要之規範或限制。

③立法院得對行政院長提出不信任案。

④審計權改隸立法院。

⑤對總統、副總統之彈劾權需符合憲法嚴格程序，並改由立法院行使。

⑥立院各委員會建立聽證制度及調閱權之法制化。

(2)國民大會與創制複決權之行使

凍結國民大會之創制複決權。人民得就全國性事務行使創制、複決權。

2.中央與地方權限劃分及行政區域與政府層級之調整

(1)調整精簡省府功能業務與組織，並成立委員會完成規劃及執行，同時自下屆起凍結省自治選舉。

(2)取消鄉鎮市級之自治選舉，鄉鎮市長改為依法派任。

(3)縣市增設副縣市長，縣市政府職權應予增強。

(4)地方稅法通則、財政收支劃分法應儘速完成立法或修正，以健全地方財政。

3.改進選舉制度、淨化選風

(1)中央民意代表總額與任期

①主張國民大會代表的總額適度減少，改由政黨比例代表產生，並自下屆起停止選舉。任期維持現制四年。

②立法委員之總額視國民大會與省議會名額調整情形，於必要時得增加至二百至二百五十名為原則，任期應改為四年。

(2)中央及地方民意代表選舉制度暨選區劃分

①中央民意代表選舉制度採單一選區制與比例代表制二者混合的二票制，並成立跨黨派的小組研議。

②選區的劃分則希望成立超然中立的超黨派選區劃分審議委員會。

③淨化選風，修改選罷法，改善選舉制度。

4.政黨政治與政黨良性互動

(1)有關政黨財務、補助及政治獻金之擬定：

①黨營事業不得從事壟斷性事業之經營，不得承接公共工程，不得參與政府採購之招標，不得赴大陸投資。

②國家對於政黨之補助應以協助政黨從事政策研究及人才培養為主。現階段可以在選罷法中，酌予提高補助額度。

(2)政黨不得干預司法，司法人員應退出政黨活動。

表十三　國發會憲政體制與政黨政治達成共識涉及修憲、修法一覽表

達成共識之議題	待修正之法律	修法程序
總統任命行政院長，不需經立法院同意。	憲法	
總統必要時得解散立法院、行政院長亦得咨請總統解散立法院。	憲法	
立法院得對行政院長提不信任案。	憲法	
審計權改隸立法院；總統、副總統之彈劾權改由立法院行使。	憲法	
凍結國大之創制、複決權，人民得就全國性事務行使創制、複決權。	憲法	
調整精簡省府之功能業務與組織，自下屆起凍結省級選舉。	憲法、選罷法、省縣自治法、財政收支劃分法	憲法↓選罷法↓省縣自治法↓財政收支劃分法
國代改由政黨比例制產生。	憲法、選罷法	憲法↓選罷法
立委之總額於必要時得增加到二百至二百	憲法、選罷法	憲法↓選罷法

五十名，任期改為四年。		
中央民代選舉採單一選區兩票制。	憲法、選罷法	憲法→選罷法
取消鄉鎮市長、民代選舉，鄉鎮市長改為官派。	省縣自治法、選罷法、財政收支劃分法	省縣自治法→選罷法→財政收支劃分法
縣市政府增設副縣市長。	憲法、省縣市自治法	憲法→省縣自治法，至於是否修改選罷法視副縣市長是否搭檔競選
成立超黨派選區劃分委員會；改善選舉制度；提高對政黨經費補助。	選罷法	
政黨不得干預司法、法官必須退出政黨、對黨營事業的限制。	人民團體組織法	

(3)公務人員應保持政治(行政)中立。
(4)立法院協商機制應予法制化、制度化。
(5)政黨組織及運作應受法律規範。

伍、國發會的評析

國發會所達成「憲政體制與政黨政治」之共識，若落實為憲法條文規定，對原憲法

制度是極大幅度的衝擊。國民黨雖然在名義上仍保留了「五權」架構，但因憲章被嚴重修改，其至可視為改變了憲章的精神，學理上，這不是修憲，而是制憲。質言之，憲法經過這次以修憲之名行制憲之實的大改造後，將會是中華民國在台灣「第二共和」時代的開始。

正因國發會所面臨的爭議不斷，在憲政方面影響層面深遠，對於地方政治生態改變亦大，擬從以下七個面向析論國發會的全貌：

一、國發會性質之辨

國發會性質定位的釐清上，有兩個問題存在：(1)國發會是體制內或體制外的會議？(2)國發會是全民參與共商國是或政黨協商？就前者而言，李登輝總統表示：「國發會是由總統邀集，是體制內的會議。」㉙然而在野黨派則質疑其並非經常性建制的諮詢機構，而只能視為體制外的偶發性聚合。徵之事實，國發會本為尋求改革體制，及從體制外尋求共識，再帶進體制內而開，以求打破實際政治困局。故而國發會雖是李總統以元首身份，動用行政系統做為幕僚單位，以國家經費召開，但屬於體制外的會議，殆無疑義。

就第二個問題而言，國發會是否為政黨協商？總統府一再強調此乃全民參與共商國是發展的會議，而並非定位在只是單純的政黨協商會議。但從出席人選產生原則、討論過程觀之，則國發會要擺脫政黨協商的影子實不容易。就會議人選的五大類：一是政黨代表、二是各級民代、三是學者專家與社會賢達、四是行政人員、五是總統指定。三十

名政黨代表顧名思義是由各政黨所推薦之人選，三十位各級民代也是由政黨依四：三：二：一的比例來推薦。在一七〇位出席人員中，政黨代表就有六十位，佔三分之一強。此外，四十位學者專家、社會賢達雖然是授權由總統府組成的五人小組來遴選，但五人小組遴選之標準乃是以政黨為主，只不過學者們大都不願表明自己是代表那個政黨。至於總統所指定的二十位人選，仍是不脫政黨的範圍。

不僅成員有明顯政黨色彩，會議在籌備會時期，每一次籌備會的記者會均安排三黨代表坐在一起；會議主題與子題亦由三黨的「會前會」協商議定，在五天的正式會議中，從檯面上的發言，到檯面下的溝通，政黨協商的斧鑿之痕，斑斑可考。正式會議所採「共同意見」，乃由政黨協商具共識後敲定，不同意見則以陳述方式並列，並不動用任何表決，會議召集人與主席亦由三黨分任與輪派，政黨協商已甚明矣。惟因新黨中途退席，因之，國發會實質上乃是朝野兩大黨的協商會議。但以新黨代表亦已在「經濟發展」議題上之「共識」聲明中簽字，因而也可說是「經濟面的三黨協商會議」。綜合而言，國發會充滿政黨角力痕跡而獨缺民間素樸之見。

二、朝野政黨見解互異

國民黨、民進黨及新黨之憲政議題互有接近、互有衝突，彼此間存著很大的差異。國民黨與民進黨高層傾向中央體制採雙首長制、省地位的變革，但具體內涵仍有歧異。民進黨與新黨在立法院和政黨政治、選舉制度、選區劃分等議題上較接近。新黨和國民黨則都主張保留國民大會。

在中央政府體制方面，國民黨主張改良式混合制，即總統任命行政院長不經立法院同意，總統主持國務會議，行政院長得咨請總統解散立法院，立法院也可以對行政院長行使不信任投票權。民進黨主席許信良為主的民進黨人士則主張採行法國雙首長制，總統的權力要受國會的監督，民進黨內部份總統制之主張，頗受壓制。新黨則主張完全的責任內閣制，行政院長由國會選舉產生。國安會、國安局隸屬於行政院指揮。

國大存廢議題上，國、新兩黨傾向保留國大，但國民黨主張凍結國大創制、複決權，改由人民行使；新黨主張創制複決權行使區分為省、縣不同層級。民進黨則以廢國大為主要堅持之一。

立法院的職權調整上，國民黨主張取消立法院同意權，但增加立法院的不信任投票和審計權。民進黨主張增加立院的調查權、審計權和彈劾權。新黨則反對取消同意權，另增加調查權、審計權，同時正副院長要退出政黨。

台灣省存廢問題上，國民黨內經過折衝之後，使用爭議較小的「精簡省府組織與功能」，並凍結省長、省議員選舉。民進黨主張直接廢省，凍結憲法有關省的條文，下屆省長、省議員選舉停止。新黨主張「一省多市」之原則，增設台中市為院轄市，增加北、高兩市轄區，並減化省政府組織和職掌。

有關選舉制度上，三黨雖均主張國會議員採單一選區、兩票制，但在名額方面，國民黨主張比例代表名額佔二〇%，單一選區之區域代表佔八〇%，立委人數增至二百名。民進黨、新黨則主張區域代表、政黨比例代表各佔一半，新黨甚至主張地方議會議員

亦由區域選舉、政黨比例代表選舉產生。

選區劃分方面，國民黨主張應由中央成立超然中立之委員會進行，民進黨主張選區劃分由國會訂定，新黨主張選區重劃應經立院、省、市議會同意。

政黨政治議題方面，朝野的焦點集中在政黨法和黨營事業上。國民黨主張不制定政黨法，允許政黨財務可得經營投資事業，國民黨也可以繼續擁有黨產。民進黨和新黨都主張制定政黨法，且政黨不得經營投資事業；在國民黨黨產處理上，民進黨主張民營化，新黨則主張限期出售。此外，新黨堅持政黨不得經營電子媒體。

三、過程缺乏協商精神

國發會結束後，李總統表示這是「有史以來最成功的一次會議」。[30]並在黨內中常會強調，這次國發會最成功的地方，就是「溝通與協商」，朝野政黨能坐下來為國家長遠發展提出建議。[31]然而事實上，國民黨、民進黨兩大朝野政黨高層的結合，係透過國發會此一體制外的機構，達成若干「共識」，以圖體制內的改革。在兩大政黨內部所引發相當程度反彈，實肇因於「由上而下的民主」。新黨則以「毀憲、制憲」而不是修憲，中途退出國發會。社會各界亦對國發會的強渡關山，多有質疑。雖則國發會前一個月，政府打出「人人可以做國策顧問」的宣傳，並辦理各項座談、專題討論，然而民意之表達與尊重程度並非如此，以下分別論述之。

1.國民黨內之反彈

國民黨於國發會前三天，提出學者蔡政文、謝瑞智、彭錦鵬等所擬之「改良式的混

合制」黨版具體主張，引發社會大衆以及國民黨籍出席國發會成員之普遍譁然，但在國民黨召集黨籍出席代表的共識會議上，代表們擔心會有後遺症，只有立委丁守中、高育仁、洪昭男及代表省方的副省長吳容明、省議員張福與五人冷清發言，所謂「黨内民主」、「協商機制」可見一斑。㉜在國發會中，對國民大會、監察院、立法院、台灣省政府做成了相當程度的改變，卻未見事前與該些機關的協商，或亦未見該些機關之有力人士出席國發會，並論辯政策。其所引發之反彈相當大。

⑴國民大會方面：

國發會後，國民黨籍國代在一月初由國大工作會召開之國代「憲政小組召集人暨幹部會議」、及一月中、下旬在北、中、南三場凝聚黨内共識會議中，除莊隆昌、彭錦鵬、謝瑞智、陳子欽支持國發會共識，其餘絕大多數是「砲聲隆隆」：㉝

①朱俊曉：「出席國發會的國代，事前根本沒有和其他國代溝通，不具有代表性，所以李總統所說的『國發會的共識就是全民共識，這眞是莫名其妙』。」

②曾憲棨：「體制外的臨時編組之非民意機關，居然把體制内的機構給廢了，這是什麼東西？」

③溫錫金：「政策是需要長時間來形成共識，國發會只有五天就有共識，這種充滿利益交換，不會獲得國代同意。」

④吳茂雄：「國發會一百七十位委員的背後選票有幾張？怎可讓體制外機制來決定體制内改革。」

⑤陳建銘：「李總統要國民大會拿大刀砍人（凍結省級選舉），同時又要拿槍自殺（凍結國大選舉），可能嗎？」

⑥張榮顯：「這次國發會的結論根本是要廢憲，不是修憲，『坐五權憲法的輪船，在玩三權分立的遊戲』。如要廢省，當初為何要選省長？」

⑦徐宗志：「國發會結論是國民黨中央隨民進黨起舞。」

⑧林淵源：「國發會已做成共識，地方說了也沒用。鄉鎮市長不選的結論，將使政權都保不住，更不必談改革。」

⑨荊知仁：「國發會的議題沒有一項經由國民大會討論過，為何會有『結論』？而且讓一個體制外的會議決定國民大會可以處理的事，合理性非常有問題，即『國發會共識產生過程可議，其合理性有爭議』。」

⑩呂學樟：「國發會的共同意見不代表國代的共識，其結論也不應成為國大的『緊箍咒』。」

⑪林鴻池：「修憲工作茲事體大，如果想在五月廿日完成修憲，企圖把這種『修憲成果』當成總統就職周年的『賀禮』，『就是馬屁精的行為』。」

⑫龍應達：「決定國家體制是國民大會的職權，不可事事讓國發會『交辦』。」

國發會憲改共識才提出，國民黨國代近乎群起譁然，不滿情緒溢於言表，一片反彈之聲。其根結所在，即是體制外的國發會決定體制內的國代修憲主張，國發會代表沒有民意基礎，而參與國發會的國大代表均為不分區，代表性不足，無法反映民意。這樣的

國發會「共識」，在民主協商角度觀之，實不足為取。

(2)監察院方面：

國發會對監察院之職權改變頗大，將原本歸屬監院的審計權以及總統彈劾權改隸於立法院，但卻沒有邀請監察院代表參與，亦未徵詢監院意見，毫無「溝通與協商」，監院則是一片批判之聲：㉞

①王作榮：監察院長在十二月廿四日監察院會中，以罕見激動的言詞譴責國發會，以表示強烈的抗議和憤慨，同時不排除就國發會召開的合法性及經費動用情況進行調查。監院也將以院長王作榮名義，上書李總統及負責修憲工作的全體國代，強調審計權、調查權不宜歸立院的理由。王作榮指出：「少數人亂搞一氣會誤國」；「當初制憲那批人不是白癡」；「除非革命，否則憲法是慢慢成長的。現在有部分人士，中國書沒唸通，外國書也沒唸通，既不懂實務，也不懂理論。」

②翟宗泉：「國發會竟然草率的在短短五天內宰殺省政府、閹割監察院、戲弄國民大會」。

③李伸一：「國民兩黨不顧制度的完整性，將制度視為政黨分贓工具，全然是開民主倒車。」

④趙昌平：「制度設計應該從長遠角度考量，如果透過體制外的政黨協商交換所得，將對不起國人。」

⑤黃越欽：「一個國家不可以依賴體制外的國發會或是國是會議，攪亂整個憲政發

展的程序。」

監察院在十二月廿四日的會議，監委李伸一特地提案要求開放新聞媒體採訪，讓外界了解監院的立場，獲得無異議通過。而全國「最高」監察機關，在沒有任何監察院成員受邀出席下，任由「憲政體制與政黨政治」小組之決議來宰割監察權，亦為民主「憲政」國家之奇觀。

(3)立法院方面：

國發會的召開與共識，在立法院受到強烈質疑，就國民黨籍立委所持看法：㉟

①王天競：「國民黨此舉視修憲為兒戲，將憲法淪為政治運用工具，一切泛政治化，以政治操縱法律，完全違背民主憲政原則。」

②陳宏昌：「國發會的功能是聽取基層民眾心聲，但不應該做決策。」

③施台生：「根本就是體制外會議。」

④丁守中：「法國實行雙首長制有其條件，因其總統任期長，而且有公民複決的設計，加上法國有中間黨派的力量，及中產階級的社會結構，所以可以形成安定的力量；但我國的幾個政黨壁壘分明，甚至有意識型態的對立，加上中央政府對地方政府沒有強有力的約束力量，所以沒有實施的條件。」

⑤高育仁：「這種改良式混合制並不均衡，行政院長成為總統的幕僚長，國會監督不到總統，這種設計有問題。」

⑥李文郎：「這次的國家發展會議忽視了民眾熱烈要求社會改造的訴求。」

⑦洪秀柱：「如果採行改良式混合制，反而是引起立法院茶杯中的風暴，最後連行政部門都將癱瘓，衝擊更大。」

(4)台灣省政府方面：

國發會中有關「憲政體制與政黨政治」的子議題超過二十項，但從初始全省各分區座談會中，幾乎所有參加的人士都將發言的焦點鎖定在「廢省」上，贊成與反對聲浪呈現拉鋸，實則廢省的議題在民進黨大力炒作下，必然會是國發會中討論的重點之一。基於此，台灣省政府有必要在會中闡明省府立場。省府乃推薦了四位人選參加國發會，分別是民政廳長陳進興、新聞處長黃義交、國民黨籍省議員周錫瑋及一位大學教授。然而四人全部出局，未列入國發會成員中。行政官員解釋陳、黃兩人，省府並非以行政人員名義提名，而是以專家學者名義報名，所以與行政院的提報行政人員作業無關，而是籌備會之權責。但以籌備會五人小組之政黨色彩，國民黨高層實有責任，既然國發會要談凍省案，何以中央高層連一個省府推薦之人都不能接受？

或有謂即使讓省府多兩、三個人，在面對一七〇個人也是不成比例，而認為可有可無，並無大礙。然而就實情論之，固然兩、三人要發揮影響力有限，但民主精神在於「要讓聲音出來」。再則，省長宋楚瑜是總統提名的指定代表，雖得以參加國發會，但以其位階及動見觀瞻的影響，即使在會議中遇到廢省議題，也不太適合直接與他人你來我往針鋒相對，在此情形下，自然需有「代言人」表達理念。但在省府安排辯護立場之人遭封殺出局後，省府參加國發會的委員僅有宋省長與副省長吳容明兩人。此一發展態勢

，產生政治效應。省府認為既有省虛級化預設立場，已失去參加國發會實質意義，宋、吳兩人先後乃以參加省政總質詢為由，不參加國發會。也就在國發會完成凍省的決議後，宋省長於民國八十五年的最後一天，請辭省長及國民黨中常委，也是宋省長對國發會結論的直接表態。

凍省案在省議會亦是討論焦點。陳明文（黨團工作會主任）：「台灣省不是三民主義的『模範省』嗎？曾幾何時？成了國發會中的『過街老鼠』。」周錫瑋：「國發會為了達到凍結省級選舉的共識，不惜將行政效率低落、擔心葉爾辛效應等莫須有罪名加諸省政府身上。」㊱總之，凍省之得失是大問題，實應透過清楚明白的正反論證，使得出較完美之結果，而非粗糙的、預設立場的做下去，此實有違民主之精神。

2.民進黨內之質疑

民進黨中央在與國民黨合作下，對國發會達成多項重大共識，引起民進黨內部極大反彈，質疑黨主席許信良、祕書長邱義仁及國大黨團幹事長李文忠等之「國民黨化」領導風格，甚至於對李文忠主張提前召開修憲會議落實國發會共識，根本就是「比國民黨還國民黨」。

針對國發會前後走向，有謂「民進黨似乎已不像個反對黨」，或謂「民進黨替國民黨背書」。民進黨主席許信良所持看法：「其實這次國發會的結論，很多都是反對黨想做，而非國民黨想做的。」「民進黨選擇合作遭遇兩項困難：一是，一般人都將反對黨的角色定位為制衡，改革不是反對黨的責任；第二是，黨內有一些基本教義派認為，與

國民黨合作的結果，是對理想的讓步，但我認為堅持理想而不切實際，有時反而是支持現制，讓現狀維持。」「民進黨是站在整體國家利益的角度來看這個問題，希望建立良好可運作的體制，這套體制不一定對民進黨最有利。」㊲「我所考慮的不是背書而是台灣需不需要共識，台灣需要共識，不只是執政黨的責任，同時也是在野黨的責任。」㊳

誠然如許氏所言，國發會共識並非全然背書，而是互有所取，故有謂「國民黨今天所做的事，都是許信良所主張的。」但深層思之，民進黨在國發會中陷入兩項「迷思」：(1)台獨的迷思：例如廢省案，民進黨側重台灣國家主權的意義，故而被國民黨看穿其弱點，以廢省交換立院同意權之取消。乃有宋楚瑜之嘲諷：「當初積極推動省長直選，喻為四百年來第一戰的那一批人，怎麼才四〇二年就不戰了呢？」(2)執政的迷思：例如總統直選案，民進黨當初是基於凸顯台灣的主權，以及有利於取得執政權而一夜變天，但其後發現總統直選反而距離執政更遠，於是雙首長制又成為民進黨主流意見。同樣的，國發會中，做為最大反對黨主席，許信良的觀點常以整個台灣的「宏觀」角度，而這種角度通常應是統治者才應有的。許氏許多想法或並無錯誤，問題是「民進黨尚未執政」、「許信良還不是總統」，許氏只是「反對黨主席」。

民進黨中央在國發會大奏凱歌後，黨內反彈則是一波波而起，立法院黨團與國大黨團部分成員相繼召開記者會批判中央「政黨分贓」。若以民進黨內派系而言，福利國連線、正義連線反對最烈。就福利國連線而言，分別於十二月二十日、三十日召開記者會抨擊國發會之共識，出席者包括蘇貞昌、張俊雄、蘇嘉全、蕭裕珍、柯建銘、廖大林、

李俊毅、尤宏、顏錦福等人。就正義連線而言，其精神領袖台北市長陳水扁、立委沈富雄、彭百顯、國代陳婉眞紛紛以「大分貝」的聲量，猛批民進黨中央。茲就民進黨內人士對國發會評論之具代表者，列述如下：㊴

①陳水扁（台北市長）：針對國發會後，國民黨、民進黨太過親密的關係，社會傳出「『國、民』黨」的說法，感到擔憂。「即使是為了國家整體利益，要做成一些共識，但在野黨仍須凸顯其和執政者的差異，而不是變成兩者愈來愈像。」「國發會的共識，只是『各盡所能、各取所需』的共識，只能『頭痛醫頭，腳痛醫腳』，使中華民國憲政變成『混亂制』。國發會的共識是「四不像」的憲政制度。」

②沈富雄（立委、民進黨立院黨團幹事長）：沈表示考試院長許水德私下告訴他，取消同意權以解決憲政僵局，是國民黨最希望的。因此，民進黨千萬不能上當。「立院以閣揆同意權來交換四項『中看不中用』的權力，『是拿一件西裝換來四件破內褲』。」

③顏錦福（立委、福利國連線總召集人）：「希望黨中央參與國發會人士應該多聽聽不同聲音，不要固執己見，福利國連線對部份共識的質疑不是『為反對而反對』，是為大家的福祉著想。」

④張俊雄（立委）：「混合式中央政府體制無限擴張總統職權，卻無需擔負任何責任，將立法院削權至無能的地步，將使實際憲政運作恐怖失衡，儼然是一部帝王制的再現，成為國家政治亂源。」

⑤蘇貞昌（立委）：「混合制是『七混八混都打混』，現今制度的設計似乎是為李登輝一人量身製衣，且缺乏完整性，我們也可以看到，近年來的憲政體制老是修修改改，而且是越改越亂。」

⑥蕭嘉全（立委）：「混合制主張是『烏魯木齊』制，是憲政怪獸，建議黨中央對國發會批判之餘，應在適當時機退出國發會，民進黨沒有必要替國民黨背書。」

⑦蕭裕珍（立委）：「國發會事實上是一場『憲政綁標』，國民黨為了達到綁標的目的，更不惜以『利誘』的目的，誘使其他政黨介入『圍標』，製造『程序合法』的假象。」

⑧鄭朝明（立委）：「國發會通過的修憲共識，讓李登輝有夠大，他眞的是爬上了佛桌，變成皇帝了。」

⑨林濁水（立委）：「國民黨高層計畫在此次國發會將中央政府體制變成改良式雙首長制，將使現行權責不分的憲政體制更加混亂。」

⑩王雪峰（立委）：「李總統學雙首長制是為了鞏固權力，而且會造成憲政大災難。」

國發會期間，民進黨內部也不斷有主張退出國發會的聲音，雖然民進黨中央藉著社會主流消除雜音，尤其認為國發會中所做成的決議，諸如「廢省」、「廢國大」、「禁止黨營事業」等，每一樣都是民進黨長期主張，即使是和國民黨合作達成，仍是民進黨「最大勝利」。除對立委安撫，將反對國發會決議者貶成「反對改革」、「守舊派」、

「不是社會主流意見」，並先對黨籍國代表示，反對決議者，將祭出黨紀議處，以落實國發會共識。然則民進黨內的不同聲音，其所寓含意義甚值玩味再三。

3.新黨之杯葛

國發會議程至第三天，即十二月廿六日，新黨由小道消息傳出國民黨、民進黨高層私下接觸、協商之動作頻頻。李慶華表示新黨是客人，被邀來參加國發會吃「大鍋飯」，國、民兩黨卻「開小灶」，太不禮貌了。經過上午一個多小時的緊急會議後，做成一致的決議，向國民黨提出其繼續參加國發會的「五條件」──中央政府體制、軍政軍令一元化、國民黨黨產處理問題、選舉制度、凍結省長選舉等，要求國民黨在下午六點前做出善意回應。廿七日上午新黨與國民黨談判破裂，新黨全委會召集人陳癸淼於會場召開退出國發會之記者會，指出國發會為六年前國是會議的翻版，國民黨的目標是三權會議：擴權（擴大總統權力）、固權（鞏固國民黨權力）、削權（削弱國會權力），因此新黨決定有尊嚴的退出，改到立法院進行體制內監督。亦即新黨在對國發會的議題與討論不滿，衡其實力，又沒有著力點，難有發揮的空間，乃以退出國發會以為杯葛。平情論之，新黨對「權責不相符」的憲政體制表達反對態度，並無不妥，可以採取「杯葛」動作，但宜應以遊戲規則之「不簽署協議」，使國發會「共識」無法產生，此為上策。新黨所採「退出」之途，則為下下策，其理由：

(1)國發會以政黨協商為主軸，為求彼此最有利之共識，各政黨在會前、會中、會後，自難免有大小不同規模之各式協商，此乃無可厚非。縱使國發會中，國民黨與民進黨

高層有互動亦屬正常。何況此並無實證，僅止於傳聞而已。故「開小灶」、「大鍋飯」之議，似無強大說服力，此其一。

(2)國發會在籌備會中，已建立程序上良好模式，亦即不採取表決，當朝野具無異議者，始列為「共同意見」，否則僅以「其他意見、各自表述」。此方式，應最能保障少數人之權益，故本各黨之所當為，何來為執政黨背書之虞？亦即新黨如採杯葛不簽字，但不退出，「共識」就無法形成。新黨捨此之途，退出國發會，反促使國民黨、民進黨之出席者達成「共識」。此新黨所宜深思之二。

(3)民主精神貴在多數尊重少數，少數服從多數，去異求同，相互包容。少數派應在程序問題上爭取平等之地位，但程序正義的體現，並不意味少數派意見一定會被接受，因政治實力與多數原則不可偏廢。新黨以少數人的主張，強求大會多數人接受其五項主張，否則就要退出國發會，以民主精神而言，為新黨所宜深思之三。

綜論之，新黨以政治實力而言，屬於小黨，力量不殆，在議題討論上居於弱勢地位，本屬常態。其對國發會內容不滿，而有「杯葛」亦可想像，惜採退出一途，而不以不簽署協議，使「共識」無由產生，既不符民主精神，且為不智。

四、中央體制權責不相符設計

國發會在憲政議題之共識上，其中央體制值得討論之處極多，舉其大端：弱化立法院、矮化行政院、超級總統制、混亂國民大會、削減監察權等項，茲分別論述之。

1.弱化立法院

李登輝總統因「著毋庸議」的「任命」了第九任總統之行政院長，而非「提名」權行使，剝奪立法院之憲法權限，其後造成副總統兼行政院長連戰，連續兩個立法院會期進不了立法院，形成行政與立法間的憲政僵局，嗣後之大法官會議解釋則依違兩可之間，成為贊成反對之兩造各說各話。但是「與憲法本旨未盡相符」與「應為適當之處理」兩句話，已足令李總統難以承受。李總統面對其本身未遵照憲法之提名權規定，所造成憲政困境，未思依憲而為「適當之處理」，重新提名行政院長送立法院以行使同意權，反而採釜底抽薪，索性將問題之根源「立法院閣揆同意權」取消，以圖湮滅其造成之憲政困境，此即成為李總統召開國發會重要目的之一。此舉譬之「某立法委員闖紅燈違法，索性在立法院運作將該法規修改為『取消闖紅燈』之規範。」然而縱使費盡心思以取消同意權，期杜天下之議論，但李總統從民國八十五年六月任命連戰，至民國八十六年七月十八日國民大會第四次修憲三讀通過之間，李氏之未遵憲法是具體而存在的。

國發會立法院閣揆同意權的取消，不僅弱化了立法院，就憲法學理之「權責義務關係」都將受到衝擊破壞，其影響層面非常大。此因「立法院的同意權，是立法院的生命線，拋棄同意權，實為拋棄行政監督權。」憲法就制度設計而言，我國憲法第五十五條規定：行政院院長經總統提名後，尚須經立法院同意，其目的不僅在消極的限制總統的提名權，而且積極的讓行政院長在總統提名後，尚須爭取立法委員的支持，而立委在考量是否支持中，即可對總統提名人選作整體評估。在此同意權行使過程，一如選舉過程中之候選人與選民關係，也就確定「權責義務關係」——負責任的人由誰產生，便對誰負

責。職是之故，獲得立院同意的行政院長，在立法院中就有一定程度的民意基礎，而經由立法院同意後就職的行政院長，就有義務接受其選民（立委）之監督，而應出席立法院的總質詢，各部會首長也有赴各委員會備詢的義務。就立法院之立法委員而言，乃有對行政院施政加以審議、監督之權利。明乎此，則可知立法院之閣揆同意權所代表者，乃是行政立法兩院權責關係之所倚，一旦「揮劍自宮」，將同意權取消，這些權利義務關係都會動搖，甚至名存實亡。因此，本於憲法第五十七條行政院對立法院負責之規定，則立院同意權不可取消；實則，若將同意權取消了，憲法第五十七條之規定亦動搖—即「行政院既不經立院同意權產生，何須對立院負責？」質言之，立院同意權經國發會取消，不僅弱化了立院，且不符憲政學理精神，實為憲政之大逆退，中華民國憲法從此更亂，更無法理解。

或謂立院雖少了同意權，但增加了「倒閣權」、「彈劾權」、「審計權」、「文件調閱權」等，故而立院實為擴權，此說則是僅看浮面現象，深層而觀，則非如此。先就「倒閣權」而言，經國發會之共識，行政院長變成總統幕僚長，縱使立法院對行政院施政深表不滿，提出不信任案，一則行政院長亦可以報請總統解散立法院，居時立法委員被掃地出門，重回選區辛苦改選，而總統高枕無憂。再則，縱使不信任案達到「倒閣」目的，然而行政院長由總統直接任命，只是總統的「分身」、「影子」、「大玩偶」，總統再換一個、二個、十個閣揆又有何難？立法院永難觸及「本尊」的總統，亦即立法院只不過始終在跟權利之所出總統的「分身」辛苦奮戰，根本無法監督到政策之所出—

總統的身上，「倒閣權」將是「打龍袍」，毫無實質意義。

再來看「總統彈劾權」的實施，則有其困難度與盲點；就困難度而言，彈劾總統往往有高門檻設限，依其後第四次修憲之彈劾標準，係將原監院之彈劾高標準移過來：即須經全體立委二分之一以上之提議，全體立委三分之二以上決議，向國大提出，國大須以三分之二同意為之，這種特別多數之標準，將使彈劾權極難行使。然而使彈劾權無太大意義之原因，並不在於難行使，而是在於彈劾權行使之盲點—只能追究總統（或副總統）是否觸犯內亂罪、外患罪之「法律責任」，卻無法追究總統在其他刑責上之法律責任，也不能追究總統在行政決策上，是否有違背民意、倒行逆施的「政治責任」。而所謂可彈劾部份之「內亂罪」、「外患罪」，並無實質意義。因內亂罪（即刑法一〇〇條）在民國八十一年五月十六日，刪除「預備、陰謀」等「非暴力」內亂罪，經修正公布為：「意圖破壞國體、竊據國土或以非法之方法變更國憲、顛覆政府，而以強暴或脅迫著手實行者，處七年以上有期徒刑，首謀者，處無期徒刑。」試想總統所代表者即是「政府」，總統如要以「強暴或脅迫著手實行」顛覆「政府」，豈非「大水沖倒龍王廟」，自家人打自家人，豈說得通？「外患罪」之道理亦同。總言之，立院之彈劾權正是虛有其表的空殼子，沒有幾多意義。監察院長王作榮才會說：「要彈劾？下次再來吧！」

其他之「審計權」亦非立法委員所可行使；依據審計權原屬監察院之審計法相關規定，監察院的審計權，係由其所屬機關「審計部」行使，而非由監察委員或委員會行使。審計部雖隸屬於監察院，但具有相當的獨立性。審計法第十條規定：「審計人員獨立

行使其審計職權，不受干涉」；審計法施行細則第十九條：「各機關對於審計機關前條所為之駁覆，仍堅持異議者，原駁覆之審計機關，應附具意見，檢同關係文件，呈送上級審計機關覆核。原駁覆之審計機關為審計部時，不予覆核。」可見審計部對於審計權之行使有最後決定權，不受其他機關或個人干涉，監察院院長或監察委員亦不能參加意見。依傅啓學之研究，以審計權行使之主體及審計部與監察院之關係而言，監察院之掌有審計權，乃有名無實。㊵「審計權」以其獨立行使之精神，由監察院移歸立法院，情況亦是相同，非立法院或立法委員、委員會所能置喙。唯若審計法未來修改法規，使立院擁有相當之決算權，則立院之財務監督權或將較完整。

綜言之，立院取消閣揆同意權，不僅喪失重大職權，亦破壞憲政權利義務關係之運作；所換來之彈劾權、倒閣權並不實際，審計權得視審計法未來可能修改方向而定，文卷調閱權則是將大法官釋字第三二五號解釋後，立法院已行使中的職權，期在憲法中給予明文規定而已。立委沈富雄「一套西裝，換四條內褲」之感慨，正是弱化立法院之貼切寫照。

2.矮化行政院

依據國發會之共識，有關行政院者，最重要的是總統任命行政院長，不需經立法院同意。若再加上國民黨版之總統主持國務會議或國家安全會議，則行政院之憲法地位將發生明顯變化。此因，行政院長直接由總統任命，且若由總統主持國務會議，則憲法第五十三條：行政院為國家「最高」行政機關，此一地位已不存在。行政院長成為總統之

幕僚長，行政院長已非「最高」首長，故而許多「秩序」將發生混亂；最明顯的是，民國八十七年間行政院長蕭萬長「指揮」不動閣員，幾件空難事件，蕭院長竟「無力」順應民意，要求交通部長蔡兆陽下台，只能怯怯的説「政務官要自己負責」；接著，法務部長廖正豪求去事件，則由總統、副總統出面解決之。蕭院長雖沈痛的要求部長要有「行政倫理」，其實這些部長當然有「行政倫理」，只是坐第一把交椅的是總統，而非行政院長。國發會的結果，當然地矮化了行政院。蕭院長是國發會的首席推手，今嚐其果，亦是天意？

其實就算總統不直接主持國務會議，或國安會；單以行政院長不須立法院同意，而由總統直接任命一點觀之，行政院長已明顯被矮化而成總統之部屬—幕僚長。如此一來，「權責問題」就明顯的發生了：總統有權無責（毋須對立法院負責），行政院長有責無權（須對立法院負責）。立法院代表人民監督政府，但卻無法監督到決策之所出—總統，雖然立院不斷監督行政院長，只不過是總統的「影子」，縱使倒閣成功，總統先生手中的「行政院長候選名簿」還有厚厚一疊，立法院能奈總統何？「權責不相符」的惡劣政制已然產生。

3.超級總統制

「弱化的立法院」、「矮化的行政院」加上「權責不相符的惡劣政制」造就了一個「超級總統制」。依國發會的憲政籃圖，中華民國的「總統」將是宰制五院，大權在握，且「萬邦有罪，不及己身」的「超級總統」。就宰制五院而言：

(1)行政院長由總統直接任命，成為總統幕僚長。

(2)立法院可在總統於「必要時」解散，或經總統幕僚長—行政院長咨請總統予以解散。

(3)司法院院長、副院長、大法官由總統「提名」，送交國民大會行使同意權。總統所提名人選，縱使為不同政黨，與之必為熟稔，而絕不可能素昧平生。從大法官釋憲「釋字四一九號解釋」之囁嚅其詞，依違兩可、創造性模糊可以證之。

(4)監察院院長、副院長、監察委員由總統「提名」，送交國民大會行使同意權。監察院與司法院狀況相同，除非下居不想再連任，則職司風憲之柏台大人，或有所顧忌，正如民國八十七年間副總統連戰與前屏東縣長伍澤元之間三千六百廿八萬「借貸」，對眾柏台處理之尷尬可見之。

(5)考試院院長、副院長、考試委員由總統「提名」，送交國民大會行使同意權。其情形與上兩院同。

國發會之混合制，因權責不相符，行政院長有責，卻是無權的「小媳婦」。[41]立法院卻整天與相當於總統制下國務卿之行政院長周旋，根本無法監督到政策所出之總統，倒閣成功，不過再換一個行政院長，彈劾總統（僅限內亂、外患罪）幾無可能，且尚未成功，總統已解散國會。

參與國民黨版「改良式混合制」設計之行政院政務委員蔡政文，指稱「總統制」讓總統大權在握，才是帝王制。[42]殊不知，美國是典型的總統制，但美國之總統在人事任

命、設立機關、條約案上，仍須受參議院之限制。例如第一次世界大戰後，美國總統威爾遜（Woodrow Wilson）所積極籌設之「國際聯盟」（The League of Nations），但因未經參議院同意，美國乃非國聯之會員國是著例。反觀國發會之「混合制」，總統宰制五院，有權而無責，行政院執行其政策，立院倒閣，總統不必負責，還可繼續任命行政院長；總統有權解散立法院，立法院卻不能對其行使不信任投票，彈劾又限於內亂、外患罪，幾無可能（美國總統無權解散國會，國會代表人民彈劾總統，又不僅限內亂、外患，如尼克森「水門案」是）；總統提名大法官人選，若要連任得看總統臉色（美國大法官由總統提名經參議院同意後，就為終身職，不必去考慮總統或國會之看法如何，德高望重，一言九鼎，嚴格守護法律的公正性、普遍性。）綜言之，混合制下之總統稱之「超級總統制」亦甚恰當。前述所言，相信美國總統亦是自嘆弗如，如若不然，尼克森「水門案」在我國，則可不必去職。克林頓之「白水案」、「緋聞案」早可休矣。

4.混亂國民大會

依中山先生原意，國民大會是政權機關，五院為治權機關。經過政治協商會議及制憲會議，為顧及中山先生理論，並牽就其他政黨之內閣制偏好，中華民國憲法乃是外表維持五權憲法架構，國民大會、總統、五院具全，然而基本精神傾向於內閣制。政府來台後之大法官會議釋字第七十六號解釋，以國民大會、立法院、監察院「共同相當於」一般民主國家之國會。這背後實有著政治現實之無奈。第二階段修憲後，監察院已改成準司法機關。到國發會之共識，卻促使國民大會走向不知所云，而出現嚴重矛盾現象。

國發會共識中，有關國民大會者有二：一是國民大會代表的總額適度減少，改由政黨比例代表產生，並自下居起停止選舉。二是凍結國民大會之創制複決權，人民得就全國性事務行使創制、複決權。

造成上述結果之背景，在於國民黨為顧及五權憲法之完整，民進黨、新黨則強調「單一國會」主張。兩者經折衷後產生了凍結國代選舉，由政黨比例代表制為之，如此則國大已不具其民意基礎，而成政黨意志與政治現實的角力場。或有謂國發會之共識，已形成「國大形式上存在、實質上廢除之國民大會『虛級化』走向」。實則不然，國大性質固已變，創制、複決權若凍結，國大「實質上」仍有：提出總統、副總統罷免案；補選副總統；議決總統、副總統彈劾案；修改憲法；複決立院所提憲法修正案；司法、考試、監察等院院長、副院長、大法官、考試委員、監察委員之同意權。因之，國大並未「實質上廢除」，亦非「虛級化」。

唯國大由政黨依比例代表產生後，將出現明顯之混亂現象，亦即國大職權均是代表人民之「政權機關」所行使的監督政府權力，卻改由政黨依比例代表產生，此為混亂之源；國大諸多職權均為政權機關所行使，而使之不具民意基礎，一個「非民意機關」如何能行使「民意機關」之職能？徒增憲政之矛盾性。

不論國代將依附何種選舉比例產生，一則出現以非民意機關行使政權之矛盾混亂，再則依政黨比例產生之國民大會將無民意展現，而是赤裸裸的政黨分贓，政治原則和品質都將堪慮。所幸其後第四次修憲，這一列在國民黨版修憲案之內容，並未獲通過列入

增修條文中。

5. 削減監察權

依據中華民國憲法第九章「監察」與相關大法官釋憲條文規定，監察院所擁有職權：(1)人事同意權。(2)彈劾權。(3)調查權。(4)審計權。(5)糾舉權。(6)糾正權。(7)提案權。其中人事同意權在第二階段修憲已交由國民大會行使。本次國發會之共識，在監察院均無代表出席，亦無事前諮詢情形下，將監察院之審計權、正副總統彈劾權、部分調查權（即文卷調閱權）劃歸立法院。如此一來，監察院所擁有者乃是提案權、部分調查權、糾彈權。從職權削減角度而言，對監察院是有影響。以下依學理實情分析之：

(1)審計權改隸立院之得失：依原「審計法」之規定，審計權乃由審計部獨立行使，但應向立法院提出決算報告；今由監院改隸立院，原精神如不改變，則原監院委員、委員會不能參加意見之情形，移至立院後，以其獨立精神，亦非立院委員、委員會所能干預。那麼審計權在監院、在立院似無差別，不過就職掌、人事、編制而言，監院是減弱了。

唯若審計權移至立院後，原審計法規有所修正，即審計權向立院負責，立院各委員會除原有對預算進行審查外，尚須監控預算執行的過程，至於預算委員會則主掌預算執行的結果，對預算執行結果作更深入的監督，以決定下年度是否再次撥款給相關部門。質言之，審計權若給立法委員、各委員會更大決算權力，則結合立院之原有預算案的審核決定權、立院之行政質詢權、法案審查權，一直到最後決算審核權，形成一氣喝成之

完整國會財務監督權。其優點在於避免過去立院預算通過審查後就成為「斷線的風箏」之缺失，造成預算使用過程和結果都無法監督。而審計權歸立院後，立院以原有預算權杜絕預算浮濫編列之情形；如能加上審計權之遏止政府部門消耗預算等惡習，強化國會看緊人民荷包之職責。立院之功能將較完整。

(2)調閱權改隸立院之得失：目前民主國家之「調查權」在行使上，有行政、立法、監察三種調查權。其中行政調查權是上對下之調查，立法調查權是因政策、立法所需的相關調查，監察調查權則是對所有行政機關的監督。本次國發會共識之立法院「調閱權」法制化，其所根據者，乃是司法院大法官會議釋字第三二五號解釋：立法院為行使憲法所賦予的職權，必要時得經院會之決議，調閱文件的原本，而受要求的機關非依法律規定或其他正當理由，不得拒絕。

立院行使調閱權法制化，其實是將立法院已行使中的職權，期在憲法中給予明文規定而已，實未侵犯監察院為注意政府各部門是否違法失職而行使之調查權（包括調閱權）。故立院將原監院之部份調查權（文卷調閱權）移出，就監院之精神而言，並無損其調查權之行使。

(3)彈劾總統、副總統改隸立院之得失：經過前三次修憲後，監察院之監察委員產生方式已改變，乃是由總統提名，經國民大會行使同意權；而並非原憲法中之監察委員由省、市議會選舉產生。故而仍由監察院提出對總統之彈劾顯有不當。此因，監委是由總統提名，經國大同意任命，而總統之彈劾案卻由經總統提名之監委提出，殊為不宜。國

發會共識將原監察院之總統、副總統彈劾權，移至立院，在學理而言，應屬正確。只是根據國發會之共識，所完成第四次修憲中，將立院彈劾權限定於內亂罪、外患罪，則彈劾效力已大打折扣。

綜合國發會削減監察院職權，其「有形」減少是明確的，但深一層來看：(1)彈劾總統、副總統權之移出應屬允當；(2)部分調查權（文卷調閱權）移至立院，則無損監院本身調查權行使；(3)審計權由監院移至立院，在人事、職掌上是一削弱，但移至立院後之功能如何，仍得視審計法未來之修改幅度、方向而定。

五、地方制度開民主倒車

國發會有關地方制度之共識有：1.調整精簡省府功能業務與組織，並成立委員會完成規劃及執行，同時自下屆起凍結省自治選舉。2.取消鄉鎮市級之自治選舉，鄉鎮市長改為依法派任。3.縣市增設副縣市長，縣市政府職權應予增強。4.地方稅法通則、財政收支劃分法應儘速完成立法或修正，以健全地方財政。以上四點共識中，最引起廣泛爭議討論和普遍重視者，則為第一、二兩項，分別論列如后。

1.省—「凍省」與「反凍省」

原本應是討論國家發展的國發會，由未開議前之各地分區討論，到大會期間的憲政分組會議當中，單純「省定位」的探討，隨著迅即被炒熱，其中所意含的已非僅僅學術論辯而已，還包含了執政黨中生代卡位之「茶壺裡的風暴」，政黨間的統獨情結等。不論其原始動機為何，以包裝著完美的學術外衣來對外展示，則是一致的。

「凍省」與「廢宋」是國民黨中生代「政治鬥爭」的直接標的，這從行政體系的重量級人物紛紛發言，形成行政院與省府槓上的局面可看出。包括副總統兼行政院長連戰、黨祕書長吳伯雄、考試院長許水德、立委蕭萬長、行政院副院長徐立德、祕書長趙守博、高雄市長吳敦義等人，砲口一致直接向著台灣省，並明言主張虛省。台灣省長宋楚瑜及其「省府團隊」配合省政總質詢亦不斷予以強烈反擊，指出「提升行政效率無關廢省、國家體制應有前瞻性」，並提出「反對廢省十大理由」㊸以為因應，氣勢亦未示弱。正因無論國民黨內部風暴，抑或政黨間之統獨爭議，均是以學術方式提出，故而國發會所做成之「精省」（或有人從「凍省」、「廢省」角度去解釋）、「凍結省長、省議員選舉」兩大主軸，亦宜有層次地予以探討：首先瞭解三黨高層之態度、其次為「凍省」之理由論述、再次為反對「凍省」之理由論述，最後提出國發會結論之問題，及其解決之道。

(1)「省」定位之各黨態度：

國民黨：主張「簡化省府組織」、「省虛級化」，其步驟為「凍結省長選舉」、「凍結省議員選舉」。

民進黨：主張「廢省」。至於廢省後，行政區劃之構想持較開放態度，亦即「三都十五縣」、「大幅改革之六省制（或稱五省一部）」、或維持現制（兩直轄市、廿一縣市）均可再討論。

新黨：反對「凍省」或「廢省」，亦反對凍結省長、省議員之選舉。主張明訂「省

縣權限」、「精簡省府組織」、行政區劃採「一省三市」（擴大北中南三都會區，台北市可將台北縣、基隆市納入；台中市可將台中縣納入；高雄市可將高雄縣納入）。

(2)主張「凍省」之重要理由：（綜合國發會期間各種論述）

①避免疊床架屋：目前中華民國中央政府主權所轄之區域與台灣省太過重疊（中央政府＝台灣省＋台北市＋高雄市＋福建省金門縣、連江縣）。若以民國三十八年以前，一個中央（行政院）下有卅五省、十三院轄市、兩地方，尚稱妥當。現今一個中央（行政院）下僅有一省兩市及福建省之兩縣，大而不當。

②提昇競爭力：現代商業契機瞬息萬變，四級政府下，托延時間，耗時費事，公文呈上轉下，不合節約快速原則，凍省則可簡化層級，增加行政效率，提昇競爭力。

③避免「葉爾辛效應」：又分兩說；甲說以省長、總統皆由民選產生，省長若在得票數上超過總統，難免在氣勢上產生「逼宮」效應。乙說以總統、省長皆民選產生，若在意識形態上有差異，中央對省將難掌握，形成「一國兩區」之現象。

④避免浪費：政府要再造，必須行政精簡，以「減肥」減少支出，而台灣省之預算達三千六百億，對政府財政亦是一大負擔。

⑤符合國父遺敎：國父本即主張以「縣」為地方自治單位。

(3)反對「凍省」之重要理由：（綜合國發會期間各種論述）

①歷史情感：台灣建省緣自於清光緒年間，有其時代精神和價值，故不宜遽言凍省（廢省）。

②避免統獨爭議：當前自由地區民眾隨刑法一百條「內亂罪」之修改，「台灣獨立」之各種主張均是「言論自由」範疇，但過分強調廢省，易於引發民眾台獨之疑慮，亦直接、間接引發統獨論戰，對內部團結、兩岸關係均未蒙其利，先受其害。

③無所謂「葉爾辛效應」：總統、省長均依憲法行使各自之職權，其所代表之「中央」、「地方」地位明確。國防、外交、司法屬中央；財政、內政則牽涉到中央、地方之爭議；但皆非「葉爾辛效應」。如省長出國，僅是締結「姊妹省」，而非外交之國家簽約；同樣的，省長對中央要求財政補助、警政支援，亦只是「分貝稍高」，何來「逼宮」？又如何「逼宮」？「葉爾辛效應」乃言過其實。依憲各司其職，亦無「一國兩區」之事實，認為提出此說實沒有民主概念。

④依據憲法、省縣自治法，台灣省為一自治體、為公法人身份。凍省、凍結省長、省議員選舉，違反民主基本精神──地方自治的發展，故凍省無異開民主倒車。

⑤民眾反對廢省比例高，無人可有權剝奪省民對「台灣省」之保留，及停止省長、省議員之選舉。根據國發會期間民調顯示，「廢省」未獲共鳴，反廢省者四成二，贊成廢省者二成七，省長宋楚瑜個人聲望亦居高不下，滿意民眾比例達七成七。㊹國發會後之國民黨中央委員選舉，宋省長人在國外，仍以最高票當選。可見「省」、「省長」之評價，未被國人所棄，故不宜「凍省」。

⑥「凍省」、「省虛級化」、「省非公法人」是集權於中央。中央集權、集錢，違反憲法均權原則，故不宜「凍省」或「虛省」。

⑦增加行政效率之最佳途徑，是「簡併各級政府中之組織」與「汰除冗員」，而非「凍省」、「凍結選舉」。

⑧「四級政府」並非當局施政挫敗，競爭力減退之代罪羔羊；須知同樣的「四級政府」在過去有為有守的政府下，創造了「台灣經驗」、「台灣奇蹟」。看到今日「三頭鮑」、「五百元便當」與往昔「梅花餐」、「十大革新」後，當知不可以「四級政府」為藉口。

⑨「縣」為地方自治單位，並未足以否定「省」就不是地方自治單位。

⑩廢省而減少支出者有限：省府年度三千六百億預算中，三分之二強是補助縣市款項及公共建設，另有四百六十餘億元負債利息支應，與省屬學校之人事與行政經費八百餘億元。眞正省府開銷只卅二億元，但省府員工無論併入中央部會、或併入縣市單位，其職級薪給也一文不少，廢省後能減少者實有限。

(4)「凍省」之問題與解決之道

國民黨高層之「廢宋削藩」與民進黨高層之「廢省」，乃是殊途同歸，其「焦點(focus)」一致，乃一拍即合，聯手進行「凍省」共識之形成。國發會期間，「凍省」與「反凍省」之主張發言盈庭，概如前述，學術理論上或有其「仁智之見」。然而國發會「凍省」、「凍結省級選舉」之共識，背後所隱藏的眞實面，乃是「政治角力」的痕跡。故而可言「凍省」之決議是開民主倒車，不負責任之作法。何以故？「凍省」實是先有結論，再找決策，典型之「為反對而反對」，「為凍省而凍省」。國發會當中，「

凍省」喊的滿天價響，唯從國民黨高層到行政院業管之內政部（民政司），無人知道「凍省」怎麼做？如何做？（Who Knows? Nobody Knows）沒有決策，沒有計劃，沒有方案，「反正先凍第一，其他以後再說」，決策之粗糙，堪稱民主國家一大奇蹟。從民國八十五年十二月廿八日閉幕，到民國八十七年七月一日，省府員工人心惶惶，組成「自救會」，不知自己前景為何？中央「凍省」之全套「套餐」還不見影子？世上豈有一個政府對一個大案，沒有先做完整評估、計劃，就先執行？故而國發會有關省之共識—凍省、凍結省級選舉的過程是粗糙、不負責任、違反民主的。

實則地方制度方面，凍省、凍結省級選舉並非最佳方案，如欲提高行政效率，防止疊床架屋之組織架構、避免中央地方過分重疊所宜採行者：

①簡併省府廳處層級、落實分層負責、逐級授權，免除公文旅行，以提昇行政效能。

②提倡中央、地方各級公務人員簡樸生活，避免政商掛鉤、奢侈風氣。

③考量行政區劃之落實，或可採行一省三市，擴大台北市、台中市、高雄市三都會區之範圍，一則平衡區域發展，再則縮減台灣省之範圍（大台北市含台北市、縣、基隆市七百萬人口；大台中市含台中市、縣近兩百萬人口；大高雄市含高雄市、港、縣兩百萬人口，則台灣省僅有一千餘萬人口，形成犄角為四，較鼎足而三更穩固矣。）如此則無與中央太過重疊之慮。

④明確省縣權限，修正「省縣自治法」、「財政收支劃分法」。今日政府缺乏效率之一，在於中央過度集權、集錢，有待調整使地方權限明確化，上下層級轉化為分工並進

，則效率自彰顯，而地方自治亦得落實。

2.鄉鎮市—「官派」與「民選」

國發會做成「取消鄉鎮市級之自治選舉，鄉鎮市長改為依法派任」共識，這將使台灣地方自治又回到光復之初（民國卅五年二月至十月）台灣省行政長官公署（省政府前身）時代之由縣市政府委任鄉鎮市長。此一共識亦引發社會各界及學術界正反意見之陳述。依媒體當時訪問國發會全體委員意見調查（如表十四）贊成鄉鎮市長改官派者顯然居多數，高達七四・五九％。另於國發會期間，同時間所召開之「全國鄉鎮市長地方自治研討會」（由全省三〇九及金門、連江等共三一九個鄉鎮市長組成）會長蔡郁男（台北縣五股鄉長）發表聲明，贊成鄉鎮市長改官派。綜合各方意見，贊成國發會「鄉鎮市長官派」者，其理由如次：

(1)目前全省三〇九鄉鎮市長，三八五一名鄉鎮市民代表，單是人事費每年就要支出達四十七億，而代表會本身每年預算數合計亦高達七十六億元，鄉鎮市入不敷出是四級政府中最嚴重的一級。

(2)中央及省政府對鄉鎮市這級自治政府的財源與權限綁的死死的，有自治之名，無自治之實。自主財源平均只有百分之卅五，沒有建設經費，又處處受到代表會牽制。各鄉鎮市長都像「穿西裝的乞丐」，環保及路燈費幾佔各鄉鎮市公所支出一半以上，遑論重大建設。

(3)減少「黑道治鄉」、「民代圍標」之黑金政治危害。代表會取消可減少黑道人士

表十四　國發會全體委員對「鄉鎮市長官派」意見調查表

委員分類	廢止鄉鎮市長級選舉改為官派	維持鄉鎮市選舉	其他或無意見
政府官員廿三	一四	一	八
國民黨四四	卅四	四	六
民進黨廿九	廿三	三	三
新黨一九	一四	○	五
無黨籍七	六	○	一
總計一二二	九一（七四·五九%）	八（六·五六%）	廿三（一八·八五%）
備註：全體委員一七○人			

資料來源：台北，自由時報，民國八十五年十二月廿日，版四。

介入政治的起步。而鄉鎮市長派出化亦可減除派系對立。

(4)台灣目前「選災」為患，選舉幾乎年年無休止，且不止一項，每一次選舉都被朝野政黨視之為「政權保衛戰」，地方派系影響力快速膨脹，加速腐蝕地方政經資源。如採派出化，除可節省社會資源，亦可還給民眾一個安寧空間，不致每到選舉便造成社會的動盪不安。

前述各項原因是支持鄉鎮市長官派之主因，要而言之，經費財源、黑金政治、派系政治、選舉風氣成為取消鄉鎮市地方自治主要考量因素。然而一個逆向思考：「鄉鎮市長民選」造成這些弊端，「鄉鎮市長官派」是否就可以改善經費財源、黑金政治、派系政治、選舉風氣？恐怕答案仍是否定的：

「經費財源」之問題在「財政收支劃分法」分配之不合理。與鄉鎮市長民選、官派無關，非因官派就可立即解決。

「黑金政治」之問題在規範「選罷法」與強化政黨的提名上。只要有各級選舉（村里長、縣市長、縣市議員、立法委員選舉），黑金政治就已經存在，與鄉鎮市長民選、官派無全部關係，非因官派則國內即可無黑金。

「派系政治」之狀況與黑金政治相同，只要有選舉，即有派系。鄉鎮市長由縣市長派出，縣市長本身就是派系，鄉鎮市長難保不成為縣市長選舉酬庸，官派鄉鎮市長又無選民壓力，建設成果難期待。故而派系政治並非鄉、鎮、市長民選、官派之唯一成因，非因官派鄉鎮長即能根絕國內之地方派系。

「選舉風氣」之問題在規範「選罷法」與提升選民素質身上。若謂選舉次數過多，則可考慮併辦。民主之可貴在「地方自治」之落實，怎可省錢而廢除選舉？如不然，村里長、縣市長、立法委員全由官派，豈不最省公帑？也無選舉之動亂或不便。

上述在說明「鄉鎮市長官派」之各種理由，乃似是而非。眞正改善之道在於：

(1)徹底檢討「財政收支劃分法」，去除各級政府（尤其中央政府）之本位主義，以期有充分財力，使鄉鎮市地方自治財源充裕，落實地方自治。

(2)重新檢討鄉鎮市公所職官分位，提高基層地方公務員職等，吸收優秀人才回鄉服務，以免除「劣幣逐良幣」之缺失。

(3)修改「選罷法」以防杜黑道參政。有關黑道參政，在選罷法上應增加兩個條文（或稱「反黑條款」、「黑道終結條款」），防止黑道利用競選公職漂白。即選罷法第卅四條，增訂犯以強暴、脅迫為要件之罪，或因槍砲彈藥刀械、毒品而犯罪，經判處三年以上有期徒刑確定，尚未執行或執行完畢未逾十年者，不得登記為候選人。另曾受流氓管訓處分之裁定確定，尚未執行或未執行完畢，或執行完畢後未逾十年者均不得登記為候選人，受管訓處分達兩次以上者，終身不得登記為候選人。㊺

(4)修改「選罷法」以防金權政治、選風敗壞。以下方向應為可行者：①選罷法中制定賄選之「認定標準」，將文宣贈品以價值為區分，在一定價格以上者，即視為賄選品。歷來選舉中，候選人除買票外，往往大量贈送價值不菲的紀念品，小至農民曆、打火機等贈品，大者如某政黨民國八十三年首屆省市長選戰中，製造名冊發放經費的「固本

專案」，引起朝野極大爭議，其「文宣發放費」與「賄選」之間的分際如何區別？凡此有賴制訂賄選之認定標準以為判定。②將違反競選經費上限者之罰則加重。現今甚至連原來「十萬元以上，五十萬元以下之罰鍰」規定都取消，實則應改為「當選無效，其已就職者，撤除其當選資格。」觀之以英國、日本等國，國會議員就職時，必須宣誓其所報競選經費屬實，如查獲所報經費不實，則予以撤銷其國會議員資格。③強化「政治獻金」之罰則，一則達到公款法用，再則可將競選者的財務狀況透明化，防杜財團、金牛之賄選情事。④除以上三項與選罷法規條文有關者外，吾人亦知徒法不足以自行，尤須提振選民的自覺意識，認清買票候選人的人格污點，和對政治的腐蝕、金權的橫行之缺失，拒絕投票給彼等，以改善選風。

綜言之，國發會之停止鄉鎮市長選舉，改由官派，所持之理由均值商榷。正如不明就裏的庸醫，由於誤診，做出誤治。國發會未能深究黑金、派系、選風等根源所在，即毀了地方自治之基礎，不僅開民主之倒車，又未解決國內地方自治的根本亂源。

六、政黨政治中政黨法未確立

國發會在有關政黨政治方面，所達成共識，包括：1.黨營事業四大禁止條款：不得從事壟斷性事業之經營、不得承接公共工程、不得參與政府採購之招標、不得赴大陸投資。2.國家對政黨補助應以協助政黨從事政策研究及人才培養為主。現階段可在選罷法中，酌予提高補助額度。3.政黨不得干預司法，司法人員應退出政黨活動。4.公務人員應保持政治（行政）中立。5.立法院協商機制應予法制化、制度化。6.政黨組織及運作

應受法律規範。

在國發會的共識方面，因為我國並無政黨法之制定，故而要落實則顯空洞。在野黨之民進黨、新黨均主張制定政黨法，唯國民黨反對未列入共識。現今我國是透過修改「人民團體法」的方式，將政治團體併入傳統的人民團體—職業團體、社會團體之中，並將政黨定位為政治團體的範疇。我國以人團法規範政黨，實並不妥當，現今民主國家中，如德國、韓國、奧地利、葡萄牙、阿根廷、土耳其、委內瑞拉均採行政黨法。在政黨政治快速發展之際，政黨法有其必要：㊻

1.政黨是屬高度政治性組織，它與人團法中的一般職業性、社會性團體的性質不同，目的有異。唯有制定一部政黨法，將政黨的憲法地位功能、政黨的概念、政黨內部秩序、政黨間平等原則、政黨選舉相關規定、政黨營利事業行為、政黨財務報告、違憲政黨之規定等完整融入一法案中，使國人明確政黨的界定、性質、角色與作為，如此才能對政黨政治法制化有積極意義。

2.以政黨法可規範政黨的營利事業行為。政黨如從事營利事業，在執政時，或可利用機會照顧黨營事業，一旦淪為在野黨，其龐大營利事業則可反制執政黨之施政。因之，政黨的權脈與金脈結合在一起，對民主政治將有不利影響。從另一角度來看，政黨以執政為目標，企業則以追逐利益為主，兩者如果結合，必然產生矛盾與衝突，造成政黨政治惡質化。以現今國民黨龐大黨營事業（以中央投資公司為主的七大控股公司，轉投資一百廿一家事業，行業範圍多達十大類廿一種。），但也間接阻礙黨的改革，此因在

事業利益的誘引下，改革談何容易。其結果大半是以利相交，變成利益團體，什麼主義、信仰都得放一邊。國民黨所以反對政黨法，實因透過政黨法，可用以規範政黨的營利事業行為，以及政黨財務報告等。就規範政黨的營利事業行為應包括政黨不得介入國防事業、金融事業與傳播事業等行為，同時，如持有公司的股份與金額，亦應有一定的上限。就政黨財務報告而言，應包括各政黨有財務公開報告之義務及其報告方式（諸如德意志聯邦議會議長每年應向德意志聯邦眾議會，就政黨財務之發展以及各政黨之會計報告審查情形，提出報告，該項報告並應公布於聯邦議會公報。）藉以公開徵信。

綜論之，政黨法對政黨規範具有完整與一致性，由於傳統的「政黨自律」（partyautonomy）已逐漸為「政黨他律」（party heteronomy）所取代，以單獨立法方式來規範政黨政治有其時代意義。國發會期間，國民黨全力抵制政黨法之制定，頗有以私礙公之憾，亦是國發會中對政黨政治議題之一大挫敗。政治是講求實力，以現今政治生態，政黨法的催生與奮鬥仍待努力，英國今日民主大幅推展，若干大改革法案，均是在長期弱勢，一旦執政的自由黨（Liberal Party）手中完成。今後或待國民黨自覺，或待其他政黨努力，吾人深信時代發展至此，民主、法治、正義的精神和實踐，終會一步一步完成。

陸、結語

有謂國發會之全本流程：「一、宣告當局沒有『底線』；二、廣徵各界意見，舉辦巡迴座談，號召全民皆作『國策顧問』；三、然而國民黨內中常會未見討論，大多數重

量級人士皆未預聞；四、國發會前夕，突然公開宣達『基本立場』，宛如『從天上掉下來』一般；五、國民黨內有人質疑決策過程的民主性，遂在會議前夕挑燈夜戰，舉行黨內座談；六、此時眾人警覺，原來『基本立場』既非出自黨內民主決策程序，更非巡迴座談、專題討論的結果，而是由兩三名『御用智囊』的閉門造車之作。七、接著，立刻有人放話：『誰敢反對！』一片肅殺氣氛；八、當局欽點的『國王人馬』，在會中為這一套『基本立場』全力護盤；九、以政治餌料餵飼最大在野黨，進行政治分贓，以便用體制外力量挾制體制內的運作；十、最後，向全國宣告，已經實現了『主權在民』的又一勝利。」㊼聊聊數語，將國發會的來龍去脈、全部的過程、特色，傳神的點出。

國發會的整個未來修憲的方向——「改良式混合制」，令國內憲法學界的學者一片錯愕之聲，實因其充滿學理矛盾、不合理的現象，將不知如何解說完整。而有謂「國發會的共識不得改變」，更屬千古奇譚。國家的母法—憲法都可透過體制內之國民大會依法定程序修改，豈有一個體制外會議的「共識」，一點不得更動？從國發會的經過、國發會的共識當中，展現過多的政治角力，往往理不勝其辭。或以憲法學理有其專業性，一般民眾自不易瞭解，主政者挾所謂「社會主流」之力，將各界義正辭嚴的評論，指為「反對改革」、「既得利益者」、「守舊保守派」。明為「權責不相符」，其解釋為國家當前所需要的體制；明為瓦解地方自治，開民主倒車，其解釋為已解決行政效率低落、黑金、派系等問題。然而國民黨中常會中「這是有史以來最成功的一次會議」等等溢讚荒腔走板之詞，豈有一、二諤諤之中常委？千百年間，「指鹿為馬」恍如再世，卻為今

日「民主時代」留下幾許無奈與反諷。

國發會「憲政體制與政黨政治」之共識，若落實為憲法條文規定，將是對現行中央體制極大的改變，雖則在名義上仍保留了現行憲法的「五權」架構，但以精神被嚴重「修改」，這已不是因「扞格不入」或「窒礙難行」的適度修憲，而是憲章基本精神的崩潰，實際上已是形同制憲。即以修憲為名，制憲為實，有以中華民國「第二共和」時代的開始稱之。面對憲法尊嚴的踐踏，以修憲為權力工程背書，未來國家的政治風險提高，憲政不確定時代已經來臨。

註釋

①饒穎奇，「召開『國家發展會議』的時代意義」，政策月刊，第廿二期，一九九六年十二月，頁一。

②台北，中央日報，民國八十六年五月廿三日，版二。

③黃主文，「改良式混合制，最符我國情」，中央日報，民國八十五年十二月廿六日，版四。

④「李登輝宣布連戰續兼閣揆」，聯合報，民國八十五年六月六日，版一。

⑤「總統可否慰留閣揆，六十二位立委連署聲請解釋」，聯合報，民國八十五年五月卅一日，版二。

⑥台北，中國時報，民國八十五年六月十三日，版一。

⑦「副總統能否兼任閣揆，司法院下月舉辦公聽會」，聯合報，民國八十五年六月廿二日，版二。「副總統可否兼任行政院長釋憲審查會」，聯合報，民國八十五年七月廿三日，版二。「總辭提名，可否著毋庸議，釋憲案昨再論戰」，聯合報，民國八十五年七月卅日，版四。

⑧司法院公報第三十九卷第一期，民國八十六年一月，頁廿九以下。

⑨「總統府：沒說違憲，就是合憲」，聯合晚報，民國八十五年十二月卅一日，版二

⑩台北，聯合報，民國八十五年九月廿二日，版二。

⑪李惠宗，國家組織法的憲法解釋—兼評司法院大法官會議釋字三八七與四一九號解釋，台大法學論叢，第廿六卷第四期，民國八十六年七月，頁一五。
⑫「修憲盤整待變」，自立晚報，民國八十六年六月廿二日，版三。
⑬齊光裕，中華民國的政治發展（台北：揚智文化公司，民國八十五年一月），頁八六四—八六五。
⑭朱諶，憲政分權理論及其制度（台北：五南圖書公司，民國八十六年十月），頁四七〇。
⑮國家發展會議祕書處編，國家發展會議實錄（台北：國家發展會議祕書處，民國八十六年五月），頁七八四。
⑯同上。
⑰台北，中央日報，民國八十五年十月五日，版二。
⑱台北，中國時報，民國八十五年十月十一日，版二。
⑲台北，民眾日報，民國八十五年十月廿三日，版三。
⑳台北，台灣日報，民國八十五年十一月四日，版一。
㉑台北，台灣時報，民國八十五年十二月十二日，版四。
㉒台北，中央日報，民國八十五年十二月十九日，版一。
㉓台北，聯合報，民國八十五年十二月十九日，版一。
㉔同⑮，頁七七。

㉕ 李總統登輝先生在國家發展會議開幕典禮中致詞，中央日報，民國八十五年十二月廿四日，版二。

㉖ 台北，中時晚報，民國八十五年十二月廿六日，版二。

㉗ 台北，中時晚報，民國八十五年十二月廿七日，版二。

㉘ 台北，中央日報，民國八十五年十二月廿九日，版三。

㉙ 台北，聯合報，民國八十六年二月廿一日，版七。

㉚ 台北，中國時報，民國八十五年十二月廿九日，版二。

㉛ 台北，中國時報，民國八十六年一月九日，版二。

㉜ 台北，聯合報，民國八十五年十二月廿一日，版二。

㉝ 國民黨籍國代對國發會共識之反彈，請參閱民國八十六年一月八日、一月十三日、一月十七日、一月廿一日等日期之國內各報紙內容。

㉞ 監察院院長及監察委員對國發會共識之反彈，請參閱民國八十五年十二月廿五日至廿八日國內各報紙內容。

㉟ 相關內容請參閱民國八十五年十二月廿日至廿三日國內各報紙。

㊱ 相關內容請參閱民國八十五年十二月廿八日至三十日國內各報紙。

㊲ 台北，聯合報，民國八十五年十二月廿九日，版三。

㊳ 台北，中時晚報，民國八十五年十二月十七日，版二。

㊴ 請參閱民國八十五年十二月廿日至卅一日，國內各報紙內容。

㊵傅啓學，中華民國監察院之研究（台北：自發行，民國五十六年），頁八五三。
㊶台北，自立早報，民國八十五年十二月十九日，版二。
㊷台北，自立晚報，民國八十五年十二月廿一日，版二。
㊸台北，中華日報，民國八十五年十二月十五日，版二。
㊹台北，中國時報，民國八十五年十一月十五日，版四。
㊺台北，聯合報，民國八十四年一月廿二日，版二。
㊻同⑬，頁一一二〇—一一二一。
㊼黃年，李登輝的憲法變奏曲（台北：聯經出版社，一九九八年一月），頁二八二—二八三。

第八章　第四次修憲　綱要

壹、前言

貳、第四次修憲的經過

一、朝野政黨初稿研擬

二、第三屆國代分析與政黨協商時代

三、大會開幕到一讀會完成

四、付委審查的經過

五、付委通過到二讀會前

六、二讀會到三讀修憲完成

參、第四次修憲的內容

一、朝野三黨修憲初稿之比較

二、第四次增修條文內容

肆、第四次修憲的評析

一、從修憲過程面析論

㈠政黨協商與高層默契

㈡「再付審查」程序合法性探究

㈢三黨暨社會各界反修惡憲訴求

二、從修憲內容面析論

㈠中央體制部分

1.憲政體制精神已變

2.總統部分—超級總統產生

3.立法院部分—弱勢國會形成

4.行政院部分—矮化之總統幕僚長

5.司法院部分—規範具有特色

6.監察院部分—彈劾權分裂行使

㈡地方制度部分

1.省組織、職權虛級化

2.凍結省級自治選舉

㈢基本國策部分

伍、結語

壹、前言

民國八十六年五月五日起召開的第三居國民大會第二次會議，至七月十八日完成了第四次修憲。這次修憲就朝野兩大黨高層而言，在於將國發會的共識加以落實。唯就國發會的共識，在憲政體制上變動幅度之大，致使本次修憲期間前後，引發社會各界極大關切，各種討論爭議紛至沓來。而修憲之大環境，不僅憲政議題的嘈雜不安，又加上社會由劉邦友、彭婉如、白曉燕等一連串命案，引發之「五〇四為台灣而走」、「五一八大遊行」，以「總統認錯，撤換內閣」為訴求之民間吶喊聲音，乃有部份之是否推遲修憲之議。雖則修憲就在諸多紛擾波折之下，歷經兩個多月，終於完成了十一條增修條文。第四次修憲，不僅過程火爆，支節橫生，且國民黨、民進黨的內部爭議不休，社會各界的批評不斷。修憲內容值得深究之處更多。本文擬由第四次修憲的經過、內容與評析等，深入瞭解我國憲政發展之問題與癥結。

貳、第四次修憲的經過

一、朝野政黨修憲初稿研擬

國發會於民國八十五年十二月廿八日閉幕，國民黨主席李登輝隨即指示於卅日在國際會議中心，邀宴副主席、中常委、考監兩院正副院長、黨籍立委、國代、省市議員、行政院各部會首長、省府一級主管、中央工作會主任等官員及民代四百餘人，宣達交付落實國發會共識，共同推動國家「第二階段憲政改革」。李主席並表示：「會議的結束正是行動的開始，我們應將國發會的共識轉化成政策，加以落實，希望從政同志能顧全

大局，因應調適，全力以赴，把握國家發展與國民黨再造的契機。」①

國民黨第十四居中常會第一六五次會議於民國八十五年十二月卅日，迅即通過李主席交議之「修憲策劃小組」成員：連戰（擔任召集人）、俞國華、邱創煥、蔣彥士、劉松藩、宋楚瑜、章振甫、吳伯雄、許水德、黃昆輝、錢復、徐立德、吳敦義、陳田錨、劉炳偉、陳健治、蕭萬長、王金平、陳金讓、謝隆盛、饒穎奇、丁懋時等廿二名，並由中央政策會負責幕僚作業。

國民黨修憲策劃小組成立後，於民國八十六年二月十三日召開首次會議，通過於策劃小組下成立「諮詢顧問小組」，成員六十一人，由國代、立委、學者專家及黨政相關部門主管組成，由立委蕭萬長先生擔任召集人，共同參與修憲研議工作。（諮詢顧問小組成員如表十五）諮詢顧問小組之下，再依議題性質設三個研究分組，分別研擬修憲建議方案。

然而在二月十三日國民黨修憲策劃小組的首次會議，中央政策會執行長饒穎奇即表示，修憲條文已經擬好，每個擬出的修憲條文都有三種版本，供策劃小組討論決定。外界頗有饒的說法，代表國民黨的黨版內容已經敲定。②至四月二日，台灣省參與修憲諮詢顧問小組官員（副省長吳容明、民政廳長陳進興、法規會主委邱聰智）以歷經一個多月的開會過程，發現中央對會議「早有定見」，省府參與討論僅具被告知及背書的功能，台灣省政府乃決議全面退出黨內修憲會議。③

表十五　第四次修憲國民黨「諮詢顧問小組」成員一覽表

種類	參與名單
從政主管	馬英九（政務委員）、葉金鳳（政務委員）、蔡政文（政務委員）、趙守博（行政院祕書長）、林豐正（內政部長）、廖正豪（法務部長）、黃大洲（研考會主委）、姜豪（法務部次長）、吳容明（台灣省副省長）、陳進興（省民政廳長）、邱聰智（省法規會主委）、林鉅銀（法規會主委）
黨務主管	洪玉欽（副祕書長）、許文志（組工會主任）、蔡壁煌（文工會主任）、劉泰英（投管會主委）、鍾榮吉（副祕書長）、簡漢生（副祕書長）、丁守中（青工會主任）、黃昭順（婦工會主任）
學者專家	田弘茂、黃德福、彭錦鵬、陳新民、鄭又平、周育仁、劉孔中、柯三吉、許慶復、蘇永欽、朱新民
國大代表	莊隆昌、謝瑞智、荊知仁、陳建銘、沈銀和、蔡志弘、廖榮清、黃澎孝、張光輝、劉德成、吳國重、劉憲同、徐守志、陳子欽、呂學樟
立法委員	蕭萬長（召集人）、洪昭男、鄭逢時、黃主文、高育仁、洪性榮、曾永權、劉光華、潘維綱、莊金生、陳瓊讚、林志嘉、廖福本

資料來源：著者整理。

修憲策劃小組由二月十三日至四月十五日，兩個月期間共舉行十一次會議，另諮詢顧問小組舉行十二次會議，各研究分組舉行十三次會議，經擬具之國民黨版修憲草案，其內容包括修改憲法體例、國民大會制度改革、總統與五院關係及地方自治四大課題。國民黨對修憲的構想是，將不修憲法本文，僅就目前憲法增修條文規定，配合國發會共識修正，名稱仍沿用「中華民國憲法增修條文」。

國民黨修憲策劃小組所提之研究結論，經於八十六年四月十六日提報第十四屆中常會第一七六次會議及四月廿八日第十四屆中央委員會第二次臨中全會決議通過，作為國民黨對第三屆國大第二次會議修憲之重大決策。李主席並於四月廿五日對黨籍國代表示：「這是最後一次修憲，再努力一下吧。」「可能不會再有修憲了。」「國發會並沒有考慮到個人。總統要擴權幹什麼？總統在直選後，事實上應給總統實際的力量，而不是擴權，大家都是過去的習慣講得太多了。」李氏並指本次修憲有兩個目的，「第一是政局安定。政局不安定，國家怎麼能發展？第二是國家競爭力要提高。」④於是國民黨版修憲案告成。

最大在野黨民進黨的修憲版本，由國大黨團進行作業。民進黨並以落實國發會結論，將從修憲和修法同時進行。有關修憲版本經民進黨主席許信良及國大黨團幹部、派系代表等，在四月廿四日確定以「雙首長制」、「總統制」兩個版本，均以增修條文方式修憲。其中雙首長制是按照國發會共同意見提出，總統制則以美國總統制為藍本。兩個版本經送全黨代表的國大黨團討論通過，再送到民進黨中央決議後，確定民進黨黨版修

憲草案。

民進黨國大黨團總召集人張川田對提兩個版本認為「這是擺平黨內很多派系的結果。」此因民進黨最早提出的「台灣憲法草案」就是主張總統制，黨內對國發會共識之雙首長制有不小的反彈力量，故而提兩個版本，較能通過黨內廿一人修憲顧問小組。依民進黨有關憲改的策略是，先提出總統制憲改版本與國民黨協商；萬一國民黨方面不接受總統制之憲改版本，民進黨再提出國發會共識版本（雙首長制）和國民黨協商。民進黨提出兩個修憲版本，正見其內部路線派系之分歧，該黨正義連線會長立委沈富雄即認為這種作法只是延緩派系之間的戰火而已。沈氏並批評「民進黨提兩個版本是不恰當的作法，因為民進黨中央（憲改主導者黨主席許信良、國大黨團召集人張川田、幹事長李文忠、立委張俊雄、林濁水等）其實要的是雙首長制，而總統制則是應付黨內一些人，所以制訂時顯得很粗糙。」沈並表示，至少有四十位民進黨國代非常堅持總統制。⑤由於民進黨內無法整合修憲版本，也凸顯本次修憲不僅黨際競爭，黨內亦有激烈抗爭是不可避免。

二、第三屆國代分析與政黨協商時代

第三屆國民大會第二次會議於八十六年五月五日集會，進行第四次修憲工程。在進入正式分析修憲過程及相關議題之前，首先必須瞭解本次修憲之國民大會政治生態已有大幅改變，亦即經民國八十五年三月廿三日第三屆國代選舉，其政治生態與二屆國代已有明顯改變，也改變過去由國民黨一黨修憲情勢，未來政黨協商將扮演重要份量。第三

居國代三百三十四席的總席位中，國民黨佔一百八十五席，民進黨一百席，新黨四十六席，緣黨一席，無黨籍兩席。此次選舉結果的三黨消長，使國大生態丕變：國民黨席次率由二居的四分之三多十席（八成），跌至二分之一多十六席（五成五）；民進黨由原先佔二成席次提高為三成，繼續確保最大反對黨地位，新黨席次率則由三席增為四十六席，佔總額一成四。

三居國代選舉的結果，顯示一黨修憲已成過去，政黨協商的時代已經來臨。國民黨在三居國代中，僅保持過半的優勢，但在憲法規定「三分之二以上代表出席，四分之三以上決議」的嚴格修憲門檻，沒有任何一黨有完全掌控修憲主導權的能力，政黨間的合縱連橫將是主要變數。就數字的層面看，修憲要通過，則國民黨和民進黨結盟為最可能；國代修憲成案需總數四分之三，亦即二五一票，但以國民黨聯合新黨只有二三一席，民進黨聯合新黨更只有一四六席，唯有國民黨聯合民進黨合計二八五席，才可通過修憲門檻。質言之，以三居國代生態，沒有任一政黨可單獨修憲，只有國民黨與民進黨的聯合，或三黨一致支持，始有可能修憲，而民進黨若與新黨聯合杯葛，則國民黨之修憲案亦無法通過。

本次修憲主軸在於國民黨與民進黨，另新黨亦以在修憲不缺席的態度，積極尋求與其他兩黨的對話。因而乃有國民黨與民進黨、民進黨與新黨、國民黨與新黨之間的對話協商模式。分述之如下：

1.國民黨與民進黨之間的協商：從五月一日起至七月中旬之間，國大黨團與黨團的

協商共計十六次（五月一日、三日、十二日、十九日、廿一日、廿二日、廿六日、廿八日、卅日，六月十四日、十六日、十八日、二十日、廿五日，七月八日、十四日）黨中央與黨中央的協商共計四次（六月一日、四日、八日、十日）。

2.國民黨與新黨之間的協商：國大黨團與黨團的協商共計五次（五月九日、十六日、廿一日、廿三日，六月十五日）黨中央與黨中央的協商計有一次：六月十日。

3.民進黨與新黨之間的協商：國大黨團與黨團的協商共計三次（四月十七日、廿四日，五月二日）。

三、大會開幕到一讀會完成（五月五日至五月廿日）

本次國民大會於五月五日起集會，收受之修憲提案計有一二八案。五月十二日原本排定由李總統提出國情報告並聽取國代國是建言，卻因在野黨柔性抗爭，提前散會，致未如期進行，創下前所未有之先例。五月十四日第五次大會起，進行第一讀會提案人說明及大體討論。此時朝野兩大黨內部對各自政黨修憲案均有不滿者，而有風雨欲來之勢。國民黨祥和會於五月十六日決自提會版修憲案，反凍省；民進黨部分立委、國代在施明德主導下，於五月十九日，發起連署推動總統制。另民間之台教會、澄社和社運團體於五月十八日成立「民間監督憲改聯盟」，主張總統制，持續批判憲改。

國大甫經開議，衝突紛擾不斷，議長錢復雖盡全力維持會場秩序，卻左支右絀，未被尊重，在無力感下有意請辭，經朝野黨團慰留乃打消辭意，留下「國大打架即辭職」之但書。言猶在耳，五月廿日，大會方在切蛋糕慶賀就職一週年，不旋踵間，即因民進

黨國代陳婉眞發言指控該黨黨團幹事長李文忠收受副議長謝隆盛所借貸五百萬元的「修憲費」，雙方約定只要修憲通過就不必還錢，接著新黨國代李慶元發言附和之，引發在野黨國代打群架，爆發嚴重肢體衝突。這是本次會議第一次大型打群架事件。本日第九次大會完成第一讀會所有程序後，一二八個修憲案即交付審查委員會審查。

四、付委審查的經過(五月廿一日至六月七日)

審查委員會對於本次會議之修憲案提案審查工作，分為三個階段進行：1.修憲審查委員會進行修憲案大體討論。2.審查小組進行修憲案審查。3.修憲審查委員會進行修憲案綜合審查。

五月廿一日修憲審查委員會開始審查，迄六月七日結束，歷時十四天，共舉行修憲審查委員會議九次，各審查小組會議次數則不一。國民黨、民進黨中央為順遂推展，分別於六月一日、四日舉行第一、二次協商。所有大會交付審查委員會審查之修憲提案一二八案，全部審查竣事。總計通過四十七案，八十六項修憲條文，包括朝野三黨黨版修憲案均付二讀。而在付委審查期間，兩黨內部及學界反彈四起。就民進黨而言，中央政府體制爭執不下，五月廿二日民進黨中常會決議以「兩案併陳，一次投票。」然而除A版總統制、B版雙首長制並陳外，又出現「C版」、「協商整合版」，脫軌現象嚴重。許信良於五月廿九日公布民進黨「修憲萬言書」，指出「不要成為反政革的歷史罪人」，引發其黨內及學界的強烈反彈。五月廿九日由政大江炳倫教授發起的四百名學者連署並刊廣告，反對雙首長制；連署最後擴大至二千名以上。就國民黨內部，省議員串聯國

代，於五月廿七日連署「反凍省」，次日中常會後，李登輝主席約見省長宋楚瑜、省議長劉炳偉，要求彼等支持憲改。李主席面對要求停止修憲聲浪，與黨內反彈，採強勢整合內部，指示文工會加強宣傳黨版修憲案，並全面動員國民黨籍縣市長及廿一縣市黨部主委出馬，期逐一化解反凍省勢力。從上述發展，可想見進入二讀會後的衝擊將不斷出現了。

五、付委通過到二讀會前（六月八日至六月十九日）

六月廿日大會始將進入二讀會。而從六月七日委員會審查完竣後之兩周間，在各黨間的縱橫協商不斷。首先是六月八日的國民黨、民進黨中央第三次協商，為配合國大於六月十日下午截止收受修憲提案的日程規定，期提出雙方共識之修正案版本，展開從八日下午四時一直持續進行至翌日上午七時，長達十五小時的「馬拉松談判」（輿論有謂「瞌睡中修憲」），然以民進黨堅持停止五項選舉，否則有關中央政府體制之同意權、解散權、倒閣權將予保留，最後仍無法達成預期之共識。兩黨中央於六月十日進行第四次協商，民進黨仍堅持必須停止五項選舉以面對內部推動總統制人士，而國民黨則亦感受到五項選舉的讓步，引起國代、地方基層人士的強烈反彈，頗有「割地賠款」的指責壓力，故在政策雖仍傾向停止五項選舉，但認為仍須根據政治現實反應，進一步研究後再議。⑥兩黨終而宣告協商破裂，由於面對各自黨內強烈異見紛爭之下，在當時對於未來修憲的發展，其實都已失去信心，而有作了最壞打算之可能。⑦

另國民黨與新黨的黨對黨協商，於六月十日晚間舉行，國民黨期藉此協商避免新黨

在議事會場的可能抗爭與杯葛，促使修憲順利進行。然而新黨在協商中提出建立權責相符的八項基本主張之憲政體制（1.行政院為最高行政機關，行政院長為最高行政首長。2.立法院對行政院長之同意權不可取消。3.軍政軍令一元化，國安局歸行政院指揮，國安會不入憲。4.維持憲法一百條規定：監察院有對總統、副總統行使彈劾權。5.司法、考試、監察三院預算獨立。6.精簡中央、省府組織。7.立即停止修憲。8.政黨、學者、社會人士共組「修憲策劃小組」。），並停止草草修憲。國民黨祕書長吳伯雄則闡述該黨修憲基本主張，並表示願將新黨意見向李主席報告。會談結果，未達任何具體結論。此時亦因國、民兩黨中央第四次協商破裂，雙方均須全力於應付黨內歧見，六月十日以後，三黨彼此間雖都聲稱願意重開黨對黨談判，但除了恢復國大黨團協商外，一直到修憲完成前，任何一方迄未與他方繼續高層協商。

六月十三日國民黨舉行修憲策劃小組會議，確定十四日起恢復的國、民兩黨國大黨團協商（十四日、十六日、十八日、廿日、廿五日之密集協商）。六月十三日國大程序委員會決定將所收到之一七七件國代提出的修憲提案修正案進行討論，並確定將卅二件不符合形式要件的修正案退回，不予處理。六月十六日國民大會針對修憲審查委員會提報大會欲進入二讀會的四十七件提案、八十六條條文，進行確認，連同朝野國代所提出通過的一五二條修憲提案修正案，一併進入二讀會議議程。

就在二讀會開始之前，一方面國、民兩黨在協商，另一方面，兩黨內部及學界持續擴大反彈。民進黨總統制聯盟於六月十日召開記者會，發表「打瞌睡達成的共識」抗議

聲明，強烈抨擊國、民兩黨的協商記錄，砲轟許信良打壓總統制，警告黨中央不要跟國民黨私相授受，否則將採「慘烈」的抗爭方式。聯盟發言人陳儀深表示，「民進黨又不是列寧式政黨，為何朝野協商代表都由黨主席一人指定。」⑧十八日推動總統制聯盟要角立委沈富雄和總統制聯盟的國大代表連繫，全力支持凍省修憲條文通過，至於中央政府體制則暫時留待第二階段修憲再談。此為呼應五月廿二日陳水扁提出的「兩階段修憲論」。

至於國民黨內部之反彈，六月十八日宋省長在省政總質詢對國代進行「心戰喊話」，以集結反凍省勢力，要國代拿出「最大的智慧」來修憲，避免修出「頭痛醫腳」的憲法，產生更大的後遺症。同一時間，積極反對凍省之國大次級團體「祥和會」研商修憲進入二讀會以後之因應對策；決定暫時不推動國大休會，支持黨版行政院長不經立法院同意條文，但仍堅持「反凍省」。祥和會法政小組召集人呂學樟表示，仍堅持省長官派、維持省議員選舉，保留省自治法人地位。⑨

學術界之反彈持續進行，由政大教授江炳倫發起的「學術反憲改聯盟」連署，到六月十五日已突破千人，彼等希望修憲行動能夠暫緩一、兩年，等到憲政得到充分討論後再修改。並於台北市大安森林公園露天音樂台舉行「發揮學術良知、反對修憲擴權」靜坐演講。六月十八日江炳倫等八名學者，前往陽明山國大向議長錢復等人遞交學界千人連署書，並提出學界的修憲建言。此時，民進黨國代鍾佳濱當場質問江到國大出席的身份及「對台灣民主的貢獻」，江炳倫一度動怒，並回以「為修憲我寫了三百多篇談改革

文章，你在那裡？我為台灣民主奮鬥的時候，你還沒出生呢！」隨即拂袖而去。⑩

六、二讀會到三讀修憲完成（六月廿日至七月十八日）

六月廿日，國大修憲正式進入二讀會，朝野政黨均發出「甲級動員令」。國民黨李主席於六月廿日晚宣布修憲任務分工，廿一日中央組織工作會就連夜趕製出詳細之動員分工表，依組織動員部門每天彙整國代意見，分由黨務、行政、黨團及其他等四大部門，依需要一一化解。黨務系統由中央黨部祕書長吳伯雄統一指揮，率全部廿一縣市黨部主委上山；行政系統由行政院祕書長趙守博統一指揮；國大議場現場由國大工作會主任莊隆昌、黨團書記長陳子欽進行議場調度；其他系統由總統府祕書長黃昆輝統一指揮。黨中央並於陽明山設前進指揮所，由吳、趙、黃輪值因應各種狀況。就民進黨而言，黨主席許信良也已要求黨團發出甲級動員令，準備隨時配合將兩黨共識部分通過。對此，新黨亦已強力動員，並多次表示，如果國、民兩黨強行表決，新黨不排除採取較激烈的模式杯葛議事，以凸顯對兩黨輕忽民意、草率修憲的不滿。⑪

六月卅日起，國大二讀會由全體討論進入逐案討論、表決階段。又因六月廿五日國、民兩黨黨團協商，達成十四點共識，獲得突破性發展。（1.總統選舉方式：以絕對多數產生之。2.行政院院長之任命，取消立法院同意權。3.解散權。4.倒閣權。5.覆議權：經立法委員二分之一以上決議維持原案，行政院長應即接受該決議。6.立法委員任期及總額。7.彈劾權。8.國家機關彈性條款。9.聽證、調閱權。10審計權。11司法預算獨立。12婦女參政權保障條款。13中小企業保障條款。14調整精簡省府之功能業務與組織

。）雙方有意將進一步達成共識的修憲提案重新交付審查，拖延二讀表決時間，以爭取朝野協商時間。七月二日召開審查會時，國、民兩黨國代聯手，將修憲再付審查提案，新黨國代退場，企圖造成表決人數不足，但以現場仍有二三八人，議長錢復付諸表決，以二一二票強行通過再付審查案，新黨國代隨即擁上主席台，搶走議事槌阻擋主席敲槌，此時國、民兩黨國代上台譴責，雙方一言不合，新黨國代被打之下，雙方乃拳腳相向，血濺議場，爆發本次會議以來最嚴重的打群架衝突事件，也是首次流血事件。⑫

觀之於本次肢體衝突，起火點在於朝野對於議事規則雖有修憲案「再付審查」的規定（第四十七條），唯對如何進行沒有共識，國大議事組又無法提出一套完整的解釋，大會於是以多數決來解決爭議，值得玩味的是，民進黨變成過去其所習於指責的「多數暴力」之一方，導致新黨衝上主席台，爆發一場火爆衝突。

七月三、四日兩天，國大在暴力衝突及新黨集體缺席（座位上插起「抗議中」、「就醫中」等抗議牌）下，成功的將十四點修憲共識，通過「再付審查案」，大會再回到二讀會。七月七日起二讀會進入實質審查。此時最影響修憲者，乃取決於兩大因素：國民黨內「反凍省」勢力與民進黨內陳水扁之「相對多數決」、「公投入憲」主張。

前者，國民黨內反凍省力量在宋省長居首，結合省議員、國大祥和會成員的力量，已是修憲成否的一大關鍵。國民黨欲取得民進黨以凍省交換中央體制同意權等的策略達成，勢須排除內部「阻力」，其採行者乃是「皮鞭與胡蘿蔔」交織運用。七月五日李主席揭示「賞罰分明」，政壇立刻傳出順者賞以高官名位的說法，逆者則動用黨紀。李主

席早先在六月十九日中常會後約見反凍省國代大老林淵源，指凍省為防「一區兩國」。七月七日反凍省主力大將祥和會發言人呂學樟被施以黨紀處分─停權兩年，反凍省士氣大受影響。國民黨所採態勢升高，二讀會中，肅殺氣氛瀰漫，軟硬方法紛紛出籠，各方強力動員，謠言四起，利益交換、白色恐怖、電話監聽等等說法不一，甚至家人電話告急，以死相逼，催促反凍省國代放棄堅持，竟有國代當下淚灑議場，悲涼離席下山而去。

後者，原本國、民兩黨六月廿五日達成十四點共識，看似乍現生機的修憲，卻因身兼民進黨中常委的台北市長陳水扁在六月廿七日跳出來，在中執委暨國大黨團聯席會中，率同正義連線成員推翻許信良與國民黨十四點協商共識中，採用國民黨版的「絕對多數制」主張。於是總統選舉方式與公投入憲究竟放在二階段修憲那一段，形成兩黨僵持不下的新困局。七月九日李總統在官邸接見民進黨前主席黃信介，黃信介說李總統同意二階段修憲，對總統選制不堅持。黃信介斡旋陳水扁，陳水扁同意總統選制、公投入憲第二階段再談。兩黨修憲爭議化解。

七月十五日起一連三天，展開修憲二讀會表決，國、民兩黨當局為達成「強力過關」，都由最高層親自召集黨籍國代，下達總動員令，全力整合內部。七月十四日晚，國民黨李主席親自掌舵，召集全體黨籍國代及黨務、行政系統主管進行誓師大會，呼籲大家發揮「臨門一腳的最大努力」，落實朝野協商的十四項修憲共識。這次動員出席黨籍國代有一百五十八名，仍有近三十名未到會，包括反凍省大將林淵源、陳治男等皆缺席

。反凍省態度軟化的祥和會副會長張榮顯雖出席，但強調其是在家庭壓力下，不得不改變立場。⑬

民進黨中央修憲九人小組亦於七月十四日晚宴請黨籍國代，希望國代能依中執會及國大黨團聯席會議決議，服從被授權對修憲結論負最後責任的九人小組的決議，順利完成修憲。具名邀請的九人小組中，陳水扁未到，姚嘉文出國不克出席，受邀的百名國代出席並不踴躍，約只四十名左右到場，民進黨內推動總統制聯盟之國代多未出席。

新黨修憲決策小組於七月十四日晚會商後決定，將支持公投以及總統選制採取絕對多數等兩案同時入憲。對於國、民兩黨將聯手變更議程，抽出總統選制案延至最後一項與公投入憲一併處理，新黨則表強烈反對，將發動議事杯葛，必要時不惜「焦土抗爭」。至於新黨在進入關鍵二讀表決階段，將一向反對最力的公投入憲案重新考量，乃基於「公投為解決政治紛爭最佳途徑且為社會潮流」前提之下，態度有重大改變。就如同新黨原主張內閣制，為牽就現實，而亦不反對主張權責相符之總統制可行性。正凸顯新黨在弱勢中的困局。

七月十五日為二讀會表決之首日，國民黨反凍省國代陳進丁、張榮顯上午提案要求修憲案改採祕密投票，雖然新黨四十六名國代全數支持，加上國民黨國代只有林淵源等十七位不顧黨鞭勸阻，舉手支持，該案經過兩次表決，仍以懸殊比數失敗。就國民黨內部之反凍省勢力而言，已逐漸氣衰；近日來盛傳國民黨以監聽、查帳、稽稅、掀底案、糾舉家人親戚涉及不法等方式，圖迫使反凍省國代放棄己見。⑭在國大議場內，採取方

塊作戰方式緊迫盯人，每三至五位黨籍國代就安排一人當表決「班長」，以凝聚票源。就民進黨內部之推動總統制聯盟勢力而言，亦受相當程度之安撫。台北市長陳水扁、中評會主委謝長廷特地上陽明山為該黨九人小組的決議背書，祕書長邱義仁則向總統制派國代承諾，民進黨將與國民黨在修憲三讀前簽字確認公投入憲在下次修憲完成，否則他將下台以示負責。⑮

七月十六日為二讀會表決之第二天，通過之修憲條文有「障礙者保障」、「原住民發展權」、「取消教科文預算下限」、「取消閣揆同意權」、「刪除立法院要求行政院變更重大政策機制；降低覆議門檻為二分之一」、「立法院對行政院長不信任案」、「機關員額彈性化」、「凍省」、「停止省級選舉」、「省功能法律訂之」、「國代選舉婦女參政保障」等項。最受注重之關鍵性「凍省」與「取消立院閣揆同意權」議題，均獲過關。該兩案在新黨強力杯葛議事，以及國民黨不斷努力疏通反凍省，故直到晚上挑燈夜戰，才開始表決。凍省修憲案在場三二一人中，共有二六一人贊成，國民黨有林淵源、吳國重、馬長風、林嫦茹及被停權的呂學樟等五人與新黨國代反對凍省，國、民兩黨聯手大獲全勝，省方宣稱四十餘人的反凍省陣營全面崩盤。

七月十七日為二讀會表決之最後一天，共通過九項修憲條文：「國代任期」、「國大設議長」、「行政院長人事副署權」、「總統解散立院之限制及立委重新產生方式」、「總統任期」、「立法院對總統彈劾權之行使」、「國大複決立院對總統彈劾案」、「國大人事同意權」、「國大集會規定」、「立法委員員額」等項。本日之第卅二次大

會，第二讀會議程全部結束，有關「總統選制」、「公投入憲」均擱置。國大、立院之長期閒隙，引發國代爭議不休，立委延長四年、縮短兩年案表決皆未過關，使立委任期維持三年。

七月十八日進入三讀會，上午十點半湊足法定開會人數，國代不斷登記上台發言，直到下午一點始確定昨日之議事錄。為避免重演昨晚表決失控場面，導致無法順利完成三讀程序，國、民兩黨高層均在陽明山中山樓坐鎮，吳伯雄與許信良兩人並舉行協商，討論讓修憲順利完成。

三讀會於下午五點半正式開始，新黨首先由黨團召集人李炳南上台發表退出三讀、表示拒絕為亡國惡憲背書的聲明。李炳南反對為「台獨」鋪路的凍省條款，以及權責不符、總統擴權的「帝王條款」，李炳南在發表聲明完畢後，新黨國代退出場外，至國父銅像前默哀三分鐘。

下午五點五十分，國大議事組開始宣讀三讀條文，程序委員會主席蘇南成就條文內容排定方式進行發言，然後由國代就文字修正部分進行討論。大會最後於晚上七點依規定，就十一條增修條文進行三讀表決，在新黨退席，國、民兩黨二六九位，贊成者二六一位，僅只八位國代未舉手，已足出席代表四分之三法定人數，通過中華民國憲法增修條文第一條至第十一條全文。兩黨國代同聲歡呼。修憲工作歷經一波多折、爭執衝突不斷的情形下，終告完成。

三讀結束後，國民黨國大黨團隨即提出變更議程案，要求將原訂由七月廿一日至廿

四日的總統國情報告及國是建言，改到七月廿一日至廿三日。中華民國憲法增修條文共十一條，總統於七月廿一日公布施行。本次修憲大會亦於七月廿三日閉會。

參、第四次修憲的內容

第四次修憲，朝野三黨均草擬修憲初稿。歷經二月餘之修憲會議，國、民兩黨合作下，共完成中華民國憲法增修條文十一條。以下首先比較三黨草案之異同，而後析論第四次修憲增修條文與原憲法、增修條文調整之處。

一、朝野三黨修憲初稿之比較

國民黨、民進黨、新黨之修憲初稿差異甚大，其中國、新兩黨各有十二條，民進黨因內部派系無法整合，乃採兩案併陳（甲案總統制、乙案雙首長制），有十五條。茲將三版本要點差異分析如次：

㈠國民大會方面：

1.國民黨：國代總額二五四人。以總統、副總統選舉，依各政黨所推薦之候選人得票比例分配各政黨名額。其中全國不分區二二六人，平地、山地原住民各四人，僑居國外國民二〇人。凍結國代創制及複決權。

2.民進黨：國代總額一〇〇人。採政黨比例產生。其選舉應另列政黨選票，與總統選舉同時投票。每滿四人至少應有婦女名額一人，每滿廿人至少應有原住民名額一人。國大職權中刪除「議決監院提出之總統副總統彈劾案」（另乙案中增列「提出領土變更案」）。

3.新黨：國代總額二〇〇人。由人民直接投票，依政黨得票比例分配之。其中全國不分區一六四人、金馬地區六人、原住民十人、僑居國外國民二十人。各項名額各黨每滿四人應有婦女當選名額一人。國大職權中刪除原增修條文「補選副總統」。

㈡總統方面：

1.國民黨：總統之選舉，提出甲、乙兩案：甲案，以得票過半數之一組為當選，選舉結果無人當選時，應就得票較多之二組候選人，於十四日內舉行第二次投票，以得票最多之一組為當選。乙案，沿用現制，以第一次投票，得票最多者為當選。

有關總統職權：包括「總統任免行政院長勿須經立院同意」、「總統為決定國防、外交、自由地區與大陸地區關係及其他有關國家安全大政方針經國家安全會議所作決定，由行政院執行之。」、「總統得於諮詢行政院長及立法院長後，解散立法院。但遇有宣布戒嚴期間、宣布緊急命令期間、立法委員五分之三以上提議對總統彈劾時、立法院改選後一年內等四種情形時，不得解散立法院。」

2.民進黨：「總統任命行政院院長。行政院院長於立法院改選後第一次集會前應向總統提出辭職。」、「總統發布下列命令，無須行政院長副署：①總統依憲法經國民大會或立法院同意任命之任免命令。②依憲法任免行政院院長之任免命令。③依憲法解散立法院之命令。④依憲法交付公民投票之命令。」、「總統遇緊急命令生效期間、戒嚴期間或立院新任期開始後一年內，不得解散立法院。」、「立法院解散時，應於解散後四十日內舉行改選，並於選舉確認後十日內自行集會，其任期重新起算。」、「立法

院對總統、副總統之彈劾案，應向司法院提出，經司法院憲法法庭公開審理，憲法法庭法官總額三分之一通過時，被彈劾人應辭職。」、「對總統、副總統之彈劾事由，限於叛國、違反憲法或侵害國家法益之重大刑事不法行為。」、總統選制依原增修條文，維持不變。

就甲案另有：「總統設國家安全會議，決定國防、外交及大陸地區等國家安全有關大政方針。」(以上A案)「總統主持國務會議，總統得就特定議題授權行政院長主持國務會議。其成員由行政院院長、副院長、各部會首長及不管部會之政務委員組織之。」(以上B案)、「立法院通過對行政院之不信任案後廿日內，總統得基於必要之情勢或行政院長之咨請，於諮詢立法院院長後，宣告解散立法院。」

就乙案另有：「遇有下列情形之一時，總統得基於必要之情勢或行政院長之咨請，於諮詢立法院院長後，宣告解散立法院：1.立院通過對行政院之不信任案後二十日內。2.總統改選就職後三個月內。」、「總統得向立法院提出國情咨文，上述咨文應予宣讀。」

3.新黨：總統之選舉，提出甲、乙兩案。甲案，以得票過半數之一組為當選，無人當選時，應就得票較多之二組候選人，於十四日內舉行第二次投票，以得票最多之一組為當選。乙案，以得票數最多之一組為當選。

有關總統職權方面有變更者：「總統任命行政院長或依憲法經國民大會同意任命人員之命令，無須行政院長之副署。」、「總統副總統均缺位時，由國民大會議長代行其

職權，並於三個月內補選總統、副總統，繼任至原任期屆滿為止。」、「監察院向國民大會提出之總統副總統彈劾案，經國民大會總額二分之一同意時，被彈劾人應即解職。」、「總統、副總統不得兼任其他公職、政黨職務或執行業務。」

㈢行政院方面：（僅國、新兩黨有修正案提出）

1.國民黨：「行政院院長由總統任命之，行政院長辭職或出缺時，在總統未任命行政院長前，由行政院副院長暫行代理。」、「行政院移請覆議案，立法院應於送達十五日內作成決議，如為休會期間，立法院應於七日內自行集會，並於開議十五日內作成決議。覆議案逾期未議決者，原決議失效。」、「立法院得經全體立法委員三分之一以上連署，對行政院院長提出不信任案。不信任案應於提出七十二小時後之四十八小時內以記名投票表決之，如經全體立法委員二分之一以上之贊成，行政院長應於十日內提出辭職，並得同時呈請總統解散立法院；不信任案如未獲通過，一年內不得對同一行政院長再提不信任案。」「行政院提出於立法院之重大民生法案，未於一年內完成立法程序，行政院得經總統之核可，以暫行條例公布施行。並於立法院完成該法案之審議及公布後失效。」

2.新黨：「行政院長由總統自立法委員中擇一任命之。行政院長應於立法院改選後第一次集會前向總統提出辭職。」、「行政院移請覆議案，立法院應於該覆議案送達十五日內作成決議。覆議時，如經立法委員總額過半數維持原案，行政院長應即接受該決議或辭職。」、「立法院得經立法委員三分之一以上連署，對行政院長提出不信任案

。不信任案應於提出後三日內以記名投票表決之。如經立法委員總額過半數贊成，行政院院長應即於十日內辭職，並得建請總統解散立法院。」「行政院得於送交立法院之重大民生法案中，於每會期與立法院議定若干件為急迫性法案，立法院應優先審議，但其總數不得超過五件。」

㈣立法院方面：

1.國民黨：「立法院立法委員兩百人，依下列規定選出：①自由地區省、市一四二人。②平地、山地原住民各四人。③僑居國外國民六人。④全國不分區四四人。前一、二款採單一選區選出之，第三、四款採政黨比例方式選出之，各政黨當選名額每滿四人，應有婦女當選名額一人。」、「立委任期四年，連選得連任，其選舉應於每居任滿前或解散後二個月內為之。新選出之立委應於當選公告後第十日宣誓就職，任期自該日起算。」、「立法院經總統解散後，在新選出之立委就職前，視同休會。」、「總統於立院解散後發布緊急命令，立院應於三日內自行集會，並於開議七日內追認之。但新任立委選舉投票日後發布者，應於新任立委就職後追認之。」、「立院對總統副總統之彈劾案，須經全體立委五分之三以上提議，全體立委三分之二以上之決議，向國民大會提出。」、「立法院設審計長，任期六年，須超出黨派以外，依法獨立行使職權。審計長由總統提名，經國民大會同意任命之。」（以上為甲案，乙案維持原憲法規定）、「立院為行使職權，得經院會或委員會之決議，要求行政院及其各部會就議案涉及事項提供參考資料，必要時並得經院會決議調閱文件原本。」、「立院各委員會為審查議案需要

，並得舉行聽證。」

2.民進黨：「立院設立委二五〇名，任期四年。其產生：①依區域人口比例選出，A案一九四人，B案一七四人，每直轄市、縣市至少一人。②原住民選區六人。③全國不分區，A案五〇人，B案七〇人。」、「前項第三款依政黨比例方式選出之，其每滿二十人應有原住民當選名額一人。前項一、二、三款之名額，每滿四人至少應有婦女當選名額一人。」（以上兩項均為甲案）、「單一選區兩票制採德國模式，原住民保障採單軌式。立法院設立委二五〇人，任期四年。其產生：①依單一選區相對多數決選出一二五人。②原住民十三人。③全國不分區一一二人。」（以上為乙案）、「立院有議決法律案、預算案、戒嚴案、大赦案、宣戰案、媾和案、條約案及國家其他重要事項之權。並行使總統副總統之彈劾提案權及審計權。」、「立院得對行政院提出不信任案，追究其政治責任。須經立委總額過半數之同意即為通過。不信任如遭否決，原連署人在同一會期中不得再連署不信任案，但因行政院要求信任而提出之不信任案不在此限。」、「立院通過行政院長之不信任案，除總統於二十日內解散立法院外，行政院長應即向總統提出辭職。」、「行政院院長於就職後第一次施政報告中，得就其施政大綱，經行政院會決議後，向立法院要求信任。此項要求提出後四十八小時內若無不信任案之提出，視為信任。」、「立院對總統副總統之彈劾提案，須有立委總額三分之一提議，公開審查後經總額三分之二決議，使得提出。」、「立院設審計長，任期六年，由總統提名，經立院同意任命之。審計長依法獨立行使職權。行政院應於會計年度結束後四個月內

，提出決算於立院。」「立院為行使其職權，得向政府相關機關調閱其所發布之命令及各種相關文件。」、「立院為行使其職權，得舉行聽證會，相關政府官員及社會人士，應立院之要求，應出席聽證會作證。」

3.新黨：「立委總額為二百人，其產生：①自由地區省市九〇人。②金馬地區四人。③原住民八人。④僑居國外國民八人。⑤全國不分區九〇人。前三款區域選舉之，後兩款按政黨比例方式選出之，政黨候選人名單，各政黨應於選舉前一個月公布之。各政黨當選名額，每滿四人應有婦女當選名額一人。」、「立院通過對行政院之不信任案二十日內，總統得應行政院院長之請求，公告解散立法院。立院解散後，應於六十日內改選。新選出之立委應於當選公告後十日內自行集會，宣誓就職。立院解散後至新立委就職前，視同休會。」、「立院為行使職權，得經委員會或院會之決議，要求行政院及其各部會提供相關資料，必要時得調閱文件原本，行政院不得拒絕。立院各委員會得舉行聽證會，受邀人員不得拒絕。」、「立委得兼任行政院院長、副院長、各部會首長及不管部會政務委員。」、「立院設選舉規劃委員會，負責選舉制度與選舉區劃分之規劃。」

(五)司法院方面：(僅民、新兩黨有修正案提出)

1.民進黨：「司法院設大法官若干人。大法官由總統提名，經立法院同意任命之；司法院院長及副院長，由大法官互選之。」、「司法院大法官，組成憲法法庭，掌理：①憲法第七十八條規定事項。②審理立法院所提出之總統、副總統彈劾案。③審理政

黨違憲之解散事項。」、「政黨之目的或其行為，危害國家之存亡或自由民主之憲政秩序者為違憲。（刪除原「中華民國」改成「國家」）、「行政院對於司法院提出之預算應併入中央政府總預算逕送立法院審查不得加以增刪，但得就總額加註意見。」、「司法院各級法官之組織及行政事務，應依法官自治之精神，以法律定之。各級法院院長由法官互選之。」

2.新黨：「司法院設大法官若干人，並以其中一人為院長，一人為副院長，大法官每人任期為九年，不得連任；由總統提名，經國民大會同意任命之。」、「司法院提出之預算，行政院應予併入中央政府總預算逕送立法院審查，不得加以增刪，但得就其總額加註意見。」

㈥考試院方面：（僅新黨有修正案提出）

1.新黨：「考試院設院長、副院長各一人，考試委員若干人，每人任期六年，由總統提名，經國民大會同意任命之。」、「考試院提出之預算，行政院應予併入中央政府總預算逕送立法院審查，不得加以增刪，但得就其總額加註意見。」

㈦監察院方面：

1.國民黨：「監察院為國家最高監察機關，行使彈劾、糾舉（甲案：增列「之權」，乙案：增列「及審計權」。）」、「監院對總統、副總統之彈劾權予以刪除。」

2.民進黨：「監察院為國家最高監察機關，行使彈劾、糾舉之權。」、「監院對總統、副總統之彈劾權予以刪除。」

3.新黨：「監察院設監察委員二十九人，並以其中一人為院長，一人為副院長，每人任期六年，由總統提名，經國民大會同意任命之。」、「審計長應於行政院提出決算後三個月內，依法完成其審核，提出審查權報告於立法院，並向監察院提出追究責任之建議。」、「監察院提出之預算，行政院應予併入中央政府總預算逕送立法院審查，不得加以增刪，但得就其總額加註意見。」、「監察院對總統、副總統、中央、地方公務人員之彈劾予以刪除。」

(八)省縣自治方面：

1.國民黨：「省縣地方制度包含下列各款：①省設省政府，置委員若干人，其中一人為主席，均由行政院長提請總統任命。②省設省諮議會，置省諮議會議員若干人，由行政院長提請總統任命之。③縣設縣議會，縣議會議員由縣民選舉之。④屬於縣之立法權，由縣議會行之。⑤縣設縣政府，置縣長一人，由縣民選舉之。⑥省、縣與中央之關係。⑦縣自治之監督機關為省政府。」、「台灣省議會議員及台灣省長之選舉自本居(民國八十七年十二月廿一日)任期居滿日起停止辦理。」、「台灣省議會議員及台灣省長之選舉停止辦理後，台灣省政府之功能、業務與組織調整，得以法律為特別之規定。」

2.民進黨：「地方制度應包含下列各款：①省制應於第一屆省長任期屆滿時廢止。(以上甲案)省置省政委員會，設省政委員九人，並以其中一人為主任委員，由行政院院長任命之。(以上乙案)②行政院與省、縣之關係。③縣設縣議會，縣議會議員由

縣民選舉之，屬於縣之立法權，由縣議會行之。④縣設縣政府，置縣長一人，由縣民選舉之。⑤縣自治之監督機關為行政院。」「憲法第一百零九條事項由中央立法並執行或交由縣執行之。省政委員會承行政院指示，協調縣自治事項。」

3.新黨：提出甲、乙、丙三案。甲案維持原增修條文規定。乙案：「省、縣地方制度，應包含下列條款：①省設省議會，縣設縣議會，省議會議員、縣議會議員分別由省民、縣民選舉之。②屬於省、縣之立法權，由省議會、縣議會分別行之。③省設省政府，置省長一人，縣設縣政府，置縣長一人，省長、縣長分別由省民、縣民選舉之。④省與縣之關係。⑤省自治之監督機關為行政院，縣自治之監督機關為省政府。⑥省之轄區不得超過中央政府統治權所及轄區之二分之一。」丙案：「地方制度，應包含下列各款：①省設省政府，置省政委員若干人，並以其中一人為省主席，由行政院長提請總統任命之。②行政院與省、縣之關係。③縣設縣議會，縣議會議員由縣民選舉之，屬於縣之立法權，由縣議會行之。④縣設縣政府，置縣長一人，由縣民選舉之。」

(九)其他方面：

1.國民黨：國民大會創制、複決兩權凍結，由人民依法行使創制複決權。

2.民進黨：增列有「選舉規劃委員會」、「政黨」、「公民投票權」、「社會權」、「憲法修改程序」等條款。

3.新黨：增列有「基本國策中對環境權、障礙者、原住民、離島及偏遠地區人民等，較為邊緣之人民權益保障，以及政黨禁止經營營利事業入憲。」

二、第四次增修條文內容

第四次增修條文通過憲法增修條文十一條，除與原第三次修憲相同者外，新改內容就性質言，可包括中央政府體制的改變、地方制度的改變及基本國策的增刪等三部分。

㈠中央政府體制的改變

中央政府體制之變動包括總統、行政、立法關係的改變以及司法院、監察院組織及職權之調整。

1.國民大會方面：

①增訂「國大代表婦女參政保障名額，以政黨比例方式選出者，各政黨當選之名額每滿四人，應有婦女當選名額一人。」（憲法增修條文第一條第二項）

②修訂「議決立法院提出之總統、副總統彈劾案」。（彈劾權由監察院改移至立法院行使）（憲法增修條文第一條第三項第三款）

③刪除原「國民大會設議長前，由立法院通告集會。」（國民大會已設議長，故刪除）（增修條文第一條第四項）

④刪除增修條文第一條第六項、第八項自第三屆國民大會代表起之條文。（第三屆國代已選出，故無須再特為規定。）

2.總統方面：

①總統任命行政院長，不須經立法院同意。（憲法增修條文第三條第一項）

②總統於立法院通過對行政院院長之不信任案後十日內，經諮詢立法院院長後

，得宣告解散立法院。但總統於戒嚴或緊急命令生效期間，不得解散立法院。立法院解散後，應於六十日內舉行立法委員選舉，並於選舉結果確認後十日內自行集會，其任期重新起算。（憲法增修條文第二條第五項）

③增訂「總統發布行政院長……之任免命令及解散立法院之命令，無須行政院長之副署。」（憲法增修條文第二條第二項）。

3.行政院方面：

①行政院院長由總統任命之。行政院院長辭職或出缺時，在總統未任命行政院長前，由行政院副院長暫行代理。憲法第五十五條之規定，停止適用。（憲法增修條文第三條第一項）

②行政院對立法院負以下之責：甲、行政院有向立法院提出施政方針及施政報告之責。立法委員在開會時，有向行政院院長及行政院各部會首長質詢之權。乙、行政院對於立法院決議之法律案、預算案、條約案，如認為有窒礙難行時，得經總統之核可，於該決議案送達行政院十日內，移請立法院覆議。如為休會期間，立法院應於七日內自行集會，並於開議十五日內作成決議。覆議案逾期未議決者，原決議失效。覆議時，如經全體立法委員二分之一以上決議維持原案，行政院院長應即接受決議。丙、立法院得經全體立法委員三分之一以上連署，對行政院院長提出不信任案。不信任案提出七十二小時後，應於四十八小時內以記名投票表決之。如經全體立法委員二分之一以上贊成，行政院院長應於十日內提出辭職，並得同時呈請總統解散立法院；不信任案如未獲通過

，一年內不得對同一行政院長再提不信任案。（憲法增修條文第三條第二項）

③國家機關之職權、設立程序及總員額，得以法律為準則性之規定。各機關之組織、編制及員額，應依前項法律，基於政策或業務需要決定之。（憲法增修條文第三條第三項、第四項）

4.立法院方面：

①立法委員自第四屆起二二五人。依下列規定選出之：1.自由地區直轄市、縣市一六八人。每縣市至少一人。2.自由地區平地、山地原住民各四人。3.僑居國外國民八人。4.全國不分區四十一人。上述第三、四款名額，採政黨比例方式選出之。另第一、三、四款名額，在五人以上十人以下者，應有婦女當選名額一人，超過十人者，每滿十人應增婦女當選名額一人。（憲法增修條文第四條第一、二項）

②立法院經總統解散後，在新選出之立法委員就職前，視同休會。（憲法增修條文第四條第三項）

③總統於立法院解散後發布緊急命令，立法院應於三日內自行集會，並於開議七日內追認之。但於新任立法委員選舉投票日後發布者，應由新任立法委員於就職後追認之。如立法院不同意時，該緊急命令立即失效。（憲法增修條文第四條第四項）

④立法院對於總統、副總統犯內亂罪或外患罪之彈劾案，須經全體立法委員二分之一以上之提議，全體立法委員三分之二以上之決議，向國民大會提出。（憲法增修條文第四條第五項）

⑤立法委員除現行犯外，在會期中，非經立法院許可，不得逮捕或拘禁。（憲法增修條文第四條第六項）

5.司法院方面：

①司法院設大法官十五人，並以其中一人為院長、一人為副院長，由總統提名，經國民大會同意任命之，自民國九十二年起實施。（憲法增修條文第五條第一項）

②司法院大法官任期八年，不分居次，個別計算，並不得連任，但並為院長、副院長之大法官不受任期之保障。（憲法增修條文第五條第二項）

③民國九十二年總統提名之大法官，其中八位大法官，含院長、副院長，任期四年，其餘大法官任期為八年，不適用前項任期之規定。（憲法增修條文第五條第三項）

④司法院所提出之年度司法概算，行政院不得刪減，但得加註意見，編入中央政府總預算案，送立法院審議。（憲法增修條文第五條第六項）

6.監察院方面：

①刪除監察院對總統、副總統之彈劾權（憲法第三次增修條文第六條第五項）

(二)地方制度的改變：

1.省設省政府，置委員九人，其中一人為主席。省設省諮議會，置省諮議員若干人。以上人員均由行政院長提請總統任命之。（憲法增修條文第九條第一項第一、二款）

2.省承行政院之命，監督縣自治事項。（憲法增修條文第九條第一項第七款）

3.停止省長及省議員之選舉。（憲法增修條文第九條第二項）

4.台灣省政府之功能、業務與組織之調整，得以法律為特別之規定。（憲法增修條文第九條第三項）

㈢基本國策的增刪：

1.國家對於人民興辦之中小型經濟事業，應扶助並保護其生存與發展。（憲法增修條文第十條第三項）

2.國家應對無障礙環境之建構加以保障。（憲法增修條文第十條第七項）

3.取消教科文下限之限制。（憲法增修條文第十條第八項）

4.增訂對原住民地位及政治參與之保障應依其意願。有關原住民之保障除原有之項目外，並增列應保障原住民之交通水利、衛生醫療。對於金門、馬祖地區人民亦等同的予以保障。（憲法增修條文第十條第十項）

肆、第四次修憲的評析

第四次的修憲是為落實國發會共識。國發會的目的已在前章分析。第四次修憲就國、民兩黨高層的「基本面」都達到了，亦即國民黨李登輝所最在意的「取消同意權」，以及民進黨許信良所最在意的「凍省」。就憲法學界最關切修憲原則—憲章之「窒礙難行」、「扞格不入」的角度切入，不禁茫茫然，究竟第四次為何修憲？修的是否有其急迫性？修的是否合學理？在在均值商榷。就取消同意權，除化解李氏個人「著毋庸議」

的憲政窘境之急，不但不合理（作者前文引例：立委開車闖紅燈，索性運作在立院將該法規條文刪除。），且賠上整個憲法中央體制完整性，造成崩盤；就凍省，除了達成部分人士意識形態的滿足，不但未解決派系、黑金、缺乏效率之問題，反而造成整個地方自治實施的逆退。故而本次修憲的過程中，社會上一直充滿反彈聲浪；修憲的內容更直接破壞了中華民國憲政體制的精神。本文分從過程、內容分析之。

一、從修憲過程面析論

本次修憲基本上因法、理的條件均薄弱，故而不可避免所引起爭議極大。僅是以國、民兩黨高層之共識，推動著修憲前進。而在兩黨內部、新黨以及社會各界的反彈四起。當協商觸礁，李總統之「修憲不成，就不准閉會」、「修憲今年一定要完成，沒有明年，沒有後年！」⑯許信良所發表「修憲萬言書」，指責「反修憲」、「反改革」等，兩黨高層的意志力，終使第四次修憲「一波多折」、「峰迴路轉」，在「凍省、反凍省」，「雙首長制、總統制」，「絕對多數制、相對多數制」，「反修憲、反修惡憲」，「反改革，反毀憲分贓」諸多不同聲音中，完成了修憲工程。綜論本次修憲的過程中，透露出三個大方向：①政黨協商頻仍與政黨高層默契。②引發流血衝突之「再付審查」程序合法性探究。③三黨暨社會各界反對修惡憲訴求。

㈠政黨協商與高層默契

本次修憲因民國八十五年第三屆國民大會改選之後，議會政治生態丕變，國民黨雖占過半數席次，但距四分之三的修憲門檻差距甚多，如果要通過修憲，只有一種可能，

就是與其他政黨合作。質言之，國民黨無可選擇的必須與民進黨合作，才能完成修憲目的。故而本次修憲過程中，一方面各政黨間協商不斷，另一方面則是國、民兩黨高層良好默契與共識。這也就是政黨間之黨與黨協商、黨團與黨團協商，雖不斷召開，又不斷破裂，幾次瀕臨無以為繼之提前休會的深淵（社會輿論或稱「歹戲拖棚」），最後發揮臨門一腳，終能達成若干共識（尤其六月廿五日之國、民兩黨黨團協商），兩黨高層之相當默契，則實居首功。以下分別論及政黨協商之經過與內容、政黨協商挫敗之因、政黨高層默契之運作。

1.政黨協商經過及其內容

本次修憲之政黨協商組合有三種：國、民兩黨，國、新兩黨，民、新兩黨。

(1)國、民兩黨間之協商：共計有黨團間協商十六次，黨中央間協商四次。

黨團間之十六次協商：

第一次：八十六年五月一日，北市希爾頓飯店。主要討論：甲、國代與立委總額。乙、婦女保障名額及原住民名額。丙、總統選舉方式及其職權。協商結果：甲、國代、立委之婦女保障名額，同意「每滿四人應有婦女當選名額一人」。乙、總統對行政院長有主動任免權。丙、國家機關設置應有彈性，國家行政總員額應予適度限制。

第二次：八十六年五月三日，北市聯勤信義俱樂部。主要討論：甲、大法官任期及司法院預算獨立。乙、精簡省政府、省議會。丙、公民創制、複決權。協商結果：甲、考慮限制大法官不得連任。乙、考慮司法預算獨立。丙、精簡省政府、省議會。

第三次：八十六年五月十二日，北市聯勤信義俱樂部。主要討論：國代、立委總額及其產生方式、司法預算獨立、總統職權、地方制度等。協商結果：現有國代總額應予適度減少，立委人數則予以適度增加。

第四次：八十六年五月十九日，北市陽明山中山樓三〇二室。主要討論：甲、針對前三次協商議題重表述。乙、民進黨提出一份對修憲談判之基本主張，送請國民黨參考。本次未有任何共識。

第五次：八十六年五月廿一日，北市聯勤信義俱樂部。主要討論中央政府體制及總統制修憲議題。協商結果：甲、國民黨請民進黨將其「總統制」、「雙首長制」整合為一個民進黨版，以明確民進黨之修憲主張。乙、憲政改革方式，採取問題取向，合理健全體制，不做體制名稱之爭辯。

第六次：八十六年五月廿二日，北市陽明山中山樓三〇二室。主要討論：甲、中央政府體制。乙、司法改革。協商結果：甲、民進黨請國民黨支持其兩個版本都進入二讀，國民黨表示將研究考慮。乙、考慮司法院大法官每屆任期八年，不得連任，每四年改選一半。

第七次：八十六年五月廿六日，北市西華飯店。主要討論：甲、司法院預算獨立。乙、立委職權。協商結果：甲、司法院預算獨立之問題，兩黨相互瞭解立場。乙、同意立院享有調閱權與聽證權，條文待研商。丙、國代應比照立委享有相同之「身體自由保障條款」。

第八次：八十六年五月廿八日，北市聯勤信義俱樂部。主要討論：雙方就國民黨版修憲案進行逐條逐項討論，各自表達具體意見，並就每條每項以「同意」、「不同意」、「修正保留」及「研究處理」來處理。協商結果：民進黨同意精簡省級原則。大致同意國大部分。不同意創制複決權，而主張公民投票制度。主張行政院院長被任命後，總統不得主動免除其職務。主張立委產生方式依德國式單一選區兩票制與政黨比例代表混合制。

第九次：八十六年五月卅日，北市希爾頓飯店。雙方就各項議題均有廣泛討論。國民黨對於民進黨兩個黨版，應「擇一」或「全部」進入二讀會，將提出於黨中央協商研究。

第十次：八十六年六月十四日，北市聯勤信義俱樂部。主要討論：甲、有關修憲程序議題。乙、廣泛就修憲優先議題進行討論。協商結果：甲、達成有關審查報告書處理方式及二讀會修憲案之修正案處理方式的共識。乙、同意修憲優先順序之議題：立委任期四年、司法院年度預算獨立條款、國家機關彈性條款、政黨比例產生之婦女保障條款、人民行使創制、複決條款、警察預算統一編列、其他中小企業保障條款。

第十一次：八十六年六月十六日，北市聯勤信義俱樂部。主要討論在於確認第十次協商的七項共識。協商結果，因兩黨內部各有歧見，並未就七項議題達成最後共識。兩黨並共同宣示，三居國大第二次會議仍應繼續，堅定完成修憲工作的決心。

第十二次：八十六年六月十八日，北市陽明山中國飯店。主要討論，再次就第十次

協商之七項共識進行確認。協商結果，雙方對優先順序及議題內容仍有歧見，未達成共識。民進黨表示凍省條款不得做為協商時交換條件，國民黨同意盡力疏通反凍省代表。

第十三次：八十六年六月廿日，北市希爾頓飯店。雙方繼續就修憲優先順序議題討論，唯因雙方各有堅持，未達成具體結論。

第十四次：八十六年六月廿五日，北市國賓飯店。兩黨就各項修憲議題之內容及優先順序，進行逐條討論。經過八小時熱烈討論，獲致突破性之十四點共識。

第十五次：八十六年七月八日，北市陽明山中山樓。主要討論：在於就十四點共識部分研擬具體修憲條文，並討論如何將新的修憲版本提出於已進入之二讀會中。協商結果，完成有關十四點共識之具體條文。同時在修憲程序上，決定依國大議事規則，將相關修憲提案「再付審查」動議，交修憲審查委員會再行審查後，再依規定於審查結果結束後提出修正案，將十四點共識納入修正案中，提出於大會進行二讀。（有關「再付審查」之程序爭議，下文中單獨提出討論。）

第十六次：八十六年七月十四日，北市陽明山中山樓。兩黨黨團商議有關修憲之二讀程序問題，期能讓有共識部分先行通過。協商結果，兩黨同意共同支持將再付審查結果修正案等廿九項條文通過二讀，而將修憲提案中有關總統選舉方式等十二項修憲案及其修正案延後表決。

黨中央間之四次協商：

第一次：八十六年六月一日，北市圓山飯店麒麟廳。主要討論：甲、修憲審查會進

行程序。乙、在修憲內容上，國民黨主張維持國發會共識。民進黨具體提出凍省、凍結五項選舉、總統對國會只有被動解散權、德國制單一選舉、另立法懈怠條款暫不入憲。協商結果：甲、國民黨表示在尊重國大議事規則原則下，才同意民進黨的意見在修憲審查委員會以「逐條」方式表決，協助將民進黨「總統制」版進入二讀。乙、達成六項決定：1.兩黨共同宣示如期完成修憲之決心。2.為建立共識，兩黨協商應密集進行至修憲完成為止。3.協商過程中兩黨均同意部分，應交由兩黨國大黨團依程序處理。4.有爭議部分應繼續協商。5.希望新黨共同參與修憲。6.兩黨於六月四日晚上八時再進行協商，由民進黨安排。

第二次：八十六年六月四日，北市新光人壽大樓敦南館。主要討論：甲、確認雙方國大黨團協商之結果。乙、討論雙方修憲版本相同提案部份。丙、討論有關修改憲法程序之提案。丁、就雙方立場不同部分進行對話。協商結果：甲、次日（六月五日）國大審查會散會前，由民進黨提出第一〇七號案第十、十一、十五條之復議案，國民黨願予支持進入二讀程序。乙、雙方就「司法預算獨立案」與「中央政府各機關之職權、設立程序及總員額之彈性調整案」達成共識，交由兩黨國大黨團依修憲程序處理。丙、雙方重申信守國發會共識，完成修憲之誠意與決心。丁、民進黨堅持停止五項選舉，精簡省府組織須落實。中央體制方面請國民黨研究民進黨總統制版之可行性。戊、國民黨認為國發會共識之落實須整體處理，有關民進黨前述事項，涉及配套設計，雙方應通盤考慮後，再確定個別議題。

第三次：八十六年六月八日，北市國賓飯店。本次協商乃為配合國民大會於六月十日下午截止收受修憲提案的日程規定，期提出雙方共識之修正案版本。結果在歷經十五小時馬拉松式談判，終未簽署共同結論。僅達成一份「憲政協商紀錄」，分別從：甲、有關中央體制以外之修憲提案，非關國發會共識部分。乙、有關中央體制以外之修憲提案，有關國發會共識部分。丙、有關中央體制之修憲案提案，關於國發會共識等三大部份；就有共識及不同意見予以記錄説明。

第四次：八十六年六月十日，北市來來飯店。主要討論五項選舉。民進黨堅持停止五項選舉，國民黨則表示現階段不宜停止，終至協商破裂。兩黨發表共同聲明，雙方希望對方把意見帶回再做研究。唯以後兩黨之中央對中央協商至修憲完成間，迄未再有進行。

(2)國、新兩黨間之協商：共計有黨團間協商五次，黨中央間協商一次：

黨團間之五次協商：

第一次：八十六年五月九日，北市希爾頓飯店。主要討論：甲、國民大會代表總額及產生方式。乙、總統選舉方式。協商結果：甲、國代總額均主張二五〇名。乙、國代產生方式，兩黨均主張「政黨比例制」，唯國民黨主張一票制，依附總統、副總統選票計算政黨得票率，新黨主張兩票制。丙、總統選舉均主張採用「絕對多數當選制」。

第二次：八十六年五月十六日，北市希爾頓飯店。雙方廣泛就修憲議題交換意見。兩黨較具共識者：甲、台灣省政府之功能、業務與組織，作合理的精簡與調整。乙、審

計權之歸屬，維持現狀。

第三次：八十六年五月廿一日，北市陽明山中國飯店。雙方廣泛就修憲議題交換意見。達成兩點共識：甲、憲法本文不動，增修條文前言不動。乙、人民得享有創制、複決兩權，但不得與憲法牴觸。

第四次：八十六年五月廿三日，北市陽明山中國飯店。本次協商乃以國民黨修憲版本作為協商藍本。協商結果：甲、有關國大部分，新黨主張國代產生採政黨比例或維持現狀，國大由議長召集。其餘同意國民黨條文。乙、有關總統部分，新黨對總統解散立院，及由國安會決定國防、外交、兩岸關係及重大方針等規定，持保留態度。丙、有關行政院部分，新黨對新增之行政、立法間倒閣與解散權關係，以及立院懈怠之行政暫行條例，表示反對立場。

第五次：八十六年六月十五日，北市聯勤信義俱樂部。本次綜合討論相關之修憲議題，未獲具體共識。

國、新兩黨中央間之協商有一次：民國八十六年六月十日，新黨提出八項基本主張（詳見本章之「貳、六」部分之列述），雙方就各自黨版修憲案提出說明，會談結果，未達成任何具體結論。僅有三點共識：①基於政黨政治互相尊重原則，兩黨協商繼續進行。②兩黨各自表述修憲基本主張，其間有甚多相同之處。③新黨認為修憲茲事體大，應從長計議。

(3)民、新兩黨間之協商：共計有黨團間協商三次。

第一次：八十六年四月十七日。雙方共達成四點共識：甲、國會權的強化非常有必要。基本上同意民進黨版強化國會的權限。唯新黨希望民進黨再考量審計權及彈劾權歸屬立院之必要性。乙、憲法明訂司法院的預算須具有獨立性，行政院不得任意刪減，僅能加註意見。丙、將保障弱勢族群的規定入憲。丁、選舉制度採兩票制，同時以德國模式為準，不贊成日本模式，否則反對到底。

第二次：八十六年四月廿四日。本次在於討論國大組織、中央政府體制、省的議題等。協商結果：甲、國代由政黨比例方式產生，名額減少，人數則再討論。乙、有關省的議題，雙方差距過大，唯一共識是「反對國民黨版有關省的主張」。丙、中央體制方面，贊同「行政院移請立法院的覆議案，只要經過總額二分之一立委維持原案，行政院長應即接受該決議或辭職。」「立法院彈劾總統、副總統案，經立委總額二分之一決議即可。」「總統擁有被動解散國會權。」

第三次：八十六年五月二日。本次討論立法院、司法院相關議題。協商結果：甲、有關立法懈怠問題，為提升立法效率，立院應優先並限期審議急迫性法案。至於是否有件數規定未做決定。乙、司法院設大法官若干人，不得連任。任期則雙方有歧見。

2.政黨協商挫敗檢討

總計第四次修憲當中，三黨之間的各種協商（包含黨中央間協商、國大黨團協商）達廿九次之多，除國、民兩黨在第十四次協商，六月廿五日獲致突破性發展，確立十四點共識（本次之突破，乃是兩黨黨主席高層接觸後取得之結果，待後文詳述。）其餘多

數協商均歸於無具體結論而破裂，其原因有三：一是國、民兩黨內部的反彈過大，二是新黨對修憲內容的異議，三是國代自主性高與國大黨團翻案。

⑴國、民兩黨內部反彈過大：

就國民黨方面，阻礙高層意志遂行之最大力量，來自反凍省的反應。基層、國代之「割地賠款」、「敗家子」、「敗國、敗民、敗黨」、「和平轉移政權」、「李氏是國民黨的戈巴契夫」等嚴峻批評、指責壓力，使得國民黨高層政策雖仍然傾向停止五項選舉，也不得不一改作風，明白表示現階段停止五項選舉，國代及地方人士根本無法接受，認為在實施步驟與確切時程，仍須根據現實反應，進一步研究後再議。此尤為國、民兩黨六月八日、六月十日兩黨中央間關鍵性重要協商宣告破裂主因。

就民進黨方面，該黨中常會於四月卅日初通過成立十一人「憲改工作及協商小組」之名單甫出爐，黨內反彈聲音便起，福利國及正義連線主張「總統制」者，認為名單皆是支持「雙首長制」為主之成員，是為國發會結論護航。⑰民進黨在其後多次政黨協商中，「推動總統制聯盟」人士成為該黨對外發展的最大壓力。此其所以特別堅決以停止五項選舉，作為是否支持國民黨中央政制改革的先決條件。蓋以推動總統制聯盟人士對於民進黨中央同國民黨的雙首長制，一直持反對態度。在本身內部意見不能整合時，立即停止五項選舉成為民進黨主流人士的最大籌碼，亦是其別無選擇，不能退讓的單行道，也因兩黨皆有內部難以妥協的困境，因之五項選舉對彼此立場，都形成無迴旋空間的餘地，終致多次協商仍歸於破裂。甚至兩黨主談人士在期間，對於未來修憲的發展，都

漸失信心，而有作最壞打算的念頭出現。六月十日兩黨協商破裂，民進黨文宣部主任陳文茜即表示，民進黨中央早在五月底中常會中，黨主席許信良已告訴她要有修憲不成的心理準備。⑱

⑵新黨對修憲內容的異議：

新黨在本次修憲中，亦有其立場。其與國民黨僅在「憲法本文不動，增修條文前言不動」、「國代、立委名額」、「人民得享有創制、複決兩權，但不得與憲法牴觸」等少數幾項具體原則有共識，其他修憲議題，都是兩黨各自表述，未達眞正共識。新黨在與民進黨的協商方面，亦僅在「國會權之強化」、「司法院預算之獨立性」、「選舉制度採兩票制，以德國模式為準」等幾項有共識，餘亦差距甚大。正因新黨反對國發會以來「修惡憲」的立場，新黨對於國、民兩黨合作修憲，始終存有「總統擴權」、「毀憲分贓」的疑慮和悲情。因而，在中央政府體制方面，基本上是以「內閣制」作為反制訴求，唯若考慮現實環境，亦不排除支持「權責相符的總統制」，結合民進黨內推動總統制聯盟人士，抵制雙首長制。而有關地方制度方面，對於國、民兩黨凍省、鄉鎮市長官派之主張，則認為有走向台獨的傾向，至於停止基層選舉，更被視為開民主倒車。故而積極結合國民黨內反凍省力量行之。基於此，新黨雖與國、民兩黨均有協商，但以立場迴異的情況下，大多數時間都是各自表述，各說各話之情形。

⑶國代自主性高與國大黨團翻案

國大修憲期間之政黨協商，發生觸礁情形，亦與國代自主性高、國大黨團翻案有關

。前者國代本身或有其特定理念，而又結合成相當力量，如反凍省、推動總統制聯盟等，就往往使其黨團運作無力，修憲情勢就陷入僵局。正如國、民兩黨中央在六月一日、四日所作之協商，亦達成部分共識，雙方表示應交由兩黨國大黨團依程序處理。唯共識到了國大黨團又被擱置、翻案。故而面對國代自主性高之情形，協商的進行更為困難。

3.國、民兩黨高層默契之運作

第四次修憲的發動是國、民兩黨高層；第四次修憲的完成亦以國、民兩黨高層居首功。本次修憲之最大特色是國人皆曰不可，修憲一片混亂中，而兩黨層峰意志力一以貫之，終底於成。雖則國內各界（學術界、藝文界、輿論界、退役將領等）紛紛反對並質疑這一「修惡憲」舉措。從初始之「五〇四為台灣而走」、「五一八大遊行」，民間頻傳推遲修憲之議。到五月底又因民進黨「A版」、「B版」、「C版」、「協商整合版」，國民黨反凍省國代串連，面臨政黨協商一再觸礁。再到六月八日、十日，國、民兩黨第三、四次黨中央協商破裂，尤其八日長達十五小時談判終歸失敗，整個修憲似已無生機。但在兩黨高層強烈意志主導下，修憲不僅一次次「敗部復活」，最後更以「臨門一腳」畢其功。

就國民黨主席李登輝而言，以「總指揮官」身份，加大動作並親自操盤。六月十九日中常會後約見反凍省大老林淵源。六月二十日親自宣布修憲任務分工。六月廿五日促成修憲有關鍵性的突破，使國、民兩黨黨團對黨團的協商，達成十四點共識之成果。民進黨國大黨團幹事長李文忠：「高層都已經達成共識了。」⑲另依國大祕書處資料組陳

滄海科長之「憲政改革與政黨協商」一文中，亦指出「本次協商終於有所突破，乃係兩黨黨主席高層接觸後取得妥協的結果。」⑳七月五日李氏明確表示「賞罰分明」，七月七日反凍省大將呂學樟被黨紀處分—停權兩年。將原本氣勢高漲的「反凍省」陣營聲勢為之一挫。七月九日會見黃信介，由黃出面斡旋陳水扁，使之暫且不提「總統選制」、「公投入憲」，再次化解修憲停擺之危機。七月十四日晚李氏親自掌舵，舉行二讀逐條表決前之誓師大會。其後果能在七月十六日使反凍省陣營徹底崩盤，同時順利取消立院之閣揆同意權。七月十八日修憲三讀大功竟成。從五月五日開議至七月十八日，計七十五日，波折橫生之修憲，終以李氏之強韌毅力完成。

就民進黨主席許信良而言，其沈穩堅持之表現亦不遑多讓。民進黨內派系林立，並無法如國民黨「由上而下」直接迅速交付任務，否則民進黨內之「變臉」隨之可見。許氏之贊同國民黨提出的雙首長制，以換取凍省、停止五項選舉。在其黨內亦面臨砲聲隆隆。前主席施明德發起連署推動總統制，其後造成A版、B版、C版……，黨內一片混亂。許信良於五月廿九日公布民進黨「修憲萬言書」，以「反改革」、「反修憲」圖壓制反對聲浪。但黨內反對之聲絲毫未減，推動總統制聯盟發言人，警告黨中央不要跟國民黨私相授受，否則將抗爭到底，並指責朝野協商代表都由黨主席一人指定。林義雄並倡言發起罷免黨主席許信良。唯此皆無法動搖許信良之決心，民進黨內亦普遍接受「只有許信良、陳文茜知道最後協商的底線」之說法。以民進黨內政治生態，許信良能帶領民進黨，並貫徹其政治信念。修憲之能完成，許氏亦居民進黨之首功。

李、許帶動國發會、完成國發會；李、許帶動第四次修憲，並完成第四次修憲。李、許政治默契之決定亦代自由地區二千萬人作了決定。

㈡「再付審查」程序合法性探究

「再付審查」是七月二日本次修憲會議之中，爆發最嚴重的打群架衝突與流血事件之導火線。而「再付審查」的議事爭議和惡質影響亦將為未來的任何修憲中，埋下不確定引爆點。

1.再付審查的緣起

本次修憲從五月初開議，經五月底各黨內部的紛擾不斷，再到六月初（六月一、四、八、十日之四次國、民兩黨中央協商）的談判破裂，修憲僵局形成，亦即雖經一讀會後付委審查通過了四十七案，八十六項修憲條文，包括朝野三黨黨版修憲案均交付二讀。唯國、民兩黨深知六月廿日起的修憲二讀會，仍將面臨缺乏共識而觸礁的可能。經過兩黨層峰李、許私下會商，挽回可能提前休會的深淵，使六月廿五日國、民兩黨的黨團協商，達成十四點共識，獲得突破性發展。雙方有意將此一達成共識的內容，以修憲提案方式提出。問題是修憲提案的修正案，依「國大議事規則」第十七條規定，必須在修憲審查委員會結束後八天內提出。（本次修憲審查會於六月七日結束，亦即應在六月十五日以前提出修憲提案的修正案。）國、民兩黨十四點共識，已過了提案時間，且共識中部分內容，在二讀會中沒有任何修憲案。

國、民兩黨乃擬引用國大議事規則第四十七條第三款：「二讀會進行中如有代表對

審查意見有疑義時，由廿人以上連署或附議，經出席代表過半數同意，得再付審查，但以一次為限。」兩黨期以重回審查會以後，再將共識以修正案提出。故在七月二日，國、民兩黨以多數表決通過變更議程，強行將已進入二讀的部分修憲條文抽出，並加入部分根本非二讀會內之修憲條文，再回到一讀會後之付委審查階段，俾便完成兩黨共識的提案來。此舉「停格」加上「倒帶」正是嚴重的程序問題。國大議長錢復即向朝野政黨表示無法接受此一明顯違規的議程，甚至為是否敲槌定案，在主席台上遲疑半響。此時新黨國代一起擁上主席台搶走議事槌，以阻擋主席敲槌，而國、民兩黨國代見狀亦衝上台，拳腳交加，雙方肢體衝突的結果，三黨國代均有人掛彩，兩名新黨國代被打破了頭，流血不止，緊急送醫救治。

新黨阻擋國、民兩黨之「再付審查」案，乃以程序問題出發，彼等強調修憲案發動後就沒有回頭的餘地，再付審查就表示該案「有問題」，應該被否決。審查會提出的結論也應如此，尤不應再提新案，否則修憲惡例一開，修憲可「倒帶」，那就將沒完沒了。此一重大衝突，就在國、民兩黨不顧新黨的質疑，強行表決通過，繼而引發不幸事件。然而反諷的是，民進黨往昔對國民黨力爭「程序正義」，力抗「多數暴力」，今日民進黨變成過去其所習於指責的「多數暴力」之一方，不禁有今非昔比之歎！

2.再付審查的法理爭議

國、民兩黨欲將進入二讀後的十四點共識予以再付審查，因無前例可循在先，又有程序爭議於後，其影響之大，實宜正視之。國大議事組坦承過去沒有任何先例，程序委

員會召集人蘇南成則以提出兩項建議方式，徵詢程序委員的同意，然後要求「大家一起擔程序爭議（責任）」。蘇氏之兩套方案：一是重回審查會，依法必須有八天的時間提修正案，如此國大必須延會至七月底；另一是二讀會和審查會同時進行，可節省一些時間。上述兩案，最後大會是採第二案進行。然不論此兩案，均有爭議。就第一案言之，六月廿日已進入二讀會，時至七月初，怎可時光倒流，退回一讀會後之付委審查階段，不僅違反議事規則，且將貽笑中外。然就第二案之爭議更多：

(1)其所依據之議事規則第四十七條：「在二讀會進行時，如有代表對於審查意見有疑義時，即可經由二十人以上的連署或附議，經出席代表過半數的同意，得再付審查。」唯本條規範非常模糊，究竟何時可以提出？再付審查的條文應包括那些？會議如何進行？上皆闕如。但至少可以確定者，再付審查之內容，必是（一讀會後）付委之審查委員會審查通過，進入二讀會之修憲條文；或審委會後八天提出之「修憲提案之修正案」（議事規則十七條），除上開兩者外，根本進不了二讀會。質言之，即使有再付審查，亦不可有「新論點」提出。本次修憲之以再付審查方式插入二讀會，卻是將原先根本未提過案之十四點共識提出，內容尚有「全新論點」，此為不符合所引用四十七條之原意。故難謂未違反程序正義。正如選舉的候選人登記截止日期已過，仍有欲強行「補登記」為候選人者。

(2)第四十七條條文中之「疑義」兩字，亦是重要關鍵點。吾人從條文精神來看，再付審查是為了避免修憲的過程不盡周詳，預留一個「回頭」補救重大錯誤的機會，

正如審委會審查後應也可再提修正案補救錯誤。但國大此次交付的審查意見只有四種：通過、未通過、擱置、不予處理。而送入二讀會的修憲條文，均是通過的意見，且國、民兩黨亦說不出有何「疑義」的情況下，欲再付審查，則顯與條文精神有相當的距離。或只是以程序之名，行偷渡之實。但如此做法，亦賠上程序正義之精神。

(3)國、民兩黨或宜採修正議事規則，以彌補疏漏為正途。惜捨此而以急就章之解釋辦之（依附議事規則四十七條），明顯開創惡例，且後患無窮。往後之修憲，根據這次形成的慣例，在二讀會中，無論是經過委員會審查完畢，等待表決的修憲提案，甚或新修正案，都可以依「疑義」之名，在獲得廿人連署，提出要求重付審查，甚至把議程「倒帶」，再尋求翻案之機會。尤有甚者，他日修憲，各黨不斷炮製十次、數十次之再付審查，杯葛議事之進行。其始作俑者，能無責任？

(三)三黨暨社會各界反修惡憲訴求

本次修憲之第一特點，為兩黨高層默契十足，主導修憲。第二特點，為政黨協商縱橫往來且多無成。第三特點，為各方反彈四起，批評抗議接踵沓至。前兩點已敘述，以下針對第三點分析。修憲前後期間，面對群情反應激烈，而有提出不同意見之情形，本屬民主之常態。本次修憲各方看法，要而言之，包括國、民兩黨之內部反彈，新黨之抗爭，以及社會各界之爭議。

1.國民黨內部的反彈

國民黨在高層主導之定見下，修憲期間內部反彈並未稍減，其方向以反凍省為主，

間有對鄉鎮市長官派主張之異聲者。至於中央體制之變動，如同意權取消等，在國民黨內部雖亦引起廣泛重視與討論，但以其偏重學理得失，不似民、新兩黨內部對特定價值之「震憾性」反應來得激烈，故國民黨內或有對中央體制持異議者，多表現於社會中之學術界、藝文界等等及黨員、國代個人意見，未在國大中醞釀形成爭議點。而凍省、鄉鎮市等議題則直接影響地方政治生態發展，故國發會以來，國民黨內部反凍省聲勢一直居高不下。反凍省之力量，最明顯者有二：國大、省方。就國大而言，反凍省原因雖不一，但不宜動省之理念則相同。國民黨籍國代反凍省主力，有以下數方面：

①祥和會：其在修憲立場上，對取消立院同意權並未有特別態度，而堅持反凍省之主張，認為如此做，係「割地賠款」、「敗家子」。其底線為省長官派，維持省議員選舉，保留省自治法人地位（即呂學樟版之「半凍省」案）。祥和會反凍省之成員包括會長陳治男、呂學樟、林正國、龔興生、楊榮明、林嵩山等人，立場均頗為堅定，並成為國大中動員集結之大本營。副會長張榮顯則至七月修憲最後時刻，以家庭壓力迫使改變原立場。

②省府地緣：省府所在地的南投縣國代，也是堅決反凍省的一個族群。國代吳國重、馬長風、李宏裕、許信義等在反凍省理念上相當堅持。

③黃復興黨部：台北市的張玲、高雄市的叢樹貴等人，因背景特殊，深怕支持凍省會有台獨之慮，使得外省籍選民不再支持。故國民黨雖透過退輔會系統強力遊說，但彼等在期間相關修憲案表決時，或往往以持消極逃避的方式出場休息。

④其他：不分區國代中，同時擔任省府委員的高雄縣籍大老林淵源，其反對凍省、反對鄉鎮市長官派之理念堅定，雖兩度經李登輝總統約見，但其態度未變，並不斷在國大議場內向國代拉票、拜託。黨部以林淵源之身份、風骨亦不再強求。此外，原住民國代方面，由於國民黨初始均未同意將原住民相關條文入憲，使得原住民國代將其反彈情緒反應到凍省條文上。除了楊仁煌擔任原住民委員會要職不敢貿然反凍省外，以祥和會李繼生為首的國代，包括廖國棟、張政治、林益陸、馮寶成等，均是黨部疏通的對象。國民黨在最後二讀表決前夕，將「保障原住民權益」案採開放大會自由表決，終使最後凍省案表決時，原住民國代仍支持黨版決議。

就台灣省政府而言，「凍省」案，造成省府、省議會的終結，成為修憲中的「祭品」，自不能坐視不顧。省長宋楚瑜於國發會前後，與國民黨中央漸行漸遠。至修憲期間，則加大「分貝」於省議會總質詢中，力陳凍省之不當。宋省長更成為反凍省之首，結合省議會、國大的各方力量。然而修憲期間，省方動作不若國大之明顯，而是採「鴨子划水」之勢。此因高層已由李、連出面逐一化解反凍省勢力，故而省議會動作勢須化明為暗，否則省議員馬上可能承受來自高層的壓力。而省議員串聯國代杯葛凍省案的作法上，是由省議員各自劃分責任區，展開固樁工作。六月十八日國大二讀會前二天，四十多位反凍省之省議員前往中山樓拜會國民大會，尋求朝野國代支持。國大副議長謝隆盛及三黨黨團推派代表接見。而主動參與的國民黨國代達三十餘人，加上新黨國代，現場瀰漫著反凍省氣氛。省議會並發表一份「地方制度與中央體制應等量齊觀」的緊急聲明

，表示在通盤、合理的地方制度規劃設計完成前，不應零星修憲，尤其不能以消除黑金、派系之名，就停止五項公職人員選舉。省議員更不接受延長任期的「施捨」。

到七月十五日晚，修憲二讀表決前夕，反凍省陣營全力動員反撲，省府廳處首長「恰巧」都北上，實則進行漏夜固票，省議員也就「對口」之國代作最後確認，以穩固票源。綜觀修憲期間，國民黨內部反凍省力量的反彈，確實對國民黨修憲工作造成「遲滯」，甚至瀕臨停擺之命運。五月十六日，祥和會決自提會版修憲案，反凍省。省議員已進行串聯國代，於五月廿七日連署「反凍省」。六月初，祥和會研商修憲進入二讀會後之因應對策。六月一日、四日、八日、十日國、民兩黨間之黨中央協商，受反凍省影響，國民黨協商代表之遲疑、停頓，使談判卡在五項選舉上，而告破裂。六月廿五日兩黨突破瓶頸，七月二日再付審查中，反凍省的呂學樟等主力，均跑出會場，張榮顯則在表決、衝突後，上台發言「聲援」新黨，譴責民進黨的行為。七月十五日修憲二讀會表決首日，反凍省國代張榮顯、陳進丁領銜提出二一〇人連署之臨時動議，要求修改議事規則，把表決方式改為祕密投票，反凍省支持者林淵源等十七人不顧大、小黨鞭勸阻，舉手支持，該案兩次表決，均以懸殊比數失敗。整個反凍省氣勢自呂學樟黨紀處分，黨內複式固票等各種方式運作下，已呈頹勢。七月十六日的凍省修憲案終使反凍省陣營潰不成軍，亦劃上一個句點。綜觀全局，反凍省雖未竟其功，但在台灣省功能存廢的保衛戰中，留下歷史紀錄之一頁。

國民黨對反凍省力量之處置，修憲後仍具爭議者二：一者，呂學樟停權兩年之處分

案，不符「正義」原則。此因該處分是在投票前，而「反凍省」之意見，本屬「言論思想自由」範疇，且並非呂氏一人獨舉此說。既不符「罪刑法定主義」之法理，且無任何標準可言，只為強力壓制，將全黨置於一人之私，全黨憫目，實開惡例；二者，白色恐怖之震憾。自立早報首先刊載「國安局舉行祕密集會，下令以竊聽為手段，全面監控反凍省勢力。」國安局局長殷宗文上將立即召開記者會鄭重否認，並要求該報三日內澄清道歉。引起國人關注，其兩造眞實性或永遠無法判明，然對社會的疑慮、不安則將無法抹平。

2.民進黨內部的反彈

民進黨對本次修憲，以許信良為首之主流派在中央體制上，支持國民黨版之雙首長制，以換取凍省、凍結五項選舉。此一中央體制的走向，引起該黨內部總統制派的不滿、強力杯葛。可視為理念之爭、制度之爭。

早在四月民進黨擬定修憲版本時，就因路線爭議，為求通過黨內廿一人修憲顧問小組，而以雙首長制、總統制兩個版本提出於國大。許信良構想是以先提出總統制憲改版本與國民黨協商，如不成再提出國發會共識版之雙首長制。唯總統制者認為黨中央要的其實是雙首長制，而以總統制應付黨內一些人，故總統制之版本很粗糙。立委沈富雄即表示，修憲協商應「兩案併陳、見機行事、交叉運用，避免上當」，反對總統制優先協商，然後被犧牲掉。

民進黨內總統制派之反彈，具體而又有力量的形成對抗黨中央之局，是在五月十九

日起立委沈富雄、前主席施明德所催生的「跨黨派總統制推動聯盟」，先由立法院發起，連線到國民大會。立法院內民進黨團四十八位立委中，有廿九位簽署支持沈富雄提出之美國式總統制，連同建國陣線的陳永興、許添財和彭百顯三人，人數達三十二人。依派系屬性，主力來自正義連線、福利國連線，另包括部分美麗島系、新潮流系。

五月廿日施明德、沈富雄、張俊雄、黃爾璇、葉菊蘭、黃天福、林哲夫等七人，聯袂上陽明山，聲援國大黨團成立推動總統制聯盟。廿一日國大推動總統制聯盟成立，在全部民進黨國大黨團一百位國代中，有四十一位正義連線、福利國連線之國代共同發起，並推舉吳俊明、邱國昌擔任召集人，由陳儀深擔任發言人，林育生為執行長。推動總統制聯盟之理念：民選總統既然要擁有實權，就必須面對國會制衡監督，亦即監督總統的立法院也要相對擁有完整的職權。其策略運用上，在黨內壓迫許信良主席修正方向，同時不惜結合跨黨派代表杯葛，直到國民黨重視權責相符的總統制為止。

雙首長制、總統制理念路線之爭，更凸顯出民進黨內部整合無力，雙方勢均力敵的結果，乃做出「兩案並陳」之結果。並謂雙首長制、總統制都是民進黨的主張，此一模稜兩可、莫衷一是，或有謂促成民進黨內同志間無所適從，加深彼此對立。亦有謂此為許信良之最佳、最後策略，因既然一時無法解決，則以時間換取空間，是避免分裂、攤牌，以邊走邊戰，達到最後之雙首長制目標最佳途徑。許信良於國大之推動總統制聯盟成立一周後的五月廿九日，發布民進黨之「修憲萬言書」（全文分「前言」、「憲政改革的歷史意義」、「美式總統制是我們最好的選擇嗎？」與「雙首長制兼顧國家整合與

民主鞏固」四部分，由張俊宏、姚嘉文、林濁水、郭正亮聯合執筆，許信良校稿、修訂），對總統制人士提出喊話，其目的有三：一在反駁總統制，認為此制在台灣絕無成功可能；二在鞏固雙首長制，認為此制有利國家整合、民主鞏固；三在警告總統制人士之制肘，修憲一旦失敗，「反改革」的保守勢力將是最大贏家，飽受「壓抑」長達半世紀的台灣人民將是最大輸家。

萬言書一出，更引爆總統制反彈，大致而言，認為：1.將不同改革意見者扣上「歷史罪人」的惡名，令人心驚。2.主事者強行推銷個人意志，才是陣腳不穩的主因。3.口號雖響亮，卻與憲改無關。4.增加李登輝先生的法定權力，只會使黑金政治加劇。5.慎勿被誤為「李登輝之前鋒」。6.謹言慎行以維泱泱大黨之風。㉑推動總統制聯盟於六月四日在台大校友會館發表緊急聲明，計有前主席施明德、中評會主委謝長廷、正義連線會長沈富雄、福利國連線總召集人顏錦福、張俊雄、葉菊蘭、民進黨中常委蔡同榮、國代邱國昌、林育生、陳儀深、蘇治芬、黃永煌、王銘源、傅淑珍及新國家陣線陳永興等與會。強烈表示，民進黨內憲改有二個版本，所以支持總統制不算違反黨紀。要求黨中央一定要與國民黨協商，將總統制憲改版本推進修憲二讀會；同時要求黨中央應向學界推動總統制的學者道歉，因多年來，支持總統制的學者態度一直沒變，反倒是民進黨在改變，甚且將這些學者打成反動派、反改革、反修憲者。總統制聯盟人士之激憤，溢於言表；施明德謂「眞小人比僞君子好」、葉菊蘭甚至認為「大家可以另立黨中央」。㉒

六月四日，總統制聯盟的一份廿五名國代切結書曝光（當時仍在連署中），切結書

提出兩黨中央若違背四項原則，將杯葛雙首長制修憲到底。此四項原則為：1.國民黨封殺總統制版進入二讀。2.國民黨棄守承諾未貫徹凍結五項選舉。3.修憲過度膨脹行政權，致使立法權缺乏監督制衡。4.國、民兩黨高層不顧人民利益，進行分贓與利益交換。㉓此一內容使民進黨中央倍感壓力，並在六月四日之第二次黨對黨協商中，許信良以重話向國民黨表達：「總統制版本未進入二讀，修憲就此結束。」國民黨中央亦感事態嚴重，下令務必讓民進黨總統制版通過審查委員會，進入二讀。

六月八日國、民兩黨中央第三次協商，為能提出審查會結束後，雙方都有共識的修正案版本，展開長達十五小時的馬拉松談判，最後卡在五項選舉，國民黨以其內部壓力，必須再行研究，協商破裂。民進黨總統制聯盟成員，立委謝長廷、沈富雄、顏錦福、蔡同榮、國代陳儀深、邱國昌、吳俊明、張國慶、藍世聰、林育生等於六月十日召開記者會，發表「打瞌睡中達成的共識」抗議聲明，表達對兩黨「協商紀錄」的強烈不滿，砲轟許信良打壓總統制，敬告黨中央不要耍詐，不要跟國民黨私相授受，否則彼等將採強烈的抗議。至於總統制最後如遭到封殺，總統制聯盟成員已有兩種不同聲音；謝長廷、沈富雄主張，黨的紀律一定要遵守。如果最重要的凍省、凍結五項選舉可以達成，交換完成修憲還是值得的。另有不少人士仍堅持依先前三十多位成員連署的切結書，抗爭到底，最後不惜玉石俱焚。

到了六月廿五日國、民兩黨達成十四點共識，看似絕處逢生的修憲，不到四十八小時，即被陳水扁在六月廿七日中執委暨國大黨團聯席會中，率同總統制成員推翻許信良

與國民黨所採用國民黨版之「絕對多數制」的主張。「總統選制」、「公投入憲」又再次形成兩黨修憲僵局。而民進黨國代支持「相對多數決」人數超過四十人，㉔聲勢浩大。直到七月九日李登輝約見黃信介，由黃扮中間橋樑，溝通陳水扁，使陳最後同意將總統選制、公投入憲延後再談，再次避開破局之危機。

修憲到了最後二讀表決的關頭，七月十四日民進黨中央修憲九人小組具名之晚宴，出席者並不踴躍，百名國代僅約四十人到場。推動總統制聯盟以拒絕出席邀宴表達不滿情緒。聯盟發言人陳儀深指出，總統制在國、民兩黨協商中已被封殺（即優先處理取消閣揆同意權、凍省之共識，總統選制、公投入憲最後處理。）彼等不願強求在此時通過總統制條文，只要求與雙首長制平等移至下階段處理，唯仍得不到黨中央的善意回應。不僅公投入憲、總統選制將遭綁票，而且凍省、取消閣揆同意權也都是國民黨的底線，民進黨究竟得到了什麼？總統制聯盟並進一步會商因應之道—支持黨中央或退席。㉕

七月十五日起的二讀表決階段，民進黨中央對總統制聯盟之反彈，使出最後一著棋，請出派系大老「長、扁」上山規勸。除黨主席許信良、祕書長邱義仁外，台北市長陳水扁、中評會主委謝長廷分別上山疏通黨團內部成員。陳水扁在黨團會議上，表示九人小組的決議對所有黨團成員應有一定的約束力。且公投入憲應在本會期作出處理，如果未能通過表決，公投就和總統選制一同留到下階段再作處理。謝長廷則與福利國連線國代面對面溝通，祕書長邱義仁則向總統制聯盟國代承諾，民進黨會與國民黨在修憲三讀前簽字確認公投入憲在下次修憲完成，否則下台負責。這些努力確實奏效，總統制聯盟

在鬆口放棄杯葛同意權下，終於合兩黨之力，完成修憲工作。

修憲完成了兩黨層峰的心願，由於推動總統制聯盟最後的節制，雖未使修憲破滅，但綜觀全局，聯盟對修憲的各個階段都構成嚴重威脅。修憲雖成，黨內爭議仍存。而民進黨內具有崇高地位的張忠棟教授則選擇此刻，退出民進黨，或值得民進黨主其事者再思之。

3.新黨的抗爭

第四次修憲，新黨以其四十六席的小黨地位，又逢國、民兩黨高層挾國發會共識之優勢，新黨的面臨苦戰已是不可避免。新黨對此次修憲，國、民兩黨黨版之初稿均抱持反對態度，在其「第四階段修憲總批判」之前文，即指出：㉖

國發會以來，執政黨與最大的在野黨—民進黨已取得共識，欲進行大幅度的修憲。全世界，沒有國家像台灣一樣，七年之間四度大修憲法，而且有些上回剛剛修完，這次又反悔重來（例如省長民選）。不要説人民，就連憲法學者恐怕都説不出來，這次為什麼又要修憲。不過，如果修憲的目標是更民主，權責更相符，更具前瞻性或至少能解決當前憲政問題，則國人不分黨派，自當予以支持。然而，令人遺憾的是，綜觀國、民兩黨所提的修憲版本，不但與其所標榜的「建構穩定、權責相符，且具有制衡機制的政治體制，奠定國家永續發展的基礎」南轅北轍，而且條文內容七拼八湊，前後矛盾。如果照此修憲條文通過，將使憲法尊嚴喪失殆盡。

新黨反對國、民兩黨高層所提出之雙首長制版本，其列舉十項缺失：1.國發會結論

成為太上憲法。2.總統權力任意擴大。3.權責完全不相符。4.東拚西湊，體制混亂。5.臨時條款的復辟。6.隨意主張，違背法理。7.兩黨利益共同下犧牲理想。8.掛一漏萬，頗不周延的修憲。9.充滿政治考量的修憲。10修憲目標付之闕如。㉗質言之，新黨以本次修憲，國、民兩黨版本之不合憲政原理，從而反對修憲。

新黨本身的憲政主張，在中央體制上，是權責相符的責任政府制，且是以「責任內閣制」為首要選擇，反對國發會的共識，並否定本次修憲的「雙首長混合制」。在地方制度上，雖反對廢省或凍省，但主張應對省府組織與功能，做大幅度的調整，使中央、省這兩級政府均符合憲政體制「均權制」的原則。

新黨對這次修憲之不合法理，本即不贊同，加以認為現行憲法（含增修條文）即使一字不修，也並無絕對窒礙難行之處。新黨亦認知以小搏大實不易，且修憲一經發動，極難阻之。故其上策，暫緩修憲；其中策，結合國、民兩黨反彈的力量，遏阻修憲。就前者而言，「暫緩修憲」，在本居國大臨時會報到之初，社會治安的亂局，提供了一個訴求的機會。「桃園縣長公館血案」、「彭婉如命案」、「白曉燕被撕票案」一連串重大刑案未破，民眾乃漸有轉移到對政府的不滿。五〇四、五一八大規模遊行示威民眾，憤怒堅持要求「總統認錯，撤換內閣」，主辦單位以雷射投影「認錯」兩個大字在總統府的尖閣上；兩小時後，又傳出外交部宣布與巴哈馬斷交的消息，正是當時台灣內外情勢的縮影。此時民意亦有「先修內政，再修憲」的呼聲，以延緩修憲為主張者。新黨圖結合社會之輿情，於本居國大報到時，即高舉白布條「先修治安再修憲」，唯此舉並無

法停止修憲大輪的運作。

新黨另一可行之途，則為尋求結合兩黨之內部反彈人士，達到四分之一表決數，以阻止修憲條文通過。修憲之法定人數為三分之二國代之出席，出席國代四分之三之決議為之。本居國代總數三三四人，如全數到齊，則四分之三為二五一人，反之如有八十四人反對（四分之一），則修憲案即無法在二讀、三讀中過關。新黨本身有四十六席，如能再結合卅八席，即可策略運用成功。本次修憲中，新黨考慮者，在凍省議題上，可連絡國民黨反凍省國代；在中央體制上，可連絡民進黨推動總統制聯盟。（新黨基本上係主張責任內閣制，但若情勢不利之狀況下，亦不排除支持權責相符之總統制）唯以國、民兩黨最後關鍵時刻，各自高層之整合成功，新黨的悲情角色乃不可避免。

綜觀本次修憲過程中，新黨力持反對之立場，最大反對黨之民進黨反與執政黨相唱喝，結合一致行動。新黨雖與國、民兩黨各有數場協商，然以理念差距過大，沒有結果本是意料中事。新黨面對國、民兩黨強力動員，一再強調不排除較激烈模式杯葛議事，癱瘓議程，以凸顯對兩黨輕忽學理，草率修憲的不滿。六月三十日，新黨以國、民兩黨將十四點共識用「再付審查案」方式進行，表達強烈反彈，認係違反程序正義原則，身著「我是歷史罪人，反對草率修憲」的T恤全力杯葛。延至七月二日表決後，新黨國代佔據主席台，並圖搶走主席之議事槌，引發國、民兩黨國代亦衝上台指責，雙方扭打之中，三黨均有人受傷，新黨兩名國代頭部流血，傷勢較重，經送醫急救。其後兩日，新黨集體缺席以示抗議。

七月十六日的二讀會表決「凍省」、「取消立院閣揆同意權」，以新黨全力杯葛，直到晚上八點十八分開始進行凍省案討論，議長錢復於八點五十二分處理停止討論提案，引發新黨抗議，群聚在發言台前，手拉「凍省＝台獨」、「歷史罪人」等布條，議場陷於一片大亂。大會議事在新黨抗爭過程中，仍繼續進行，並通過凍省案相關三項條文。新黨串連國民黨反凍省力量沒有成功，但為爭取台灣省之地位打了堅苦、充實的一仗，亦已善盡一個反對黨之角色與地位。

4.社會各界的爭議

修憲期間，社會中對憲改之意見表達，以學術界最為熱烈，藝文界、退役將領亦有加入者。學術界的強烈表達看法，正是有謂一場修憲大戲，修到自由、保守兩派學者皆曰不可的地步，實值國、民兩黨高層思之。因彼等多從學理角度觀察，所在意者非「得失」，而為「是非」。政治主流輒加以「反修憲」、「反改革」之名，實則不然；學術界關注者，不在修憲本身，而在修憲內容，故無「反修憲」，若有，「反修惡憲」可也。社會所重視者，不在改革本身，而在改革內容，故無「反改革」，若然，「反開民主倒車」有之。學術界之表達意見有以團體連署形式，亦有各型研討會中個人闡述者。就團體連署之大者觀之。

(1)政大江炳倫教授發起「學術界反對雙首長制」的憲改連署。於五月卅日首次召開記者會，公布四百名立場迥異學者之連署書，最後增至二千餘名學者加入。包括有中研院院士、各大學教授。政治學者：胡佛、李鴻禧、呂亞力、張治安、荊知仁、雷飛龍、

朱堅章、高旭輝、謝復生、薄慶玖、魏鏞、陳德禹等。歷史學者：黃彰健、張朋園、呂士朋、孫同勖、閻沁恆、胡春惠、蔣永敬、黃大受等。傳播學者：徐佳士、李瞻、彭懷恩、彭芸、汪琪、鄭瑞城等。其他知名學者：于宗先、王業鍵、明驥、施建生、呂俊甫、陳義揚、林恩顯、柴松林、尉天驄、黎建球等。

江炳倫等教授期望朝野政黨不要醉心一己之私，而修出一部貽笑大方、遺臭萬年的惡憲。聲明中並以民國初年的袁世凱「籌安會」、「洪憲帝制」比喻此次憲改。就憲政內容偏離憲政原理，提出三點：1.國代依附總統選舉產生，不僅名實不副，且將淪為總統制憲、改憲、毀憲的御用工具。2.總統任命行政院長，不必經立法院同意，透過國安會得決定國家大政方針。立法院一年內未完成審查程序之所謂重要「民生方案」，得以臨時條例宣布施行。如此總統實際上已成為集行政、立法大權於一身的巨無霸總統，行政院長僅是他的幫辦罷了，美其名曰「雙首長制」，乃為故意混淆視聽以規避責任的幌子。3.總統可輕易解散立法院，而立法院彈劾總統條件卻極為嚴苛，比修改憲法更難，且諸如貪污、選舉作弊等新興民主國家首長最容易犯的重大過失，均排除可受彈劾之列，行政、立法制衡的機能可說全部喪失了。㉘

(2)學界「停止修憲」連署：繼「反對雙首長制憲改」大規模連署後，學者胡佛、呂亞力、雷飛龍、江炳倫、蔣永敬、邵宗海及立委李慶華發起的「我們主張停止修憲」連署，於六月三日召開記者會，公布一份包括學者荆知仁、薄慶玖、前總統府資政林洋港、郝柏村、梁肅戎等國民黨大老共一百八十餘人之連署書。指出「民主憲政的基本原理

是權力分立，相互制衡；但國民黨或民進黨提出的制度，都大幅變更了我國憲政體制，也不符合基本的憲政原理，這樣大幅度的變更根本是毀憲、制憲，而不是修憲。」「國民大會應立刻停止修憲，執政當局應把心力放到與民生有關的政務。」立委王天競指出「兩黨談判只是上層的黨意，和中層、下層的黨意不同，各黨應在黨內先溝通，再對外協調；去年總統選舉時，人民並沒有賦予總統這麼大的權限，目前兩黨的設計已超出選舉時的契約。」㉙

(3)台大法律系憲法學教授發起「全國大專教授憲政共同聲明」：台大教授李鴻禧、賀德芬、黃昭元、林子儀、顏厥安等人，於五月廿四日發表共同聲明「要求建立權責相符的中央政府體制，如果要給民選總統相當實權就應該參與國外的先例，建立三權分立、相互制衡的總統制。」㉚這項連署亦超過二百名學者加入連署、網路上有二千名網友參與連署。胡佛教授並率領台大教授組成的「台大關心憲改聯盟」，於六月廿四日國大修憲二讀會進入表決前夕，前往陽明山中山樓拜訪三黨國大黨團代表，並向國大祕書長陳川呈送一份由二千人連署之「台大校內連署名錄」。㉛

(4)成功大學百位教授「反雙首長制」連署：呼應北部江炳倫、李鴻禧等教授之反對雙首長制憲改連署，南台灣以府城台南市為核心之成功大學水利及海工程教授高家俊亦發起「反對雙首長制憲改」連署，初始即有成大百位教授參與連署活動，其後並及於台南師範學院、崑山技術學院。這項連署在於表達南部學界對國大修憲亂無章法，引起社會普遍不安的憂慮，並表示堅決反雙首長制立場。㉜

(5)「民間監督憲政聯盟」：以澄社（社長張清溪）、台教會（會長沈長庚）等學術團體組成之「民間監督憲政聯盟」，於五月十九日宣布成立，並發表聲明，提出一個反對—反對任何形式的雙首長制；五個主張—實施權責相符的總統制、強化國會功能、重建地方自治、強化司法保障、制定社會大憲章。「民間監督憲政聯盟」於六月三日召開記者會，抨擊國、民兩黨所主導的憲政，未來將造成「威權鞏固、民主反退」的憲政體制，而民進黨一味的當國民黨推動「雙首長制」的馬前卒。學者並建議國大，在修憲後，加封李登輝「路易・李登輝皇帝」，開啓「登輝元年」的統治。㉝

社會各界反對修憲聲中，除學術、藝文、宗教界外，最具特色者，乃是所謂「將軍之怒」的一〇三位退役將領於六月十四日聯名發表之「反對毀憲禍國」聲明。這份由前總統府參軍長，現任總統府戰略顧問陳廷寵上將領銜，包括前警備總司令周仲南上將、前華視董事長武士嵩、前國防管理學院院長董瑞林中將、前聯勤副總司令雷穎中將、前十軍團副司令高安國中將等一〇三位退役將領連署之聲明指出：「總統制也好，雙首長制也好，都不能違反『權責相符、相互制衡』的民主原則。」這項連署中，郝柏村、許歷農等婉拒連署，使「反李、新黨」成份淡化。這份聲明以相當強硬的字眼抨擊當前修憲是「一人獨斷、兩黨分贓」讓退役將領無不義憤塡膺，痛心疾首。因而彼等響應文化界、宗教界，堅決反對假修憲之名，行毀憲之實的政治權謀。㉞這次將領連署由作風保守的陳廷寵與立場明顯反國民黨當權派的周仲南帶頭聯名，並不尋常。而連署者有一大部分被視為無流派色彩，更使此反對權責不符的連署引人注目。

二、從修憲內容面析論

一場兩黨高層結合，推動各自政黨運作的修憲工程，其權責之不相符，毀憲分贓，難掩全天下人之耳目。不僅兩黨內部反彈四起，亦使各黨、各界群起而攻之。值得玩味者，因國民黨版之雙首長制太偏離學理，形成左、右色彩政黨，自由、保守派學者均反對之。新黨抗爭，建國黨亦抨擊；主張內閣制、總統制、五權體制之學者，通通站出來反對。亦因各方反彈之力甚大，國民黨版修憲案，幸未全部通過列入增修條文，雖如此，通過之部分卻已經嚴重破壞中華民國憲法之基本精神。本次修憲條文之評析，可分三部分論之。1.中央體制部分；2.地方制度部分；3.基本國策部分。

㈠中央體制部分：

中央體制在修憲後，其須檢討者有：1.憲政體制精神已變。2.總統部分。3.行政院部分。4.立法院部分。5.司法院部分。6.監察院部分。

1.憲政體制精神已變：

修憲後，我國憲政體制已由原較傾向「內閣制」轉為傾向權責不符之「總統制」（並非所謂「雙首長制」）。

我國原憲法精神較傾向內閣制之因，行政院為國家最高行政機關（憲法五十三條），掌有各部會（憲法五十四條）。立法院是國家最高立法機關（憲法六十二條），行政院對立法院負責（憲法五十七條）。另行政院長副署權的設計（憲法卅七條），均表現出「內閣制」特徵；但是必須注意的是，僅是「傾向」於內閣制，此因我國原憲法設計

中，並無立院「不信任投票」，行政院亦無「解散國會權」，同時規定立法委員不得兼任官吏（憲法七十五條）─內閣制中之內閣首相、閣員均為國會議員（所謂「輪中有輪」）。綜言之，我國憲法體制類屬五權憲法架構下傾向於內閣制精神的混合制。

或有謂我國原憲法精神較傾向於「總統制」或「雙首長制」，這是極大錯誤。我國原憲法中，總統職權其實不大，依憲法列舉之第卅五條到四十四條中，絕大多數屬「國家元首權」（如「總統為國家元首，對外代表中華民國。」「總統依規定行使締結條約及宣戰媾和之權。」「總統依法行使大赦、特赦、減刑及復權之權。」「總統依法任免文武官員。」「總統依法授與榮典。」）或屬於「建築在行政院會議決議與行政院長副署權之上」（如憲法四十三條之緊急命令權、憲法五十七條之覆議核可權、憲法卅六條之統帥權。）這些都不算是總統之實權。遍觀我國原憲法有關總統「實權」者，僅有憲法四十四條之「院際調和權」一條而已，然以其並無任何拘束力，成效如何可想而知。反觀美國總統之行政權、法國第五共和總統的國防、外交、主持國務會議之實權，我國「總統統而不治，行政院長治而不統」，行政大權在行政院長手上，距離「總統制」、「雙首長制」甚遠。

然而前述傾向「內閣制」之體制，到本次修憲已被破壞。依增修條文第二條第一項「行政院長由總統任命之」，亦即不再需經立法院之同意。這一下子破壞了原憲章中之「信任制度」、「負責制度」。

信任制度─憲法五十五條：「行政院長由總統提名，經立法院同意任命之。」今取

消立院同意權，則行政院長由總統直接任命，已成總統幕僚長，而非憲法中「最高行政機關」之首長—今最高行政機關為「總統府」，其最高行政機關之首長，已是「總統」。

負責制度—憲法第五十七條之「行政院對立法院負責」，所以行政院要對立法院負責，在於行政院長須經立法院行使同意權。因立院有同意任命權，故行政院須對立法院負責，其理至明。此即憲法五十七條行政院須對立法院負責，則憲法五十五條立院同意權絕不可取消，這是本次修憲所犯之嚴重錯誤。如今立院同意權被拿掉，那麼憲法五十七條立院有何資格要求行政院對之負責？後動員戡亂時期之修憲，常有此類似之「漸進連鎖式破壞憲章」情形，例如：原憲法中之總統本無太多實權，故而憲法規定以間接選舉（國民大會代表選舉），甚合法理。後以主權在民將總統改由公民直接選舉，再以「民選總統要求更大權利」，圖牽動總統職權之變更。修憲者忽視憲法精神中之互動關係，不僅變得一修再修，且修得憲法學理都無法解釋。觀之以現今同意權已拿掉，行政院還向立法院負責就失去法理依據，下一步「行政院是否該向總統負責」之問題又將浮現。

立法院閣揆同意權取消，行政院長由總統直接任命，總統已是實際權力所從出者，行政院長為其幕僚長，執行其決策，有如美國總統制中之國務卿（The Secretary of State）行政院長更比不上第五共和雙首長制中之總理。而今立法院已名不正，言不順的情形下，監督行政院（行政院長非立法院同意任命），唯仍監督不到決策之所出者—總統。本次修憲後，我國憲政精神已受嚴重扭曲變形，由傾向內閣制，走向權責不相符

的總統制。

2.總統部分—超級總統產生

歷經四次增修條文後，總統大權在握，宰制五院：

(1)行政院：增修條文第二條第一項：「行政院院長由總統任命之。」增修條文第二條第二項：「總統發布行政院院長或依憲法經國民大會同意任命人員之任免命令及解散立法院之命令，無須行政院院長之副署，不適用憲法第卅七條之規定。」依照「總統—行政院」之互動分析：①行政院長成為總統幕僚長。②「副署制度」形同虛設。原憲法第卅七條：「總統依法公布法律，發布命令，須經行政院長之副署：：：」在總統直接任命行政院長後已遭破壞。此因原憲法規定行政院長須經立法院同意任命，故而有可能形成兩種狀況：一是甲黨總統、甲黨行政院長（甲黨在立法院佔多數時），此時透過黨政運作，總統權力較大；二是甲黨總統、乙黨行政院長（乙黨在立法院佔多數時），此時總統權力受乙黨行政院長副署權之限制，將無多大作為。而今立院同意權取消，行政院長成為總統幕僚長（總統可隨時更換之），行政院長更不可能違逆總統（拒絕在法律、命令上副署），因而憲法第卅七條副署權已名存實亡。另增修條文第二條第二項之免除行政院長對總統各項人事任免命令之副署，則在避免「郝柏村效應」之發生（當初李登輝欲以連戰取代郝柏村任行政院長，而免郝之人令要行政院長郝自行副署，其情何以堪？且若行政院長拒副署則形成憲政僵局。）綜論之，修憲後之總統對行政院已是完全掌握。

(2)立法院：增修條文第二條第五項：「總統於立法院通過對行政院長之不信任案後十日內，經諮詢立法院院長後，得宣告解散立法院。但總統於戒嚴或緊急命令生效期間，不得解散立法院。」這項條文或稱總統「被動解散立法院」之權。這使立法院在行使不信任案，對付總統的「分身」、「影子」之行政院長時，倍增壓力，立法委員必須慎重考慮再度投入選戰之可能性。當行政院長已成為總統幕僚長，而非最高行政首長，立法院卻無法對最高行政首長之總統發動不信任案，此為權責不相符。雖然本次增修條文對總統解散立法院之規定，不若國發會共識之寬鬆、主動，然而「總統—立法院」之互動是不平衡，且總統凌駕立法院之上的。

(3)司法院：增修條文第五條第一項：「司法院設大法官十五人，並以其中一人為院長，一人為副院長，由總統提名，經國民大會同意任命之。」此其中，總統或須考量國民大會之政治生態，而調整各政黨名額比例，但不論人選為何政黨，總統提名者，必與之熟識，應無疑義。「總統—司法院」之互動上，司法院大法官雖在第五條第二項規定：「司法院大法官任期八年，不分居次，個別計算，並不得連任：……」明文規定不得連任，有助於避免大法官為求再被總統提名，而在其任期內，對釋憲案之涉及總統者有所顧忌。但終究以總統之擁有大法官提名權，總統在司法院之無形影響力是值得探究者。

(4)考試院：增修條文第六條第二項：「考試院設院長、副院長各一人，考試委員若干人，由總統提名，經國民大會同意任命之，不適用憲法第八十四條之規定。」考試

院院長、副院長、考試委員之須經總統提名，則人選狀況一如上述，且如為求再被提名，與總統之互動必然良好，「總統—考試院」之關係，總統之地位不可忽視。

(5)監察院：增修條文第七條第二項：「監察院設監察委員廿九人，並以其中一人為院長，一人為副院長，任期六年，由總統提名，經國民大會同意任命之。」監察院院長、副院長、監察委員之提名權掌握在總統手上，且未有不得連任之規定，「總統—監察院」之互動，在憲法條文設計下，總統對監察院之一定程度影響力是存在的。

綜論總統與五院關係，總統或擁有直接任命權、或擁有解散權，或擁有提名權；相對地，不信任案不及於總統，對總統彈劾案之設限形同無意義。再進一步分析，修憲後之「信任制度」、「負責制度」、「副署制度」都被摧毀殆盡，中華民國之「總統」在四次增修條文的精心設計下，已成雄立政壇顧盼自得之「巨靈」。

3.立法院部分—弱勢國會形成

本次增修條文中，就立法院方面，是產生六大缺失，一個弱勢國會時代的來臨：

(1)立委人數增加，易於影響議事效率。增修條文第四條第一項：「立法院立法委員二百二十五人：……」帳面上較原規定增加六十多席名額，是一大利多。然深究之，人數激增將使議事過程更為不易，發言、討論、表決時間均加長，各黨黨鞭掌握運作較前困難，本已遭垢病之立法品質和效率，更將增加沈重之負擔。立法能力之考驗，易使國會陷入效率不彰的危機之中。

(2)立法院失去行政院長任命同意權，將危及監督行政之權。憲法五十五條與五十

七條是互為彰顯「權責關係」之優良設計，有了立法院同意權，才有立法院對行政院監督之權。今立法院失去同意權，面臨三個憲政問題產生：一是行政院既然要向立法院負責，卻將立法院同意權取消，已違背權責相互關係。二是現今行政院長由總統任命，行政院長已成其幕僚長，卻由幕僚長向立法院負責，立法院將有如唐吉軻德之力戰風車，費盡全力，卻是「打龍袍」，跟本無法監督政策之所出。三是今由總統任命行政院長，卻要行政院長向立法院負責，此亦違反權責相符原則。若下一步修憲檢討是否「行政院長對總統負責」，以其充分理由，立院將損失慘重。觀之美國總統制下，其參議院（The Senate）在人事任命、設立機關、簽訂條約案上，享有同意權，總統無權解散國會，國會彈劾總統不限內亂、外患罪。此時，我國立法院將弱化成「立法局」。綜論之，李登輝總統一己所造成「著毋庸議」之憲政困擾，卻採釜底抽薪，取消立院同意權，殊不知看似小小的「同意權」，卻使我國憲法中央體制三大支柱—信任制度、負責制度、副署制度一起倒塌，接下去的憲政發展更將不堪聞問。

(3)倒閣權是與代理人的戰爭，缺乏監督行政的實質功能。增修條文第三條第二項第二款：「立法院得經全體立法委員三分之一以上連署，對行政院長提出不信任案。不信任案提出七十二小時後，應於四十八小時內以記名投票表決之。如經全體立法委員二分之一以上贊成，行政院院長應於十日提出辭職。」行政院長「並得同時呈請總統解散立法院；不信任案如未獲通過，一年內不得對同一行政院長提不信任案。另第二條第五項：「總統於立法院通過對行政院長之不信任案後十日內，經諮詢立法院長後，得宣告解

散立法院。」

立法院擁有不信任案之倒閣權，在內閣制國家有其重要地位。因內閣制國家元首為虛位，行政大權即是掌握在內閣之閣揆手中，倒閣權是直接監督政策之手段。反觀這次修憲，將行政院長權力架空，成為總統幕僚長，再由立法院去行使不信任案—對行政院長，而非對總統。這樣的倒閣權有何用意？總統再派任十個、八個行政院長，又有何難？立法委員所增加不信任案倒閣權毫無作用。

再者，立委還得評估行使不信任案之權時，遭受解散之威脅。在目前不平衡的憲政制度，未來或可考慮在總統解散立法院之條文中，增列「立法院改選後，其多數黨與立法院解散前之多數黨為同一政黨時，則總統應辭職。」此立法旨意在平衡總統解散立法院時之慎重考慮。綜言之，增修條文增加之立委行使不信任案倒閣權，未能監督到行政決策由來之總統，且須擔負被解散之命運。總統可遂行其意志，不受監督，且無任何政治責任之風險，此為最不良的憲政機制。

(4)立法院彈劾總統、副總統，形同具文。增修條文第四條第四項：「立法院對於總統、副總統犯內亂或外患罪之彈劾案，須經全體立法委員二分之一以上之提議，全體立法委員三分之二以上之決議，向國民大會提出。」總統、副總統彈劾權由監察院移至立法院行使，但轉移過程中，立法院之對總統、副總統行使彈劾權，僅限於內亂罪、外患罪。刑法一百條之內亂罪為「意圖破壞國體、竊據國土或以非法之方法變更國憲、顛覆政府，而以強暴或脅迫著手實行者。」總統就是「政府」之代表，豈有總統用強暴、

脅迫顛覆自己；總統如要變更國憲，更可由國民大會修憲為之，何至暴力手段對付自己？外患罪之道理亦然，總統豈有勾結外國對付「自己」的道理？立法院「只准」彈劾總統、副總統之內亂、外患罪，而無法追究總統之其他任何刑責，如民主國家最重視之貪污罪、選舉弊案等，乃至於違反民意之「政治責任」等均付闕如。這種彈劾權設計實無價值。

(5)立法院覆議權之維持難度增加。增修條文第三條第二項第二款：「立法院對於行政院移請覆議案，應於送達十五日內作成決議。如為休會期間，立法院應於七日內自行集會，並於開議十五日內做成決議。覆議案逾期未議決者，原決議失效。覆議時，如經全體立法委員二分之一以上決議維持原案，行政院院長應即接受該決議。」

有謂覆議案之通過由出席立委三分之二維持原決議，改為全體立委二分之一維持原決議，是覆議門檻的降低，是此次增修條文中，立法院眞正增加的權力。㉟實則這是錯誤計算所導致的想法。依未來立委二二五席，如全體立法委員二分之一以上同意才能通過覆議案，則需要一一三位以上之立法委員；但如依照憲法原規定，要出席立委三分之二維持原決議，才能通過覆議案，則依立法院組織法第五條規定，立委三分之一出席就可開會，而在三分之二同意情形下，只要五十位立委以上就可以維持原議決。因之，增修條文之修正，朱諶教授便指出這是增加維持原案之難度。㊱過去立法院對於行政院之重要政策不贊同時，可透過覆議案維持原決議的方式，迫使行政院長接受其決議或辭職，現在門檻已提高；而對行政院不信任案之行使，又有冒被解散之風險；更重要的是，

立法院也根本無法監督到行政決策之初始者，弱勢國會的時代已來臨。

(6)立法委員民代保護範圍縮小。增修條文第四條第六項：「立法委員，除現行犯外，在會期中，非經立法院許可，不可逮捕或拘禁，憲法第七十四條之規定，停止適用。」增列了「在會期中」四字，將使立法委員在休會期中，喪失不受逮捕或拘禁的保護條款。

4.行政院部分—矮化之總統幕僚長

本次增修條文有關行政院者，乃新增第三條為行政院專條，這是過去三次增修條文所無者，完全為新增加。就其要者言之有三：

(1)行政院長任命權改變。增修條文第三條第一項：「行政院院長由總統任命之。」行政院長改由總統直接任命，而不再經立法院行使同意權。有關此點引發憲政之爭議極大，前文評論中均已敘及，本處不贅言。

(2)倒閣權行使不妥當。有關立法院行使對於行政院長不信任案倒閣權，在立法院之部分已有詳述，補充說明如下：倒閣權與解散國會權乃內閣制國家之配合運用制度。以內閣閣員及首相均為國會議員（下議院多數黨或聯合內閣型態），故若首相思及解散國會，訴之於選民，則須考量內閣所有閣員及首相亦均得投入選舉，再則須考慮其政黨能否獲勝仍為執政黨。反之，我國此次修憲修得總統權大無責，行政院長有責無權。行政院長及部會首長均非國會議員，不信任案通過，只不過是總統再換一批人馬，無損總統之決策下達。而總統又可輕鬆解散立法院，立法委員只有重新改選，不得對總統不信

任案。故而倒閣案只是行政院長代總統受過，行政院長在憲法中實無尊嚴可言，亦很明顯了。

(3)增修條文第三條第三、四項之規定了無意義。第三條第三項規定：「國家機關之職權、設立程序及總員額，得以法律為準則性之規定。」第四項規定：「各機關之組織、編制及員額，應依前項法律，基於政策或業務需要決定之。」此兩項規定乃是常識原則，我國憲法第六十一條原本規定：「行政院之組織，以法律定之。」簡潔明瞭，所謂之「基於政策、業務需要」，本來就是基本原則，何需強調?實為多此一舉之累贅。

5.司法院部分—規範具有特色

增修條文有關司法院方面之變動有二：

(1)司法院組織、任期有調整修正。依增修條文第五條第一項：「司法院設大法官十五人，並以其中一人為院長、一人為副院長，由總統提名，經國民大會同意任命之，自中華民國九十二年起實施，不適用憲法第七十九條之有關規定。」第二項：「司法院大法官任期八年，不分居次，個別計算，並不得連任。但並為院長、副院長之大法官，不受任期之保障。」第三項：「民國九十二年總統提名之大法官，其中八位大法官，含正、副院長，任期四年，其餘大法官任期為八年。不適用前項任期之規定。」

前述增修條文規範大法官人數由原來十七人，減為十五人（並以其中一人為司法院長，一人為副院長。）任期也由原來九年減為八年。其規定九十二年起實施之大法官有八位任期四年，七位任期八年之目的，在於大法官任期八年，從九十六年起每隔四年可

改選一半（一次之四年為選八位，一次之四年為選七位。）使大法官形成新舊重疊，避免一次改選全部皆新任。且本次規定大法官不得連任，甚為可取，可避免為戀棧職位，而逢迎高層，有失大法官之風範。本此精神，職司風憲之監察委員，職司考試之考試委員未來修憲亦宜採行不得連任為最佳。

(2)司法院預算獨立。增修條文第五條第六項：「司法院所提出之年度司法概算，行政院不得刪減，但得加註意見，編入中央政府總預算，送立法院審議。」此為改變司法院編製年度預算受制於行政院之舊規，使預算得以獨立作業。綜言之，本次修憲有關中央體制增修部分，僅只司法院方面較不具爭議，且頗具特點。

6.監察院部分—彈劾權分裂行使

本次修憲增修條文監察院失去原有向國民大會提出總統、副總統彈劾案之權，改由立法院行使。其餘彈劾權則仍由監察院行使。其相關條文分散見於：

(1)增修條文第七條第一項：「監察院為國家最高監察機關，行使彈劾、糾舉及審計權，不適用憲法第九十條及第九十四條有關同意權之規定。」

(2)增修條文第二條第十項：「立法院向國民大會提出之總統、副總統彈劾案，經國民大會代表總額三分之二同意時，被彈劾人應即解職。」

(3)增修條文第四條第五項：「立法院對於總統、副總統犯內亂或外患罪之彈劾案，須經全體立法委員二分之一以上之提議，全體立法委員三分之二以上之決議，向國民大會提出，不適用憲法第九十條、第一百條及增修條文第七條第一項有關規定。」

有關總統、副總統彈劾權有兩部分頗受爭議，值得探究其實，一是總統、副總統之彈劾由監察院轉移至立法院，其理安在？是否妥適之問題。二是由立法院行使總統、副總統之彈劾案，僅限於內亂、外患罪，在副總統連戰與前屏東縣長伍澤元之間借貸疑案，引發之非內亂、外患罪可否彈劾？由誰彈劾？如何彈劾等問題。

前者監察院將其彈劾權之對總統、副總統部分，移至立法院行使，其餘之彈劾權仍屬監察院。由立法院行使對總統、副總統之彈劾權，較之監察院允宜妥當。此因監察院經過後動員戡亂時期之前三次修憲後，監察院性質、監察委員產生方式均已改變。監察院已成準司法機關而非相當於民意機關。監察委員亦由原來省、市議會之議員互選產生，改為現今實施之由總統提名，經國民大會行使同意權後任命。如若總統之彈劾仍由監委提出，則監委乃由總統提名，由總統提名之監委，來執行彈劾總統，顯有不當，故改由立法院立法委員行使對總統彈劾權是正確的。

另一由民國八十七年連戰、伍澤元借貸案引起之彈劾風波，牽引出另一憲法問題。即增修條文第四條第五項「立法院對於總統、副總統犯內亂或外患罪之彈劾案……」有謂是否意指除內亂、外患罪外之對總統、副總統彈劾，仍屬監察院？此一說法似並不正確，另依增修條文第二條第十項已明白指出：「立法院向國民大會提出之總統、副總統彈劾案……」可知對總統、副總統之彈劾權已完整交至立法院。增修條文第四條第五項之用字遣詞顯屬拙劣，致有不周延而造成之不同判讀。依其修憲時原意或宜敘述如下：「立法院對總統、副總統之彈劾案，限於內亂或外患罪……」就國發會、國民黨

決策人士之構想，總統、副總統彈劾應有嚴謹之範圍，基本原則雖是正確，但僅限於內亂、外患罪則不亦偈限太過，將使彈劾總統、副總統形同具文，前已論述，此處不贅言。

㈡地方制度部分

本次修憲在地方制度上，以「凍省條款」對台灣省、省政府、省議會造成震盪、破壞與爭議均大。其變動之部分：

1.省組織、職權虛級化。增修條文第九條第一項：「省設省政府，置委員九人，其中一人為主席，均由行政院院長提請總統任命之。」「省設省諮議會，置省諮議員若干人，由行政院長提請總統任命之。」「省承行政院之命，監督縣自治事項。」另第三項：「台灣省政府之功能、業務與組織之調整，得以法律為特別之規定。」

2.凍結省級自治選舉。增修條文第九條第二項：「第十屆台灣省議會議員及第一屆台灣省長之任期至中華民國八十七年十二月廿日止，台灣省議會議員及台灣省省長之選舉自第十屆台灣省議會議員及第一屆台灣省省長任期之屆滿日起停止辦理。」

「凍省條款」引起爭議極大，凍省的原因、凍省的作法均在學術界、社會廣泛議論，正反意見具存，各中其理，在第七章國發會之析論中，多有闡述。這裏著重於凍省法理、事實的探討，並就政府來台後，省地位發展來龍去脈之淵源究其實。

從地方自治法理而言，「省」級自治本屬地方自治中重要一層，政府初來台，卻因環境、政治因素，遲遲未推展實施。直到民國八十三年第三次修憲增修條文第八條，始

明文規定「省設省政府，置省長一人，由省民選舉之」並由立法院據此完成「省縣自治法」、「直轄市自治法」，然而八十三年底選舉之首任省長，就職僅二年，即經國發會、本次修憲，決定停止辦理選舉，倒退回主席時代，甚至省議員選舉都予廢止。對地方自治、對民主發展都不可等閒視之。省自治、省長民選的曇花一現，對民主傷害自然很大。首先比較政府來台時，以及本次修憲凍省決議，兩個不同時代環境中，何以都作成凍結省自治發展的結果？

政府來台後辦理地方各項選舉，然獨未辦理省長民選，依蔣中正總統之說明：㊲

> 台灣為中國的一省，在目前大陸未復，億萬同胞正處於匪偽虐政之下的當口，台灣省的地方自治，只是為建設三民主義模範省的試行階段，而並不是已經到了完全實行的時期。台灣省今日得以選舉各級地方議會與長官，以及選舉縣市鄉鎮自治人員，都是中央政府臨時試行自治的一種措施。總理說：「真正的地方自治，必待中國全體獨立之後，始能有成。」同時又說：「一省之內，所有經濟問題、政治問題、社會問題，惟有於全國規模中始能解決，則各省真正自治之實現，必在全國國民革命勝利之後」。這一則遺教，在今日是尤其值得大家深長思之的，何況目前是奸匪正在對我們復興基地，朝夕窺伺，如果大家無視於共匪所叫囂的「和平解放台灣」，與「血洗台灣」的陰謀威脅，貿然實施民選省長，那就只有徒滋紛擾，動搖反共基地，無異多給共匪製造挑撥分化的機會，而對台灣省同胞是「不惟無益，而又害之」的，政府決不能做這樣不智的事。所有明白事的反共愛國的台灣同胞，

此時也決不肯有這樣主張，來為共匪奴役我們台省同胞鋪路，而願自受其大陸同胞所遭受的空前浩劫。

根據官方的說法，應包括如下要點：⑴當時國家處於非常時期，同時台灣的地方自治仍在試行階段。⑵眞正的自治必待大陸光復全國統一之後方能有成。⑶中共叫囂「和平解放台灣」與「血洗台灣」的陰謀詭計，如若貿然實施民選省長，將無異多給中共製造挑撥分化的機會。

然而前述的說明，若擔心中共挑撥分化，則各項基層選舉亦已實施，如省議員、縣市長、縣市議員……；若言地方自治正在試行階段，則多一項省長試行，亦或可增加民主程度；若言眞正的自治必待全國統一始有成，則此與省長民選關連因素亦非直接。考斯時省長不採民選，「省」地位層級的特別情境，應是主要原因，當中央政府來台，則中華民國主權與台灣省範圍幾近重疊，無論民國卅八年，乃至蔣中正總統發表上述講詞的民國四十九年九月，當時尚無院轄市（台北市為民國五十六年七月一日升格，高雄市為民國六十八年七月一日升格），中華民國主權所轄除金、馬外島，則為台灣省，以言範圍、人口、資源均近重疊，民選省長之聲望，地位必高，加以民意基礎穩固，必將衝擊到間接選舉產生的「總統」一職（由國民大會代表選舉產生），則在政治上必將發生微妙情境，這在動員戡亂時期，首重鞏固領導中心而言，應是主要考量。㊳

隨著解嚴、戡亂時期終止、兩岸關係趨緩，以及台澎金馬自由地區政治民主化、經濟自由化、社會多元化等政、經、社條件益趨充實健全，省自治的開展乃成必然趨勢，

在這些背景下，終於確立八十三年起之省長民選、省自治的運作。然而僅只二年光景，情勢大變，國發會的召開，在國、民兩黨高層的意願下，做成「精簡省府功能業務與組織」、「凍結省自治選舉」之共識，並進而落實於本次修憲之中。

國、民兩黨高層之凍省理由，依李登輝總統各種場合所指出有「避免『一國兩區』的形成」、「減少預算浪費―省之一年預算達三千六百億」、「增加競爭力，避免行政效率降低」等，許信良主席則強調行政效率、競爭力，並以停止五項選舉免除派系、黑金政治等。

實則上述理由和「民主實踐」、「地方自治」的價值相較是微不足道，甚且上項各理由，有其商榷之空間：以言「一國兩區」乃是主觀的「想像」。中華民國之民主發展至今，總統、省長依憲而行，其「中央」、「地方」角色明確。國防、外交、司法屬中央，此非省長所能置喙，省長出國，僅是締結「姐妹省」，而非簽訂條約。另外財政、內政本即牽涉到中央、地方之爭議，尤其政府來台幾十年中央集權、集錢，嚴重扭曲地方自治基礎，「財政收支劃分法」不利地方財源，省長加大「分貝」增取財政合理化，輿論則以「砲轟中央」、「葉爾辛效應」稱之。實則政府正宜採取合理憲政分際，對各相關法規予以增、修，以利中央、地方之運作順遂，而非倒果為因，據以砍斷民主之基礎。譬如嬰兒奶瓶出口太小，所應做的是把孔加大，而非把奶瓶丟掉，不准嬰兒使用。以言凍省可節省「每年台灣省三千六百億預算」，此說法並不正確。因為財政收支劃分法之不合理，稅收集中於中央、省。而縣市、鄉鎮各項經費大多靠中央、省補助。

省的年度預算三千六百億中，有三分之二強是補助縣市款項及公共建設，另有四百六十億元負債利息支應、八百餘億之省屬學校的人事與行政經費。上述經費縱使沒有「台灣省」，仍是應撥至基層的。而省府之本身預算卅二億元，無論未來省府員工歸併中央、地方，其經費、薪給亦不可能免除。

以言行政效率，這確是值得重視之問題。唯增進效率、提升競爭力，應從簡併中央、地方各級政府之廳、處層級，落實分層負責、逐級授權，免除公文旅行等方式檢討改進，而非凍省、省非公法人。結果造成中央更加集權、集錢，不符均權原則，更不符民主精神。且四級政府是否就一定有礙行政效率？這一邏輯似有爭議。過去的「台灣經驗」、「台灣奇蹟」是四級政府創造，當年的行政革新、行政效率一流，公務員上舞廳被發現，回來需寫報告。相較於今日之鮑魚大餐、五百元便當、十五全至尊紅酒，小白球政商掛勾，風氣日下，競爭力日降，效率不彰，將責任歸於省單獨承當是不正確的。不解的是，中央所謂凍省是求精簡以達節約之目的，唯中央行政院反形膨脹（民國八十七年七月決定增加五部），雖然新設的「部」或是合併、整合相關部會，但成立一個部仍不免要新增業務、增加用人。以凍省、停止地方自治來宣示「精簡政府組織」，卻大幅擴編行政院。這般「只許州官放火，不准百姓點燈」，如何令遭致凍結者心服？

以言凍結五項選舉，達成消弭地方派系、黑金，則無異癡人說夢般。正如宋省長所言「頭痛醫腳」。此因仍有縣市長、縣市議員、立法委員選舉就存在派系、黑金等問題，豈是停止五項選舉所能完全解決。要解決派系、黑金問題，達成健全民主政治，須標

、本兼治，舉凡政黨提名、教育功能、社會風氣、選罷法規多管齊下，以逐步改善選風。如果未明究裡，就毀了地方自治基礎，不僅未解決亂源所在，更是開民主倒車。

前面各項理由都無法成立。然則凍省、停止省級自治選舉的眞正原因，從國發會以來的發展，學術界普遍的見解乃是國民黨的中生代卡位戰——「廢宋削藩」，民進黨的「廢省」，兩者焦點一致，遂達成聯手「凍省」之共識。國民黨深知民進黨對凍省之急迫需求，乃以取消立院同意權交換之。兩方的攜手合作，凍省、停止省級自治選舉已達成。未來所祝望者：行政效率之提升、競爭力之增強、黑金、派系之消聲匿跡、國家之從此大治。否則，下次修憲應積極考慮將已破壞不完整之地方自治，開民主倒車之逆退行徑，更正回來。

㈢基本國策部分：

本次修憲之增修條文在基本國策方面，重大修改、增加者：取消教科文預算下限、增加對無障礙環境之建構加以保障、國家應扶助並保護人民興辦之中小型經濟事業生存與發展、增加對原住民地位及政治參與之保障，包括交通水利、衛生醫療。對於金、馬地區人民亦等同的予以保障。

這當中最引爭議者，乃是教科文經費下限之刪除。憲法第一六四條規定：「教育、科學、文化之經費，在中央不得少於其預算總額百分之十五，在省不得少於其預算總額百分之二十五，在市縣不得少於其預算總額百分之三十五。其依法設置之教育、文化基金及產業，應予以保障。」本次增修條文第十條第七項：「教育、科學、文化之經費應

優先編列，不受憲法第一六四條規定之限制。」我國憲法對教科文之經費訂定下限，規定各級政府不得少於預算總額百分比，為一進步、有遠見的特色，在當前全面提升教育品質、內涵，而教育經費又常捉襟見肘之際，卻將下限刪除實為匪夷所思者。

伍　結語

美國憲法制定、簽署、通過實施，至今二百餘年，其行憲之中，表現出若干基本精神。一者，其修憲案是在補充及發揚原憲章精神，絕對沒有改變它的立憲精神、中央體制；二者，修憲是法的層次，而非政治運作，更非為一黨利益或一人政治前途所提出；三者，修憲案的通過非常困難，因需參、眾兩院三分之二多數通過，再經四分之三的州通過（各州之州議會或州憲法會議須有四分之三贊成為該州之通過。）各修憲案不僅通過困難，更是耗時費日，超過一年以上至數年，極為普遍。

後動員戡亂時期七年間修憲四次，憲法越修越令人困惑。尤其是第四次修憲，其間不講學理，毫無章法。中央體制形成混亂，立法院、行政院定位更不清，越修越矛盾。只見總統權力不斷擴張，至今擁有立法院以外四院院長人事權，又可解散立法院，沒有相對的監督機關，權力遠超過總統制的總統。原本尚有其理論依據者，被修的全局零散，憲法權威淪喪。中央體制權力制衡基本精神的大變動（由傾向內閣制成為權責不相符的超級總統制），這已非修憲範疇，而是制憲。

修憲應是由憲法專家，衡量國家及人民利益，字斟句酌，考慮周詳，之後公布於世人。經返復討論，形成公意，而後才是可行之案。正因憲典環環相扣，動一字就改變精

神，改一句則前後矛盾，豈可不慎？第四次修憲兩黨高層攜手，修憲目的何在？只為取消同意權（解套）、總統權力（擴權）、凍省（意識型態）。故而這些也並無非修不可之理，既無「窒礙難行」，更無「扞格不入」之處。置學術界、社會輿論廣大聲音而不顧，終於造成整部憲法「信任制度」、「負責制度」、「副署制度」的崩盤。此一漂浮不定的憲法，更增加我國憲政發展的不確定性。

註釋

① 台北，中央日報，民國八十五年十二月卅一日，版一。
② 台北，聯合報，民國八十六年二月十四日，版二。
③ 台北，聯合報，民國八十六年四月三日，版二。
④ 台北，聯合報，民國八十六年四月廿六日，版六。
⑤ 台北，聯合晚報，民國八十六年四月廿七日，版二。
⑥ 台北，中國時報，民國八十六年六月十一日，版二。
⑦ 陳滄海，「憲政改革與政黨協商—民國八十六年修憲政黨協商紀實」，近代中國雙月刊，第一二二期，民國八十六年十二月廿五日，頁一三四。
⑧ 台北，台灣日報，民國八十六年六月十一日，版二。
⑨ 台北，自由時報，民國八十六年六月十九日，版二。
⑩ 台北，中國時報，民國八十六年六月十九日，版二。
⑪ 台北，民眾日報、中華日報，民國八十六年六月廿二日，版二。
⑫ 台北，聯合報，民國八十六年七月三日，版一。
⑬ 台北，中國時報，民國八十六年七月十五日，版二。
⑭ 台北，新生報，民國八十六年七月十六日，版三。

⑮ 台北，自由時報，民國八十六年七月十六日，版二。
⑯ 台北，聯合報，民國八十六年五月廿七日，版二。
⑰ 同⑦，頁一三一。
⑱ 台北，中國時報，民國八十六年六月十二日，版二。
⑲ 台北，自立早報，民國八十六年六月廿七日，版二。
⑳ 同⑦，頁一三〇。
㉑「謹言愼行以維泱泱大黨之風」，台灣日報，民國八十六年六月三日，版七。
㉒ 台北，中國時報，民國八十六年六月五日，版三。
㉓ 台北，自由時報，民國八十六年六月六日，版二。
㉔ 民進黨國代支持「相對多數決」者有：陳儀深、蘇治芬、邱國昌、吳俊明、藍世聰、張國慶、彭百崇、蔡啓芳、蘇明南、黃文和、陳耀昌、周民進、王明玉、江昭儀、康泰山、林逸民、胡維剛、李金億、陳玉惠、黃永煌、林育生、謝明璋、林懋榮、楊金海、陳朝龍、陳進發、謝清文、陳秀惠、林勝利、粘永和、傅淑眞、陳宗仁、陳淑暖、劉一德、簡淑慧、張禎祥、戴榮聖、莊勝榮、林重謨、王銘源、陳碧峰、鄭麗文。
㉕ 台北，民眾日報，民國八十六年七月十五日，版二。
㉖ 新黨全國競選暨發展委員會編，「為誰而戰、為誰修憲?第四階段修憲總批判」（台北：新黨全國競選暨發展委員會，民國八十六年五月），頁一。

㉗同上，頁二—十二。
㉘台北，聯合報，民國八十六年五月卅一日，版二。
㉙台北，聯合報，民國八十六年六月四日，版四。
㉚台北，中華日報，民國八十六年五月廿五日，版二。
㉛台北，聯合晚報，民國八十六年六月廿四日，版二。
㉜台北，民眾日報，民國八十六年六月十五日，版二。
㉝台北，自立早報，民國八十六年六月四日，版三。
㉞台北，中時晚報，民國八十六年六月十四日，版二。
㉟黃昭元，「雙首長制，衝擊中央政府體制」，中國時報，民國八十六年七月二十一日，版十一。
㊱朱諶，憲政分權理論及其制度（台北：五南圖書公司，民國八十六年十月），頁四七二。
㊲蔣中正，「黨的基本工作和發展方向」，見中國國民黨中央委員會編，先總統 蔣公政黨政治講詞集，卷二（台北：中國國民黨中央委員會，民國八十年十月），頁四六一。
㊳齊光裕，中華民國的政治發展（台北：揚智文化公司，一九九六年一月），頁三〇一。

綜論：憲改的影響與憲政展望

壹、前言

我政府初始因戡亂與局勢的不安定，為鞏固國家基本秩序、保障人民生命財產安全，乃透過民國卅七年四月臨時條款授與總統緊急權力，另以民國卅八年五月依戒嚴法頒布之戒嚴令，這些約制了人民相當程度的自由權利。政府遷台後，這些屬於非常時期的作為，一方面有違常態的憲政運作，另一方面卻得以使當局行憲與戡亂並行，且能應付軍事、政治、經濟與外交上的緊急危難，消除內外危機，奠定了台澎金馬憲政發展的基礎。臨時條款於卅七年通過，到台灣來後，國民大會為解決憲法與當時實際政治環境的諸多困境，如憲法總統連任規定，第一居中央民意代表囿於現實環境無法全面改選，但如何保障自由地區人民的政治參與等問題，於是在國大第二至第五次會議及第一次臨時會議均對臨時條款有所討論與增訂，藉以使得體制問題暫獲解決，並能維持政治穩定，唯臨時條款的歷次修訂，亦已改變了中華民國憲法中傾向於內閣制精神的設計。

隨著國內經濟繁榮、社會多元發展、兩岸表面上互動的趨於和緩，促使威權轉型在民國七十六年解嚴後迅速展開，政治自由化引導政治民主化而來，民國七十九年召開國是會議，民國八十年終止戡亂時期，廢止臨時條款，完成「一機關兩階段」修憲中的第一階段「程序修憲」，民國八十一年完成第二階段「實質修憲」，民國八十三年完成第三次修憲。民國八十五年李登輝總統召開體制外的國家發展會議，並確立國、民兩黨若干共識。民國八十六年再完成第四次修憲。

後動員戡亂時期的四次修憲之貢獻，在於終止動員戡亂時期，廢止臨時條款之後，對自由地區中央民意代表的產生、地方自治法制化均有特別規定，解決了憲法以全中國為格局之設計在當前不能適用之困難，並授權以法律特別規定兩岸人民關係與事務處理，反映了中國分裂四十餘年的政治現實；另在國民經濟、社會生活等基本國策，亦有配合國家當前需求的新規定，這些都符合憲法適應性原則。①

然而，終止戡亂時期，廢止臨時條款，緊接下來的憲政改革，仍應以回歸憲法為主要調整方向，尤以中央體制為然，在尊重憲政精神下，除非原制度間扞格不入，酌予修正，不宜過大的任意改變，以免產生質變作用，形成藉修憲之名行制憲之實。胡佛認為從憲法的法效理論來看，中國雖處於事實分裂狀態，但並未改變中華民國憲法對台灣地區政治結構的法效狀態，且在面對中共威脅，內部統獨之爭，以及民主化需求的三重壓力下，回歸憲法是最能接受的制度性安排，但是在中央民意代表的產生及地方自治的規範下，如不作妥當的修改，即會影響民主化的進展。②質言之，修憲工程應以回歸憲法為主要方向，除中央民意代表的產生，地方自治的規範以及必要的調整外，變動不宜過大。

準此以觀四個階段修憲的內涵，所謂經由各階段的「小幅修憲」，事實上已對中華民國現行憲法產生質變作用，亦即已非形式上修憲，而在實質上已有制憲的效應。張治安即在第三次修憲後指出：③

我國憲法有關中央政府體制之規定，原具有濃厚的內閣制色彩，行政院與立法

院分別為國家最高行政與立法機關，行政院須向民選產生之立法院負責，至於國民大會平時只有選舉及罷免總統、副總統與修憲等權，並且六年才集會一次，這樣的設計與國父五權憲法與權能區分的理論顯然有所差異，但卻較符合西方代議制度之精神。二、三次修憲時，總統與國民大會一再相互擴權，尤其因總統於第三次修憲時已由人民直選產生，更使今後擴增總統之權力在理論上得以有所依據。這樣的變化，可能將對國民大會、總統、行政院院長及立法院之間的關係產生影響，亦將導致我國中央政府體制出現微妙的轉變。

然而在國家發展會議的共識，以及其後所完成的第四次修憲，在學術界、國人期期以為不可的狀況下，仍是強渡關山的通過了。它對中華民國憲法造成嚴重無比的傷害。許倬雲指出：④

這一階段修憲（指第四階段）已經結束，眾所矚目的凍省提案及取消閣揆同意權在國、民兩黨強力動員下三讀過關，自總統、與行政、立法二院職權的劃分來看，此次修憲後中華民國總統的權力已極度擴張，將來立法院不過是總統的立法局，行政院也只是總統的行政局，除非有非常有效的彈劾權與罷免權，民意機構無法制衡總統。這一制度下的總統實際上已非雙首長制或一個半首長制，而是比美國總統更有權力的總統。

歷經七年的四次修憲在中央體制的走向，顯然未順應臨時條款的廢止，迅即回歸中華民國現行憲法的設計中，由於總統權力的擴大，破壞了原憲法的體制精神，對於憲政

的成長與變遷造成了嚴重的損傷，也使修憲後反呈治絲益棼，這將影響我國民主憲政的發展，今後我國憲政體制所面臨的重大問題有那些？以及未來的因應態度與努力方向如何？這是國人所宜深思的課題。

貳、憲政改革後政府體制的問題

一、國民大會的定位問題

1.中山先生的看法與主張

國民大會的職權與性質定位，從憲法起草階段已是爭論的焦點，其基本原因在於五權憲法與三權憲法的取向差異。欲全然瞭解修憲後國民大會的定位，與未來國民大會方向，宜先認識國民大會的生成變化。國民大會一詞的正式提出，乃孫中山先生於民國五年（一九一六年）七月十七日在上海尚賢堂對兩院議員演講「自治制度為建設之礎石」中指出：「今則七十萬人中，苟有七萬人贊成署名，可開國民會議。有人民卅五萬以上之贊成，即可成為法律。」又云：⑤

今假定民權以縣為單位……則至少可為三千縣。三千縣之民權，猶三千萬之石，礎堅則五十層之崇樓不難建立。……今此三千縣者，各舉一代表，此代表完全為國民代表，即用以開國民大會。

中山先生在三民主義的演講中，指出西方的民主政治制度，在三權分立的架構下，凸顯了代議政治的缺失，因之，對當時歐美的民主政治有所批評。⑥同時提出五權憲法的政治制度—以民主理念為核心，以權能區分為方法，以全民政治為理想，規劃出一個

從中央到地方，整體的政治制度。

在此政治制度中，明白揭示了中山先生實行民治的四項方略：⑴分縣自治。⑵全民政治。（以上兩者為直接民權，由人民直接行於縣治）。⑶五權分立。⑷國民大會。（以上兩者為間接民權，由代表而行之於中央政府）。亦即中山先生深知在廣土眾民的大國，要使全國國民均直接行使四項政權，有事實上的困難，於是國民大會的設置，便與地方自治的實施相互結合：⑦

⑴以縣為地方自治單位，縣民對於縣自治人員應直接行使選舉、罷免權；對於縣自治法律應直接行使創制、複決權。

⑵每縣人民選舉代表組成國民大會，國民大會代表對於中央政府人員應直接行使選舉、罷免權；對於中央法律應直接行使創制、複決權。

依中山先生的設計，國民大會的職權，包括了：

⑴對中央政府人員之選舉、罷免權：建國大綱第廿四條：「憲法頒布之後，中央統治權則歸於國民大會行使之，即國民大會對於中央政府官員有選舉權，有罷免權。」⑧

⑵對中央法律之創制、複決權：建國大綱第廿四條：「憲法頒布之後，中央統治權則歸於國民大會行使之，即國民大會……對於中央法律有創制權、有複決權。」⑨

⑶對憲法之複決權：建國大綱第廿三條：「憲法草案……由立法院議訂。」建國大綱第廿三條：「開國民大會決定憲法而頒布之。」⑩

⑷對憲法之制定及修改：孫文學說第六章「知行總論」：「……組織國民大會，以

制定五權憲法……國民大會職權，專司憲法之修改。」⑪

⑸彈劾失職人員：依孫文學說第六章「知行總論」：「……五院皆對國民大會負責。各院人員失職，由監察院向國民大會彈劾之；而監察人員失職，則國民大會自行彈劾罷黜之。國民大會職權，專司……及制裁公僕之失職。」⑫

從上述中山先生對國民大會的主張，尤其在正式列入「建國大綱」時，所謂「無形國大」之說，顯非中山先生原意，故有謂「不經意地提到『國民大會』四個字，不過是不經意的錯失而已。」⑬或謂「建國大鋼第廿四條所謂『國民大會』自亦可做為全國公民『總投票』解釋。」⑭凡此均有悖於中山先生本意甚明。

2.制憲前的發展

政府在民國廿五年公布經立法院歷時三年，稿經七易完成的五五憲草當中，四權具備，五五憲草中之國民大會職權有：⑴選舉總統副總統、立法院院長副院長、監察院院長副院長、立法委員、監察委員。⑵罷免總統副總統、立法司法考試監察各院院長副院長、立法委員、監察委員。⑶創制法律。⑷複決法律。⑸修改憲法。⑹憲法賦予之其他職權。

旋以次年七七事變爆發，五五憲草即被擱置。直到抗戰勝利，民國卅五年，重慶召開的政治協商會議中，完成了對五五憲草修改十二原則，其中有關國民大會職權如下：

⑴全國選民行使四權，名之曰國民大會。⑵在未實施總統普選制以前，總統由省縣級與中央議會合組選舉機關選舉之。⑶總統之罷免，以選舉總統之同樣方式行使之。

政治協商會議的突然急轉彎，將國民大會形成「無形國大」，主因在於五權憲法與三權憲法取向的差異。正如對政治協商會議憲草修改最有力人士之民主社會黨張君勱即表示：⑮

中山先生為民國之創造人，其憲法要義自為吾人所當尊重，然民主國家憲法之根本要義，如人民監督政府之權，如政府對議會負責，即為各國通行之制，吾國自不能自外。

然而政治協商會議的原則，與五權憲法有了極大出入，斯時引起中山先生的信仰者強烈反應，彼等謂：⑯

修改原則十二條，處處均屬可議。總而言之，蓋由於摒棄了國父權能區分之原則不採，不知權能區分，乃為五權憲法之基本精神。由於權能分開，然後國民為委任人，為有權者，賢能為受任人，為有能人。庶乎委任責成制可以推行。若權能不分，則此精神全失，尚何五權憲法之可言哉。

3.制憲後的國民大會

現行中華民國憲法前身的政協憲草正是上述兩者——五五憲草、政治協商會議十二原則的辯證結果：國民大會仍回復為有形組織，行使四權，但有形國會僅代表國民行使部分政權，國民仍保有部分選舉罷免之權，以無形大會方式直接行使，縣規章的創制複決也由人民直接行使，而以半數縣市已行使為國大行使兩權的始期，另國大因特定原因而集會，閉會後即歸於無形，也不再有任何治權機關向政權機關負責的規定（係由行政院

向立法院負責）。民國卅六年十二月廿五日開始實施的憲法，即以此定位國民大會職權，內容如下：（現行憲法第廿七條）

(1)選舉總統、副總統。

(2)罷免總統、副總統。

(3)修改憲法。

(4)複決立法院所提之憲法修正案。

另有關創制複決兩權，除前項第三第四兩款規定外，俟全國有半數之縣市曾經行使創制複決兩項政權時，由國民大會制定辦法並行使之。

4.歷次修憲的國民大會與未來發展

我國行憲以來，憲法至今，歷經九次內容的更動，前五次為動員戡亂時期臨時條款的增修。第六次為民國八十年「程序修憲」，廢止臨時條款，同時完成之增修條文一至十條。第七次為民國八十一年「實質修憲」，完成了增修條文十一條至十八條。第八次為民國八十三年第三次修憲，重新修正規併增修條文一至十條。第九次為民國八十六年第四次修憲，一至十一條。整體而言，行憲以來國民大會職權隨著臨時條款的修改而增加，包括：對中央法律的創制複決（唯又將創制、複決案之召集權，賦予總統，故終止戡亂時期為止，並未有總統召集國民大會討論創制、複決案），與閉會期間研討憲政的制度化，因此可說回復了若干「失去」的政權，然而此一國民大會職權的發展，到了民國七九年因學生集會與輿論強烈質疑有「擴權」傾向而暫時停止，故於次年（民國八十

年）國大一居二次臨時會增修憲法條文一至十條，僅規範二居國代產生之法源依據，有關國民大會職權，皆不再保留臨時條款之規定，仍回歸憲法第廿七條第一項之內容。（憲法增修條文第六條），然而到民國八十一年二居國代第一次臨時會通過的現行憲法增修條文第十一條至第十八條中，則再度大幅增加國大職權，包括了：同意權（憲法增修條文第十一條第一項，第十三條第一項，第十四條第二項，第十五條第二項）、聽取報告權（增修第十一條第三項）等內容。

到民國八十三年的第三次修憲，國民大會職權之中，雖則總統、副總統確立改由中華民國自由地區全體人民直接選舉，不由國民大會選舉，但依據憲法增修條文第一條第三項規定，國民大會職權包括：⑴補選副總統。⑵提出總統、副總統罷免案。⑶議決監察院提出之總統、副總統彈劾案。⑷修改憲法。⑸複決立法院所提之憲法修正案。⑹對總統提名之司法院院長、副院長、大法官、考試院院長、副院長、考試委員、監察院院長、副院長、監察委員等，行使同意權。

除了國大職權的擴大，另有關國大集會方式的修改，增設國民大會議長之職，以及制定國大行使職權程序權，均使國大與原憲法條文規定相去甚遠。就集會言，原憲法設計國民大會集會分常會及臨時會兩種，常會每六年才集會一次（憲法第二九條），臨時會之召開則有嚴格之條件規定（憲法第三〇條），以避免國民大會成為常設之組織。第三階段修憲已取消原憲法有關國民大會常會、臨時會之區別，依增修條文第一條第四項規定：「國民大會依前項第一款及第四款至第六款規定集會，或有國民大會代表五分之

二以上請求召集會議時，由總統召集之；依前項第二款及第三款之規定集會時，由國民大會議長通告集會，國民大會設議長前，由立法院院長通告集會；不適用憲法第廿九條及第卅條之規定。」另增修條文第一條第五項亦規定國大至少一年集會一次：「國民大會集會時，得聽取總統國情報告，並檢討國是，提供建言，如一年內未集會，由總統召集會議為之，不受憲法第三十條之限制。」就國大設議長言，依據原憲法規定，國大每六年才集會一次，因此並未有常設性議長一職，只是在開會時，才由出席國代互選主席團主席若干名主持會議。憲法增修條文第一條第八項規定：「國民大會自第三屆國民大會起設議長、副議長各一人，由國民大會代表互選之。議長對外代表國民大會，並於開會時主持議會。」設置議長，將使國民大會朝常設化發展邁進一步。就賦予國大自行制定行使職權程序之權而言，原憲法第卅四條規定，國大之組織、國大之選舉、罷免、及國大行使職權之程序，以法律定之。基本上，法律之制定是屬於立法院之職權，但第三階段修憲，增修條文第一條第九項規定：「國民大會行使職權之程序，由國民大會定之，不適用憲法第三十四條之規定。」此一規定，等於使國大擁有了有限的立法權。綜合而論，第三次修憲已大幅擴張國大職能。

第四次修憲，若依照原國家發展會議的共識及國民黨版修憲案，則國民大會之性質會有大幅變動，且無可理解。亦即原計劃將停止國民大會代表的選舉，改以政黨比例代表制產生，依附總統、副總統選舉，各政黨得票比例分配各黨國代席次。如果是這樣，則國民大會代表即已不具民意代表身份，一個不具民意代表身份的機構，如何能行使都

是屬於民意代表職權之工作。本項在第四次修憲並未入憲，否則憲法已夠嚴重的學理不符現象更將的令人不解。

第四次修憲有關國民大會之性質、職權大致維持前一階段之規定。稍有修定者二：一是增加「國大代表婦女參政保障名額，以政黨比例方式選出者，各政黨當選之名額每滿四人，應有婦女當選名額一人。」二是「議決立法院提出之總統、副總統彈劾案。」此因彈劾權由監察院移至立法院行使。

行憲以來，歷次臨時條款與修憲中有關國民大會職權的調整經歷凡六次。（如表十六）現行中華民國憲法是在紛亂的環境中，極短的時間內各黨派代表，折衝妥協的產物。因之，中山先生當年提出有關國民大會的主張，表現在現行憲法中的乃是有其形而無其實，外形有五權憲法的架構，內容則較傾向內閣制的精神（亦非完全的內閣制）。民主政治本是容忍妥協的政治，尤以憲法的制定、修正更是政治角力的結果，不是學理的結晶。既然強調民主，就往往不可能獨尊一家，否定其他。從憲政發展角度言之，除非欽定憲法，幾乎沒有一部憲法的制定或修正不是在爭議中完成，亦幾乎沒有一部憲法的制定或修正完成後，能讓各界均感滿意的。誠如王寵惠在參與制憲國民大會，完成中華民國憲法後所言：「余亦知本憲法為各方所不盡滿意之憲法，然而正因其為各方所不盡滿意，故能為各方所接受。」⑰在當年制憲國代中，國民黨黨員擁有絕對多數，同時多為中山先生忠實信徒，尚且無法完全恢復五五憲草理想，現今欲完全走回五權憲法路上，有其事實的困難，且以守憲、行憲的角度而言，中華民國現行憲法的中央體制內容，

除非窒礙難行，否則不宜也不應任意廢棄修改。

未來國民大會的定位如何呢？蘇永欽曾提出五個觀點作為評估選擇的基礎：⑴符合民意的程度。⑵政治效能的增減。⑶政治安定的影響。⑷體制內部的牽動。⑸體制變動的成本。⑱一個成熟的民主國家，其國民更須重視「憲政精神」（constitutionalism），力行憲法與容忍妥協是民主憲政的兩大基石。當戡亂時期終止，國內先後四次修憲，很明顯看出，並未能體現「憲政精神」，使眞正回歸原憲法，實則在朝野政黨歧見極深，又缺乏共識下，應以最小變動為宜（如完成必要之中央民意代表法源依據），然而修憲的結果，卻不斷擴張國民大會職能，將使現行憲法質變，同時更加深憲法的混亂程度，國大未來的定位仍處於相當不確定的狀態。蘇永欽並提出六種可能選擇（表十七），依目前四次修憲分析，國大應比第三方案（政權局部機關化）強，比第一方案（政權機關化）弱。然則，為求憲政的可長可久，國民大會仍應以現行憲法為準，除運作難行者外，盡量減少變動，以確保憲政精神。再者，目前「單一國會兩院制」的呼聲頗高，此制亦有若干優點可考慮之條件：一是不妨擬五權名稱架構；以國民大會為類似美制之參議院，以立法院為類似美制之眾議院。二是職掌變動不大；除國大、立院共同擁有立法權外，國大有原修憲等職權及總統、副總統彈劾權之議決權。立院有原監督行政院等職權及總統、副總統彈劾權之提出權。唯「單一國會兩院制」的最大缺點，在於立法效率堪憂；以目前立法院的立法效率和品質已為垢病的情況下，如要兩院共同多數通過立法之流程，恐法案大塞車、議事不彰等情形，只會更嚴重，不會減輕。

表十六　行憲後國民大會職權調整過程：

會別	時間	職權調整	說明
第一屆國大第三次大會	民國四九年三月	國民大會創制、複決兩權之行使，於國民大會第三次會議閉會，設置機構，研擬辦法。	第一次修正臨時條款。同年七月籌設國民大會憲政研討會。
第一屆國民大會第一次臨時會	民國五五年三月	第四項：動員戡亂時期，國民大會得制定辦法，創制中央法律原則與複決中央法律，不受憲法第二七條第二項之限制。 第六項：國民大會於會期間，設置研究機構，研討憲政有關問題。	第二次修訂臨時條款。
第一屆國民大會第二次臨時會	民國八〇年四月	增修第六條：國民大會為行使憲法第二七條第一項第三款之職權，應於第二屆國民大會代表選出後三個月內由總統召集臨時會。	廢止臨時條款，增訂修憲條文，兩權行使辦法及憲政研討會均未獲保留。

第二屆國大第一次臨時會	民國八十一年五月	增修第十一條： 第一項：國民大會之職權，除依憲法第二十七條之規定外，並增修條文第十三條第一項、第十四條第二項及第十五條第二項之規定，對總統提名之人員行使同意權。 第二項：前項同意權之行使，由總統召集國民大會臨時會為之，不受憲法第三十條之限制。 第三項：國民大會集會時，得聽取總統國情報告。並檢討國是，提供建議，如一年內未集會，由總統召集臨時會為之，不受憲法第三十條限制。 第四項：國民大會代表自第三屆國民大會代表起，每四年改選一次，不適用憲法第二十八條第一項之規定。 增修第十二條： 第一項：總統、副總統由中華民國自由地區全體人民選舉之，自民國八十五年第九任總統、副總統選舉實施。 第二項：前項選舉方式，由總統於民國八十四年五月二十日前召集國民大會臨時會，以憲法增修條文定之	另有設置議長及審查立法院預算等修憲案在二讀會中擱置。

第四項：總統、副總統之罷免依左列規定：

一、由國民大會代表提出之罷免案，經代表總額四分之一之提議，代表總額三分之二之同意，為通過。

二、由監察院提出之彈劾案，國民大會為罷免之議時，經代表總額三分之二之同意，即為通過。

第五項：副總統缺位時，總統於三個月內提名候選人，召集國民大會臨時會補選，繼任至原任期屆滿為止。

第六項：總統、副總統均缺位時，立法院院長於三個月內通告國民大會臨時會集會補選總統、副總統，繼任至原任期屆滿為止。

增修第十三條：

第一項：司法院設院長、副院長各一人，大法官若干人，總統提名，經國民大會同意任命之，不適用憲法第七十九條之有關規定。

增修第十四條：

第二項：考試院設院長、副院長各一人，

		考試委員若干人，總統提名，經國民大會同意任命之，不適用憲法第八十四條之規定。 增修第十五條： 第二項：監察院設監察委員二十九人，並以其中一人為院長，一人為副院長，任期六年，由總統提名，經國民大會同意任命之。憲法第九十一條至第九十三條，增修條文第三條、第四條、第五條第三項有關監察委員之規定，停止適用。 第五項：監察院對總統、副總統之彈劾案，須經全體監察委員三分之二以上之決議，向國民大會提出，不受憲法一百條之限制。
第二居國大第四次臨時會	民國八十三年七月	增修第一條： 第三項：國民大會職權如左，不適用憲法第二十七條第一項第一款、第二款之規定： 一、依增修條文第二條第六項之規定，補選副總統。 二、依增修條文第二條第八項之規定，提出總統、副總統罷免案。

三、依增修條文第二條第九項之規定，議決監察院提出之總統、副總統彈劾案。

四、依憲法第二十七條第一項第三款及第一百七十四條第一款之規定，修改憲法。

五、依憲法第二十七條第一項第四款及第一百七十四條第二款之規定，複決立法院所提之憲法修正案。

六、依增修條文第四條第一項、第五條第二項、第六條第二項之規定，對總統提名任命之人員，行使同意權。

第四項：國民大會依前項第一款及第四款至第六款規定集會，或有國民大會代表五分之一以上請求召集會議時，由總統召集之；依前項第二款及第三款之規定集會時，由國民大會議長通告集會，國民大會設議長前，由立法院院長通告集會；不適用憲法第二十九條及第三十條之規定。

第五項：國民大會集會時，得聽取總統國情報告，並檢討國是，提供建言

		，如一年內未集會，由總統召集會議之，不受憲法第三十條之限制。 第八項：國民大會自第三屆國民大會起設議長、副議長各一人，由國民大會代表互選之，議長對外代表國民大會，並於開會時主持會議。 第九項：國民大會行使職權之程序，由國民大會定之，不適用憲法第三十四條之規定	
第三屆國大第二次會議	民國八十六年七月	增修第一條： 第二項：國大代表婦女參政保障名額，以政黨比例方式選出者，各政黨當選之名額每滿四人，應有婦女當選名額一人。 第三項：議決立法院提出之總統、副總統彈劾案。	

資料來源：著者整理

二、總統權限的問題

總統的職權與選舉方式是後戡亂時期修憲的重要議題之一，這兩者之間引申出三項極具爭議性的憲政論戰：一是總統選舉方式與憲政體制之因果關係？二是總統選舉方式

表十七　未來國大重新定位的可能選擇

理念取向	方案	特色	典型
Ⅰ維持權能區分	一、政權機關化	國民所有政權均委由國大行使，僅保留對國大代表的選舉罷免權	五五憲草中的國民大會
	二、還政（權）於民	國民行使四權，不另設政權機關，但創制、複決兩權行使採漸進方式	瑞士、奧地利的直接民主制
	三、政權局部機關化	國民部分政權委由國大行使，部分保留	現行憲法中的國民大會
Ⅱ放棄權能區分	四、治權機關化	國大成為另一個普通立法機關，國民僅有選舉權	美國的參議院
	五、名存實廢	國大僅為立法委員及省市議員組成的選舉人團，國民僅有選舉權	德國的「聯邦大會」
	六、名實皆廢	廢除國民大會，國民僅有選舉權	多數民主國家

資料來源：蘇永欽，「國民大會的定位問題」，中山社會科學季刊，第七卷，第二期，民國八十一年六月，頁三。

與憲政體制的修憲方向如何？三是我國中央政府體制的定位究是內閣制？總統制？半總統制？五院制？抑或其他？前述三項重要議題普受朝野、社會各界的關注和討論，唯迄未能達多方共識的境界。本文以下除將第三項中央體制問題留待下一子題單獨討論，擬就前兩項與總統直接有關的部分先行論述。

總統選舉方式與憲政體制之間的主從關係約有三種主張：一是認為應先決定總統選舉方式，才能確立體制，亦即如果實施總統直選則傾向總統制，實施總統委選則傾向內閣制。⑲二是認為應先確立體制才可決定總統選舉方式，亦即如果採總統制則使用總統直選，採取內閣制則無需總統直選。⑳三是認為總統選舉方式與憲政體制之間並無直接關聯，例如奧地利、冰島、愛爾蘭等國均為內閣制，但採取總統直選；法國第五共和、芬蘭均為雙行政首長制（或稱半總統制），法國採總統直選，芬蘭則採直接與間接的混合選舉方式。㉑前述指陳各有所據，唯實就民主國家在思考總統選舉方式，多先規範總統擁有權力與地位，再決定總統選舉方式，而非先決定總統選舉方式，再決定採何種體制。㉒當觸及我國總統選舉方式、總統職權與憲政體制的修憲方向時，如欲窺得全貌，宜從歷史與法制途徑，進行分析，同時整體探討制度實際運作與法條層面。

1.中山先生的看法與主張

孫中山先生對於總統選舉的主張，是在民國前七年革命方略「同盟會軍政府宣言」：「今者由平民革命，以建國民政府，凡為國民皆平等以有參政權，大總統由國民公舉。」㉓即是主張由國民共舉。民國五年在「自治制度為建設之礎石」的演講中提到：「

今假定民權以縣為單位，令此三千縣者，各舉一代表；此代表完全為國民代表，即用以開國民大會，得選舉大總統。」㉔此時中山先生的主張改由國民大會選舉。民國十二年「中國革命史」提及：「憲法制定之後，由各縣人民投票選舉總統，以組織行政院。」㉕主張由各縣人民選舉。中山先生最後在民國十三年「建國大綱」第廿七條規定，國民大會對於中央政府官員有選舉權。㉖總統自應包括在內。

中山先生對總統職權的看法，總統乃是位居五院之上、與行政院院長分層負責以及協調五院的關係。就總統位居五院之上言，中山先生在「五權憲法」講演中，揭示的「治國機關圖」，規定國民大會之下為政府，政府包含行政、立法、司法、考試、監察五院，五院間地位平等，均為構成政府部門之一，只有五院之上的總統具有代表政府的地位。『建國大綱』第廿一條規定：「憲法未頒布之前，各院院長皆歸總統任免而督率之。」雖然此一規定是對憲法頒布之前而言，但總統地位居於五院之上，應可確定。總統與行政院關係密切，中山先生在「中國革命史」中所言：「選舉總統以組織行政院。」另在「五權憲法」中言及：「行政首領就是大總統」，「在行政人員一方面，另外立一個執行政務的大總統。」即可證明兩者關係的密切。

2.制憲前的發展

民國廿五年由國民政府所公布的中華民國憲法草案（五五憲草），其中有關總統的產生規定：「中華民國國民滿四十歲者得被選為總統、副總統」（第四七條），「總統副總統之選舉以法律定之」（第四八條），「總統副總統之任期均為六年，連選得連任

一次。」（第四九條）再依第三二條之規定，國民大會的職權包括選舉總統副總統、立法院院長副院長、監察院院長副院長、立法委員、監察委員，以及罷免總統副總統、立法司法考試監察各院院長副院長、立法委員、監察委員。亦即依照五五憲草是規定總統由國民大會選舉產生。

五五憲草中的總統職權，不僅有元首權，更有行政實權。就元首權而言，總統為國家元首對外代表中華民國。（第三六條）依法公布法律發布命令並須經關係院院長之副署。（第三八條）依法行使宣戰媾和及締結條約之權。（第三九條）依法宣布戒嚴解嚴（第四〇條）依法行使大赦特赦減刑復權之權（第四一條）依法授與榮典。（第四三條）就行政實權而言，包括：任免行政院院長、副院長、政務委員（第五六條）行政院各部部長、各委員會委員長由總統於政務委員中任命。（第五八條）行政院院長、副院長、政務委員。各部部長、各委員會委員長各對總統負其責任（第五九條）總統統率全國陸海空軍（第三七條）緊急命令權（第四四條）總統得召集五院院長會商關於二院以上事項及總統諮詢事項。（第四五條）總統對國民大會負其責任。（第四六條）從五五憲草設計中可看出，總統不但是國家元首，同時也具有行政首長的角色，總統是實權總統，行政院長為其幕僚長。

3.制憲完成後的總統

中華民國現行憲法中有關總統之產生方式，仍採用中山先生最後在「建國大綱」以及國民政府公布的「五五憲草」之規定，由國民大會選舉。憲法第廿七條規定，國民大

會職權包括選舉總統、副總統、罷免總統、副總統。另憲法第四五條規定，中華民國年滿四十歲者，得被選為總統、副總統。憲法四七條規定，總統、副總統任期六年，連選得連任一次。亦即依據中華民國憲法，先由人民選舉國大代表，再由國大代表選舉總統。

就總統的職權來探討其地位則可發現，中華民國憲法所規定的總統職權雖包括國家元首權與行政上的實權兩者，但在憲法列舉的第三十五條至四十四條，共計十條中，屬於國家元首權，或必須建築在行政院會議的決議與行政院長副署兩個基礎上，始得行使者，達九條之多；即第三五條：「總統為國家元首，對外代表中華民國。」第三七條：「總統依法公布法律、發布命令，須經行政院院長之副署，或行政院院長及有關部會首長之副署。」第三八條：「總統依本憲法之規定，行使締結條約及宣戰媾和之權。」第三九條：「總統依法宣布戒嚴，但須經立法院之通過或追認，立法院認為必要時，得決議移請總統解嚴。」第四〇條：「總統依法行使大赦、特赦、減刑及復權之權。」第四一條：「總統依法任免文武官員。」第四二條：「總統依法授與榮典。」第四三條：「國家遇有天然災害、癘疫，或國家財政經濟上有重大變故，須為急速處分時，總統於立法院休會期間，得經行政院會議之決議，依緊急命令法、發布緊急命令，為必要之處置。但須於發布命令後一個月內，提交立法院追認，如立法院不同意時，該緊急命令立即失效。」第五十七條第三項之覆議核可權。

除前述九條外，中華民國憲法中所規定總統之實權僅有兩條；第三六條：「總統統

率全國陸海空軍。」；第四四條：「總統對於院與院間之爭執，除本憲法有規定者外，得召集有關各院院長會商解決之。」另觀之憲法第五三條規定：「行政院為國家最高行政機關。」而行政院長為此最高行政機關之首長。綜合而論，中華民國憲法中的總統職權，雖非全然國家元首權，亦有部分實權，但實權有限，加以行政院為國家最高行政機關，行政院對立法院負責，因之，總統與行政院長之關係，可謂「總統統而不治，行政院長治而不統。」至於行憲以來，實際上的總統似乎權力甚大，基本上來自兩個方面，一是歷任總統均為執政的國民黨主席（或總裁）；二是動員戡亂時期臨時條款所授權。如果除去這兩項因素，純就中華民國憲法第四章「總統」之規範，中華民國總統的憲政地位，絕非總統制，亦未達到雙行政首長制的標準。

4.歷次修憲的總統與未來發展

我國行憲以來，共計經過九次憲法之修正（其中前五次為臨時條款的增修，後四次為廢止臨時條款後的第一、第二、第三、第四階段修憲），各次修憲中都不斷擴張總統職權。（如表十八），就戡亂時期而言，臨時條款所賦予總統之權包括：緊急處分權、連選得連任，不受憲法第四十七條連任一次之限制、設置動員戡亂機構，決定有關大政方針，並處理戰地政務、得調整中央政府之行政機構及人事機構、訂頒辦法充實中央民意代表機構等。前述規定均賦予總統以相當實權，就總統根據臨時條款第四項規定所設置「動員戡亂時期國家安全會議」，可決定動員戡亂大政方針。國家安全會議由總統擔任主席，下列事項均由國家安全會議決議，經總統核定交主管機關實施：(1)動員戡亂有

表十八　行憲後總統職權調整過程表

會期	時間	職權調整	備考
第一屆國大第一次大會	民國三十七年五月十日	總統在動員戡亂時期，為避免國家或人民遭遇緊急危難，或應付財政經濟上重大變故，得經行政院之決議，為緊急處分，不受憲法第三十九條或四十三條所規定程序之限制。前項緊急處分，立法院得依憲法第五十七條第一款規定之程序變更廢止之。動員戡亂時期之終止，由總統宣告，或由立法院咨請總統宣告之。	臨時條款初次制定
第一屆國大第三次大會	民國四十九年三月十一日	第三條：動員戡亂時期總統、副總統得連選連任，不受憲法第四十七條連任一次之限制。	第一次修正臨時條款
第一屆國大第一次臨時會	民國五十五年二月七日	第八條：在動員戡亂時期，總統對於創制案或複決案認為有必要時，得召集國民大會臨時會討論之。	第二次修正臨時條款
第一屆國大第四次大會	民國五十五年三月十九日	第四條：動員戡亂時期，本憲政體制，授權總統得設置動員戡亂機構，決定動員戡亂有關大政方針，並處理戰地政務。	第三次修正臨時條款

		第五條：總統為適應動員戡亂需要，得調整中央政府之行政機構、人事機構及其組織。	
第一屆國大第五次大會	民國六十一年三月十七日	第六條：動員戡亂時期，總統得依下列規定，訂頒辦法，充實中央民意代表機構，不受憲法第二十六條、第六十四條及第九十一條之限制： 一、自由地區增加中央民意代表名額，定期選舉，其需由僑居國外國民選出之立法委員及監察委員，事實上不能辦理選舉者，得由總統訂定辦法遴選之。 二、第一屆中央民意代表，係經全國人民選舉所產生，依法行使職權，其增選補選者亦同。大陸光復地區次第辦理中央民意代表之選舉。 三、增加名額選出之中央民意代表，與第一屆中央民意代表，依法行使職權。增加名額選出之國民大會代表，每六年改選，立法委員每三年改選，監察委員每六年改選。	第四次修正臨時條款

第一階段修憲	增修第七條：總統為避免國家或人民遭遇緊急危難或應付財政經濟上重大變故，得經行政院會議之決議發布緊急命令，為必要之處置，不受憲法第四十三條之限制。但須於發布命令後十日內提交立法院追認，如立法院不同意時，該緊急命令立即失效。 增修第九條：總統為決定國家安全有關大政方針，得設國家安全會議及所屬國家安全局。行政院得設人事行政局。	民國八〇年四月廿二日	第一居國大第二次臨時會
第二階段修憲	增修第十二條：總統副總統由中華民國自由地區全體人民選舉之，自中華民國八十五年第九任總統副總統選舉實施。前項選舉之方式，由總統於中華民國八十四年五月廿日前召集國民大會臨時會，以憲法增修條文定之。總統、副總統之任期，自第九任總統、副總統起為四年，連選得連任一次，不適用憲法第四十七條之規定。	民國八十一年五月廿七日	第二居國大第一次臨時會

一、由國民大會代表提出之罷免案，經代表總額四分之一之提議，代表總額三分之二之同意，即為通過。

二、由監察院提出之彈劾案，國民大會為罷免之決議時，經代表總額三分之二之同意，即為通過。（以下略）

增修第十三條：

第一項：司法院設院長、副院長各一人，大法官若干人，由總統提名，經國民大會同意任命之，不適用憲法第七十九條之規定。

增修第十四條：

第二項：考試院設院長、副院長各一人，考試委員若干人，由總統提名，經國民大會同意任命之，不適用憲法第八十四條之規定。

增修第十五條：

第二項：監察院設監察委員二十九人，並以其中一人為院長、一人為副院長，任期六年，由總統提名，經國民大會同意任命之，憲法第九十一條至第九十三條、增修條文第三條，及第四條、第五條第三項有關監察委

			員之規定，停止適用。
第三次修憲	第二屆國大第四次臨時會	民國八十三年七月廿八日	增修第二條： 第一項：總統、副總統由中華民國自由地區全體人民直接選舉之，自中華民國八十五年第九任總統、副總統選舉實施。總統、副總統候選人應聯名登記，在選票上同列一組圈選，以得票最多之一組為當選。在國外之中華民國自由地區人民返國行使選舉權，以法律定之。 第二項：總統發布依憲法經國民大會或立法院同意任命人員之任免命令，無須行政院長副署，不適用憲法第三十七條之規定；行政院長之免職命令，須新提名之行政院院長經立法院同意後生效。 第三項：總統為避免國家或人民遭遇緊急危難或應付財政經濟上重大變故，得經行政院會議之決議發布緊急命令，為必要之處置，不受憲法第四十三條之限制。但須於發布命令後十日內提交立法院追認，如立法院不同意時，該緊急命令立即失效。 第四項：總統為決定國家安全有關大政方針

，得設國家安全會議及所屬國家安全局，其組織以法律定之。

第五項：總統、副總統之任期，自第九任總統、副總統起為四年，連選得連任一次，不適用憲法第四十七條之規定。

第八項：總統、副總統之罷免案，須經國民大會代表總額四分之一之提議，三分之二之同意後提出，並經中華民國自由地區選舉人總額過半數之投票，有效票過半數同意罷免時，即為通過。

第九項：監察院向國民大會提出之總統、副總統彈劾案，經國民大會代表總額三分之二同意時，被彈劾人應即解職。

增修第四條：

第一項：司法院設院長、副院長各一人，大法官若干人，由總統提名，經國民大會同意任命之，不適用憲法第七十九條之有關規定。

增修第五條：

第一項：考試院設院長、副院長各一人，考試委員若干人，由總統提名，經國民大會同意任命之，不適用憲法第

		八十四條之規定。 增修第六條第一項：監察院設監察委員二十九人，並以其中一人為院長、一人為副院長，任期六年，由總統提名，經國民大會同意任命之，憲法第九十一條至第九十三條之規定停止適用。	
第三居國大第二次會議	民國八十六年七月十八日	增修第三條第一項：總統任命行政院長，不須經立法院同意。 增修第二條第二項：總統發布行政院長或依憲法經國民大會同意任命人員之任免命令及解散立法院之命令，無須行政院院長之副署，不適用憲法第卅七條之規定。 第五項：總統於立法院通過對行政院長之不信任案後十日內，經諮詢立法院院長後，得宣告解散立法院。但總統於戒嚴或緊急命令生效期間，不得解散立法院。立法院解散後，應於六十日內舉行立法委員選舉，並於選舉結果確認後十日內自行集會	第四次修憲

增修第四條第五項：立法院對於總統、副總統犯內亂罪或外患罪之彈劾案，須經全體立法委員二分之一以上之提議，全體立法委員三分之二以上之決議，向國民大會提出。	，其任期重新起算。

資料來源：著者整理

關大政方針。⑵國防重大政策。⑶國家建設計劃綱要。⑷國家總動員之決策與督導。⑸戰地政務及其他有關動員戡亂之重要決策等等。另外總統並可訂頒辦法，辦理中央公職人員選舉及調整中央政府行政機構、人事機構，行使這些職權所發布的命令，不必行政院長及有關部會首長的副署。因此總統所頒布的「國家安全會議組織綱要」、「行政院人事行政局組織規程」、「增加中央民意代表名額選舉辦法」，均未經行政院副署，即行生效。㉗總之，在戡亂時期，臨時條款的運作下，國家決策的功能，已經由行政院轉移到「以總統為軸心的國家安全會議」之手，而行政院長只不過是構成國家安全會議的一個成員而已。㉘

隨著戡亂時期的終止，臨時條款在廢止後，理應回歸中華民國憲法的體制，尤以從行憲、守憲的角度言，這是避免紛擾，重回軌道的重要關鍵，然而不幸的是，國民黨主

導的二居國代三次修憲以及第三居國代在國、民兩黨攜手合作中，捨此之途，不僅再次增加總統職權，混淆了中央體制，且這一未有相對制衡的設計，缺乏權責平衡原則，開啓未來憲政發展不確定性的困擾。

中華民國憲法中原本傾向於內閣制的設計，經過四次修憲，由於總統職權的增加，而有傾向於總統制，這種實質上已有制憲的效應，勢將危及憲法的根本。從憲法增修條文有關總統部分，分析其危及憲法精神，舉其大者言之有四：

(1)規定總統得設國家安全會議及所屬國家安全局：這兩個戡亂時期非常體制產物的就地合法，衍生出總統與行政院長既存關係的遭到破壞；未來國安會組織法，無論將國安會定位為決策機構或諮詢機構，但以總統擔任主席，行政院長為「第二副主席」，將破壞憲法上最高行政決策權的規定，而這個「太上行政院」將造成有責者（行政院長）無權，有權者（總統）無責（其毋需向立法院負責）。再從另一個角度看增修條文中所謂「總統為決定國家安全有關大政方針，得設國家安全會議及所屬國家安全局，其組織以法律定之。」何謂「國家安全」？又何謂「有關大政方針」？這等於給總統職權開了一張空白的權力支票，更加模糊了總統與行政院長的關係。幾次修憲所做的不是「回歸憲法」，而是「回歸臨時條款」。

(2)總統在五院中擁有四院的人事權：原憲法中僅規定行政院長由總統提名，經立法院同意任命。而憲法增修條文第四、五、六條又將司法院院長、副院長、大法官、考試院院長、副院長、考試委員、監察院院長、副院長、監察委員等，由總統提名，經國民

大會同意任命之。這些人事提名權更擴大總統的政治籌碼。以監察院賦有對總統彈劾之權責，今由總統提名之監委來彈劾總統，顯非至當。第四次修憲將彈劾總統、副總統之權移至立法院，尚屬可行。另外考試院、司法院宜應摒除人情之嫌，其由總統來提名，總統提名絕非陌路之人，公平性反受質疑，實則司法、考試、監察三院應由中央民意機關直接就符合相關資格者加倍提名並選舉產生之。

而第四次修憲所做成刪除立法院之閣揆同意權，對中華民國原憲法傷害最鉅。總統因可直接任命行政院長，使憲法中之「信任制度」、「負責制度」、「副署制度」等傾向於內閣制精神之三大支柱，應聲而倒，中央體制精神已變。行政院長已成總統幕僚長，在總統可任意撤換行政院長之下，行政院長在副署權上根本不可能有異議。行政院長對立院負責下，立院同意權非常重要，不可拋棄。今立院沒有同意權，行政院如何還須向立法院負責？今後修憲若有將「行政院長向總統負責」之修憲案提出者，亦不足怪矣。

(3)總統由人民直接選舉產生，使今後總統權力的擴增在理論上有所依據：原憲法中，以中央體制較傾向於內閣制的設計型態，總統由國民大會選舉產生，亦頗符法理，且由國民大會間接選舉產生，亦是民主制度之一。今以總統由人民直接選舉，則其擁有直接民意基礎，使一股銳不可當的民粹政治空間更形擴張，亦使總統權力的擴張具有理論的準據，可由此發展出有實權總統的條件，牽動第四次修憲將憲法的中央體制朝向總統制發展。

(4)權責不相符的超級總統制：總統擁有四院人事權，再加上第四次修憲，總統可以解散立法院，等於五院在總統宰制之下。諷刺的是，立法院只能對總統幕僚長的行政院長提不信任案倒閣權，而不能對權力所出之總統提不信任案。（內閣制國會之所以對閣揆提不信任案，以閣揆為權力所出者，其國家元首為虛位者。）再者，立法院對總統之彈劾案僅限內亂、外患罪。總統即「政府」，豈有自己以暴力推翻「政府」（自己）的道理。而民主新與國家總統最須被監督者，乃是貪污、選舉作弊等，這些立法院均無法彈劾，故而彈劾權形同具文，一個權責不相符的超級總統制已然誕生。

綜合而論，總統職權在四次修憲中擴大，加上第九任總統起由人民直接選舉產生，已使得總統和行政院長憲政分際顯現不明確，並使中央體制出現變化，這種趨勢對憲政發展而言，將增添不確定性和更大的爭議。如從法理而言，四個階段的修憲所顯示的，是以修憲之名行制憲之實，這將使未來我國憲政之路更為困擾難行。

三、中央體制的問題

英國憲法學者費爾（Wheare）曾舉出世上有七部原創性（original）憲法，一是英國之議會政治憲法，創行政院、立法合一而又相互依賴之憲法模式；二是美國之總統制憲法，創三權分立之憲政制度；三是法國之一七九三年憲法，開創了國民議會（National Assembly）；四是比利時之一八三一年憲法，將君主政治之原則與人民主權之原則加以調和；五是蘇聯一九一八年至一九二四年之憲法，創立了「蘇維埃」式的政制；六是波蘭於一九三五年左右之皮蘇基憲法，將新總統制政體制度化，七是一九四七年之中

華民國憲法，將政府權力分配於中央五院，創立了五權分立之憲法模式。㉙

中華民國憲法是經過政治協商會議與制憲國民大會，在各個黨派、社會賢達（無黨無派人士）不斷的讓步妥協而制定完成了中央政府體制。基本上，它是五權憲法與英美政制的混合制，它保留了國父中山先生的五權憲法架構，在中華民國憲法中的五院與總統、國民大會均列有專章；然而卻具有內閣制的部分色彩，另外總統亦有若干實權，對於這種混合的中央體制，自然地被廣泛討論，並引起類型歸屬的爭論。

這些中華民國憲法上爭議未決的中央體制問題，卻隨著民國八十年、八十一年、八十三年、八十六年的四次修改憲法，將中央體制趨於更加複雜難解。無論中華民國憲法，乃至歷次修憲，大多數的爭論都牽涉到總統、國民大會、行政院、立法院之間的四角關係，而且大多是由於未能清楚區分「總統制」和「內閣制」之間的差異所引起。㉚如果要能更清楚釐清中華民國憲法的中央政制問題，在動員戡亂時期終止，廢止臨時條款的同時，應該迅即回歸原憲法精神，除非其中扞格不入或窒礙難行，才予以必要修正，這是行憲、守憲與尊重憲法的根本，可惜四個階段的修憲捨此之途，任意擴張總統職權，造成總統與行政院、立法院的更形複雜。現在茲就中華民國中央體制之各種主張與爭論予以評析，使能掌握我國憲法中央體制原貌、精神，並進一步論述四個階段修憲對中華民國憲法的影響。

1.主張內閣制的理由與爭議

李鴻禧認為我國是內閣制國家，其因內閣制有三個特點：(1)不管是皇帝或總統都是

虛位，行政院長眞正掌大權。⑵行政院長不管是由皇帝或總統提名，均屬形式，最重要的是國會的同意任命。⑶總統或皇帝公布法律，須由行政院長或有關部會首長副署。加以臨時條款雖規定總統有緊急處分權，但仍須由行政院會議提出，立法院事後如認為不妥，仍得依憲法第五十七條第二款之規定變更或廢止之，故而認為我們仍是內閣制國家。㉛

薩孟武則以我國政制接近於內閣制，此因總統職權固然不少，但總統行使職權須有行政院長副署，一切重要法案無不由行政院會議議決。行政院院長雖由總統提名，但須徵求立法院同意，且行政院又不對總統負責，由此可以證明我國總統乃有似內閣制的總統。㉜復次，行政院對立法院負責，而總統發布命令又須經行政院長及相關部會首長之副署，副署乃表示同意及負責，如是則總統在政治上應無責任。無責任則為虛位元首，虛位元首為內閣制的一項特徵。㉝

中華民國憲法雖然部分精神頗似內閣制，但顯亦非完全內閣制，參與民國卅五年政協會議後之政協憲草（即制憲國民大會據以完成中華民國憲法的憲草）起草的民社黨黨魁張君勱，對於中華民國憲法第五十七條第二、三款規定，有如下說明：「1.我們沒有採用英國式的責任內閣制，各部部長同時須為國會議員。2.我們沒有要求行政院須負聯帶責任。3.我們放棄了國會立即倒閣之不信任投票制度。4.按照前文兩條（按即憲法第五十七條二三兩款）之規定，所謂移請變更政策之決議或立法院通過之法律案，總統均有交覆議權。明白點說，如交覆議之際，達不到出席委員三分之二之人數，則變更政府

之決議案或法律案，並不引起倒閣風潮。」㉞此外，憲法中亦未有內閣制中解散國會之規定。張君勱認為：「此種內閣制決非英式之內閣制，而是一種修正式之內閣制。」㉟馬起華並列舉十點說明憲法中央體制並非純粹內閣制：(1)總統並非虛位元首。(2)外造政黨制。(3)行政首長與立法委員不能互兼。(4)非集體責任制。(5)無不信任制。(6)行政院不能解散立法院。(7)立法院職權與內閣制下的國會職權有異。(8)行政院的產生與內閣首長的產生方式不同。(9)國民大會為內閣制所無。(10)行政院不是唯一的決策機關。㊱

2.主張總統制的理由與爭議

國父中山先生哲嗣孫科參與中華民國憲法草案起草工作，其於民國卅五年十一月廿八日向制憲國民大會報告憲草：㊲

第五章行政，這一部份修改的比較重要，本案有兩大修正，一是行政院長的任命，須經立法院的同意，一是行政院依照某種規定對立法院負責，也就是立法院變成一個最高的決策機關。因為立法與政策，是離不開的，如行政院要發動某一新政策，一定要經過立法院同意，纔能夠去執行，假使立法院不同意，可請行政院變更，行政院也可仍經總統之核可，移請立法院覆議，若移交立法院覆議，有立法委員三分之二人數維持原草案時，行政院應接受立法院的決議，行政院若不肯執行此種決議時，行政院長即須辭職。其次，立法院可以自動制定法律案，這種法律案的通過後，如果行政院長認為窒礙難行，可經總統核可交立法院覆議，覆議經立法委員三分之二維持原案時，行政院院長祇有接受或辭職。為什麼有這種規定，為的是要

免去總統與立法院間發生直接的衝突。在五五憲草內行政院長不對立法院負責的，同時總統亦不對立法院負責。總統若提出一個法律案，立法院不贊成，經過覆議，仍通不過，或者有修正變更，則立法院即直接與總統衝突。遇到這種場合，原規定是要召集國民大會，或者等到國民大會開會時再來解決，這次憲草審議時，覺得召開國民大會手續繁重，故改用此種補救辦法。總統的責任由行政院長代為擔負，立法院通不過時，行政院長可以立刻下來，由總統另提人選。這種方法，可以減輕總統的責任，亦免得總統受政潮的影響。很多人懷疑這樣的修正，是不是行政院變成責任內閣制，立法院變成英國或者過去法國的議會呢？根據條文意義來講，行政院長是有條件的對立法院負責，還不能稱為責任內閣制。因為完全的責任內閣制，行政院各部會首長是應由議員來充當的。在英國及過去的法國都是這樣，議會裡面隨時可以舉行不信任投票，行政院長及行政院各部會首長是應由議員來充當的。在英國及過去的法國都是這樣，議會裡面隨時可以舉行不信任投票，行政院長及行政院各部會首長，非但不以立法委員來充當，而且立法委員亦不得兼任官吏，所以這一點與內閣制是很大的區別。同時行政院仍受總統指揮，也可以說這個制度是一種修正的總統制。

然則，依中華民國憲法條文規定，並未列出如孫科所謂「行政院長受總統指揮」，憲法第五十五條規定行政院長由總統提名，經立法院同意任命之。惟在實際政黨政治運作下，總統所選擇行政院長人選，必須考量的首要因素為立法院多數黨誰屬？絕非總統

個人自由意志所能完全決定，否則必不易為立法院通過。尤當總統與立法院多數黨不屬同一政黨時，更為明顯。而依憲法中的總統、行政院長職權規定，行政院長的行政實權多於總統的行政實權（總統除去國家元首權及須經行政院決議者外，其行政實權僅有一項：院際爭執之調和權），過去長時間以來總統所以擁有較大權力，一則歷來總統同時是執政國民黨的總裁、主席，再則臨時條款賦予總統超過原憲法更大的職權。若當總統與行政院長分屬不同政黨時，更可以明顯看出總統並無指揮行政院長之權責。綜合而論，總統的行政實權不多，憲法並且以行政院為國家最高行政機關（憲法第五十三條），行政院對立法院負責（憲法第五十七條）等等規定，可確認我國憲法中央體制距美國總統制或法國第五共和之半總統制（或稱雙行政首長制）差別甚遠，若將中華民國憲法體制歸之於總統制、半總統制或傾向於總統制均非屬允當。

3.主張五權憲法制的理由與爭議

五權憲法究屬於何種政制？林桂圃認為：「我們的簡單明瞭的答案，便是屬於與眾不同的五院制。」[38]馬起華則根據如下各項事實，認為我國可稱「五權憲法制」，設立五院以行使五權：[39]

(1)孫文學說：「以五院制為中央政府，一曰行政院，二曰立法院，三曰司法院，四曰考試院，五曰監察院。」

(2)建國大綱第十九條規定：「在憲政開始時期，中央政府當完成設立五院，試行五權之制。其序列如下：曰行政院，曰立法院，曰司法院，曰考試院，曰監察院。」

(3)自民國二十年起至行憲前止，中央政府一直設立五院，列序與(2)同。

(4)五五憲草及歷次憲草修正案，均規定中央政府設立五院。

(5)中華民國憲法於中央政制，雖不盡合於五權憲法及五五憲草，但設立相同序列的五院，則無二致。憲法規定五院皆為「最高」，分別行使五權，這是其他國家的政制所沒有的。

(6)大法官會議釋字第一七五號解釋有謂「五權分治，彼此相維之憲政體制。」

(7)大法官會議釋字第三號解釋：「我憲法依據孫中山先生創立中華民國之遺教而制定，載在前言。依憲法第五十三條（行政）、第六十二條（立法）、第七十七條（司法）、第八十二條（考試）、第九十條（監察）等規定，建置五院。本憲法原始賦予之職權，各於所掌範圍內為國家最高機關，獨立行使職權，相互平等，應無軒輕。」

(8)五權憲法制的六項特徵—權能區分、全民政治、五權分立、國民大會、均權制度、分縣自治，均在現行憲法中有所規定。

馬起華亦指出稱五權憲法制的缺點，在於這一名稱未能完全凸顯總統、行政院、立法院（元首、內閣、國會為內閣制的三環）及其關係，俾與內閣制作顯明的對比。㊵此外，無論稱五院制或五權憲法制仍有其盲點，就五院制的稱法而言，我國憲法中央體制架構除五院外，尚包含總統、國民大會；國民大會代表全國國民行使政權，總統為國家元首，具有部分實權，以五院制稱我國憲法體制，不僅遺漏國民大會、總統，而且不足以顯示國民大會、總統與五院之間的互動關係，而上述中央機構的互動正是中華民國憲

法眞正精神所在，故稱五院制是不夠周延完整的。

就五權憲法制而言，雖則中華民國憲法在架構上，仍維持國父中山先生五權憲法的外貌，亦即在憲法中的國民大會（第三章、第廿五條至卅四條）、總統（第四章，第卅五條至五二條）、行政（第五章，第五三條至六一條）、立法（第六章，第六二條至七六條）、司法（第七章，第七七條至八二條）、考試（第八章，第八二條至八九條），監察（第九章，第九〇條至一〇六條）等，均列有專章，但其精神已非國父遺教或五五憲草的五權憲法內涵。在評析一個憲法體制的類型，固然須看其外型，但更須注意其運作的實際精神所在，我國憲法就其精神而言，已非國父五權憲法的原來意涵，故稱五權憲法制有名實不符之虞。

4.我國憲法的體制與四階段修憲的變化

上文中，分別就我國憲法之中央體制的各種主要看法，其支持與質疑部分提出說明。因各種主張均有其理由，故似仍難有普遍性的交集出現。尤以我國憲法究竟是否為內閣制或總統制？抑或如何解釋？實應清楚定位，否則對我國憲政之發展將無法正本清源，四個階段修憲的無法尊重憲法原設計，實質上已偏離了原憲法精神，亦都肇因於此。

薩孟武在論述內閣制與總統制的區別標準有二，第一是行政權的歸屬及其組織，第二為行政權與立法權的關係：㊶

(1)在內閣制：①行政權屬於內閣，內閣乃獨立於元首之外，由國務總理（首相）及國務員組織之。②行政一方與立法權結合，他方又與立法權互相對抗。

(2)在總統制：①行政權屬於元首，各部首長只是元首的屬官。②行政權一方面與立法權分離，他方又與立法權互相牽制。

民主國家的政體，雖以採取總統制與內閣制較多，採取總統制者五十二國，其中亞洲九國、歐洲六國、美洲十九國、非洲十七國、共產國家一國。採行內閣制的國家四十四國，其中亞洲十五國、歐洲十六國、美洲三國、非洲八國、澳洲二國。然則沒有一個完全相同的，其中內閣制具總統制者有之，總統制略含內閣制色彩者亦有之。㊷若予以捨小異而取大同，薩孟武就內閣制、總統制前述兩項標準，舉出彼此特徵如次：㊸

以內閣制而言，(1)行政權的歸屬及其組織：信任制度、副署制度、負責制度，三位一體而為內閣制的特徵。①信任制度—內閣由總理（首相）與國務員組織之，總理由元首任命。但此任命權乃以議會的信任為條件，其人選為議會多數黨黨魁。②副署制度—各種政策由內閣會議決定，開會時以總理為主席，元首無出席討論之權。唯內閣對外執行政策時，仍需假元首的名義，但由總理副署，副署表負責之意。③負責制度—內閣對議會，尤其是第一院（下議院、平民院）負責，議會督促內閣負責的方法有質詢、審查、預算表決、信任投票等方式。

(2)就行政權與立法權的關係，內閣制一方使用行政權與立法權結合，他方使行政權與立法權互相對抗。前者表現在①國務總理及國務員常由議員兼之。②內閣成員必須出席議會說明政策及接受質詢。③內閣得提出各種議案於議會。後者則表現在議會有不信任投票權，內閣有解散國會權。

以總統制而言，⑴行政權的歸屬及其組織：①國務員由總統任免之。②一切政策均由總統個人決定。⑶國務員對總統負責，不對議會負責。⑵就行政權與立法權關係，一方使行政權與立法權分立，他方又令行政權與立法權互相牽制。前者表現在①總統與國務員不得兼任國會兩院議員，總統與議員分別由人民選舉產生，各對人民負責。②國務員不得列席國會任何一院，報告政務或接受質詢。③總統不得提出議案於國會，政府提案須透過同黨籍國會議員代為提出。後者則表現在：①議會雖無不信任投票，但可利用立法權尤其是預算議決權，牽制政府。②總統固然沒有解散議會之權，但在立法上可利用覆議之否決權（veto power）以牽制議會。

綜合前述內閣制、總統制的特徵及其精神，我們憲法的中央體制既非完全的內閣制，亦非完全的總統制。而是屬於五權憲法架構下的混合制。[44]這一混合制的精神，則較傾向於內閣制。我國憲法雖保留五權憲法架構，但並未符合國父中山先生五權憲法的精義，故非完全的五權憲法制；我國憲法除五院外，尚包括國民大會、總統，故以五院制稱之亦不周延；另外，憲法中的總統職權雖有部分實權，已如上述，但距離總統制、半總統制，或傾向於總統制甚遠；從憲法中規定，行政院、立法院分別為國家最高行政機關與立法機關（第五十三條、第六十二條），行政院長須經立法院同意任命（第五十五條），且行政院對立法院負責（規第五十七條），以及副署制度（第三十七條）等，都是內閣制重要精神，唯我國憲法中並未定行政院長及部會首長由立法委員兼任，相反的，規定立法委員不得兼任官吏（第七十五條），且我國並無立法院不信任投票，內閣亦

無解散國會權，加以總統擁有部分實權，這些都是不符合內閣制的重大部分，因而我國並非完全內閣制，僅可謂之較傾向於內閣制。質言之，我國憲法體制，類屬五權憲法架構下傾向於內閣制精神的混合制，或稱混合制。法國戴高樂在一九五八年的第五共和憲法亦是另一種型態的混合制。

我國這一部民國卅五年十二月廿五日制定，民國卅六年十二月廿五日施行的憲法，如摒除理想化的角度，而代之以民主容忍妥協的觀點，持平地予以論析，則它雖非某一純粹理念的制度—如中山先生五權憲法制、美國總統制、英國內閣制，但是這個五權憲法架構下，傾向於內閣制精神的混合制，亦有其獨到的特徵，並自成體系：

(1)國民大會代表全國國民行使政權(憲法第廿五條)，其職權包括選舉總統、副總統，罷免總統、副總統，修改憲法，複決立法院所提憲法修正案，創制權、複決權。(憲法第廿七條)

(2)總統為國家元首，對外代表中華民國。(憲法第卅五條)除具有宣戰、媾和、締約、大赦、特赦、減刑、復權之權、授與榮典等國家元首權外，亦具有一項行政實權；院際爭執之調和權。(憲法第四十四條)另總統依法公布法律、發布命令，須經行政院長之副署，或行政院長及有關部會首長之副署。(第三十七條)總統發布緊急命令，覆議核可權亦以行政院會議之決議為要件。(第四十三條、五十七條)

(3)設立五院，其排列順序為：行政院、立法院、司法院、考試院、監察院。五院皆就其職掌為「最高」。(憲法第五章、六章、七章、八章、九章。)

(4)行政院為國家最高行政機關。(憲法第五十三條)行政院長由總統提名,經立法院同意任命之。(第五十五條)行政院副院長、各部會首長及不管部會之政務委員,由行政院院長提請總統任命之。(第五十六條)行政院對立法院負責。(第五十七條)

(5)立法院為國家最高立法機關,由人民選舉之立法委員組織之,代表人民行使立法權。(第六十二條)立法院有議決法律案、預算案、戒嚴案、大赦案、宣戰案、媾和案、條約案及國家其他重要事項之權。(第六十二條)立法委員不得兼任官吏。(第七十五條)

(6)司法院為國家最高司法機關,掌理民事、刑事、行政訴訟之審判,及公務員之懲戒。(第七十七條)法官須超出黨派之外。(第八十一條)司法院設大法官若干人,負責解釋憲法,並統一解釋法律及命令。(第七十八、七十九條)

(7)考試院為國家最高考試機關,掌理考試、任用、銓敘、考績、級俸、陞遷、保障、褒獎、撫卹、退休、養老等事項。(第八十三條)考試院關於所掌事項,得向立法院提出法律案。(第八十七條)考試委員須超出黨派之外,依據法律獨立行使職權。(第八十八條)

(8)監察院為國家最高監察機關,行使同意、彈劾、糾舉及審計權。(第九〇條)行使同意權時,由出席委員過半數之議決行之。(第九十四條)

綜論之,中華民國憲法本即自成一局,各有職司,權責分明,如拋開某特定制度理想化的意念,我國憲法有其價值和運作功能,再加上制定過程中充分表現民主的容忍、

妥協精神，更應得到全體國人的敬重，實不宜以是否為完全理想化的五權憲法制、內閣制、總統制來批評中華民國憲法，中華民國憲法若是完完全全上述的某一種制度，其制定時，豈非違反民主精神，民主之可貴在不自專，民主國家制憲往往不是某單一理想化，而是折衷妥協的產物，理由至為明顯。

我國憲法既是民主精神下，各黨派折衷妥協的產物，雖不是某特定制度的單一理想，但卻能自成格局，國人本於行憲的憲政精神，更應尊重、維護之。隨著民國八十年終止戡亂時期，廢止臨時條款，修憲有其必要性，尤以中央民意代表的法源依據，地方自治法制化最為重要。但就中央體制部分，我國憲法的混合制下，有其特色，除非窒礙難行，否則應不宜任意變動。然而四個階段修憲的結果，無視憲政精神的重要，擴大了總統職權。對於總統權位的主要改變有三：一是總統職權擴大，二是總統改由民選，三是制衡總統的憲法工具均已削弱。這種發展態勢好像是回歸臨時條款，而非回歸憲法。[45]如此一來，使原本隱含於中華民國憲法中「傾向於內閣制的混合制」，逐漸導入「傾向於總統制的雙行政首長制」。[46]更在第四次修憲後，成為「權責不相符的超級總統制」。這種修憲方式，實為藉修憲之名，行制憲之實的舉措，如以法國第一共和到第五共和之憲政發展觀之，我國四個階段的修憲中，國民黨層峰缺乏國父中山先生的謙沖為公，更無華盛頓、亞當斯之不以權位為戀。相反的，以蠶食鯨吞、巧取豪奪的將總統職權任意擴張、改變中央體制，而未回歸原憲法，實已開啟不尊重憲法的源頭，更為中華民國憲政未來走向，增加諸多的不確定性。

參、我國憲政發展的努力方向

中華民國憲法在制定過程中，充分表現容讓、妥協的精神，當制憲國大完成制憲任務時，我國民主憲政即邁出了第一步，緊接著國內烽火連天，兵禍不斷，第一屆行憲國大在民國卅七年三月廿九日開幕，也完成了兩件大事，一是選出第一屆總統、副總統，另一是制定了「動員戡亂時期臨時條款」。臨時條款由國民政府於民國卅七年五月十日公布，到台灣以後，又經過民國四十九年三月十一日、五十五年二月七日、五十五年三月十九日、六十一年三月十七日前後四次修訂，直到民國八十年五月一日廢止長達四十三年的動員戡亂時期非常體制。民國八十年、八十一年、八十三年、八十六年，國民大會又進行了四次修憲工程，可是這四個階段的修憲，不僅過程中，無法顯示民主憲政的容讓、妥協精神；而且修憲的實質內容中，更忽略了行憲、守憲的憲政精神，將憲法的中央體制做了重大改變，偏離原憲法精神，未回歸憲法。基本上，我們國家在邁向民主憲政過程中，國人須要注意的憲政精神有二：一是容讓、妥協精神的表現，二是力行憲法精神的宏揚。果能做到這兩點，我們民主憲政的前景是光明充滿希望的。

一、容讓妥協

西方學者有謂：民主政治必須建築在容讓（toleration）的精神上，沒有容讓的精神則民主政府就沒法執行職務。㊼我國亦有學者表示，就民主觀點而言，寧可犧牲完美而歡迎妥協，因為妥協出於互讓，互讓基於尊重自己的主張，同時亦尊重他人主張之寬容態度，故妥協為民主之精神表現，亦為民主政治之工作原則。㊽

事實上，妥協並不一定是卑鄙的行為，要看動機如何；為了自私自利的目的而妥協是卑鄙，為了顧全公益而妥協，卻是高尚。同時妥協不一定是退縮，要看妥協以後的行動如何；藉妥協以求偷安是退縮，藉妥協以取得改善卻是聰明的前進。㊾因之民主時代的妥協實為高度政治藝術表現，正如美國一七八七年費城制憲，有名的「康乃狄格妥協案」（the Conec-ticut Compromise），㊿因為有這一妥協案才能使會議繼續完成其他協議，關係至大，故又稱「大妥協案」（Great Compromise），正是說明妥協在民主政治中的重要性。制憲或修憲的目的，乃是為了實行憲政，亦即為實行法治的民主政治，而要實行民主政治，先決條件就是要有容忍妥協的精神，如若欠缺妥協的素養，即無從實行憲政。因之，容讓妥協的精神，實為民主政治成功的重要條件了。

從中華民國憲法的制定經過，正足以表現民主容讓妥協的精神，在行憲多年後的今天，再行檢視這段可貴的史實，應有助國內朝野政黨以及國人體會民主的眞締和未來憲政努力的方向。如眾所知，影響中華民國憲法深遠的民國卅五年政治協商會議，其召開之時，正值抗戰勝利多黨制抬頭之日，雖則執政的國民黨擁有相當的影響力，但為了實現民主精神，以順遂制憲工作的完成，乃經由各黨派彼此洽商，彼此讓步，彼此接受，彼此妥協，確定了十二項原則，其後政協憲草審議委員會仍然經由各黨派的協商，在妥協之後再做妥協，終於完成了折衷各方意見的政協憲草。因之無論政協原則，抑或政協憲草，都不是根據任何一種理論體系而產生的，乃是各種不同的政治理論體系在協調的精神之下，相互讓步的結果，正因為是協調的，相互讓步的，看起來自然充滿了矛盾衝

突，任何一方都不盡滿意，但也為各方面所共同接受。其內容固有所矛盾，有所爭議，但不可否認集思廣義之下，優越之處亦多，最重要的是符合了時代的趨勢，反映了現實政治的需求。

先就政協會議十二原則來看，其中對五五憲草增損甚多，充分表現了妥協精神：㊿

1.將五五憲草原定人民之自由權利非依法律不得限制，改為「如用法律規定，須出於保障自由之精神，非以限制為目的。」（修改原則九之二）

2.將五五憲草原定有形之國民大會，改為無形之國民大會，即所謂「全國選民行使四權，名之曰國民大會。」（修改原則一之一）

3.將五五憲草原定國民大會選舉總統、副總統、立法院院長、副院長、監察院院長、副院長、立法委員、監察委員之職權，限於選舉總統，並定了在未實行總統普選制以前之過渡辦法。（修改原則一之二）

4.將五五憲草原定國民大會行使四權之職權，限於選舉罷免兩權，而將創制複決兩權之行使，另以法律規定。（修改原則一之四）

5.將五五憲草原定總統得召集五院院長會商關於兩院以上之事項及總統諮詢事項，改為總統召集各院院長會商，不必明文規定。（修改原則七之二）

6.將五五憲草原定總統發布緊急命令為必要處置後，於三個月內提交立法院追認，改為須於一個月內報告立法院。（修改原則七之一）

7.將五五憲草原定行政院院長副院長政務委員各部部長，各委員會委員長各對總統

負責，改為行政院對立法院負責，並規定如立法院對行政院全體不信任時，行政院或辭職，或提請總統解散立法院；但同一行政院院長不得再提請解散立法院。（修改原則六之一・六之二）

8.將五五憲草原定行政院長由總統任命，改為由總統提名，經立法院同意任命之。（修改原則六之一）

9.將五五憲草原定行使治權之一的立法院，改為其職權相當於各民主國家之議會。（修改原則二）

10將五五憲草原定由國民大會選舉之立法委員，改由選民直接選舉之。（修改原則二）

11將五五憲草原定總統對於立法院之議決案得於公布或執行前提交複決……但對於法律案條約案得提國民大會複決之，改為「國民大會創制複決兩權之行使另以法律規定」（修改原則一之四）。

12將五五憲草原定「司法院為中央政府行使司法權之最高機關，掌理民事刑事行政訴訟之審判及司法行政」，改為「司法院為國家最高法院，不兼管司法行政」。（修改原則四）

13將五五憲草原定司法院設院長一人，由總統任命，對國民大會負責，改為由大法官若干人組織之，大法官由總統提名，經監察院同意任命之。（修改原則四）

14將五五憲草原定考試院設院長副院長各一人，由總統任命，改為考試院用委員制

，其委員由總統提名，經監察院同意任命之。

15將五五憲草原定監察院掌理彈劾懲戒審計之職權，改為行使同意、彈劾及監察權。（修改原則五）

16將五五憲草原定監察委員由各省、蒙古西藏及僑居國外國民選出之國民代表各預選二人，提請國民大會選舉之，其人選不以國民代表為原則，改為由各省級議會及民族自治區議會選舉之。（修改原則三）

17將五五憲草原定省政府執行中央法令及監督地方自治，省長由中央任命，改為「省為地方自治之最高單位，省得制定省憲，省長民選。」（修改原則八之一、三、四）

18將五五憲草原定第六章國民經濟及第七章教育改為基本國策章，包括國防外交國民經濟及文化教育。（修改原則十一之一、二、三、四）

19將五五憲草原定憲法之修改權屬於國民大會，改為屬於立法監察兩院聯席會議，修改後之條文應由選舉總統之機關複決。（修改原則十二條）

政治協商會議十二項原則決定後，已將五五憲草做了大幅修改。政協會議結束後，有關憲草議定的工作交由政協憲草審議委員會繼續進行，而在政協憲草審議委員會中，再次表現了妥協折衷的精神，茲舉其大者，敘述如下：

1.國民大會有形無形與職權多少的爭論：依照政協所定憲草修改原則，國民大會為無形的，執政的國民黨認為依照建國大綱，仍以改為有形的國民大會為宜，然以其他黨派讓步，而得到解決。另國民黨並主張國大職權應依照五五憲草規定，可以創制複決法

律，可以選舉罷免立監兩院院長、副院長及立監委員，並罷免司法、考試兩院院長、副院長。其他黨派則認為如此一來，國大非經常集會不可，而二、三千代表合組的國大，實在不便經常集會，如果經常集會，則易發生紛擾。況且創制複決兩權，依照一般民主國家的辦法，應由人民直接行使，不宜由國大代為行使。[52]幾經爭論妥協，國大職權僅限於(1)選舉總統副總統。(2)罷免總統副總統。(3)修改憲法。(4)複決立法院所提之憲法修正案。至於一般法律的創制複決，則留待將來全國有半數之縣市曾經行使後，再由國大制定辦法並行使之。

2.行政院與立法院關係如何的爭論：依照政協憲草修改原則，行政院應採責任內閣制。但當時國民黨不贊成立法院有對行政院不信任投票權，亦不贊成行政院有權解散立法院，因而引起強烈的爭辯，幾經磋商的結果，行政院依照現行憲法第五十七條的規定，對立法院負責。如此一來，既非原來五五憲草之五權分立原則，同時亦非完全的三權責任內閣制，而為一種折衷妥協下的制度。使政協憲草乃至其後現行憲法在中央制度具有五權憲法的外形，同時亦滲入三權憲法內閣制的若干內容。在外形雖有五權憲法之名，而內容上則有責任內閣制之實，而此一內閣制並非一般的責任內閣制，乃是多方面妥協下所造成，因而有學者名之為「有限的責任內閣制」，[53]然而不論如何，政協憲草之承繼政協原則後雖有若干修正，但仍然具有內閣制的特色，則是毋庸置疑的。

3.省憲問題的爭論：依憲草修改原則，省得制定省憲。國民黨提議省憲改為省自治法，雖得到各黨的同意，但省自治法是否須得中央政府的核准，則共產黨與其他黨派間

的意見相差甚遠。中共堅持省自治法無須經過中央政府的核准，以便成為半獨立狀態，如此則為中共以外各黨派所不同意，經過激辯之後，省自治法只由中央在立法與司法上保有節制作用，而不須經中央行政機關的核准。立法院制定「地方自治通則」為省自治法的準繩，即是中央在立法上予以事前節制。省自治法制定後，須即送司法院審查是否違憲，如果違憲，可由司法院宣布無效，此即中央在司法上予以事後節制。有了這兩重節制，即可不致因地方自治而釀成地方割據。

以上幾個大問題，既經互讓妥協之下，得到協議，政協憲草修正案乃得在預定期限内大體完成了。

從上面的史實發展，在於說明一個事實，即容讓妥協是民主憲政中不可或缺的要素，中華民國憲法的得以制定，從政治協商會議到政協憲草審議委員會，再到制憲國民大會，其中充分顯示此一精神。由於每一個階段都是由具有政治性的各方面代表所組合，故對於各種不同意見的主張，必須從綜合、妥協與疏通之中獲得結論。觀之以制憲國民大會中，國民黨雖以佔有壓倒性多數代表，仍能以全局為重，不過於堅持已見，更未率爾捨棄政協憲草，而堅持五權憲法，這就是張知本先生所說的：「道理講贏了，官司打輸了。」[54]事實上亦未全輸，而是有了相當程度的容讓、妥協。制憲當中所顯示的這種精神，實值國人敬重和效法。

反觀國內終止戡亂時期，廢止臨時條款之後，憲政改革的表現卻值深思。各次的修憲當中，多數未能尊重少數，少數亦未能服從多數。民國八十年的第一階段修憲，在野

的民進黨因修憲的歧見已深，在四月十五日決定捨議會路線改採遊行路線，並宣布退出國大臨時會，四月十七日並發動約有三萬人的「上中山樓，反對老賊實質修憲」大遊行。民進黨的退出，使得第一階段的修憲成果——「中華民國憲法增修條文第一—第十條」，成為非朝野兩大黨共識下的產物。

民國八十一年的第二階段修憲，朝野政黨再蹈第一階段修憲的覆轍。執政的國民黨在一讀審查會中，趁民進黨代表不在場時，將民進黨提出的修憲案全盤封殺，有違「多數尊重少數」與「程序正義」原則；在野的民進黨亦未能充分在議場中就其理念與國民黨進行理性辯論，動輒走上街頭實有違「少數服從多數」，大開民主倒車，尤以「四一六流血事件」、「四一九大遊行」對我國憲政的負面傷害至深，民進黨隨後於五月四日宣布退出國大臨時會，無黨籍國代亦跟進，退出修憲行列，這使得第二階段修憲留下瑕疵。

第三次修憲過程較之前兩次更為混亂，朝野政黨間，無法有效約束本黨黨員建立以「說理代替動手」的民主精神，且都無法以平心靜氣的容讓、妥協，面對修憲程序上、憲法草案上的不同意見。執政黨指責對方少數暴力，違反議事精神；在野黨指責對方挾多數暴力，違反修憲程序。民進黨在不斷杯葛與全武行下，於二讀時集體退席，國民黨則因為二讀後的下次會議將輪由民進黨籍國代任主席，故而漏夜完成三讀修憲程序。朝野政黨間的種種舉措，實為我國行憲以來的憲政發展史留下極待省思的一頁。

第四次修憲，混亂依舊，只是在野的民進黨角色改變，過去其對國民黨力爭「程序

正義」，力抗「多數暴力」。這次修憲，民進黨變成過去其所習於指責的「多數暴力」之一方。尤以八十六年七月二日「再付審查」之賠上程序正義精神，開無窮後患之惡例。新黨佔據發言台抗爭，國、民兩黨亦一擁而上，演出流血衝突之悲劇。最後三讀修憲，在新黨退席抗議，國、民兩黨合作下完成，亦是留下不完美的結局。

我國的憲政發展時間尚短，上述就民國卅五年的制憲以及民國八十年戡亂時期終止後的四次修憲歷程，其中有關容讓、妥協的得、失做一比較分析，其結果顯示，朝野政黨與國人在民主政治時代，極需建立溝通管道，以互信、互諒的精神，尋求歧異間的共通點，一方面體認民主的特質即在不自專，因此寧可犧牲完美而接受妥協；另一方面落實民主的精神—「過程中多數尊重少數，表決後少數服從多數。」民主時代應有民主素養，國人唯有記取過去行憲中的經驗教訓，在未來的憲政發展中，強調與重視容讓妥協的精神，才得以建立長治久安的民主政治典範。

二、力行憲政

眞正民主憲政精神的表現，不在於徒有一部憲法，也不在乎其內容的優劣，而在於人民行憲的精神與態度。亦即是憲政精神的發揚，端賴於全國人民的奉行憲法，尊重憲法，蕭公權即曾指出：[53]

> 不滿意的憲法不一定就是惡劣的，不精美的憲法不一定就是不能行的。我們不應當忘記了人的條件。拆穿了說，憲法祇是民主政治的一個重要的工具。它和別的工具一樣，其是否有用的關鍵在乎運用者的技巧。平常的，甚至粗劣的紙筆，到了

名書畫家的手中，就有化腐朽為神奇的妙用。只要我們有實行憲政的誠意，以互讓的態度對人，以守法的精神律己，憲法縱不完美，民治必可成功。反過來説，如果多數國人於守法則責難他人，於立論則自尊惟我，不要説制憲難有結果，即使制定了良好的憲法也會成為廢紙。在中華民國制憲史裡面已經有了好些廢紙。我們千萬不可再製造廢紙了。

這一層道理，國父孫中山亦曾説到：「國人習性，多以定章程為辦事，章程定而萬事畢，以是，事多不舉。異日制定憲法，萬不可仍蹈此轍，英國無成文憲法，然有實行之精神，吾人如不能實行，則憲法猶廢紙耳。」[56]因之，一個上軌道的民主憲政國家，不在乎是否有一部精美的憲法，因為民主國家的制憲過程，不可避免的有容讓、妥協情形，於是往往無法單純理想化，而其內容常是不盡如人意的。一個成熟的民主國家，所在乎的是「憲政精神」（constitutionalism）的為國人共信、共行。如何顯示憲政精神的落實?在於力行憲法、尊重憲法。此外，憲法亦必須隨著時代潮流的演進或社會經濟狀態的變化，而作適當的改變與調適，這種漸進而溫和的改變，稱之為憲法的成長或發展。其方式約有三種：一是憲法習慣，二是憲法的解釋，三是憲法的修改。[57]而為使國家長治久安，並使國人永保政局之穩定，更避免野心政客任意毀棄國本，除了力行憲法，並遵循憲法的成長或發展外，極應避免任意毀憲、重新制憲或以修憲之名行制憲之實。

憲法習慣為某種政治行為，經反覆遵行，歷時既久，約定俗成，經一般人所承認，

而具有法律拘束力之慣例或成規，包括了憲政傳統（convention）、憲法慣例（usage）、憲政權變（expediency），概凡憲法修改、解釋以外的方法而使憲法發生實質意義的改變者，均屬之。㊽

憲法解釋是現代民主憲政國家重要的一環，因憲法為國家根本大法，貴在遵行，而不在其完美。因此，現代法治國家，咸有學者所謂「憲法之維護者」（Huter der Verfassung），㊾以確保憲法之效力，解決憲法上之爭議，如美、日之最高法院，西德、義大利之憲法法院。依我國憲法之規定，司法院大法官會議解釋憲法，並有統一解釋法律、命令之權（第七十八條）。釋憲功能表現於三方面：

1.發揮憲法的適應性：憲法有其固定性，惟國事無常，變動不居，在國家非常情勢下，為鞏固國權，及不違背憲旨的原則下，得以釋憲方式，俾適應政治環境的需要。如司法院釋字第八十五號解釋：「憲法所稱國民大會代表總額，在當前情形，應以依法選出而能應召集會之國民大會代表人數為計算標準。」再如釋字第卅一號，針對憲法有關立委、監委任期均有明文規定，但因大陸各省均已陷共，無法辦理選舉，乃解釋為「：：惟值國家發生重大變故，事實上不能辦理次居選舉時，若聽任立監兩院職權之行使陷於停頓，則顯與憲法樹立五院制度之本旨相違，故在第二居委員未能依法選出集會前，自仍由第一居立法委員、監察委員繼續行使其職權。」是即以釋憲而發揮憲法在中央政府遷台後戡亂時期的適應性。

2.闡釋憲法的適用疑義：憲法條文簡潔，規定難免有欠明白，致適用時發生疑義，

須以解釋闡明其眞義之所在，使適用上不致發生困難。如司法院釋字第廿一號解釋，闡明憲法第廿九條規定國民大會於每居總統任滿前九十日集會，應自總統任滿前一日起算，以算足九十日為準。再如釋字第一三〇號解釋，闡明憲法第八條第二項所定至遲於二十四小時內移送該管法院審問之時限，不包括交通障礙、或其他不可抗力的遲滯，以及在途解送時期，亦不適用訴訟法上扣除在途期間之規定。凡此，均因適用憲法發生疑義，而以解釋予以闡明，有助益於憲法的適應。

3.補充憲法規定的不周：前述依照條文的字句以解釋闡明憲法的適用疑義，乃側重於文理解釋。另有以解釋補充憲法規定的不周，則為側重於論理解釋。如司法院釋字第三號、第一七五號解釋，乃依憲法規定考試院有提案權（第八七條），而認監察院與司法院也有提案權。再如釋字第七十六號解釋，認為就國民大會、立法院、監察院在憲法上之地位及職權之性質而言，應認共同相當於民主國家之國會。唯類此論理解釋在運用上，須特別愼重。[60]司法院大法官會議法於民國四十七年七月廿一日公布施行，其第三條第二項已明定解釋憲法之事項，以憲法條文有規定者為限，是不啻著重文理解釋，而限制論理解釋。

綜論上述三法以解釋憲法，對維持憲法的穩定性與適應性，乃至憲政的推行，均有功能。民國四十七年制定的司法院大法官會議法，直到民國八十二年二月二日第一次修正公布施行，並更名為司法院大法官審理案件法。修正後本法將受理案件之通過，須大法官四分之三之出席，出席大法官四分之三同意，改為須有大法官三分之二之出席，出

席大法官三分之二同意方得通過，稍降低了受理案件通過之困難性，然而本法對大法官會議宣布法令違憲時，應發生如何之結果？自始無效或嗣後無效？[61]如何執行？法令無效時，對人民之權益發生如何影響？諸如此類重大問題，均付闕如，將不易達成憲法賦予之主要使命，今後修法時應對該等問題正視並解決之。

憲法修改與憲法解釋都是促使憲法得以成長或發展的重要途徑，其中憲法的解釋固可賦予憲法以新的生命與內容，但以解釋有其限度，且不能離開憲法條文的原意，如社會與政治環境發生劇烈的改變，原憲法內容無法適應新的需要時，憲法解釋則有不殆，憲法的修改乃屬必要。所謂「法與時轉則治，治與事宜則有功。」[62]更何況身為一切法律之「母法」（Mother Law）的憲法，更顯示修憲的重要性。

憲法的修改有兩種情形，一為原憲法所未規定之事項，因事實需要而增加新的條文內容，如我國第三次修憲增修條文第九條有關國民經濟、社會生活、公營金融機構之管理、全民健康保險、殘障者、婦女、原住民之保障等基本國策；再如增修條文第十條之自由地區與大陸地區間人民權利義務關係及其他事務之處理等是。另一為原憲法所訂之條文內容已不適合目前的環境而予以更改，如第三次修憲中的第一條第一項國民大會代表產生之法源，第三條第一項立法委員產生之法源，以及第八條貫徹地方制度法制化規定等是。

憲法雖有修改的必要，惟憲法如果經常被修改，則憲法的尊嚴必然會大受損傷，故憲法修改雖屬不可或缺，但不宜輕率為之。因之，修改憲法的條文，既不可規定太嚴，

以至使得需要修改的很難修改；但也不宜規定太寬，造成浮濫的修改，使憲法常常處於不必要的修改之中，從而降低憲法的尊嚴。憲法學者詹姆生（Jameson）法官曾指出：

修改憲法的程序，應該好像鍋爐上的安全鈕一樣，其構造既不可太容易發動，也不可太難發動，以至使其發動所需的力量，足以爆炸鍋爐自身而有餘。所以在制訂此種條文時，就應該十分的謹慎，一方面顧及憲法生長的需要，另一方面須顧及憲法保持特殊需要。對憲法的文字既不可崇拜得像神聖以至陷於那種錯誤的保守主義，好像終歲死守者一件破爛的衣服以至身體受凍而死一樣；但也不可成為政府玩物，不應聽他們擅自玩弄，使憲法失卻了它應有的尊嚴。⑥③

憲法應可修改，至於憲法修改是否有所界限，在學界一直是爭論的焦點。持無界限論者之主要理由為：一則，憲法規定修改的界限，永遠抵不過現實政治力之衝擊。再則，從人民主權角度而言，強調制憲之力與修憲之力乃是等量齊觀者；亦即不同時期人民的意志，均可代表該時期的政治力，不應有後期的國民主權受到前期人民約束的現象。美國總統傑佛遜（Jefferson）即指出：「各時代的人民都有決定他們自己法律的權利，土地按受益權應屬於活人所有，死者即使染有支配土地的權力，也沒有支配活人的權利。」⑥④

持修憲有界限說者，其理論基礎為：一則，憲法制定權與憲法修改權不同。憲法制定權是產生於「力」，依當時政治力的授權，不受拘束的擬定憲法的各種規範—國體、

政體、中央與地方關係、人民權利義務等。而憲法修改權是受之於「法」，即受憲法的規範與約束。力創制了憲法，而依憲法所創設的權─修改權，竟然破壞了憲法的根本精神，這是說不通的。故而有關國體、政體、中央體制等基本立憲精神，如被修憲者破壞，則無異是廢止舊憲而制定新憲法，可稱之為革命或政變。(65)再則，基於憲法的永續性、同一性；憲法乃係維繫國家永久存續的根本規範，為避免野心政客為一己私利，破壞憲法精神。同時也為完整之憲法尊嚴性，憲法修改應有其界限。三則，從人類歷史角度看，凡是不斷踐踏一部憲法，另制新憲，明日之人亦不可能尊重、愛惜這部憲法；而且歷史不斷重演，國基永難鞏固，此時期該國內必定紛亂，受苦難的絕對是廣大的人民。基於上述三者，憲法修改有界限說，實值深思。蕭公權即曾對國人之習性，提出警語：

(66)

憲政的成立，有賴於守法習慣的培養。在我們缺乏守法習慣的中國，嚴守憲法的習慣遠比條文完美的憲典為重要。如果憲法可以輕易修改，任何人都可以藉口條文有缺點，企圖以修改憲法為名，遂其便利私意之實。

憲法應可修改，俾能適應變遷的新環境，增益時代的需要，同時避免窒礙難行，扞格不入的可能危害發生。一般國家在修憲程序上，多將修憲標準提高，如美國修改憲法需要聯邦國會參、眾兩院各以三分之二多數通過，尚須有四分之三的州通過修憲案，每一州須以州議會或州憲法會議以四分之三通過為準。我國憲法修改可由立法院立法委員四分之一之提議，四分之三之出席，及出席委員四分之三之決議，擬定憲法修正案，提

請國民大會複決；另可由國民大會代表本身五分之一之提議，三分之二之出席，及出席代表四分之三之決議得修改之。修憲程序標準的提高，在於凝聚相當國人的共識，避免過於草率。

憲法修改有其必要，修改程序所定標準不宜過於寬鬆，以免減低憲法的尊嚴性，但亦不宜太過嚴格，以免永遠無法達到修憲條件，一般而言，標準比絕對多數略高則有其必要，以求一國國民或多數政黨的共識。修憲的限制與否，如上所述，在法理上雖有仁智之見，但因憲法本身有其基本特質，通常表現在國體、政體之上，尤以顯示政體精神的中央體制，其或為內閣制，或為總統制，或為委員制，或為混合制，如若修憲幅度已非因某一機關局部運作不良予以調整，而是造成整個中央體制精神的改變，如內閣制改為總統制，混合制改為總統制，在表面上，雖然是以修憲方式為之，但在原憲法精神盡失的情形下，實與制憲無異。這種修憲方式雖或程序合憲，但已抹殺原憲法的精神。事實上，在一個行憲的國家中透過修憲、釋憲以增進憲法的成長是正確的途徑，但若任意毀棄憲法、重新制憲或以修憲的正常程序做制憲的行徑，均不足取法，正因為這麼做乃是毀棄憲法的尊嚴性，今日之人可任意踐踏一部憲法，另制新憲，明日之人又如何會愛惜、尊重這部新憲法？如此不斷循環，國基永難鞏固。觀之以美國，其憲法乃制定於馬車、帆船時代，而行之於今日的核子、太空時代，其中亦不過七條原文，加上二十七條修正案，其修憲亦未損及原本總統制之精神。反觀我國終止動員戡亂時期後的修憲，所謂的「小幅修憲」，事實上已對中華民國憲法產生質變作用，亦即已非形式修憲，而在

實質上已有制憲效應，藉由蠶食而逐漸鯨吞。在我國日益走上民主化的同時，更應培養國民重視力行憲政的精神，無論過去主導修憲的國民黨，或主張另制新憲的民進黨，面對國家的長治久安，與如何教導後代子孫尊重憲法，應是值得深思的關鍵時刻。

註釋

①張治安，中國憲法及政府，增訂三版（台北：五南圖書公司，民國八十三年十月），頁一二五。

②胡佛，「當前政治民主化與憲政結構」，參見國家政策研究資料中心，「一九八九民間國建會憲政改革組引言報告」，民國七十八年十二月，頁二〇。

③同①，頁一二六。

④許倬雲，「太阿之柄倒持」，聯合報，民國八十六年七月十九日，版三。

⑤孫文，「自治制度為建設之礎石」，見中國國民黨中央黨史委員會編，國父全集，第二冊（台北：中央文物供應出版社，民國七十年八月一日），頁三五六。

⑥孫文，「民權主義」第五、六講，見中國國民黨中央黨史委員會編，國父全集，第一冊（台北：中央文物供應出版社，民國七十年八月一日），頁一一九—一五五。

⑦孫文，「國民政府建國大綱」，同註⑥，頁七五一—七五三。

⑧同上。

⑨同上。

⑩同上。

⑪孫文，「孫文學說」，同註⑥，頁四六四。

⑫同上。

⑬莊輝濤，「中山先生的權能區分思想與當代民主政治的運作」，政治大學，三民主義研究所，碩士論文，民國七十三年六月，頁一三四。
⑭陳春生，「國民大會研究」，社會科學論叢，第卅九期，頁五七四。
⑮張君勱，中華民國民主憲法十講，台一版（台北：台灣商務印書館，民國六十年二月），頁一。
⑯劉士篤，「對政治協商會議修改憲法原則的批判」，國民公報，民國卅五年二月十五日。
⑰王子蘭，現行中華民國憲法史綱，增訂一版（台北：台灣商務印書館，民國七十年六月），頁一一六。
⑱蘇永欽，「國民大會的定位問題」，中山社會科學季刊，第七卷，第二期，民國八十一年六月，頁四。
⑲王業立，「總統民選與民主政治」，新國民黨連線主辦，「中華民國憲政改革學術論文研討會」，民國七十九年十二月，頁三。
⑳陳春生，「談總統選舉之方式」，中興大學主辦，「談總統選舉之方式研討會」，憲政時代，第十八卷第四期，民國八十二年四月，頁四。
㉑李炳南，憲政改革與國民大會（台北：月旦出版社，民國八十三年六月），頁五五。
㉒姚立明，「總統選舉方式的思維邏輯」，見李念祖主編，從動員戡亂到民主憲政（台北：民主文教基金會，民國八十年十一月），頁一三五。

㉓同註⑥，頁二三四。

㉔同上，第三冊，頁一六八。

㉕同上，第二冊，頁三五七。

㉖同上，第一冊，頁七五二。

㉗董翔飛，中國憲法與政府，修訂廿四版（台北：自印行，民國八十一年九月），頁二四七。

㉘同上，頁二三一。

㉙吳文程，「修憲後總統與國大關係」，中山社會科學季刊（高雄：中山大學中山學術研究所，民國八十一年六月），頁四一——四二。

㉚同上，頁四〇。

㉛台北，台灣時報，民國七十七年二月廿九日，版二。

㉜薩孟武，中華民國憲法新論（台北：三民書局，民國六十三年），頁二〇二。

㉝同上，頁二一四。

㉞胡春惠編，民國憲政運動（台北：正中書局，民國六十七年），頁一一九。

㉟中國民主社會黨國民大會代表黨部編，中華民國憲法與張君勱（台北：中國民主社會黨國民大會代表黨部編印，民國七十五年），頁一七。

㊱馬起華，當前政治問題研究（台北：黎明文化公司，民國八十年一月），頁二六一——二九五。

㊲ 國民大會祕書處編，國民大會實錄（南京：國民大會秘書處編印，民國三十五年），頁三九五—三九六。
㊳ 林桂圃，民權主義新論，下冊，增訂三版（台北：中國文化學院出版部，民國五十八年五月），頁一七六。
㊴ 同註㊱，頁二九八—三〇〇。
㊵ 同上
㊶ 薩孟武，政治學，增訂再版（台北：三民書局，民國七十五年），頁一七八—一七九。
㊷ 同註㉗，頁二一一。
㊸ 同註㊶，頁一七九—一九〇。
㊹ 同註㉗，頁二一一。
㊺ 同註㉑，頁九六。
㊻ 傅崑成，「修憲後的總統權限」，中山社會科學季刊，第七卷第二期，民國八十一年七月十二日，頁七—十二。
㊼ W. B. Munro, The Government of Europe, 4th edition (N. P. 1954), P. 349.
㊽ 蕭公權，憲政與民主（台北：聯經出版公司，民國七十一年十二月），頁一七〇。
㊾ 同上，頁一一三—一一四。
㊿ 羅志淵，美國政府與政治，台五版（台北：台灣商務印書館，民國七十一年五月）

，頁五六。

㊶ 齊光裕，政治協商會議與我國民主憲政之發展，政治作戰學校，政治研究所，碩士論文，民國七十四年六月，頁三一五—三一七。

52 張君勱，中華民國民主憲法十講（台北：台灣商務印書館，民國六十年二月），頁四六。

53 陳啓天，寄園回憶錄，增訂一版（台北：台灣商務印書館，民國六十一年十月），頁二〇五。

54 張知本，中國立憲故事（台北：大中國圖書公司，民國四十五年一月），頁一二五。

55 同註㊽，頁一一四—一一五。

56 中國國民黨中央黨史委員會編訂，國父全集，第二冊，再版（台北：中央文物供應社，民國七十年八月），頁三五八。

57 同註①，頁一一九。

58 同上。

59 Theodor Maunz, Deutsches Staatsrecht, 16 Aufl. 1968, S. 34 If, Klaus, Berchtold, Der Bundespra sident, 1969, S. 58.

60 薩孟武，中國憲法新論，（台北：三民書局，民國六十三年），頁二二。

61 史尚寬，「如何解釋憲法」，法學叢刊，第五卷第二期，民國五十一年三月，頁七

—十四。

㊷韓非，「心度篇」，子部，四部備要，台一版（台北：台灣中華書局，民國五十四年十一月），頁七。

㊸同註㉗，頁三三。

㊹同上，頁三四。

㊺美濃部達吉著，歐宗佑、何作霖譯，憲法學原理，（台北：台灣商務印書館，民國五十五年），頁一一九。

㊻同㊽，頁八。

附錄：我國憲政發展大事年表

我國紀元	西元	月日	大事紀	備考
光緒廿三年	一八九七年	六月	梁啓超代內閣學士闊普通武擬「請定立憲開國會摺」，倡三權之治。	
光緒廿五年	一八九九年		梁啓超撰「各國憲法異同論」，宣傳立憲政體。	
光緒廿六年	一九〇〇年		梁啓超撰「立憲法議」，倡議中國採行君主立憲政體。	
光緒廿九年	一九〇三年	十二月十四日	國父中山先生於檀香山正埠演講，提出「建立共和政體」。	
光緒卅年	一九〇四年	二月七日	日俄宣戰後，駐外使臣孫寶琦、胡惟德、張德彝、楊兆鋆聯名奏請清室立憲變法。	
光緒卅一年	一九〇五年	五月卅日	直督袁世凱、江督周馥、鄂督張之洞，聯銜奏請清廷於十二年後實行立憲政體。	
		六月十四日	清廷下詔，特簡載澤、戴鴻慈、徐世昌、端方等，分赴東西洋各國，考求一切政治。	
		六月廿五日	清廷續派紹英隨同出洋，是謂考察憲政五大臣。	
		八月十三日	國父中山先生於日本東京富士見樓對留學生演講，主張中國應建共和國，直指君主立憲不合用於中國。	
		八月廿六日	五大臣為革命黨人吳樾炸彈所阻，暫置弗措。	
		九月廿八日	清廷改派尚其亨、李盛鐸，會同載澤、戴鴻慈、端方，前往各國考察政治，久經醞釀的立憲大業，此時正式邁步向前。	
光緒卅二年	一九〇六年	十月十七日	國父中山先生於日本東京演講「三民主義與中國民族之精神」，首先提出「五權分立」一詞。	
		七月十三日	清廷下詔預備立憲。	
		七月十四日	清廷命載澤、世續、那桐、榮慶、載振、奎俊、鐵良、張百熙、戴鴻慈、葛寶華、徐世昌、陸潤庠、壽耆、袁世凱等十四人為編纂大臣。	
		七月十八日	編纂大臣設編制館於恭王府之朗潤園。	
		九月廿日	發布「更定官制」上諭，除行政各部略有變更外，其基本	

光緒卅三年	一九〇七年		體制及精神，一律舊慣，令熱心憲政者失望。中外報章抨擊沓至。
		七月五日	清室應慶王奕劻等人之請，改考察政治館為憲政編查館。
		八月二日	清室派汪大燮、達壽及于式枚，分別赴英日德三國考察憲法。
		八月十三日	清廷派溥倫及孫家鼐為資政院總裁，負責籌劃該院章程及有關事宜。
		九月十一日	梁啓超與蔣觀雲、徐佛蘇等於東京成立政聞社，約千五百人。
		九月十三日	清廷著各省督撫均在省會設諮議局，其各府州縣議事會，亦一併預為籌劃。
光緒卅四年	一九〇八年	一月	政聞社遷本部至上海，派遣社員分赴各地成立分會。並運動簽名請願速開國會。政聞社主義凡四：一，實行國會制度，建設責任政府。二、釐定法律，鞏固司法權之獨立。三、確立地方自治，正中央地方之權限。四、愼重外交，保持對等權利。
		六月	政聞社致電憲政編查館，請於三年內召集國會。
		六月二日	江浙一帶鄭孝胥、張謇、湯壽潛領導之預備立憲公會致電編查館，請於二年內開國會。
		六月十三日	預備立憲公會再發一電，向憲政編查館說明，國會於二年內立予實施。
		六月	湘、豫、蘇、皖等省代表至京請願，速開國會。
		七月	魯、晉、浙、直隸、吉林等省代表至京請願，速開國會 疆臣湖廣總督陳夔龍、兩江總督端方、河南巡撫林紹平、四川總督趙爾巽等皆以請開國會為言。
		七月十七日	清廷下詔查禁政聞社。另預備立憲公會雖亦活動積極，但以多江浙閩名士，不若康梁之與西后，故清廷未多施壓。
		八月一日	清廷頒布「憲法大綱」，關於君上大權者十四條，臣民權利義務者九條。同時公布「議院法」、「選舉法」。憲法大綱仿日明治憲法，不僅在保障君主權威，且在鞏固君主地位。清廷並以九年為預備立憲時期，國人多感失望。

年號	西元	月日	大事
宣統元年	一九〇九年	九月一日	依預備立憲清單，開始諮議局之開辦。直隸首先籌備，並及於贛、閩、晉、桂、粵、魯、浙、蘇九省。其中直隸、晉、魯、贛、桂五省係官方主動，餘四省為士民主動。各省諮議局紛紛開辦集會，雖未有工作之成就，然從此成為一個匯集民意之機關，推動其後之請願活動主力。
		十一月	各省諮議局派遣代表集會於上海，凡十六省代表，假預備立憲公會事務所開會多次，旋決定起草呈文，運動縮短立憲年限。並集師於京，直隸代表孫洪伊領銜遞呈請書於攝政王載灃。
		十二月	各省代表在京由孫洪伊領銜上書都察院，籲懇於一年內速開國會
		十二月廿日	清廷降旨嘉勉，但不允所請。
宣統二年	一九一〇年	五月十日	各省代表第二次請願書遞交都察院代呈，此次請願除各省諮議局代表外，尚有各省商會、教育會及直隸紳民旗籍代表。
		五月廿一日	清廷上諭，雖嘉其忠愛，但以九年籌備不變。
		九月一日	依預備清單規定，資政院正式開院集會。資政院議員二百人，欽定、選任各半。
		九月	各省督撫中，雲貴總督李經羲、吉林巡撫陳紹常、黑龍江巡撫周樹模、直隸總督陳夔龍、兩江總督張人駿、安徽巡撫朱家寶、山東巡撫孫寶琦、山西巡撫丁寶銓、湖南巡撫楊文鼎、廣西巡撫張鳴岐、兩廣總督袁樹勛等，紛互相通電，主張從速設立內閣，召開國會。
		九月廿三日	東三省總督錫良，聯合各省督撫將軍十八人，致電軍機處，請為代奏，立組內閣、明年召開國會。
		十月三日	清廷諭令著縮短期限為五年，開設議院。
宣統三年	一九一一年	四月十日	頒布內閣官制十九條及暫行章程十四條，前此舊有之內閣、軍機處、會議政務處均諭令廢止。
		六月十日	各省諮議局聯合會，再度由都察院代奏，期清廷允建「虛君元首、責任內閣之君主立憲國」。疏入，清廷斥其非。
		九月八日	武昌起義，清廷為挽救危局，灤州第廿鎮統制張紹曾等聯

			名奏請立憲，並提出憲法草案十二條。
		九月九日	清廷以山西亦宣告獨立，北京陷於腹背受敵。一日連下四詔，著薄倫等速將條文擬齊，交資政院詳審，以實行完全責任內閣制度，不再以親貴充國務大臣。
		九月十三日	清廷批准資政院呈進的憲法十九信條。
		十月六日	清廷將十九信條誓告太廟，頒示天下。只保留一個「君主虛名」，惜為時已晚。
		十月十日	辛亥革命後，各省都督代表集會於武漢，召開第一次會議，推譚人鳳為議長，並選雷奮、王正廷、馬君武等起草「臨時政府組織大綱」。
		十月十三日	各省代表廿二人全體簽署「臨時政府組織大綱」。公布後，凡經兩次修正。共四章廿一條，採總統制、國會為一院制（參議院），並無人民權利義務規定。是為民國第一次之根本法。
		十一月十日	代表會選舉孫中山為臨時大總統。
		十二月廿五日	清廷宣布遜位，中國數千年君主專制結束，民主共和誕生。
民國元年	一九一二年	一月廿八日	參議院成立，以「臨時政府組織大綱」第廿條規定，臨時政府成立後六個月內召集國會，時間太促，乃決定另制定「臨時約法」代之。
		一月卅一日	參議院組織編輯委員會，擬具「中華民國臨時約法草案」。
		二月七日	參議院討論「臨時約法」。
		二月十四日	參議院以出席十七省代表一致，推舉袁世凱為民國第二任臨時大總統。
		三月八日	「臨時約法」通過。
		三月十一日	臨時大總統公布「臨時約法」，凡七章，五十六條。採內閣制，在於削弱總統之大權，防止袁世凱專擅。
民國二年	一九一三年	四月八日	依臨時約法之規定，國會成立。
		七月十二日	國會成立「憲法起草委員會」，由參、眾兩院各選議員三十人組織之。選湯漪為委員長。擇定北京永定門內天壇祈年殿為憲法起草委員會開會地點，日後乃稱為「天壇憲法草案」。

		七月十五日	天壇憲法草案委員會開第一次會議。
		九月廿六日	天壇憲法草案委員會經第廿一次會議，全部議畢。推丁世嶧、張耀曾等五人起草條文。
		十月十四日	天壇憲草開二讀會。
		十月卅一日	憲草委員會三讀通過「中華民國憲法草案」（即通稱之天壇憲草），此為我國之第一部正式憲法草案。採責任內閣制，國會採兩院制。列舉人民權利義務甚詳。
		十一月四日	袁世凱不能接受天壇憲草內閣制之精神，下令解散國民黨，取消國民黨籍國會議員資格。
		十二月十五日	袁世凱召集由各省行政長官派遣之人員所組成的「政治會議」，討論「解散國會及修改約法問題」。
民國三年	一九一四年	一月十日	袁世凱命令解散國會，天壇憲草遂告廢棄，未曾施行。
		一月廿六日	袁氏公布「約法會議組織條例」。由京師選舉會選出四人，各省選舉會各選出四人，蒙藏青海選舉會共選出八人，全國商會聯合選舉會選出四人，共組「約法會議」。
		四月十八日	約法會議開幕，袁氏以「增修臨時約法大綱」七項，咨交會議。
		四月廿九日	約法會議通過「中華民國約法」，即所謂「袁世凱約法」，內容凡十章六十八條。採行總統制，國會採一院制之立法院。
		五月一日	袁世凱約法公布施行。
		五月四日	約法會議通過「參議院組織法」，由大總統任命參政五十人至七十人組織之。
		六月廿日	參政院正式成立。
民國四年	一九一五年	四月	參政院推舉十人，組織「憲法起草委員會」。
		八月	憲法起草委員會提出「憲政綱領」六項，旋因袁氏野心稱帝，楊度籌組「籌安會」，展開「君憲運動」，袁氏約法乃告擱置，未嘗真正實施。
		十月十二日	袁世凱經參議院代表推選為皇帝，正式接受之。並申令改民國五年為「洪憲」元年。
民國五年	一九一六年	六月六日	袁世凱因雲南護國軍起義、眾叛親離，乃宣布撤消帝制，

			憂憤死於清華宮，君憲運動乃告閉幕。
		六月七日	副總統黎元洪就任大總統，下令恢復「臨時約法」。並召集民國三年被解散之國會。
		八月一日	國會重新開幕，是為「國會第一次恢復」，也稱為「國會第二次常會」。
		九月五日	國會集會後，由兩院合併組「憲法會議」，以天壇憲草為基礎，繼續議憲，開始一讀會。
		九月十三日	憲法會議完成一讀會。
		九月十五日	憲法會議進入審查會。
民國六年	一九一七年	一月十日	憲法會議歷經廿四次開會，完成審議。
		一月廿六日	憲法會議進入二讀會。
		四月廿二日	憲法會議完成二讀會。
		六月十二日	時值一次大戰，國務總理段祺瑞力主對德宣戰。國會反對之。段氏乃挾督軍團自重，而有「國會第二次解散」。
		八月廿日	國父中山先生昭告全國「須知國內戰爭，皆因大法不立」之故，乃倡議「護法」，於廣州成立國會「非常會議」。
		八月卅一日	南方廣州非常國會制定「軍政府組織大綱」，凡十三條。
		九月二日	廣州非常國會選舉中山先生為大元帥。
		九月十日	孫中山先生就大元帥職，全國遂正式形成「南北對峙」之局。
		十一月十日	北方段氏因與舊國會不睦，遂不予召集，另組參議院。
民國七年	一九一八年	五月四日	孫中山先生以南方國會議員中政學系、益友系之把持，形勢日非，向非常國會辭大元帥職。
		五月十八日	非常國會聯合西南各省督軍，議決取消大元帥制，通過「政府組織大綱」，由國會選舉「政務總裁」七人（或稱「七總裁制」。）——孫中山、唐紹儀、伍廷芳、唐繼堯、林葆澤、陸榮廷、岑春暄，組織「政務會議」。國父知此次改組旨在妥協分贓，非為護法，故始終未就其職。
		六月十六日	南方非常國會宣告改開「正式國會」。
		八月十二日	北方段祺瑞成立新國會，即所謂「安福國會」，參議院解散。

民國八年	一九一九年	九月廿八日	南方之正式國會湊足法定人數，「繼續議憲」，開憲法會議審議會，經將北京審議未舉之地方制度，繼續審議。
		十二月廿七日	北方之安福國會由兩院各舉三十人組織「憲法起草委員會」，決「廢棄舊國會之憲法草案」從新起草。
		八月十二日	北方之安福國會經廿五次會議，起草完成一部新的「民八憲草」，全文一〇一條。並未跳脫民二天壇憲草、民六憲草性質。
民國九年	一九二〇年	十一月十八日	南方因南北和議不成，復召集國會繼續議憲。
		一月廿四日	南方國會因各黨派意見不一，爭論甚烈。憲法會議議長林森因人數不足，宣告「暫停議憲」，西南議憲遂告終局。
		五月	北方直皖戰起，皖系安國軍潰敗，段祺瑞免職，安福國會解散，制憲工作遂告斷絕。
民國十年	一九二一年	一月十二日	南方部分護法議員仍在廣州開兩院聯合會議。
		四月七日	南方議員復開國會非常會議，議決「中華民國政府組織大綱」。南方國會選孫中山先生為大總統。
民國十一年	一九二二年	五月五日	南方孫中山先生就職，成立正式政府，取消軍政府。
		八月一日	北方奉直戰爭後，大總統徐世昌被逐，黎元洪復行總統職位，重新召集「民六解散之舊國會」——是為「國會第二次恢復」。
民國十二年	一九二三年	一月廿一日	北方政府召集舊國會議定憲法工作，並宣布取消南方護法政府，中山先生乃取消大總統名稱，仍以大元帥名義與北方抗衡。
		十月五日	北方政府曹錕以五千元一票，使國會賄選其當選為總統。
		十月十日	北方政府之憲法會議，以三次開會，為時不及五日，遂舉十二年久孕不產之大法——「曹錕憲法」（或稱賄選憲法）完成公布。曹錕憲法共計十三章一四一條。內容與民二天壇憲草、民六憲草同採內閣制、國會兩院制。
民國十三年	一九二四年	三月十六日	國父中山先生於廣東高等師範學堂，演講三民主義之民權主義第五講，論述權能區分。
		四月廿六日	國父中山先生於廣東高等師範學堂，演講三民主義之民權主義第六講，論述五權制度及精神。

		十一月廿一日	北方在二次直奉戰後，曹錕、吳佩孚政權崩潰。段祺瑞於是日入北京，通電就中華民國臨時執政之職。頒布「臨時政府制」組織臨時政府。將曹錕憲法完全推翻廢棄，亦不遵守民元約法。臨時政府制僅六條，集大權於臨時執政，故為「獨裁制」。舊國會因而消滅，法統至此亦宣告斷絕，而不復存焉。
		十二月廿四日	北方政府段祺瑞頒布「善後會議條例」。依規定，其職務以「制定憲法及其施行細則」為限。起草則由各省軍民長官及臨時執政所指派之「國憲起草委員會」擔任。
民國十四年	一九二五年	六月十四日	南方之中國國民黨將「革命政府」改稱「國民政府」。
		七月	南方之國民政府改組，制定「國民政府組織法」。其特點在採用直接黨治與委員制。一直至十七年秋，經數度修改，變動甚少。
民國十五年	一九二六年	八月三日	北方段祺瑞政府之「國憲起草委員會」成立。
		二月	北方之國憲起草委員會完成「中華民國憲法草案」（或稱「國憲委員會憲草」）。其內容與曹錕憲法相似，聯邦主義色彩更明顯。
		四月廿日	北方臨時執政制，終因吳佩孚、張作霖之壓迫，段祺瑞離北京宣告結束。
民國十六年	一九二七年	六月十八日	北方張作霖行「軍政府大元帥制」，設軍政府，自為大元帥，並置國務總理及國務員，實亦是一種「獨裁制」。直到北伐成功，北京政府始告消滅。
民國十七年	一九二八年	九月廿三日	國民政府北伐成功，中央召集會議研討改訂五權制的「國民政府組織法」，公推胡漢民、戴季陶、王寵惠三人起草完成初稿。
		十月	國民政府組織法提交中央政治會議審查修正後，復經中央委員會常務會議議決通過，交由國民政府公布。共計七章四十九條，採五權分立制。
民國十九年	一九三〇年	十一月十五日	中國國民黨第三屆中央執行委員會第四次全體會議，決定於民國二十年五月五日召集國民會議。
民國廿年	一九三一年	三月二日	中國國民黨中央常務委員會通過蔣中正所提由國民會議制

民國紀年	西元紀年	月日	大事
			定「訓政時期約法案」。並推定吳敬恆、于右任、王寵惠、李石曾等十一人為約法起草委員。
		五月二日	訓政時期約法案由王寵惠負責起草初稿，在數度討論後，經中央執行委員會臨時全體會議修正通過。
		五月五日	國民會議於南京揭幕。出席者中央及國府有關委員、全體各省市之農會、工會、商會、教育會、大學、自由職業團體、蒙藏地方、華僑團體選出之代表。共五百餘人，討論國民政府提出之約法草案。
		五月十二日	訓政時期約法經三讀通過。
		六月一日	國民政府公布施行「訓政時期約法」，共八章，都八十九條。條文多為原則性之宣示。此約法在於全面推行訓政時期工作，以奠定民主憲政之基礎。
民國廿一年	一九三二年	十二月中	中國國民黨第四屆第三中全會開會於南京。鑒於前一年「九一八」、本年之「一二八」日本之侵略，通過中委孫科等廿七人所提之「集中國力挽救危亡案」，其中有三項論及憲政的籌備。此為國民政府內立法院起草憲法草案之由來。
民國廿二年	一九三三年	一月	中委孫科接替張繼任立法院長，進行憲草起草工作。立法院並成立「憲法起草委員會」，專擬憲草之工作。委員長由孫科兼任，副委員長為吳經熊、張知本，委員為黃季陸等卅七人。
		二月十八日	國民政府公布立法院「憲法起草委員會組織條例」。
		四月廿日	憲草委員會開會十二次，議決起草原則廿五點。
		六月八日	孫科委員長指定吳經熊、張知本、傅秉常、焦易堂、陳肇英、馬寅初、吳尚鷹七人為初稿主稿委員。並由吳經熊擔任初步起草工作，完成「中華民國憲法草案試擬稿」。凡五篇二百一十四條。世稱之為「吳稿」。
		十一月十六日	孫科委員長召集主稿委員，以吳稿之試擬稿為底本，參酌各方評論之意見，開會十八次，於本日擬成「中華民國憲法草案初稿草案」（簡稱「初稿草案」）全文十章，一百六十六條。

民國廿三年	一九三四年	二月廿三日	憲法草案委員會經十一次開會，將初稿草案逐條討論，修正通過「中華民國憲法草案初稿」（簡稱「初稿」）共分十章，都百六十條。
		二月廿八日	憲法草案委員會成立年餘，以初稿完成，宣告結束。
		三月一日	立法院將初稿全文在報紙刊載，正式徵求國人意見。
		三月廿二日	立法院初稿刊布後，各方熱烈研究評論。乃另成立「憲法草案初稿審查委員會」。委員為傅秉常（召集人）、馬寅初、焦易堂、吳尚鷹、吳經熊等卅六人。
		六月五日	審查委員會就各界之二八一件評論，經八次會議，採印之二一六件，分訂廿二輯，彙列於初稿各條文之後，擬成「憲法草案初稿意見書摘要彙編」，以便參考。
		六月卅日	審查委員會經由孫科院長主持九次會議，將初稿交各組所擬成之修正草案，逐條討論，重加修正後，擬成「中華民國憲法草案初稿審查修正案」。全文十二章、一八八條。
		七月九日	立法院將憲法草案初稿審查修正案披露於報紙，各方意見仍多。
		九月十四日	立法院第三屆第六十六次會議，將初稿審查修正案提出討論，經議決：所有關於憲法草案之意見及評論，均交傅秉常、林彬、陶履謙三位委員審查。
		十月十六日	立法院經七次會議，就傅秉常等採印廿一件，連同憲法草案修正案逐條討論，重加修正，三讀通過「立法院第一次議訂之中華民國憲法草案」（即「第一次草案」），共十二章，一七八條，並冠以弁言。
		十一月九日	立法院將第一次草案呈報國民政府。
		十二月十日	中國國民黨第四屆五中全會就立法院議訂之憲法草案提出討論。經議決交付初步審查，並推定林森等四十六委員組成憲法草案審查委員會，作初步審查。立法委員傅秉常等七人列席審查會，以備諮詢。
		十二月十四日	五中全會憲法草案審查委員會決議，草案應交常會繼續鄭重核議。
民國廿四年	一九三五年	十月十七日	中國國民黨中央常務委員會第一九二次會議，終將憲法草

			案審查完竣，議決五項原則，交立法院重加審查。
		十月廿四日	立法院就國民黨五項原則，經傅秉常、吳經熊、馬寅初、吳尚鷹、何遂、梁寒操、林彬等七人一週審查完竣之修正草案，提出第卅四次會議討論。
		十月廿五日	立法院第卅五次會議將修正案三讀通過。是為立法院第二次議訂之中華民國憲法草案（即「第二次草案」），全文共八章，一五〇條。
		十一月五日	中國國民黨第四屆六中全會決議，就立法院之第二次草案，送請即將召開之第五次全國代表大會，決定本憲法草案及召集國民大會時間，並由之再行授權下屆中央執行委員討論後，提請國民大會議決頒布之。
		十一月十八日	中國國民黨第五次全國代表大會通過召集國民大會及宣布憲法草案。
		十二月四日	中國國民黨第五屆中央執行委員會決議：1.中華民國廿五年五月五日宣布憲法草案，十一月十二日開國民大會。2.設憲法草案審議委員會，指定委員葉楚傖、李文範等十九人組織之，於兩個月內擬定修正案，呈由中央常會發文立法院，再為條文之整理。
民國廿五年	一九三六年	四月廿三日	中國國民黨中常會就葉楚傖等中央憲法草案審議委員會所議決審議意見廿三點討論後通過，交立法院。
		五月一日	立法院於奉命後所指派傅秉常、吳經熊、馬寅初、吳尚鷹、何遂、梁寒操、林彬、瞿曾澤等八人，將憲法草案重加整理修正，並提出第五十九次會議討論，當經三讀通過。
		五月五日	國民政府明令宣布「中華民國憲法草案」，世稱「五五憲草」。本憲草前後閱時三載，稿經七易，始成定案。全文八章，一四八條。
民國廿六年	一九三七年	二月	中國國民黨五中全會針對，本當於廿五年十一月十二日召開之國民大會，因各省國代選舉未如期辦竣，決議於本年十一月十二日召開國民大會，制定憲法。
		七月七日	日本軍閥在我蘆溝橋畔啓釁，全面抗戰爆發。政府之後西遷，選務無法進行，國民大會無法召開，制憲大業受阻。

			原本可能通過之五五憲草中五權憲法精神，從此與中華民國憲法發展漸行漸遠。
民國廿七年	一九三八年	七月	抗戰軍興，制憲中止。國民政府為集思廣義，團結全民力量，於武昌召集「國民參政會」，繼續對憲法草案進行研討。國民參政員二百名（陸續增至二四〇人、三六二人），產生方式由中央遴選，或地方推薦。
民國廿八年	一九三九年	九月	國民參政會第四次大會決議：「請政府明令定期召集國民大會，制定憲法，實施憲政；並由參政員若干人，組織國民參政會憲政期成會，協助政府促成憲政案。」當經蔣議長中正指定張君勱、周炳琳、章士釗、褚輔成、黃炎培、左舜生、周覽、傅斯年等廿五人為期成會委員，組織憲政期成會，協助政府促成憲政。
		九月廿日	憲政期成會第一次會議，決議：請政府早日頒布召集國民大會，公布憲法，實施憲政之明令，並請祕書處按照單開，蒐集關於憲法草案之各項資料，以便討論。
		十月七日	中國國民黨第五屆六中全會決議，國民大會定於民國廿九年十一月十二日召開。實因舉國烽火，並無法召開。
		十一月廿日	憲政期成會第二次會議，決議徵集各方對於憲法草案之意見彙整研究，推左舜生、董必武、褚輔成、羅隆基、許孝炎等擬出待研究之問題，於下次會議中討論。
民國廿九年	一九四〇年	四月	國民參政會第一屆第五次大會接受憲政期成會將五五憲草八章一四八條，刪為八章一三八條之「國民參政會憲政期成會提出中華民國憲法草案之修正案」（一般又稱（期成憲草」、「議政憲草」）。本案未經過立法手續。
民國卅二年	一九四三年	九月	國民參政會第三屆第二次大會，國民政府蔣中正主席報告中，期望設置有關憲政籌備機構，當經大會接受。
		十一月	國民參政會成立「憲政實施協進會」，各黨派代表一律參加。以孫科、王世杰、黃炎培為召集人。主要任務為「發動全國人民研究中華民國憲草（五五憲草），以利憲政實施。」
民國卅三年	一九四四年	十月	國民參政會之憲政實施協進會，收到各方對五五憲草之意

民國卅四年	一九四五年		見二六九件，經會員五次會議討論，決定研討意見卅二項，連同各方意見、會員發言記錄，一併呈送政府採擇。
		十月十日	抗戰勝利後，在美國政府調處下，國共「重慶會談」（蔣中正、毛澤東）四十三天後，簽訂「會談記要」（又稱「雙十協定」）。其中決定由政府召開政治協商會議，邀集各黨派代表及社會賢達，協商國是，討論和平建國方案，及召開國民大會各項問題。
民國卅五年	一九四六年	一月六日	政治協商會議成立秘書處。秘書長雷震，中共齊燕銘、民主同盟蔣勻田、青年黨蕭智僧三人為秘書。其餘工作由國民參政會秘書處、憲政實施協進會、經濟建設策進會調用。
		一月十日	政治協商會議在重慶召開，共有國民黨（八員）、共產黨（七員）、民主同盟（九員）、青年黨（五員）、社會賢達（九員）五方面，共計卅八人展開廿一天之大會。
		一月卅一日	政治協商會議對於五五憲草提出十二項修改原則。改變原五五憲草中國父五權憲法權能區分之原則。包括無形國大、中央政制基於三權原則，省得制定省憲，無異聯邦制，政變秦漢以來一統之特性。同時政治協商會議決定組織「憲草審議委員會」，期以兩個月時間，製成五五憲草修正案，提供國民大會採納。
		二月十四日	憲草審議委員會由政協會議五方面各推五人、加上公推會外專家吳經熊等十人組成。孫科任召集人。本日舉行首次會議。決定成立協商小組（五方面各推二人，專家由主席指定二人），凡涉及變更政治協商會議十二項原則者，均須由五方面協議決定。
		三月十六日	國民黨五屆二中全會依各方輿情，通過「對於政治協商會議報告之決議案」以為對五五憲草之任何修正意見，皆應依建國大綱及五權憲法基本原則而擬定。另外並通過對憲草原則之五點決議，如國大應為有形國大、省無需制定省憲等。
		三月廿六日	國民政府頒發命令，定於五月五日召開國民大會。嗣因中

			共問題日益惡化，延至十一月始召開。
		十一月十五日	制憲國民大會在南京國民大會堂開幕。公推最年長的吳敬恆代表為臨時主席。國民政府主席蔣中正親臨大會致詞。大會開預備會議，決定互選五十五人組織大會主席團。青年黨領袖左舜生，以參加第三方面調處無功，「根本無法與共產黨合作」，提出該黨參加國大之一百人名單。
		十一月十九日	憲草審議委員會委員依據張君勱起草之「政協憲草修正案」，逐條審議，完成正式之「中華民國憲法草案」。共計十四章，一五二條。
		十一月廿一日	制憲國大第三次預備會議，選出四十六位主席團成員（另保留給民主同盟四名，共產黨五名）
		十一月廿二日	「中華民國憲法草案」經立法院審議通過，完成立法程序。
		十一月廿三日	民社黨因感於「共產黨是為了爭地盤，民社黨是為了爭民主。」乃提出四十人之國大名單。
		十一月廿八日	國民政府主席蔣中正親將「中華民國憲法草案」及國民政府咨文，提出於大會，交於大會主席胡適。
		十二月六日	制憲國大進入一讀會議程。
		十二月廿一日	制憲國大經第十三次大會，完成一讀會審查修正案。並進入二讀會程序（當日下午之第十四次大會）
		十二月廿四日	制憲國大第二讀會經六次大會，完成逐條討論。
		十二月廿五日	制憲國大召開第廿次會議，進行三讀會。當日出席國代一四八五人，主席于右任於上午十一時四十六分宣布贊成者起立時，全體代表一致起立，通過中華民國憲法，場中「中華民國萬歲」之呼聲四起。
民國卅六年	一九四七年	一月一日	政府公布中華民國憲法。
		三月卅一日	政府公布「國民大會組織法」、「國民大會代表選舉罷免法」、「總統副總統選舉罷免法」、「立法院立法委員選舉罷免法」、「監察院監察委員選舉罷免法」及五院組織法。
		六月廿五日	國民大會代表、立法院立法委員選舉總事務所成立。

民國	西元	月日	大事	中共
		十一月廿一日	全國選舉第一屆國民大會代表。	
		十二月廿五日	中華民國憲法開始施行。 國民政府「公布訓政結束程序法」。	
民國卅七年	一九四八年	一月四日	選舉總事務所呈報國大代表之選舉結果。	
		一月廿一日	第一屆監察委員選舉產生。 第一屆立法委員選舉產生。	
		三月廿九日	第一屆國民大會第一次會議開幕。	
		四月十八日	國代莫德惠、王世杰等一二〇二人提案制定「動員戡亂時期臨時條款」，經第一次會議第十二次大會，依憲法一七四條第一款規定修憲之程序，完成制定。	
		四月十九日	國民大會選舉蔣中正為中華民國第一任總統。	
		四月廿九日	國民大會選舉李宗仁為中華民國第一任副總統。	
		五月八日	依憲法產生之第一屆立法委員就職集會。	
		五月十日	政府公布「動員戡亂時期臨時條款」。	
		五月十七日	立法院選舉孫科為院長、陳立夫為副院長。	
		五月廿日	第一任總統副總統宣誓就職。	
		八月八日	總統發布財政經濟緊急處分令。	
		十二月十日	總統發布全國戒嚴令。	
民國卅八年	一九四九年	一月十九日	總統發布「黃金短期公債」緊急處分令。	九月卅日中共在北京召開「政協」，宣告成立「中華人民共和國」，並通過「人民政協共同綱領」，共七章，六十條。
		一月廿一日	蔣中正總統引退，由李宗仁副總統代行總統職權。	
		三月廿五日	代總統李宗仁發布「財政金融改革案」緊急處分令。	
		五月十九日	台灣省警備司令部發布戒嚴令。	
		五月廿日	戒嚴令開始實施。	
		七月二日	代總統李宗仁發布「銀元兌換券發行辦法」緊急處分令。	
		十一月十四日	中央政府遷重慶。	
		十一月廿二日	行政院第九十四次會議通過，全國包括海南島、台灣，一併劃作接戰地域，實施戒嚴。	
		十二月六日	國民大會在台代表，以李代總統赴美，請蔣中正總統復行視事。	
		十二月七日	大陸情勢逆轉，中央政府遷設台北，行政院開始在台辦公。	

民國紀年	西元紀年	日期	事件	備註
民國卅九年	一九五〇年	三月一日	蔣中正總統在台復行視事，繼續行使總統職權。	實行「集中民主」。
		五月五日	國民大會在台代表簽署罷免副總統李宗仁。	
		八月廿四日	總統通告，國民大會臨時會緩予召集。	
		十二月廿七日	總統咨請立法院立法委員在未能改選前，繼續行使職權。	
民國四十一年	一九五二年	一月十二日	監察院提出彈劾副總統李宗仁案。	
		一月十六日	國民大會秘書長將彈劾案咨送立法院院長，請依法召開國民大會臨時會。	
		五月二日	總統咨請立法院立法委員任期再延期一年。	
民國四十二年	一九五三年	九月廿三日	總統電知第一居國民大會代表之任期，依憲法第廿八條第二項之規定至次居國民大會開會之日為止。	
民國四十三年	一九五四年	一月九日	總統令依據憲法第廿九條規定召開國民大會。	中共於九月廿八日通過「中華人民共和國憲法」，共四章，一〇六條。明定採「人民代表大會」制。
		一月卅日	大法官會議解釋第卅一號決議，第一居立法委員及監察委員在未能辦理改選前，繼續行使其職權。	
		二月十九日	第一居國民大會第二次會議開會。報到國代人數一五七八人（第一居國代總數為三〇四五人）	
		三月十日	國民大會就監察院提出之副總統李宗仁彈劾案進行表決。發票一四八一張，同意罷免一四〇三張，廢票十四張，空白票廿四張，不同意罷免票四十張，超過出席國代三分之二法定人數，副總統李宗仁依法罷免。大會並決議：「總統副總統任期瞬即居滿，正值國民大會開會期間，改選在即，副總統遺缺不予補選。」	
		三月十一日	國民大會通過陳其業、莫德惠等八七七位代表之臨時動議決議：「動員戡亂時期臨時條款在未經正式廢止前，繼續有效。」	
		三月廿日	國民大會選舉蔣中正為第二任總統（出席國代一五七六人，蔣中正一五〇七票、徐傅霖四八票）。	
		三月廿一日	國民大會選舉陳誠任副總統（出席國代一五七〇人，陳誠一四一七票、石志泉一〇九票）。	
		五月廿日	蔣中正、陳誠就任第二居總統、副總統。	

民國紀年	西元紀年	日期	大事
民國四十六年	一九五七年	五月三日	大法官會議釋字第七十六號解釋：國民大會、立法院、監察院共同相當於民主國家之國會。
		十二月廿五日	慶祝行憲十週年。
民國四十八年	一九五九年	八月卅一日	總統頒布政府來台後第一次緊急處分，搶救本省中南部八七水災重建工作，規定事項共十一種。
民國四十九年	一九六〇年	一月十日	總統依據憲法第廿九條規定召開國民大會。
		二月十日	第一屆國民大會第三次會議開會。
		二月十二日	大法官會議釋字第八十五號解釋：憲法所稱國民大會代表總額，在當前情形，應以依法選出而能應召集會之國民大會代表人數為計算標準。（依此釋憲案，本次會議代表總額一五七六人，報到代表人數一五二一人，報到率九六・五一％）
		三月十日	國民大會第一次修訂臨時條款。增加兩條：總統副總統得連選連任；創制、複決兩權行使辦法於閉會後，設置機構研擬辦法。
		三月廿一日	國大選舉蔣中正為第三任總統。（出席一五一〇人，發票一五〇九票，得票一四八一張，廢票廿八張，得票率九三・九％）
		三月廿二日	國大選舉陳誠為第三任副總統。（發票一五〇五張，得票一三八一張，廢票一二四張，得票率八七・六二％）
		五月廿日	蔣中正、陳誠就任第三屆總統、副總統。
民國五十二年	一九六三年	四月四日	行政院通過以每年十二月廿五日為國定行憲紀念日。
民國五十五年	一九六六年	二月一日	第一居國民大會召開第一次臨時會。（代表總額一四八八人，報到人數一四〇七人，報到率九四・五六％）
		二月八日	國民大會臨時會通過第二次修訂臨時條款：1.創制中央法律原則，複決中央法律兩權解凍，唯是否行使之決定權交給總統。（終戡亂時期未曾行使過）2.國大閉會期間，設置研究機構，研討憲政有關問題。
		二月十二日	總統公布第二次修訂之臨時條款。
		二月十九日	第一居國民大會第四次會議開會。（代表總額一四八八人，報到人數一四四六人，報到率九七・一八％）

民國紀年	西元紀年	月日	事紀
民國五十六年	一九六七年	三月十九日	國大通過第三次修訂臨時條款：1.授權總統設置動員戡亂機構，決定動員戡亂有關大政方針，並處理戰地政務。2.總統為適應戡亂需要，得調整中央政府之行政機構及人事機構。並得訂頒中央公職人員之增選、補選辦法。
		三月廿一日	國民大會選舉蔣中正為中華民國第四任總統。（出席代表一四二七人，發出選票一四二五張，得票一四〇五張，廢票二〇張，得票率九四．四二%）
		三月廿二日	國民大會選舉嚴家淦為中華民國第四任副總統（發出票一四〇六張，得票七八二張，廢票六二四張，得票率六五．八二%）
		五月廿日	蔣中正、嚴家淦就任中華民國第四任正、副總統。
		二月一日	總統公布「動員戡亂時期國家安全會議組織綱要」，成立國家安全會議及所屬國家安全局。
		七月廿七日	總統公布依臨時條款授權完成之「行政院人事行政局組織規程」
		八月十七日	總統依據動員戡亂時期臨時條款第四項令頒，國民義務教育之年限，自民國五十七學年起延長為九年。
民國五十七年 民國五十八年	一九六八年 一九六九年	九月十六日	行政院正式成立人事行政局。
		九月一日	實施九年國民義務教育。
		三月廿七日	總統公布，依據臨時條款授權，交由國安會通過之「動員戡亂時期自由地區中央公職人員增補選辦法」。
		十二月廿日	自由地區中央公職人員增補選舉，在各選區投票，共選出國大代表十五人，立法委員十一人。
		十二月廿九日	台北市議會選出監察委員二人。
民國六十年 民國六十一年	一九七一年 一九七二年	十月廿六日	中華民國退出聯合國。
		一月十日	總統頒布命令二月廿日召集第一屆國民大會第五次會議
		二月廿日	第一屆國民大會第五次會議在台北開會。（代表總額一三七四人，報到人數一三四四人，報到率九七．八二%）
		三月十七日	國民大會通過第四次修訂臨時條款；授權總統不受憲法有關條文限制，辦理中央民意代表在自由地區之增額選舉及華僑地區之遴選。

民國	西元	月日	大事	中共
		三月廿一日	國民大會選舉蔣中正為中華民國第五任總統。（出席國代一三一六人，得票一三〇八票，廢票八票，得票率九五・一九％）	
		三月廿二日	國民大會選舉嚴家淦為中華民國第五任副總統。（出席國代一三〇七人，得票一〇九五張，廢票二一二張，得票率七九・六九％）	
		三月廿三日	總統公布第四次修訂之臨時條款。（此為臨時條款最後一次之修正）	
		五月廿日	蔣中正、嚴家淦就任中華民國第五任總統、副總統。	
		六月廿九日	總統依據臨時條款授權，公布「動員戡亂時期自由地區增加中央民意代表名額選舉辦法」。	
		七月廿七日	總統續公布「動員戡亂時期僑選增額立法委員及監察委員遴選辦法」。	
		十二月廿三日	依據本年所公布自由地區中央民意代表增額選舉辦法規定，選出國民大會代表五十三人，立法委員五十一人（含海外遴選十五人）。共計選出中央民意代表一〇四人。	
民國六十二年	一九七三年	二月十五日	省市議會選舉增額監察委員十人，海外遴選五人。	
民國六十四年	一九七五年	四月五日	第五任總統蔣中正病逝。依憲法四十九條規定，副總統嚴家淦同日上午十一時繼任總統。（從此日至民國六十七年五月廿日止沒有副總統。）蔣中正總統遺囑國人：實踐三民主義，光復大陸國土，復興民族文化，堅守民主陣容。	中共一月十七日通過第二部憲法（或稱四人幫憲法），共四章，卅條。
		十一月廿日	增額立法委員選舉，共選出五十二人。包含區域立委廿八人，職業團體立委八人，原住民立委一人。海外遴選立委十五人。	
民國六十六年	一九七七年	十一月十九日	台灣省舉辦省議員、縣市長、縣市議員、鄉鎮市長選舉，台北市舉辦第三屆市議員選舉。五項公職人員選舉，選民共有八百萬人，創地方自治史上空前紀錄。本次選舉亦不幸爆發「中壢事件」。	
		十二月廿五日	中華民國行憲三十週年紀念日。國民大會、行政院、國史館等在國父紀念館聯合舉辦行憲紀念特展。郵政總局發行	

民國六十七年	一九七八年		行憲紀念郵票。	中共於三月五日通過第三部憲法（或稱華國鋒憲法），共四章，六十條。
		一月九日	嚴家淦總統頒布第一屆國民大會第六次會議召集令；大會定於二月十九日揭幕。	
		二月十九日	第一屆國民大會第六次會議開會，嚴家淦總統蒞臨致詞。（代表總額一二四八人，報到人數一二二〇人，報到率九七・七六%）	
		三月廿一日	國民大會選舉蔣經國為中華民國第六任總統。（出席代表一二〇四人，得票一一八四張，廢票二〇張，得票率九四・八七%）	
		三月廿二日	國民大會選舉謝東閔為中華民國第六任副總統（出席代表一一八九人，得票九四一張，廢票二四八張，得票率七五・四〇%）	
		五月廿日	蔣經國、謝東閔宣誓就任中華民國第六任正、副總統。	
		十二月十六日	美國宣布與中共建交。美與中華民國斷交，廢約（中美共同防禦條約）、撤軍。時值增額中央民意代表競選期間，由於國家安全考量，蔣經國總統頒發政府來台第二度緊急處分命令；軍事全面戒備、經濟維持穩定發展、暫停增額中央民代選舉。	
民國六十八年	一九七九年	一月十八日	蔣經國總統發布政府來台第三次緊急處分令：增額中央民意代表選舉延期舉行期間，暫仍由原增額選出之中央民意代表繼續行使職權，至定期舉行選舉所選出之代表行使職權之日止。	
		十月八日	蔣經國總統援引臨時條款，有關動員戡亂的大政方針，令頒；中華民國領海為自基線起至外側十二海里之海域（原為三海里），經濟海域為二百海里之海域（原為十二海里）。	
民國六十九年	一九八〇年	六月十一日	蔣經國總統令頒「動員戡亂時期自由地區增加中央民意代表名額選舉辦法」，大幅增加應選名額。	
		十二月六日	中央民意代表增額選舉——選出國大代表七十六人，立法委員七十人。	
		十二月十日	政府僑選遴定立委廿七人（國民黨廿三人，青年黨二人，	

民國	西元	日期	事件	備註
民國七十一年	一九八二年	十二月廿七日	無黨籍二人）、監委十人（國民黨五人，民社黨一人、無黨籍四人）。 台灣省、台北市議會及高雄臨時市議會選出監委廿二人（國民黨十六人、青年黨一人、無黨籍五人）。	中共於十二月十日通過第四部憲法（或稱鄧小平憲法），共四章，一三八條。
民國七十二年	一九八三年	十二月三日	增額立法委員選舉，選出七十一人。（國民黨六十二席、無黨籍九席）另僑選立委廿七人。	
民國七十三年	一九八四年	一月十日	蔣經國總統頒布第一屆國民大會第七次會議召集令。大會定於二月廿日揭幕。	
		二月廿日	第一屆國民大會第七次會議在陽明山中山樓揭幕。（代表總額一〇六四人，報到人數一〇三六人，報到率九七・三七%）	
		三月廿一日	國民大會選舉蔣經國為中華民國第七任總統（出席代表一〇二二人，得票一〇一二張，廢票一〇張，得票率九九・〇二%）	
		三月廿二日	國民大會選舉李登輝為中華民國第七任副總統（出席代表一〇一〇人，得票八七三張，廢票一三七張，得票率八七・三%）	
		三月廿四日	第一屆國民大會第七次會議通過大會宣言，向世人宣告，中國大陸不容叛亂集團篡竊，消滅中共為我全力貫徹目標。	
		五月廿日	蔣經國、李登輝宣誓就任中華民國第七任總統、副總統。	
民國七十五年	一九八六年	四月九日	國民黨主席蔣經國指定國民黨十二位中常委負責研擬六項	

			革新方案——解除戒嚴、開放黨禁、充實中央民意代表機構、地方自治法制化、社會風氣與治安、黨的中心任務。	
		七月	蔣經國總統接受媒體訪問時，明確表示，未來一年內台灣將解嚴。	
		九月廿八日	黨外於台北圓山大飯店搶先宣布成立「民主進步黨」，突破戒嚴近卅八年的黨禁封鎖。蔣經國總統指示與尚無法律地位的民進黨溝通，以化解政治衝突。	
		十月十五日	國民黨中常會優先通過解除戒嚴（廢止戒嚴令，代之以「國家安全法」）、開放黨禁（修改「人民團體組織法」）等兩項議題。	
		十二月六日	中央民意代表增額選舉，國大代表八十四人（國民黨六十八席、民進黨十一席、民社黨一席、無黨籍四席），立法委員七十三人（國民黨五十九席、民進黨十二席、無黨籍二席）	
民國七十六年	一九八七年	一月十日	省市議會選舉監察委員廿二人。	
		七月一日	總統公布「國家安全法」。全文十條。	
		七月十四日	總統令：「准立法院中華民國七十六年七月八日第一六四一號咨，宣告台灣地區自七十六年七月十五日零時起解嚴」。行政院新聞局宣布廢止與戒嚴法有關的行政命令卅種之多。	
		七月十五日	台灣地區解除戒嚴。	
		十二月廿五日	蔣經國總統主持慶祝中華民國行憲四十週年紀念大會。	
民國七十七年	一九八八年	一月一日	出版品管理審查由警備總部轉移至行政院新聞局接管，解除報紙限張及限制登記。	
		一月十三日	蔣經國總統病逝，副總統李登輝依憲法四十九條規定，繼任總統，完成政權移轉法定程序。（從此日至民國七十九年五月廿日止沒有副總統。）	
		一月十四日	李登輝總統發布政府來台第四次緊急處分令；國喪期間，禁止人民集會遊行請願。（亦為政府最後一次緊急處分）	
		一月廿日	總統公布修正之「動員戡亂時期集會遊行法」。	
		一月廿七日	總統公布施行「動員戡亂時期人民團體法」。	

民國七十八年	一九八九年	十二月二日	中央增額立法委員選舉。共選出一〇一人（國民黨七十二席、民進黨廿一席、無黨籍八席）。
民國七十九年	一九九〇年	二月十九日	第一屆國民大會第八次會議開會。（代表總額七五二人，報到人數七三八人，報到率九八・一四%）
		三月十六日	大專學生因為國代利用選舉總統、副總統之際，自行增加出席費，並圖在審查臨時條款修正案中擴張職權（行使創制、複決兩權，每年集會一次，延長增額國代任期至九年）等一幕幕「山中傳奇」，乃發起到中正紀念堂廣場靜坐抗議。
		三月十九日	大專學生開始聚集，提出「解散國民大會、廢除臨時條款、召開國是會議、訂定民主改革時間表」四大訴求。
		三月廿日	李登輝總統指示籌備召開國是會議。並指派總統府資政蔣彥士、行政院長李煥、總統府祕書長李元簇、國民黨祕書長宋楚瑜等四人，就國是會議有關問題先行研商。
		三月廿一日	國民大會選舉李登輝為中華民國第八任總統。（出席代表六六八人，得票六四一票，得票率九五・九六%） 國民黨中常會決議，由蔣彥士任召集人，負責國是會議籌備事宜。
		三月廿二日	國民大會選舉李元簇為中華民國第八任副總統。（出席代表六四四人，得票六〇二票，得票率九三・四八%） 中正紀念堂學生因前晚李總統召見五十名學生代表，承諾召開國是會議，擬定政經改革時間表。學生乃發表「我們的聲明——追求民主永不懈怠」後解散，結束歷時一週之學運。
		四月一日	民進黨臨時中常會，以附帶條件方式通過，原則確定參加國是會議籌備會。
		四月二日	李登輝總統邀請民進黨主席黃信介到總統府「喝茶」，黃提出民進黨四項訴求，其中包括制定憲政體制改革時間表。
		四月十四日	國是會議籌備委員會召開第一次會議（籌備委員廿五人，其中國民黨十一人、民進黨四人、無黨籍五人、學者公正

人士五人）。

五月廿日　李登輝、李元簇宣誓就任中華民國第八任總統。

六月廿一日　大法官會議釋字第二六一號解釋：資深中央民意代表除事實上已不能行使職權或經常不能行使職權者，應即查明解職外，其餘應於中華民國八十年十二月卅一日以前終止行使職權。

六月廿八日　國是會議經兩個月籌備，於台北圓山大飯店舉行一週。出席人數應為一五〇人（含籌備會審查推薦一一五人，總統遴選三十五人），實際參加者一四一人。

七月四日　國是會議圓滿閉幕。就五項議題（國會改革、地方制度、中央政府體制、憲法修定方式、大陸政策及兩岸關係）均有獲致共識部份。最具關鍵性的決定：終止戡亂時期、廢止臨時條款、回歸憲法、採用一機關兩階段修憲方式、修憲用附加條款並冠以「中華民國憲法增修條文」等，將民國卅八年政府來台所運作之非常時期體制，徹底改革，為憲改工程開啟新的一頁。

七月十一日　為期落實國是會議結論，國民黨中常會決議在黨內設「憲政小組」，推動各項憲政改革事宜，由副總統李元簇擔任總召集人。下設「法制」、「工作」兩分組。憲改小組成員尚包括郝柏村、林洋港、蔣彥士、梁肅戎、黃尊秋、林金生、何宜武、蔣緯國、李煥、邱創煥、宋楚瑜、連戰共十三人。

七月廿一日　民進黨因應國民黨憲改小組，亦經其中常會決議設「制憲運動委員會」，由黃信介主席任召集人，黃煌雄為執行長，成員包括美麗島、新潮流與五個議會黨團召集人共十一人，以推動「民主大憲章」（全文一〇四條），進行全民複決為訴求。

八月十五日　國民黨憲改小組第三次會議確定：法制分組之十項修憲議題，六個月內完成規畫。工作分組下設資料、宣傳、協調、機構調整、地方制度五個小組，八個月內完成相關議題研議，並協調行政事項。

民國八十年	一九九一年	
	九月十九日	民進黨第四屆第廿三次中常會成立「憲政會議」籌備會工作小組，成員為陳永興、傅正、許信良、姚嘉文、謝長廷、洪奇昌、吳哲朗，以黃煌雄為執行長。提出四項基本主張。
	九月廿六日	國民黨憲政小組第六次會議決定：1.現行憲法條文不動。2.增修條文不用第十五章，而用附加條文方式，附在本文之後。3.增修條文集中條例，不分散在各章中。4.名稱冠以「中華民國憲法增修條文」。5.增修條文之前，要有序言，說明在國家統一前適用。
	十一月一日	民進黨「制憲運動委員會」提出五階段推動憲政會議時間表。
	十二月廿六日	國民黨憲政小組第十五次會議得到多項突破性決議：1.建議國大在民國八十年四月舉行臨時會，訂定「中華民國憲法增修準備期間過渡條文」，並廢止臨時條款。2.建議總統宣告動員戡亂時期終止。3.建議政府於民國八十年十二月辦理第二屆國代選舉。4.建議國大於二屆國代選出後一個月內舉行臨行會，進行第二階段修憲。
	一月四日	國民黨憲政小組總召集人李元簇說明「一機關兩階段」修憲之理由。
	一月六日	法制分組將第一階段修憲案名稱，從「過渡條文」易名為「中華民國憲法增修條文」，提報審議。
	一月十一日	增額國代多數支持「一機關一階段」修憲方案。另以「集思會」、「新國民黨連線」為首之增額立委，強烈指責「兩階段」案是「化簡為繁」、「二流貨」、「禍國殃民」。
	一月十四日	法制分組針對第一階段修憲之增修條文討論，提出九條增修草案。
	一月廿六日	國民黨內重量級人士與憲改小組的溝通會上，公開言明主張一階段修憲者有林洋港、李煥、沈昌煥、蔣緯國、許歷農等。黨內主流、非主流之憲改頗具爭議。
	三月廿五日	國民黨憲政小組通過「中華民國憲法增修條文」草案。
	三月廿六日	李登輝總統頒布第一屆國民大會第二次臨時會召集令。

四月八日	第一居國民大會第二次臨時會揭幕。李登輝總統指出適時適當的增修憲法，以解決終止戡亂時期產生的若干問題為全體國代歷史任務。（全體國代五九二人，出席國代五八二人，報到率九八・三一％）
四月十三日	國大臨時會修憲一讀會，民進黨國代發言首見「制訂新憲法」，無黨籍國代對增修條文標示「國家統一目標」提出質疑，國民黨籍國代則提出反駁。其間已隱見統、獨爭議。
四月十五日	朝野政黨對修憲歧見已深，國民黨主導全局。民進黨乃捨議會路線，改採群眾路線。宣布退出國大臨時會。
四月十七日	民進黨發起「上中山樓，反對老賊實質修憲」大遊行，三萬人參加。 國、民兩黨午夜協商決定，國安會、國安局、人事行政局等三機關在增修條文中訂出「日落條款」。
四月廿二日	國大臨時會在民進黨退出下，完成「中華民國憲法增修條文」第一條至第十條之三讀程序。並通過廢止臨時條款。
四月卅日	李登輝總統公告終止動員戡亂時期，廢止臨時條款，並公布第一階段修憲之「中華民國憲法增修條文」。
八月十三日	民進黨正式公布「台灣憲法草案」（十一章，一〇八條）以「事實主權」原則，主張「台灣獨立」，建立「台灣共和國」。
八月十四日	國民黨再次成立「第二階段憲改策劃小組」，總召集人由副總統李元簇擔任。（成員有郝柏村、蔣彥士、林洋港、李煥、邱創煥、宋楚瑜、梁肅戎、林金生、蔣緯國、朱士烈、施啓揚、連戰。）下設兩分組，「研究分組」由施啓揚召集，共廿九人；「協調分組」由蔣彥士召集，共卅四人。
八月廿五日	民進黨主導的在野人士「人民制憲會議」通過「台灣共和國」之「台灣憲法草案」。
八月廿七日	國民黨第二階段修憲策劃小組召開第一次會議，決定五大議題研究，各議題之小組召集人、成員及撰稿人。

八月廿八日	民進黨中常會決議承認「台灣憲法草案」，國民黨發言人表示譴責。
十二月廿一日	第二屆國大代表選舉。總席次四〇三席，國民黨占三一八席（區域選舉一七九席、不分區六〇席、僑選十五席、第一屆增額國代六四席），民進黨七五席（區域四一席、不分區二〇席、僑選五席、第一屆增額國代九席）。國民黨掌握四分之三以上修憲主導實力。民進黨首次將「台獨」搬出選舉檯面，受到重挫。
十二月卅一日	第一屆資深國代全數退職。
民國八十一年 一九九二年	
三月四日	李登輝總統約見國民黨省市黨部主委與地方首長後，傳出國民黨層峰有改採總統公民直選之消息。
三月八日	國民黨修憲策劃小組經過四小時激辯，有七位贊成總統委選（蔣緯國、李煥、郝柏村、梁肅戎、邱創煥、林金生、朱士烈）六位贊成直選（連戰、黃尊秋、蔣彥士、林洋港、宋楚瑜、施啓揚），乃做成兩案併陳方式，送至國民黨臨中全會。
三月九日	國民黨臨中全會仍無法對總統選舉方式作單一決定，而採兩案併陳送至三中全會。
三月十六日	國民黨三中全會中直選、委選總統案仍相持不下。李登輝主席在無絕對把握下，國民黨所通過對二屆國代任務提示有關總統選舉方式：「總統、副總統由中華民國自由地區全體選民選舉之，其方式應依民意趨向審慎研定，自中華民國八十五年第九任總統、副總統選舉施行。」
三月廿日	第二屆國民大會第一次臨時大會揭幕。李登輝總統蒞臨致詞。民進黨國代身穿「制憲建國」背心，以站立方式在會場拉「總統直選」白布條。其後之國代宣誓，民進黨國代將誓詞加添「台灣」及「一九九二」字樣。
三月廿五日	國大主席團召開第一次會議，決議延長議期十天。
三月廿六日	國大臨時會第一次大會，民進黨繼續以張一熙黑槍事件杯葛主席謝隆盛，並不斷以「權宜問題」干擾議事進行。
四月十日	國大祕書處截止收受修憲提案，提案數達一五五件，經大

民國八十二年 一九九三年		體討論後，交付委員會審查。
	四月十四日	國大召開第一審查委員會第一次會議，開始審查各項修憲提案。參與國代四〇一人。朝野國代衝突不斷，秩序問題、權宜問題成為會議主題。立院、國代互責「垃圾」、「蟑螂」。
	四月十六日	民進黨主席許信良在未經大會許可，率眾入場為四一九遊行宣傳，民進黨國代則穿「四一九大遊行」綠色背心繞場，引發朝野國代嚴重肢體衝突，演變成「四一六流血事件」。
	四月十九日	民進黨發動「四一九台北火車站前街頭運動」，佔據台北火車站前。
	四月廿四日	民進黨街頭抗爭由三日，演變為無限期。唯以參與者僅約千餘人，影響台北交通，民眾深感不耐。警方採強力驅離，結束抗爭。
	五月四日	民進黨提出之「兩大開會條件」——總統民選修憲案不得擱置、兩黨修憲重大歧異部分進行交叉辯論。國民黨拒之。民進黨宣布退出二屆國大第一次臨時會。無黨籍國代稍後亦宣布退出。
	五月六日	國大修憲，民進黨退出下，第二至第八之一般提案審查會完成一二四件一般提案審查。
	五月十三日	國大第二次修憲進入二讀會。
	五月廿五日	國民黨為避免國大、立院衝突加大，乃擱置立委延長四年案。至此，「黨九條」之國民黨版修憲條文，縮減成黨八條。
	五月廿六日	國大第二次修憲完成二讀會。
	五月廿七日	第二屆國大第一次臨時會第二次修憲進行三讀，通過中華民國憲法增修條文第十一條至十八條。
	五月廿八日	李登輝總統公布實施中華民國憲法增修條文第一條至十八條。
	八月	國大代表陳子欽等一二八人簽署，依據憲法卅條第一項第四款規定，請求召開國民大會臨時會，修改憲法。
中共於三月廿九日		

民國八十三年	一九九四年	
十月	國民黨國大工作會決定由黨籍國代中憲法學者荊知仁、郎裕憲、董翔飛、謝瑞智四人，分提「總統制修憲案」、「現行制內閣制修憲案」、「雙重行政首長制修憲案」、「現行制度改良案」四種修憲參考提綱，供國代研提修憲條文參考。	修改憲法，修正十一個條文，包括允許發展私營經濟、土地使用權轉讓等。
十二月廿二日	國民黨中常會為順遂第三次修憲工作，決議成立「修憲策劃小組」。由副主席李元簇任召集人，成員包括郝柏村、林洋港、連戰、蔣彥士、邱創煥、劉松藩、施啓揚、許水德、宋楚瑜、陳金讓、饒穎奇、謝隆盛等十三人。下設「諮詢顧問小組」，成員廿九人，參與修憲研議工作。	
三月廿九日	李登輝總統發布第二屆國民大會第四次臨時會召集令。	
四月	國民黨第三次修憲之「黨八條」修憲案，經十四全臨中全會定案。修憲原則：「維持五權憲政體例，適應國家統一之需要及當前民意趨向，作必要之增修。」修憲之體例：「不修改憲法本文，而將增修條文除作必要之增修外，並將現行規定作必要之整理及調整其條文順序，使規定更為明確周延。」	
五月二日	第二屆國民大會第四次臨時會開幕典禮。李登輝總統蒞臨致詞。	
五月十九日	李登輝總統蒞臨國大作國情報告。並以六天全程參與聽取國代之國事建言。	
五月廿七日	國大第十四次大會，進入第三次修憲一讀會，主席以在場國代一二六人，不足法定三分之二，逕行宣布改開談話會。其後十五、十六、十七次大會，朝野政黨國代為三分之一、三分之二引起零星衝突。	
六月一日	民進黨國代以自備口哨，吹得會場雜音四起，引發打群架衝突事件，約達五分鐘。	
六月三日	因媒體之報導，引發國、民兩黨女國代之掌摑事件。	
六月六日	國大第三次修憲進入修憲提案審查會。	
六月廿三日	國大審查會經十三次會議，審查一一二件修憲提案。下午，民進黨國代下山聲援原住民活動。國民黨籍國代加速審	

民國紀年	西元	月日	事件
民國八十四年	一九九五年		查，共計通過十三條修憲提案。
		七月五日	國大第三次修憲進入二讀會，再因出席標準，朝野政黨引發爭議。
		七月七日	國民黨國大工作會主任謝隆盛提出緊急動議，略謂民進黨之暴力，破壞國大形象，建議休會三天以示抗議。在朝野國代扭打一團下，經主席表決通過休會提案。
		七月廿二日	林銘德等四十人提程序動議。民進黨認為國民黨為使二讀會如期進行，竟提出程序動議，欲撤銷其所提八件修正案，乃引發激烈抗爭，混亂中表決通過林銘德所提程序動議案。 下午，民進黨籍顏明聖等三十人提「革命程序動議」，建議解散國民大會。主席以議事規則無此動議，裁定本案不予受理。
		七月廿六日	國大首先對主席團前一天決議不列入二讀會的九項修正案進行討論，並在場面混亂中，表決通過。
		七月廿七日	國大主席團報告，是否應「分段」表決二讀修憲提案時，引發「僑民選舉總統」是否入憲之爭議。最後大會未能對「條項款」表決或「分段」表決做成任何結論。
		七月廿八日	國大對修憲提案及其修正案展開逐條表決工作。至晚上九時四十五分，民進黨國代見大勢已去，宣布退席抗議。民進黨退席後，國民黨籍國代最後終以「僑居國外之中華民國自由地區人民選舉權之行使，以法律定之」，獲得共識，亦順利完成其他各條文的表決與二讀程序。
		七月廿九日	國民黨籍國代完成二讀會後，以次日主席輪由民進黨籍擔任，乃快馬加鞭，漏夜進行三讀會。凌晨三時廿分第卅二次大會，三讀通過「中華民國憲法增修條文十條」。
		八月一日	李總統公布實施第三次修憲之增修條文十條。
		八月七日	李總統公布立法院三讀通過之「總統副總統選舉罷免法」。
		十月十三日	大法官會議釋字第三八七號解釋：立法委員改選第一次集會前，行政院應總辭。

民國八十五年	一九九六年		
		三月廿三日	李登輝、連戰當選中華民國第九任總統、副總統。（第一次民選總統副總統） 第三屆國民大會選舉，國代總額三三四席中，國民黨一八五席、民進黨一百席、新黨四十六席、綠黨一席、無黨籍二席。顯示一黨修憲已不存在，政黨協商時代來臨。
		五月廿日	李登輝、連戰宣誓就任中華民國第九任總統、副總統。 李登輝總統就職演說中之政治宣示，表明將廣邀各界意見領袖與代表，共商大計，開創國家新局。此為「國家發展會議」召開之直接原因。
		六月五日	李登輝總統對副總統連戰在選舉前之總辭，批復「著毋庸議」，引發行政、立法之憲政僵局。成為李總統欲藉國發會達成下次修憲取消立院同意權之重要原因。
		八月九日	國民黨國大黨團法政小組副召集人謝瑞智與政黨關係會副主任蔡重吉領銜提出「總統制」修憲案。表明「民選總統應有更實質的權力」。總統民選後，欲大幅擴張總統職權，成為國民黨高層透過國發會，達成破壞憲法中央體制精神的重要步驟。
		八月十七日	總統府成立國發會籌備前置工作小組，進行先前規劃案。
		八月廿九日	李登輝總統簽核會議名稱為「國家發展會議」。
		十月三日	李總統核定國發會籌備委員名單。召集人連戰，副召集人國民黨立委蕭萬長、民進黨立委張俊宏、新黨立委李慶華。另有籌備委員廿九人。
		十月十一日	國發會籌備會舉行首次會議，確定國發會三大議題及開會時間（十二月廿三日至廿八日，共六天）。
		十月廿三日	國發會籌備會第二次會議。決議：1.為期擴大參與，舉辦專題研討會、分區座談會。2.三大議題與十六項子題確定。3.出席名額由原一五〇人增至一七〇人。
		十一月十六日	國發會籌委會第三次會議，通過國發會出席代表名單。
		十二月十四日	由建國會主辦之「台灣國家發展會議」搶先於國際會議中心召開，為期兩天。進行四大議題十六篇論文之發表。
		十二月十八日	國民黨李登輝主席邀集黨內高層人士，協商國民黨版「基

民國	西元	日期	紀事
			本主張」之黨內共識。
		十二月廿日	國民黨邀集黨籍國發會出席成員在中央政策會舉行座談會，「討論」黨版具體主張。雖出席成員頗多意見，唯以擔心後遺症，僅只五人冷清發言。
		十二月廿一日	國發會主席團主席廿七人，在總統府大禮堂召開第一次會議，確定各分組會議主持人、全體會議主持人等。並確立「共同意見」原則，不動用表決。
		十二月廿三日	國發會在台北市國際會議中心揭幕。李登輝總統親臨致詞。
		十二月廿四日	國發會召開第二、三次分組會議。
		十二月廿六日	國發會召開第四次分組會議及第一次全體會議。 新黨召開記者會，要求國民黨針對五項問題，做出善意回應，否則考慮退出。
		十二月廿七日	國發會召開第二次、第三次全體會議。 新黨在與國民黨談判破裂，正式宣布退出國發會。
		十二月廿八日	國發會舉行總結報告、閉幕典禮。李登輝總統全程參與並致詞。 國發會的憲政體制共識——「改良式混合制」並不符學理，充滿矛盾。如落實於修憲之中，則是憲章基本精神的大崩潰。
		十二月卅日	國民黨第十四屆中常會第一六五次會議，通過李登輝主席交議之第四次修憲策劃小組成員。召集人連戰及成員俞國華、蔣彥士、邱創煥等廿二人。
		十二月卅一日	大法官釋字第四一九號解釋：副總統兼任行政院長非顯屬不相容。形成贊成、反對兩造不同解讀。而解釋文中「與：本旨未盡相符」已令李總統至為難堪。其後第四次修憲之取消同意權乃是國民黨首要之務。 國發會凍省案之影響，宋楚瑜請辭省長及國民黨中常委職。
民國八十六年	一九九七年	二月十三日	國民黨第四次修憲策劃小組召開首次會議，通過成立「諮詢顧問小組」成員六十一人。該小組召集人蕭萬長。

四月二日	台灣省參與國民黨修憲諮詢顧問小組成員，副省長吳容明等三人，以中央對會議早有定見，省僅具被告知與背書之功能，決議全面退出。
四月十五日	國民黨第四次修憲策劃小組歷經十一次會議，另諮詢顧問小組經十二次會議，各研究分組舉行十三次會議，完成配合國發會共識之修憲提案。
四月十六日	國民黨中常會通過修憲策劃小組所提國民黨版第四次修憲案。
四月廿四日	民進黨主席許信良確定將以「雙首長制」、「總統制」兩個版本提交民進黨中央決議，並對國民大會提出兩個版本。
四月廿五日	國民黨主席李登輝約見全體黨籍國代，精神講話。
四月廿八日	國民黨十四全第二次臨中全會決議通過國民黨版修憲案。
五月五日	第三屆國民大會第二次會議揭幕，進行第四次修憲。
五月十二日	國大原本排定李登輝總統提出國情報告，因在野黨柔性抗爭，提前散會，未如期進行，創下前所未有之先例。
五月十四日	國大第四次修憲，於第五次大會起，進入第一讀會提案人說明及大體討論。
五月十六日	國民黨次級團體祥和會決定自提會版修憲案，反凍省。
五月十八日	民間之台教會、澄社和社運團體成立「民間監督憲改聯盟」，主張總統制，持續批評憲改。
五月十九日	民進黨立法院內推動成立「跨黨派總統制推動聯盟」，簽署支持總統制，反對民進黨中央支持之雙首長制。
五月廿日	民進黨國代陳婉眞發言指控該黨黨團幹事長收受副議長之「修憲費」，新黨國代李慶元發言附和之，引發在野黨打群架。
五月廿一日	民進黨國大黨團成立「推動總統制聯盟」，成員有四十一人。
五月廿七日	國大付委審查開始。 國民黨內部，省議員串聯國代，連署「反凍省」。
五月廿九日	民進黨主席許信良公布民進黨「修憲萬言書」，指出不要

	成為反改革的歷史罪人。引發其黨內、學界強烈反彈。
五月卅日	政大教授江炳倫發起「學術界反對雙首長制」的憲改連署，由四百人增至二千餘名學者加入。
六月三日	學者胡佛、呂亞力等一八〇人提出學界「停止修憲」連署。
六月七日	國大修憲審查委員會以十四天，九次會議，總計通過四十七案，八十六項修憲提案。包括朝野三黨黨版修憲案均付二讀。
六月八日	國、民兩黨中央之第三次協商，展開十五小時馬拉松談判，因卡在五項選舉而失敗。
六月十日	國、民兩黨中央之第四次協商仍宣告破裂。國、新兩黨的黨對黨協商無功而還。
六月十三日	國民黨修憲策劃小組會議決定，十四日起恢復國、民兩黨國大黨團協商。
六月十四日	一〇三位退役將領聯名發表「反對毀憲禍國」聲明，由前總統府參軍長陳廷寵上將領銜提出。
六月十八日	政大教授江炳倫等八名學者上陽明山向議長錢復遞交學界千人連署書。
六月廿日	國大第四次修憲進入二讀會。朝野政黨均發出甲級動員令。
六月廿四日	台大教授胡佛率台大教授組成「台大關心憲改聯盟」至陽明山，向三黨國大黨團提出建立權責相符之中央政府體制。
六月廿五日	國、民兩黨黨團協商，達成十四點共識，使修憲得到突破性進展。
七月二日	國、民兩黨有意將達成共識的提案在二讀會中「再付審查」。新黨國代佔據主席台阻止之，國、民兩黨國代亦衝上台，爆發本次會議以來最嚴重流血衝突事件。
七月七日	國民黨將反凍省大將祥和會發言人呂學樟予以黨紀處分—停權兩年。反凍省士氣大受影響。
七月九日	李登輝總統在官邸接見民進黨前主席黃信介，由黃幹旋陳

		水扁，將總統選制、公投入憲到第二階段再談。	
	七月十五日	國大第四次修憲進入二讀會表決之首日。國、民兩黨高層鞏固運作下，各自內部反凍省、總統制阻力已趨化解。	
	七月十六日	國大二讀會表決通過取消立院閣揆同意權、凍省等議案，反凍省全面崩盤。	
	七月十八日	國大第四次修憲三讀會。新黨黨團召集人李炳南反對為「台獨」鋪路之凍省條款，及權責不符、總統擴權之帝王條款。發表新黨退出三讀、拒絕為亡國惡憲背書的聲明。新黨國代退出場外。國、民兩黨二六九人，贊成者二六一人，三讀通過第四次修憲之中華民國憲法增修條文第一條至第十一條。	
	七月廿一日	李登輝總統將第四次修憲條文公布實施。	
	七月廿三日	第三屆國大第二次會議閉幕。	

參考書目

壹、中文部分

一、書籍

二十一世紀基金會編，憲政改革民意調查分析報告。台北市：二十一世紀基金會，民國八十年。

王世杰、錢端升，比較憲法。重慶市：商務印書館，民國三十四年。

王成聖，中華民國憲法要義。增訂再版。台北：中外圖書出版社，民國六十二年十二月。

中國國民黨黨史委員會編，國父全集。台北：中國國民黨黨史委員會，民國七十年。

中國國民黨中央文化工作會，以民意修憲向歷史負責。台北市：中央文物供應社，民國八十一年。

立法院中華民國憲法草案宣傳委員會編，中華民國憲法草案說明書。南京市：正中書局，民國廿九年。

立法院圖書館，憲法與憲政專輯。台北市：立法院圖書館，民國七十七年。

世界各國憲法大全編輯委員會，世界各國憲法大全，第一冊至第四冊。台北市：國民大

會秘書處，民國八十四年。
民主文教基金會編，政黨政治與民主憲政。台北市：民主文教基金會，民國八十年。
民主文教基金會編，二屆國大修憲小組第二次觀察報告書。台北市：民主文教基金會，民國八十一年。
田弘茂、朱雲漢主編，鞏固第三波民主。國家政策研究中心，民國八十六年十月。
田弘茂著，李晴暉、丁連財譯，大轉型。台北市：時報出版公司，民國七十八年十一月。
田桂林，中華民國憲法論衡。台北市：憲政論壇社，民國五十年。
任卓宣，五權憲法與中國憲法。台北市：帕米爾書局，民國四十六年。
朱諶，中華民國憲法。台北市：五南圖書公司，民國八十三年。
朱諶，中華民國憲法及孫中山思想。台北市：五南圖書公司，民國八十二年。
朱諶，憲政分權理論及其制度。台北：五南圖書公司，民國八十六年十月。
朱雲漢，憲政改革與民主化。台北市：行政院新聞局，民國八十二年。
杜光塤，民主國家的憲法問題。台北市：正中書局，民國四十八年。
行政院新聞局編，蔣經國先生全集。台北市：行政院新聞局，民國八十年。
呂亞力，政治發展。台北市：黎明文化公司，民國八十四年。
江炳倫譯，S. P. Hungtinton著，轉變中社會的政治秩序。台北：黎明文化公司，民國七十七年。

江炳倫，政治發展的理論，四版。台北市：台灣商務印書館，民國六十八年六月。
李念祖，憲政與國是。台北市：永然文化公司，民國八十年。
李念祖編，從動員戡亂到民主憲政。台北市：民主文教基金會，民國八十年。
李炳南，憲政改革與國是會議。台北市：永然文化公司，民國八十一年四月。
李炳南，政治協商會議與國共談判。台北市：永業圖書公司，民國八十二年。
李炳南，憲政改革與國民大會。台北市：月旦出版社，一九九四年六月。
李炳南、鍾國允，第一階段修憲（一九九一）憲法增修條文分析。台北市：國立台灣大學中山學術論叢，民國八十四年六月。
李炳南，第一階段憲政改革之研究。台北市：揚智文化公司，一九九七年八月。
李鴻禧、胡佛主編，成長的民主。台北市：中國論壇叢書，民國七十九年十月。
李鴻禧，李鴻禧憲法教室。台北市，月旦出版社，一九九四年八月。
李鴻禧，憲法與人權。台北市：台大法學叢書，一九九七年三月。
李鴻禧，憲法與憲政。台北市：台大法學叢書，一九九七年三月。
李鴻禧，憲法與議會。台北市：台大法學叢書，一九九七年三月。
吳庚，「動員戡亂與國權鞏固」。秦孝儀編，中華民國政治發展史，第三冊。台北市：近代中國月刊社，民國七十四年。
吳友三編譯，憲法原理。上海市：黎明公司，民國廿三年。
吳經熊、黃公覺，中國制憲史。上海市：商務印書公司，民國二十六年。

金耀基，中國民主之困局與發展。台北市：時報公司，民國七十三年。
狄驥（L. Duguit）撰，梅仲協譯，憲法精義。台北市：譯者自發行，民國四十五年。
林子儀，言論自由與新聞自由。台北市：月旦出版社，一九九四年十月。
林子儀，權力分立與憲政發展。台北市：月旦出版社，一九九三年四月。
林金莖、陳水亮，日本國憲法論。台北市：中日關係研究發展基金會，民國八十二年。
林秋水，戰後日本憲法與憲政。台北市：台灣商務印書館，民國六十八年。
林紀東，中華民國憲法釋論。台北市：朝陽大學法律評論社，民國四十九年。
林紀東，中華民國憲法逐條釋義㈠—㈣。台北市：三民書局，民國七十年。
林紀東，憲法論集。台北市：東大圖書公司，民國六十八年。
林紀東，比較憲法。台北市：五南圖書公司，民國六十九年。
林紀東，中華民國憲法釋論。台北市：大中國圖書公司，民國七十六年二月。
林朝和，總統的大玩偶──蕭萬長前傳。基隆市：亞細亞出版社，一九九七年十月。
林嘉誠，社會變遷與社會運動。台北市：黎明文化公司，民國八十一年。
易君博，政治理論與研究方法。台北市：三民書局，民國七十三年。
美濃部達吉著，歐宗佑、何作霖譯，憲法學原理。台北市：台灣商務印書館，民國五十五年。
美濃部達吉著，林紀東譯，法之本質。台北市：台灣商務印書館，民國八十二年。
施啓揚，西德聯邦憲法法院論。台北市：台灣商務印書館，民國六十年。

施建矗，台灣行憲五十年。台北市：編者自發行，民國八十六年十二月。
郎雲鵬，憲政論衡。台北市：憲政論壇社，民國四十九年。
胡佛等，改革憲政：民間國建會特輯一。台北市：國策研究資料中心，民國七十九年。
胡佛、沈清松、周陽山、石之瑜等著，中華民國憲法與立國精神。台北市：三民書局，民國八十二年十月。
胡佛，政治變遷與民主化。台北市：三民書局，民國八十七年一月。
姚立明，現行憲法應否訂定國家統一相關條款。台北市：行政院大陸委員會委託專案研究報告，民國八十年。
涂懷瑩，現代憲法原理。台北市：著者自發行，民國六十六年。
涂懷瑩，中華民國憲法原理。台北市：著者自發行，民國六十六年。
高永光，修憲手冊。台北市：民主文教基金會，民國八十年。
高旭輝，五權憲法理論與制度。台北市：國父遺教研究會，民國六十六年。
高應篤，地方自治學。台北市：台灣中華書局，民國六十九年三月。
馬起華，憲政研究。台北市：中華民國公共秩序研究會，民國七十九年。
馬起華，政治學原理，下冊。台北市：大中國圖書公司，民國七十四年五月。
馬起華，當前政治問題研究。台北市：黎明文化公司，民國八十年元月。
馬起華，民權主義與民主憲政。台北市：正中書局，民國八十一年十一月。
孫正豐，革命民主政黨論。台北市：黎明文化公司，民國六十七年。

孫北堂譯，凱撒琳、敦肯、包恩著，制憲風雲——美國立憲奇蹟。台北市：聯經出版社，民國八十三年。
麥克伊文（C. H. McIlwain）著，涂懷瑩譯，憲政制度論。台北市：正中書局，民國五十年。
秦孝儀編，中華民國政治發展史。台北市：近代中國月刊社，民國七十四年。
荆知仁，憲法變遷與憲政成長。台北市：國民大會憲政研討會出版，民國七十年。
荆知仁，憲政論衡。台北市：台灣商務印書館，民國七十年。
荆知仁，美國憲法與憲政。台北市：三民書局，民國七十三年。
荆知仁，中國立憲史。台北市：聯經出版社，民國七十四年。
荆知仁，憲法論衡。台北市：東大圖書公司，民國八十年。
荆知仁、法治斌、張治安等著，憲政改革芻議。台北市：政治大學法學院出版，民國八十年。
國民大會秘書處編，國民大會實錄。台北市：國民大會秘書處，民國三十五年。
國民大會秘書處編，參考資料（甲）類。台北市：國民大會秘書處，民國四十九年。
國民大會秘書處編，第一屆國民大會實錄。台北市：國民大會秘書處，民國五十年。
國民大會秘書處編，參考資料甲類第二號。台北市：國民大會秘書處，出版時間不詳。
國民大會秘書處編，國民大會憲政研討委員會實錄。台北市：國民大會秘書處，民國五十年。

國民大會秘書處編，第一屆國民大會第一次會議實錄。台北市：國民大會秘書處，民國五十年。
國民大會秘書處編，各國行使創制複決兩權之利弊得失。台北市：國民大會秘書處，民國五十三年。
國民大會秘書處編，第一屆國民大會第八次會議實錄。台北市：國民大會秘書處，民國八十年。
國民大會秘書處編，第一屆國民大會第二次臨時會實錄。台北市：國民大會秘書處，民國八十年。
國民大會秘書處編，國民大會有關法規輯要。台北市：國民大會秘書處，民國八十三年。
國民大會秘書處編，國民大會憲政座談會速記錄。台北市：國民大會秘書處，民國八十三年。
國民大會憲政研討委員會編，憲政思潮選集之三：憲法變遷與憲政成長。台北市：國民大會秘書處，民國六十九年。
國民大會憲政研討委員會編，憲政主義。台北市：國民大會秘書處，民國七十五年。
國是會議實錄編輯小組，國是會議實錄。台北市：國是會議秘書處，民國七十九年。
國家發展會議秘書處編，國家發展會議實錄。台北市：國家發展會議秘書處，民國八十六年五月。

胡春惠，民國憲政運動。台北市：正中書局，民國六十七年。
許志雄，憲法之基礎理論。台北市：稻禾出版社，一九九二年十月。
許志雄，戡亂終止後法治重整與法治展望論文集。台北，一九九一年四月。
許宗力，法與國家權力。增訂二版。台北市：月旦出版社，民國八十二年。
許慶雄，憲法入門。三版。台北：月旦出版社，一九九七年九月。
黃年，李登輝的憲法變奏曲。台北：聯經出版社，一九九八年一月。
陸潤康，美國聯邦憲法論。台北市：著者自發行，民國五十三年。
曹俊漢，憲政革新與政黨政治。台北市：民主文教基金會，民國八十年。
曾繁康，比較憲法。台北市：著者自發行，民國五十一年。
陳啓天，民主憲政論。台北市：台灣商務印書館，民國五十五年。
陳啓天，寄園回憶錄。台北市：台灣商務印書館，民國六十一年十月。
陳新鉻，國民政府制憲之史實與成就。台北：黎明文化公司，民國六十六年四月。
陳新民，憲法基本權利之基本理論。台北市：三民書局，民國七十九年。
陳志華，中華民國憲法。台北：三民書局，民國八十四年七月。
陳春生，台灣憲政與民主發展。台北：月旦出版社，一九九六年九月。
陳滄海，修憲與政治的解析。台北：幼獅出版公司，民國八十三年八月。
彭懷恩，中華民國政治體系的分析。台北：時報文化公司，民國七十四年十一月。
彭懷恩，中華民國政府與政治。台北：風雲論壇出版社，民國八十一年一月。

張希哲，戰後各國憲法之趨勢。台北市：台灣商務印書館，民國五十六年。

張知本，憲法論。台北市：三民書局，民國五十三年。

張知本等著，國民大會祕書處編，參考資料叢刊——憲法論文集㈡。台北市：國民大會祕書處，民國五十一年。

張茂森，二千萬人的抉擇：李登輝總統的政治改革軌跡。台中市：台灣日報社，民國八十一年。

張鏡影，比較憲法。台北市：黎明文化公司，民國七十二年。

張京育編，中華民國民主化——過程、制度與影響。台北市：政大國關中心，民國八十一年。

張劍寒，戒嚴法研究。台北：漢苑出版社，民國六十五年六月。

張劍寒，民權主義與政治建設。台北市：國立編譯館，民國七十年一月。

張知本，中國立憲故事。台北市：大中國圖書公司，民國四十五年一月。

張君勱，國憲議。台北：台灣商務印書館，民國五十九年二月。

張君勱，中華民國民主憲法十講。台一版。台北：台灣商務印書館，民國六十年二月。

張治安，中國憲法及政府。增訂三版。台北：五南圖書公司，民國八十三年十月。

張台麟，法國政府與政治。台北：漢威出版社，民國七十九年六月。

華力進，政治學。八版。台北市：經世書局，民國七十八年三月。

華力進，二屆國代選舉之評估。台北市：理論與政策雜誌社，民國八十一年六月。

喬寶泰，中華民國憲法與五五憲草之比較研究。台北市：中央文物供應社，民國六十七年。

董翔飛，中國憲法與政府。修訂廿九版。台北市：自發行，民國八十四年三月。

鄒文海，比較憲法。台北市：三民書局，民國五十七年。

管歐，憲法新論。台北市：五南圖書公司，民國六十四年。

蔣經國先生全集編輯委員會編，蔣經國先生全集。台北市：行政院新聞局，民國八十年。

楊日旭，美國憲政與民主自由。台北市：黎明文化公司，民國七十八年元月。

齊光裕，中華民國的政治發展。台北市：揚智文化公司，民國八十五年元月。

齊光裕，憲法與憲政。台北市：揚智文化公司，民國八十五年十一月。

劉慶瑞，中華民國憲法要義。台北市：自發行，民國七十八年三月。

劉慶瑞，比較憲法。台北：自發行，民國七十一年。

劉慶瑞，劉慶瑞比較憲法論文集。台北市：劉郭宛容，民國五十一年。

劉錫五，中華民國行憲史。台北市：中華文化事業委員會，民國四十七年。

劉錫五，中華民國國民大會志。台北：民主憲政雜誌社，民國五十六年。

謝瀛洲，中華民國憲法論。台北市：自發行，民國四十三年三月。

謝瑞智，憲法大辭典。台北市：國家發展策進會，民國八十年。

謝瑞智，修憲春秋。增訂本。台北市：文笙書局，民國八十三年十一月。

謝瑞智，邁向廿一世紀的憲法——談憲法走向、台灣命運。台北市：自發行，民國八十五年。
蕭全政，改革憲政。台北市：國策中心，民國七十九年。
蕭公權，憲政與民主。台北：聯經出版公司，民國七十一年。
戴雪（A. V. Dicey）著，雷賓南譯，英憲精義。台北市：帕米爾書店，民國八十年。
繆全吉編著，中國制憲史資料彙編——憲法篇。台北市：國史館，民國七十八年。
薩孟武，中國憲法新論。台北市：三民書局，民國六十三年。
薩孟武，政治學。台北市：三民書局，民國七十七年。
羅志淵，中國憲法史。台北市：台灣商務印書館，民國五十六年。
羅志淵，憲法論叢。台北市：台灣商務印書館，民國五十八年。
羅志淵，中國憲法與政府。台北市：正中書局，民國六十五年。
羅志淵，當代憲法思潮論叢。台北市：漢苑出版社，民國七十七年。
蘇永欽，憲法與社會文集。台北市：三民書局，民國七十七年。
蘇永欽，走向憲政主義。台北市：聯經出版公司，民國八十三年。

二、期刊暨論文

方庭諧，「基本法與憲法之比較研究：以西德基本法與中華民國憲法為例」，行政學報，第廿二期，民國七十九年六月。
王武智，「複決權之研究」，黃埔學報，第十九期，民國七十六年七月。

石之瑜，「從大破大立到總結經驗——海峽兩岸修憲實踐比較」，中山社會科學，第七卷，第二期，民國八十一年六月。

石鍾琇，「我國憲法的形成及其特質」，國民大會憲政研討委員會年刊，民國七十六年十二月。

田炯錦，「論修改憲法與創建例規」，法學叢刊，第十七期，民國四十九年一月。

田桂林，「臨時條款之制定、修訂及其效力」，憲政論壇，第廿四卷，第七期，民國六十七年十二月。

史尚寬，「目前憲法是否有修改之可能與必要性之商榷」，法學叢刊，第十七期，民國四十九年一月。

任卓宣，「臨時條款底性質與修改」，政治評論，第三卷，第十二期，民國四十九年二月。

朱諶，「從法律觀點論我國的憲法與法統」，近代中國，第五十三期，民國六十九年三月。

朱諶，「談修憲與臨時條款許多問題」，中國憲政，第廿四卷，第五期，民國七十五年六月。

朱諶，「從洛克、孟德斯鳩、孫中山三氏之分權理論詮釋五權憲法理論架構及其內容」，三民主義學報（師大），第十四期，民國七十九年七月。

朱諶，「從分權理論詮釋五權憲法與中華民國憲法」（上）、（下），中國憲政，第廿

六卷，第二、三期，民國八十年二、三月。
朱諶，「第三次修憲：中華民國憲法增修條文之介紹與評述」，人文及社會學科教學通訊，第五卷，第四期，民國八十三年十二月。
朱諶，「五權憲法的國會在那裡？展望我國國會制度之取向」，人文及社會學科教學通訊，第五卷，第一期，民國八十三年六月。
朱諶，「五權憲法原理的新解釋——第三次修憲內容之商榷」，近代中國，第一〇一期，民國八十三年六月。
朱諶，「民權主義的憲法體制」，理論與政策，第九卷，第三期，民國八十四年四月。
朱諶，「我國中央政府體制及其發展之取向」，廣東文獻，第廿六卷，第二期，民國八十五年六月。
朱諶，「國家長治久安的基礎——第二階段憲政改革制度師法第五共和憲政體制？」（上）、（下），近代中國，第一一七、一一八期，民國八十六年二、四月。
朱雲漢、廖益興，「台灣的憲政政治」，中國政治學會、聯合報文教基金會舉辦，「戰後台灣政治發展」學術研討會，民國八十四年十月廿一日。
汪美芳，「創制複決制度之理論與實施」，警專學報，第四期，民國八十年十一月。
李僉，「權威與權威統治」，自由中國，第十二卷，第十期，民國四十四年五月。
李念祖，「動員戡亂時期臨時條款在我國憲法上的地位——憲法之修正與非常時期憲政」，憲政時代，第六卷，第二期，民國六十九年十月。

李念祖，「動員戡亂時期臨時條款在我國憲法上的地位——臨時條款之制修與施行」，憲政時代，第六卷，第四期，民國七十年四月。

李念祖，「美國憲法身上的歲月刻痕——美利堅修憲故事漫談」，歷史月刊，第卅一期，民國七十九年八月。

李鴻禧，「擴充臨時條款之商榷：憲法學底探討」，中國比較法學會學報，第六期，民國七十二年十二月。

李鴻禧，「改造憲政體制之若干憲法學見解——修憲與制憲之探索」，現代學術研究，第三期，民國七十九年七月。

李聲庭，「論憲法之修改及其程序」，自由中國，第廿卷，第六期，民國四十八年三月。

李炳南、曾建元，「第三階段憲政議題的法理分析」，立法院院聞，第廿三卷，第九期，民國八十四年九月。

李炳南、曾建元，「第四次修憲之研究——政黨政治過程與制度後果」，中華民國行憲五十年學術研討會論文，國民大會主辦，民國八十六年十二月廿五日。

李國雄，「我國歷次憲政的內容及其影響」，中華民國行憲五十年學術研討會論文，國民大會主辦，民國八十六年十二月廿五日。

李國雄，「我國修憲過程與政治改革——從民主轉型到民主鞏固」，理論與政策，八十六年秋季號，民國八十六年七月。

李東明，「經國先生與台灣地區的政治發展（一九七二—一九七八）」，憲政思潮，第八十一期，民國七十七年。

李惠宗，「國家組織法的憲法解釋—兼評司法院大法官會議釋字第三八七與四一九號解釋」，台大法學論叢，第廿六卷第四期，民國八十六年七月。

江炳倫，「現代化與政治發展」，中國論壇，第十一卷，第五期，民國六十九年十二月十日。

江啓元，解嚴後台灣地區政治穩定之研究，中國文化大學，政治研究所，碩士論文，民國八十年。

任德厚，「發展中之國家憲政問題」，憲政思潮，第四十三期，民國六十七年九月。

吳文程，「修憲後總統與國大關係」，中山社會科學季刊，民國八十一年六月。

吳乃德，「搜尋民主化的動力：兼談民主轉型的研究取向」，台灣社會研究季刊，第二卷，第一期，民國七十八年三月。

吳乃德，「不確定的民主未來：解釋台灣政治自由化現象」，時報文教基金會主辦，「中國民主前途」學術研討會，民國七十八年。

吳東野，「『半總統制』政府體系的理論與實際」，問題與研究，第卅五卷，第八期，民國八十五年八月。

吳庚，「論憲法之基本原則」，司法院大法官釋憲四十週年紀念論文集，民國七十九年。

呂亞力，「政治自由化及民主化發展」，廿一世紀基金會、時報文教基金會合辦「台灣經驗新階段：持續與創新」研討會，民國七十九年二月。

谷祖盛，「臨時條款與適法的適應或成長」，政治作戰學校，政治研究所，碩士論文，民國七十三年六月。

周陽山，「民主化自由化與威權轉型——國際經驗的比較」，國立台灣大學中山學術論叢，第十一期，民國七十七年十二月。

周陽山，「總統制、議會制、半總統制與政治穩定」，問題與研究，第卅五卷，第八期，民國八十五年八月。

周治平，「修改憲法的程序」，中國憲法學會年刊，第三、四期，民國四十四年五月。

周治平，「動員戡亂時期臨時條款的性質」，中國憲法學會年刊，第六、七期，民國四十七年五月。

周道濟，「美國憲法上的適當法律程序」，民主評論，第八卷，第十九期，民國四十六年十月。

林紀東，「論憲法之變遷」，中國憲法學會年刊，第三、四期，民國四十四年五月。

林紀東，「修改憲法問題」，中國憲法學會年刊，第十期，民國五十年五月。

芮和蒸，「論憲法的成長」，憲政評論，第一卷，第七期，民國五十九年十二月。

洪力生，「美國憲法的淵源與演進」，中國憲法學會年刊，第八期，民國四十九年二月。

郎裕憲，「談修憲方式與實質」，理論與政策，第五卷，第一期，民國七十九年十月。

胡佛，「憲政結構的流變與重整」，國立台灣大學法學論叢，第十六卷，第二期，民國七十六年六月。

胡佛，「我們的體制是責任內閣制」，中國論壇，第廿九卷，第十二期，民國七十九年三月廿五日。

馬漢寶，「美國憲法與中華民國憲法之制定及發展」，憲政時代，第十一卷，第三期，民國七十五年一月。

荊知仁，「修憲意涵與途徑之分析」，理論與政策，第五卷，第一期，民國七十九年十月。

荊知仁，「一個修憲案懸宕兩百年——美國憲法修正案之批准問題」，美國月刊，第八卷，第六期，民國八十二年六月。

荊知仁，「總統與行政院長之關係」，理論與政策，第六卷，第一期，民國八十年十月。

荊知仁，「憲法修改與憲政改革獻言」，政策月刊，第十二期，民國八十五年一月。

高朗，「憲政改革方向——內閣制與總統制之比較」，中華民國憲政改革學術論文研討會，民國七十九年十二月。

高朗，「總統、行政院、立法院之關係問題」，國立政治大學修憲學術研討會，民國八十年十一月。

高朗，「從修憲後總統權力看政府體制問題」，中山社會科學學刊，第七卷，第二期，民國八十一年。

許介麟，「國家緊急權的根本問題」，憲政思潮，第五十三期，民國七十年三月。

許宗力，「論憲法修改的界限」，法律學刊，民國六十七年六月。

許宗力，「憲法修改的界限問題之發生與範圍」，憲政時代，第七卷，第二期，民國七十年十月。

許宗力，「憲法修改界限的理論」，憲政時代，第七卷，第三—四期，民國七十一年一月。

許宗力，「動員戡亂時期臨時條款之法律問題」，中國比較法學會學報，民國七十七年六月。

彭天豪，「我國採行修正法國第五共和制之評估」，立法院院聞，第廿五卷，第九期，民國八十六年九月。

張台麟，「法國第五共和總統角色之研析」，理論與政策，第七卷，第四期，民國八十二年七月。

湯德宗，「對第二屆國民大會臨時會修憲之評價及展望」，法律評論，第五十八卷，第十期，民國八十二年三月。

陳新民，「修憲之道——臨時條款的存廢問題」，憲政時代，第十五卷，第二期，民國七十八年十月。

陳春生，「國民大會研究」，社會科學論叢，第卅九期，民國八十一年。
陳春生，「談總統選舉之方式」，憲政時代，第十八卷，第四期，民國八十二年四月。
陳滄海，「國民大會行使同意權之研究」，國大簡訊二四四、二四五、二四八期，民國八十二年六—九月。
陳滄海，「憲政改革與政黨協商——民國八十六年修憲政黨協商紀實」，近代中國雙月刊，第一二二期，民國八十六年十二月廿五日。
董翔飛，「憲法問題要用憲法手段來解決——試擬憲法修訂條款」，法律評論，第五十六卷，第六期，民國七十九年六月。
董翔飛，「憲政問題之探索、因應與調適」，法商學報，第廿五期，民國八十年六月。
董翔飛，「從憲政與憲法兩個面向探討我國總統、行政、立法三者間之互動關係」，法律評論，第五十八卷，第十二期，民國八十一年十二月。
董翔飛，「國大職能變遷與國大定位之互動關係」，政治評論，第六〇三期，民國八十二年三月。
董翔飛，「從國家永續分權制衡觀點論副總統可否兼任行政院長——兼評司法院大法官釋字第四一九號解釋」，法律評論，第六十三卷，第一期，民國八十六年三月。
傅崑成，「修憲之後的中華民國總統權限」，中山大學社會科學季刊，第七卷，第二期，民國八十一年六月。
劉義周，「我國憲法變遷的動力」，中國政治學會、聯合報文化基金會合辦，「戰後台

灣政治發展」學術研討會，民國八十四年十月。

齊光裕，「政治協商會議與我國民主憲政之發展」，政治作戰學校，政治研究所，碩士論文，民國七十四年六月。

齊光裕，「威權體制的轉型與解嚴」，陸軍官校主辦「中華民國——台灣經驗的回顧與展望」學術研討會，民國八十五年十一月十五日。

齊光裕，「第二屆國代憲改的影響與憲政展望」，政戰學校主辦「中華民國政治發展」學術研討會，民國八十五年十二月十六日。

鄭乃文，「我國總統職權之演變」，法學叢刊，第一六七期，民國八十六年七月。

賴遠清，「台灣地區解嚴後政治民主化轉型之研究」，中央警官學校，警政研究所，碩士論文，民國八十年六月。

劉幸義，「由法治原則論動員戡亂法規的合法性」，中國比較法學會學報，第十一期，民國七十九年九月。

蕭新煌，「解開當前意識型態紛爭的結」，中國論壇，第廿二卷，第一期，民國七十五年四月。

蕭新煌，「台灣社會運動的回顧與展望」，勞工之友，第四五八期，民國七十八年二月。

謝瑞智，「如何充實臨時條款：修訂臨時條款應以彌補憲法缺失為原則」，憲政論壇，第卅一卷，第一期，民國七十二年七月。

謝瑞智，「修憲方向之探討」，近代中國雙月刊，第八七期，民國八十一年二月。

謝瑞智，「法國第五共和憲法之中央政府體制的研究」，理論與政策，八十六年春季號，民國八十六年一月。

蘇永欽，「分裂國家的統一憲法」，中國比較法學會學報，第九期，民國七十七年六月。

蘇俊雄，「如何修訂臨時條款，充實憲政機能」，憲政時代，第八卷，第四期，民國七十二年四月。

貳、英文部分

Andrews, William G. Constitutions and Constitutionalism. Princeton, New Jersey, 1963.

Ball, Terence and Pocock, J. G. Conceptual Change & the Constitution. University Press of Kansas, 1988.

Banting, Keith and Simeon, Rechard. Redesigning the State: The Politics of Constitutional Change. Toronto: University of Toronto, 1985.

Beer, Lawrence W. Constitutional Systems in Late Twentieth Century Asia. University of Washington Press, 1992.

Blaustein, Albert P. and Flanz, Gisbert H. ed. Constitutions of the Countries of the World. Dobbs Ferry, New York: Oceana Publications, 1994.

Borgeaud, Charles. Adoption & Amendment of Constitutions in Europe & America. Rothman, Fred, 1989.

Boyd, Steven. Alternative Constitutions for the United States: A Documentary History. Greenwood Publishing Group, 1992.

Bradford, M. E. Original Intentions: On the Making & Ratification of the United States Constitution. University of Georgia Press, 1993.

Brest, Paul. Processes of Constitutional Decisionmaking: Cases and Materials. Boston: Little, Brown and Co., 1986.

Cairns, Alan C. Charter Versus Federalism: The Dilemmas of Constitutional Reform. Toronto: University of Toronto Press, 1992.

Caplan, Russell L. Constitutional Brinkmanship: Amending the Constitution by National Convention. Oxford University, 1988.

Chiste, Katherine. A Rhetorical Analysis of Political Discourse: The First Ministers' Conferences on Aboriginal Constitutional Matters. Ann Arbor, Michigan: UMI 1991.

Curry, Thomas John. The First Freedoms: The Development of the Concepts...of American from the Early Settlements to the Passage of the First Amendment to the Constitution. Ann Arbor, Michigan: UMI, 1983.

De Smith, S. A. Constitutional and Administrative Law. Middlesex, England: Penguin Books, 1971.

Dodd, W. F. Revision & Amendment of State Constitutions. Da CapoPr., Inc., 1970.

Elkin, Stephen L. and Soltan, Karol E. A New Constitutionalism: Designing Political Institutions for a Good Society. University of Chicago Press, 1993.

Elster, John and Slagstad, Rune. Constitutionalism & Democracy. Cambridge University Press, 1988.

Feerick, John D. The Twenty-Fifth Amendment: Its Complete History & Earliest Applications 2nd ed. Fordham University Press, 1992.

Goldman, Sheldon. Constitutional Law: Cases and Essays. New York: Harper & Row, 1987.

Golembe, John C. The Problem of Constitutional Reform. Ann Arbor, Michigan: UMI, 1981.

Greenberg, D. Constitutionalism & Democracy: Transitions in the Contemporary World. Oxford University Press, 1993.

Grimes, Alan P. Democracy and the Amendments to the Constitution. Lexington Books, 1978.

Hall, Kermit L. The Constitutional Convention As an Amending Device. APSA, 1981.

Horwill, Herbert W. The Usuages of the American Constitution. Port Washington

, N. Y. : Kenikat Press, 1969.
Kashyap, Subhash C. Reforming the Constitution. South Asia Books, 1992.
Livingston, W. S. Federalism & Constitutional Change. Greenwood, 1974.
Loewentein, Karl. Political Power and the Governmental Process. Chicago: University of Chicago Press, 1965.
McWhinney, Edward. Constitution-Making Principles, Process, Practice. Toronto: University of Toronto Press, 1981.
Mendenhall, M. J. The Constitution of the United States of America : The Definitive Edition. Institute of Constitutional Research, 1991.
Munro, Colin R. Studies in Constitutional Law. London: Butterworths, 1987.
Murphy, Walter F. and Tanenhaus, Joseph. Comparative Constitutional Law Cases and Commentaries. New York: Martin, 1977.
Nardulli, P. E. ed. The Constitution & American Political Development: An Institutional Perspective. University of Illinois Press, 1992.
O'Donnell, Guillermo A. and Schmitter, Philippe. Transitions Conclusions about Uncertain Democracies Baltimore. Md.: Johns Hopkins University Press, 1986.
Oliver, Dawn. Government in the United Kingdom: the Search for Accountability,

Effectiveness & Citizenship. Taylor & Francis, Inc., 1991.

Richards, David A. Conscience & the Constitution: History, Theory, & the Law of the Reconstruction Amendments. Princeton University Press, 1993.

Schuster, Joseph F. The First Amendment in the Balance. Austin & Winfield, 1992.

Silva, Edward T. States and the Federation: The Structure of American Constitutional Amendment. Ann Arbor, Michigan: UMI, 1968.

Spiro, Herbert J. Government by Constitution: The Political Systems of Democracy. New York: Random House, 1959.

Stannard, Harold. The Two Constitutions; a Comparative Study of British and American Constitutional Systems. New York: Van Nostrand., 1949.

Strickland, Ruth. The Ratification Process of U. S. Constitutional Amendments. Ann Arbor, Michigan: UMI, 1989.

Sundquist, James L. Constitutional Reform & Effective Government, Rev. ed. Brookings Institution, 1992.

Utley, Robert L. Principles of the Constitutional Order: The Ratification Debates. University Press of America, 1989.

Vile, John R. The Constitutional Amending Process in American Political

Thought. Greenwood Publishing Group, 1992.
Vile, John R. Contemporary Questions Surrounding the Constitutional Amending Process. Greenwood, 1993.

中華民國的憲政發展－

民國三十八年以來的憲法變遷　　POLIS 2

作　　者☛齊光裕
出 版 者☛揚智文化事業股份有限公司
發 行 人☛葉忠賢
責任編輯☛賴筱彌
登 記 證☛局版北市業字第 1117 號
地　　址☛台北市新生南路三段 88 號 5 樓之 6
電　　話☛886-2-23660309　886-2-23660313
傳　　真☛886-2-23660310
郵政劃撥☛14534976
印　　刷☛偉勵彩色印刷股份有限公司
法律顧問☛北辰著作權事務所　蕭雄淋律師
初版一刷☛1998 年 11 月
定　　價☛新台幣 500 元
I S B N☛957-8637-70-5
E-mail☛ufx0309@ms13.hinet.net

南區總經銷☛昱泓圖書有限公司
地　　址☛嘉義市通化四街 45 號
電　　話☛(05)231-1949　231-1572
傳　　真☛(05)231-1002

國家圖書館出版品預行編目資料

中華民國的憲政發展:民國三十八年以來的憲法變遷 / 齊光裕著.—初版.—臺北市:揚智文化,1998[民 87]
面;公分　參考書目:面

ISBN 957-8637-70-5(平裝)
1.憲法-中國-歷史　2.政治-臺灣

581.29　87013382